Crédito Rural
QUESTÕES POLÊMICAS

A388c   Alfonsin, Ricardo Barbosa
Crédito rural: questões polêmicas / Ricardo Barbosa Alfonsin, Roberto Barbosa de Carvalho Netto, Adriana Cordenonsi, Luiz Adolfo Cardoso de Azambuja. — Porto Alegre: Livraria do Advogado, 2000.
405 p.; 16x23cm.

Edição atualizada
Conteúdo: "63 Caipira", modificações da securitização e do PESA.

ISBN 85-7348-134-X

1. Crédito rural. I. Netto, Roberto Barbosa de Carvalho. II. Cordenonsi, Adriana. III. Azambuja, Luiz Adolfo Cardoso de. IV. Título.

CDU 347.278.2

Índice para catálogo sistemático
Crédito rural

(Bibliotecária responsável: Marta Roberto, CRB-10/652)

RICARDO BARBOSA ALFONSIN

Roberto Barbosa de Carvalho Netto
Adriana Cordenonsi
Luiz Adolfo Cardoso de Azambuja

Crédito Rural
QUESTÕES POLÊMICAS

Edição atualizada
- "63 Caipira"
- Modificações da Securitização e do PESA

Porto Alegre 2000

© Ricardo Barbosa Alfonsin
Roberto Barbosa de Carvalho Netto
Adriana Cordenonsi
Luiz Adolfo Cardoso de Azambuja

Capa, projeto gráfico e composição
Livraria do Advogado Editora

Revisão
Rosane Marques Borba

Direitos desta edição reservados por
Livraria do Advogado Ltda.
Rua Riachuelo, 1338
90010-273 Porto Alegre RS
Telefax 0800-51-7522
E-mail: info@doadvogado.com.br
Internet: www.doadvogado.com.br

Impresso no Brasil / Printed in Brazil

Desejamos deixar registrada a fundamental contribuição para o deslinde dos temas polêmicos aqui tratados de um importante grupo de profissionais do Direito dedicado aos estudos destas questões, principalmente os integrantes do IEJUR – Instituto de Estudos Jurídicos da Atividade Rural, ficando um agradecimento especial ao colega Prof. Alencar Mello Proença, que contribuiu com a revisão crítica da obra.

Sumário

1. Introdução .... 1?
2. Princípios constitucionais e legais de proteção à atividade rural - dirigismo estatal - o preço mínimo como mecanismo de viabilização da atividade ... 2?
3. Mecanismos de proteção à comercialização de produtos 31
4. As ilegalidades praticadas 37
   4.1. A correção monetária incidente sobre o débito 37
      4.1.1. "Plano Cruzado" - a isenção de correção monetária 37
      4.1.2. "Plano Verão" - O indexador de fevereiro a maio de 1989 39
      4.1.3. "Plano Collor I" - o reajuste dos contratos nos meses de março/abril/90 42
      4.1.4. "Plano Collor II" - A TR - Taxa Referencial como indexador 49
         4.1.4.1. A natureza de "taxa de juros" da TR, sua limitação a 12% a.a. e inconstitucionalidade 50
         4.1.4.2. A potestatividade e a onerosidade excessiva contida na TR - como na nula taxa da ANBID 56
      4.1.5. O "Plano Real" 62
         4.1.5.1. A Taxa Referencial no Plano Real 62
         4.1.5.2. A imposição legal da equivalência produto a partir do Plano Real . 66
   4.2. A alteração da base do contrato 68
   4.3. A inexistência de correção monetária aos contratos agrícolas a partir da Lei nº 9.138/95 74
   4.4. Os juros remuneratórios 77
      4.4.1. A incompetência do CMN e BACEN pela revogação da delegação normativa na CF/88 77
      4.4.2. Os limites da (revogada) delegação normativa ao Conselho Monetário Nacional 80
      4.4.3. A necessidade de que o exercício da (revogada) delegação se dê por norma expressa e escrita, e a inexistência da mesma 85
      4.4.4. Ainda a questão constitucional 93
   4.5. A ilegalidade da elevação da taxa de juros nas prorrogações das cédulas 98
   4.6. Os juros moratórios e a multa 101

4.7. A comissão de permanência e a taxa da ANBID 106
    4.7.1. Ilegalidade da delegação do Bacen às instituições financeiras para fixação de taxas de juros flutuantes - potestatividade absoluta da cláusula que a estabelece (nulidade) 106
4.8. Capitalização mensal de juros no crédito rural - crítica à Súmula 93 do STJ. 110
    4.8.1. A ausência de autorização pelo Conselho Monetário Nacional . . 111
    4.8.2. A inexistência de anuência dos contratantes e de disposição contratual quanto à capitalização de juros 116
    4.8.3. A correlação entre o custo de captação e o repasse dos recursos . 118
    4.8.4. Conclusão 119
4.9. Falta de conta vinculada à operação - desnaturação do título - iliquidez do crédito - impossibilidade de execução 120
4.10. O Proagro 129
    4.10.1. A suspensão da exigibilidade do título em razão do Proagro . . 134
4.11. A operação "Mata-mata"- sua ilegal utilização à prorrogação de débitos no âmbito do crédito rural 139

5. As renegociações 151
    5.1. A renegociação pela Resolução Bacen nº 2.080/94 151
    5.2. A renegociação pela Resolução Bacen nº 2.164/95 152
    5.3. O processo de securitização instaurado pela Lei nº 9.138/95 (Seção I) . 154
        5.3.1. Os honorários advocatícios indevidamente cobrados pelos bancos na securitização 158
        5.3.2. A obrigatoriedade da securitização às instituições financeiras . . . 161
        5.3.3. Alterações introduzidas na securitização pela Lei nº 9.866/99 e pela Resolução Bacen nº 2.666/99 165
    5.4. Considerações sobre a Resolução Bacen nº 2.471/98 (Plano PESA - dívidas não-securitizadas) com as alterações da Lei nº 8.966/99 e da Resolução Bacen nº 2.666/99 166
        5.4.1. As ilegalidades na apuração da dívida 169
        5.4.2. Condição à realização da renegociação - aquisição de títulos e garantias 173
        5.4.3. Outras alterações introduzidas pela Lei nº 9.866/99 e pela Resolução Bacen nº 2.666/99 no Pesa 174
        5.4.4. Conclusão 175

6. A revisão das operações contratadas no âmbito do crédito agrícola - a relação jurídica continuativa 177
    6.1. A revisão da cédula identificada como operação mata-mata partindo da origem de suas contratações 184
    6.2. A revisão das confissões de dívidas a partir da origem do débito 185
        6.2.1. A causa das confissões de dívida 185
        6.2.2. O teor do contrato no que tange à novação 186
        6.2.3. O instituto da novação e a constatação da sua não-ocorrência . . 187

6.3. Securitização - a sua inexigibilidade diante da iliquidez da obrigação face ao reconhecimento expresso da necessidade de revisão pela Resolução Bacen nº 2.433/97 194

7. A aplicabilidade do Código de Defesa do Consumidor - Lei nº 8.078/90 - nas relações bancárias 199

8. Repetição do indébito e a reparação de dano fundada na vedação ao enriquecimento ilícito - desnecessidade de prova de vício de consentimento - obrigação com objeto ilícito - nulidade da obrigação que atinge seus efeitos (pagamento e novação) - renegociações a partir de forma não prescrita em lei 217

9. O Finame agrícola 233
   9.1. Consideração sobre as operações de "abertura de crédito fixo com garantia real" contratadas no âmbito do Finame agrícola 233
   9.2. A correção monetária *pro rata* 236
   9.3. As hipóteses de nulidade das garantias prestadas 238
      9.3.1. Bens imóveis por acessão física imprestáveis à constituição de alienação fiduciária 238
      9.3.2. Pela impossibilidade de alienação ou oneração do acessório destacadamente do principal 241

10. Os financiamentos rurais indexados à variação da moeda estrangeira ("63 caipira") e o regime cambial brasileiro 243
    10.1. O financiamento da atividade agropecuária com fonte de recursos em empréstimos externos e encargos exigidos 247
    10.2. A proibição na contratação de juros ou encargos a qualquer título nas operações amparadas pelas Resoluções Bacen nºs 63 e 1.872 ("63 caipira") 253
    10.3. A ilegalidade da liberação das taxas cambiais e o direito à revisão da indexação do contrato vinculado à variação da moeda estrangeira .. 257
    10.4. O direito de revisão da obrigação com base nos princípios gerais do direito clássico e no Código de Defesa do Consumidor 263
    10.5. O controle da abusividade no Código do Consumidor – ilegalidade do repasse ao consumidor do risco da transação primária de captação e empréstimo exercida profissionalmente pela instituição financeira .. 265
    10.6. A manutenção da base do contrato 270
    10.7. Irrelevância da *previsibilidade* do fato superveniente ao exercício do direito de revisão – efetiva *imprevisibilidade* quanto à modificação das regras do câmbio 272
    10.8. Inexistência de qualquer vantagem econômica aos mutuários – inexistência da (irrelevante) ocorrência de prejuízos ao agente financeiro .. 274

11. A antecipação de tutela para sustação da inscrição do nome dos produtores em cadastros de restrição ao crédito (SERASA/CADIN/SPC) 279

12. Legislação 293
12.1. Lei nº 4.595, de 31 de dezembro de 1964 293
12.2. Lei nº 4.829, de 5 de novembro de 1965 310
12.3. Lei nº 8.171, de 17 de janeiro de 1991 316
12.4. Lei nº 8.174, de 30 de janeiro de 1991 329
12.5. Lei nº 8.880, de 27 de maio de 1994 330
12.6. Lei nº 9.069, de 29 de junho de 1995 340
12.7. Lei nº 9.138, de 29 de novembro de 1995 356
12.8. Lei nº 9.866, de 9 de novembro de 1999 359
12.9. Decreto-Lei nº 79, de 19 de dezembro de 1966 361
12.10. Decreto-Lei nº 167, de 14 de novembro de 1967 364
12.11. Drecreto nº 58.380, de 10 de maio de 1966 375
12.12. Resolução BACEN nº 2.080, de 22 de junho de 1994 384
12.13. Resolução BACEN nº 2.164, de 19 de junho de 1995 386
12.14. Resolução BACEN nº 2.220, de 6 de dezembro de 1995 388
12.15. Resolução BACEN nº 2.238, de 31 de janeiro de 1996 390
12.16. Resolução BACEN nº 2.279, de 22 de maio de 1996 396
12.17. Resolução BACEN nº 2.433, de 16 de outubro de 1997 397
12.18. Resolução BACEN nº 2.471, de 26 de fevereiro de 1998 399
12.19. Resolução BACEN nº 2.666, de 11 de novembro de 1999 401

1. Introdução

Não tem o presente trabalho a pretensão de análise histórica ou crítica sobre o crédito rural e questões a ele relacionadas, mas de examinar a forma com que a legislação específica vem sendo descumprida pelo Poder Público e pelo sistema financeiro, ocasionando, com isto, um infindável número de demandas judiciais e uma total desestruturação do sistema produtivo nacional.

A situação no campo vinha apresentando excelente desenvolvimento com significativos ganhos de produtividade e aumento da fronteira agrícola em nosso País até meados da década de 1980, especialmente no que diz respeito à produção de grãos.

A Região Sul passou a transferir a tecnologia adquirida para as Regiões Centro-Oeste e Norte, povoando áreas e implantado a cultura da soja, do milho e do arroz irrigado, aumentando substancialmente a produção nacional em uma década.

Até então era respeitada a política agrícola que tem como diretrizes básicas: o crédito em volumes suficientes, na época oportuna e a custos compatíveis; Política de Garantia de Preços Mínimos para sustentar a comercialização na safra e seguro agrícola.

A legislação do crédito rural iniciou a sua normatização com a Lei nº 4.595/64, a Lei nº 4.829/65 regulamentada pelo Decreto nº 58.380/66 e o Decreto-Lei nº 79/66, e a seguir o Decreto-Lei nº 167/67, bem como por infindáveis resoluções e circulares do Banco Central do Brasil(que são a exteriorização dos votos do Conselho Monetário Nacional), que compõem o Manual de Crédito Rural.

Até 1986 as fontes de custeio do crédito eram na sua quase totalidade do orçamento e da exigibilidade (a exigência de que parte dos depósitos à vista sejam aplicados no crédito rural). O dinheiro no sistema de caixa único girava integralmente dentro do Banco do Brasil, que fazia as vezes de Banco Central, através de uma conta denominada *movimento*, havendo então fundos suficientes ao financiamento agrícola.

Em 1986, foi encerrada esta conta *movimento*, perdendo o Banco do Brasil a condição de depositário do dinheiro nacional, passando esta função ao BACEN, perdendo então a autonomia de gerir o dinheiro que emprestava.

Ao mesmo tempo, iniciou a escalada inflacionária, e com ela a desestruturação administrativa e tributária do Estado, bem como o agravamento da dívida externa e interna.

Começaram então as edições de sucessivos choques heterodoxos na economia, sob a denominação de Planos Econômicos. O primeiro deles, em janeiro de 1986, quando a inflação alcançava 20% ao mês, no Governo do Presidente José Sarney, denominado Plano Cruzado. Congelou preços e contratos, com vistas a manter a inflação a zero por doze meses. Posteriormente, tivemos o Plano Bresser, Plano Verão; quando a inflação ultrapassava 80% foram editados os Planos Collor I e II e o Plano Real, em nossos dias.

Todos foram editados em período coincidente com as safras agrícolas, objetivando através de congelamentos, tabelamentos, ou contingenciamento, via importações, por exemplo, manter os preços dos alimentos estabilizados como forma de conter a inflação. Ocorre que de outra parte, não se deu o mesmo com os preços dos insumos, e custos em geral da atividade, especialmente com os financiamentos agrícolas que seguiram com exorbitantes taxas, as mais altas do mundo, resultando disto a quebra da base dos contratos e a impossibilidade ou inviabilidade de seu cumprimento.

Além disto, com o fim dos recursos orçamentários, foi criada como fonte principal de financiamento da agricultura a Poupança Verde, ficando autorizados a captar tais recursos o Banco do Brasil, o Banco do Nordeste e o Banco da Amazônia, excluindo praticamente os demais integrantes do sistema financeiro do crédito rural, pois a fonte que dispunham era a da exigibilidade dos depósitos à vista. Com a inflação, praticamente os depósitos à vista não mais existiram, tornando-se essa fonte muito reduzida.

Logo verificou-se que a Poupança Verde mostrava-se inadequada para financiar a agricultura, diante das diferenças entre os prazos remuneratórios da poupança e a sazonalidade agrícola. Além disto, como se trata de uma aplicação financeira, a necessidade maior ou menor do governo captar recursos no mercado obriga-o a criar mecanismos de incentivo a esta fonte, trazendo instabilidade para a ponta pagadora do empréstimos que têm origem nela, principalmente quando o mutuário depende de produtos agrícolas para atender com o financiamento e estes têm seus preços manipulados.

A quebra dos contratos agrícolas pela elevação diferenciada entre os preços dos produtos agrícolas e o reajuste dos financiamentos pela poupança foi a regra nos planos econômicos, resultando daí em uma crise sem precedentes na agricultura, com uma inadimplência que beirou 40%, quando em tempos normais não ultrapassava 3%.

Por outro lado, o crédito, que pela lei deveria dar-se em épocas próprias e em volumes adequados, passou a ser liberado em quantidades insuficientes e em época imprópria, normalmente quando as lavouras já estavam formadas, resultando disto um significativo aumento dos custos, pois as compras de insumos e o pagamento de salários provinham de fontes com custos absurdos, insustentáveis pela agricultura.

As taxas de juros foram cobradas em patamares inacreditáveis: nas renegociações chegaram a 4% ao mês mais ANBID. Os custeios da safra 89/90 tinham juros de 1,96% a.m., capitalizados mensalmente, chegando a 26% a.a., mais índice da poupança; após o vencimento, alteravam-se os juros para até 17% a.m., mais poupança.

Não bastasse isso, a Política de Garantia de Preços Mínimos foi abandonada, primeiro porque os preços mínimos fixados já não atendiam os custos de produção, muito menos os custos financeiros e a lucratividade, como diz a lei.

Mais, na safra não foram alocados recursos para a comercialização através de EGF (Empréstimo do Governo Federal) e AGF (Aquisição do Governo Federal), com os quais o produtor poderia esperar a recuperação de preços normalmente aviltados pela superoferta da colheita, e por importações de países que subsidiam fortemente sua agricultura. Com isto, os preços passaram a ser praticados por valores inferiores ao preço mínimo que já estava abaixo dos custos de produção.

Esta situação determinou comercialização por várias safras no período entre 1990 e 1996, em valores inferiores em até 40% ao custo de produção.

O seguro agrícola, PROAGRO, com prêmios elevadíssimos de até 13% sobre o valor financiado, como no caso do trigo, lançado antecipadamente na cédulas e com repiques injustificáveis, além de onerar substancialmente os financiamentos, tornou-se inócuo, pois quando solicitada a indenização, esta não era paga e o pior, o Banco exigia o cumprimento da cédula cujo produto não foi colhido, sob pena de ser cortado o crédito do agricultor.

As altas taxas de juros, somadas à quebra dos pilares básicos sobre os quais foram formalizados os financiamentos, pela aplicação de índices diferentes nos preços mínimos e nos financiamentos, a falta de garantia dos preços, importações desnecessárias e subsidiadas, e o descumprimento do seguro agrícola, resultaram num endividamento, sem precedentes, passando os agricultores a ver-se impossibilitados de cumprir com o pagamento dos empréstimos.

Como solução, passaram os bancos a utilizar-se de estratégia que teve conseqüências fundamentais ao agravamento do problema. A lei e as resoluções do BACEN estabelecem que se por condições climáticas ou mercadológicas, não puderem ser cumpridos os financiamentos, estes deverão ser prorrogados por um ano, com as mesmas taxas, independentemente de consulta ao Banco Central.

Ao invés de assim proceder, especialmente o Banco do Brasil, passou a se utilizar das escassas verbas existentes ao custeio das safras seguintes para liquidar operações anteriores. Assim, em fraude, simulava um financiamento de custeio de soja, por exemplo, e não liberava o dinheiro ao produtor, lançando imediatamente o recurso para quitação dos débitos anteriores. Estas operações passaram a denominar-se *mata-mata*.

Como isto não era suficiente à liquidação do saldo, promovia composições de dívidas, por escritura pública, com custos cartoriais elevados, para renegociar os débitos, colocando todos os bens do devedor em garantia, aplicando juros de 3 a 5% ao mês mais taxa ANBID (Associação Nacional de Bancos de Investimento e Desenvolvimento) que era fixada unilateralmente, com base na média das mais altas taxas de captação do mercado.

Através destas operações mata-mata ou composições, foram legalizados e consagrados saldos devedores até a data da formalização da renegociação, onde estavam embutidos juros, sua capitalização e taxas inflacionárias, absolutamente ilegais.

Mais, como todos os bens ficavam vinculados à renegociação, esgotava-se a capacidade de pagamento do produtor, resultando então sua exclusão do crédito oficial.

Com a operação mata-mata, com exclusão do crédito pelo esgotamento do patrimônio, e com a necessidade de prosseguirem na atividade para com ela pagarem a conta, passaram os agricultores a buscar verbas em cheques especiais, operações troca-troca, com fornecedores de insumos, onde prometiam a entrega de três sacos de produto por um emprestado. A situação adquiriu contornos insuportáveis. Mas os custos das lavouras, somados ao alto preço dos arrendamentos de terras (50 a 60% das lavouras são formadas em terras arrendadas), fugiram da realidade, tornando a atividade produtiva inviável pela inexistência de renda. Somente no Plano Real a atividade perdeu R$ 15 bilhões.

A pecuária salvou-se deste processo de endividamento, pois não foi financiada; entretanto, entrou em estado de estagnação de produtividade, mantendo-se em níveis de rentabilidade absolutamente inviáveis como atividade econômica.

O pequeno produtor deixou de ser um agente econômico, transformando-se num sobrevivente, passando pela falta de investimentos a padrões de produtividade que inviabilizam sua atividade, não obtendo renda nem para a manutenção de sua família, obrigando-o ao abandono da terra para buscar sustento na periferia das cidades.

Por outro lado, os estoques governamentais, depositados em mãos do produtor, apodreciam sem que houvesse sua remoção. Sendo o agricultor responsável pela conservação do mesmo, e sem outros meios de continuar sua atividade, passou a utilizar-se do produto como forma de se financiar, repondo o estoque na safra seguinte, isto inclusive com o consentimento tácito do Banco. Com a crise, esses estoques não puderam ser repostos, e, hoje, são milhares de processos criminais, por defraudação de penhor ou apropriação indébita, que tramitam em todo país.

No decorrer destes anos, foi grande a luta das entidades de classe para sensibilizar as autoridades e a própria população sobre as conseqüências que resultariam, para o país, da desestruturação do sistema produtivo, colocando em risco a segurança alimentar do Brasil. País sem alimento dificilmente será soberano.

Nossa safra recorde de 83 milhões de toneladas de grãos é um terço das 250 milhões de toneladas só de milho que os Estados Unidos produzem. Produzimos menos de 500 kg de alimentos por habitante, enquanto a Argentina produz 1.800, e os Estados Unidos, mais de 2.000 kg.

Como forma de chamar a atenção ao problema, foram interrompidas estradas, fechadas fronteiras, publicados centenas de manifestos na imprensa. O Jornal Correio do Povo, de Porto Alegre, de longa tradição de apoio ao setor primário, publicava, a pedido da FEDERARROZ principalmente, palavras de ordem e de alerta sobre a grave situação.

Até que, por iniciativa do Deputado Federal Victor Faccioni, foi instaurada uma Comissão Parlamentar Mista de Inquérito, no Congresso Nacional, presidida pelo Senador mato-grossense Jonas Pinheiro, tendo como relator, primeiramente, o Senador Garibaldi Alves, e, depois, o Deputado catarinense Valdir Colatto.

Essa comissão ouviu autoridades, lideranças do setor e produtores, por todo o País, destacando-se os depoimentos do então Ministro da Fazenda Fernando Henrique Cardoso, do Ministro da Agricultura

José Eduardo Andrade Vieira e do Presidente do Banco do Brasil Alcir Calliari.

O atual Presidente da República, FHC, fez as seguintes declarações nos idos de 1993, constantes do *Relatório Final*, Secretaria Legislativa, Subsecretaria de Comissões, Serviço de Comissões Especiais e de Inquérito, CPMI criada através do Requerimento do Congresso Nacional nº 92/93, 3ª Sessão Legislativa Ordinária da 49ª Legislatura, Brasília, 1993, pág. 27, *in verbis*:

"(...)
Senador Fernando Henrique Cardoso – Ministro da Fazenda:
'Respondendo sobre a questão da espoliação através da cobrança de juros. É preciso que essa ilegalidade seja reconhecida. Em, sendo, como vou eu me opor, como vou defender o que é contra a lei? Isto é inviável.'
'Todos sabem que o Sistema Financeiro tem lucros exorbitantes, e, portanto, que medidas devem ser tomadas para reequilibrar.'
'E o que faz com o compulsório em geral, mais ainda, com os recursos captados a custo zero emprestados a juros de mercado. Qualquer medida que eu tome nessa direção - estou com cócegas na mão para tomá-la – afetará diretamente os bancos oficiais que movem a maior parte destes recursos.'"

Do Ministro da Agricultura houve a confissão, em parecer assinado pela procuradoria jurídica, de que muitas ilegalidades estavam sendo cobradas.

Quanto ao depoimento do Presidente do Banco do Brasil, é uma manifestação honesta, de reconhecimento das irregularidades e das ilegalidades que estavam sendo apontadas na CPMI, ficando famosas algumas frases suas constantes do *Relatório Final*, Secretaria Legislativa, Subsecretaria de Comissões, Serviço de Comissões Especiais e de Inquérito, CPMI criada através do Requerimento do Congresso Nacional nº 92/93, 3ª Sessão Legislativa Ordinária da 49ª Legislatura, Brasília, 1993, pág. 3 e págs. 25/26, *in verbis*:

"Nem plantando maconha irrigada seria possível pagar os empréstimos, com os custos financeiros então praticados." (p. 3)
"(...)
'Concordo totalmente, os banqueiros foram os que ganharam mais nisso. É verdade. Inclusive o Banco do Brasil. Uma parte do lucro do Banco foi para a Fundação do Banco do Brasil, para mil coisas, voltou para o próprio governo, distribuído em ações: na verdade, o sistema Financeiro, foi quem mais se apropriou.'

'Sobre se eu pagaria na forma que está aí, creio que nem eu nem ninguém pagaria. Se alguém se endividou num determinado valor, aplicadas aquelas taxas sobre aquele valor a dívida torna-se incobrável. E, pior do que tudo, assustador, porque cada vez que o cliente pede informações ele fica apavorado ainda, porque se incorporam outras taxas contratuais.'
'(....) O ideal seria que esses contratos pudessem ser revistos e estabelecidos dentro de uma racionalidade econômica'." (págs. 25/26)

Foi concluído o relatório da CPMI, aprovado por unanimidade de seus membros, resultando em um documento minucioso, onde são constatadas todas as irregularidades e ilegalidades denunciadas.

O documento foi entregue a todas as autoridades, e inobstante a sua contundência e consistência não houve resultado prático, para rever esse quadro de ilegalidade. Este fato impressionou ao excepcional homem público então Ministro do Supremo Tribunal Federal, Dr. Paulo Brossard, que produziu inesquecível artigo, publicado em 23/9/93, no Caderno Opinião do jornal Zero Hora do Rio Grande do Sul, que em sua editoria Campo e Lavoura tratou sistematicamente destes temas, - a seguir transcrito:

"E NÃO ACONTECE NADA

Paulo Brossard
Vice-Presidente do Supremo Tribunal Federal

Ouvido pela Comissão Parlamentar de Inquérito que investiga o endividamento dos agricultores, o presidente do Banco do Brasil prestou informações da maior significação e importância, capazes mesmo de justificar o encerramento dos trabalhos da CPI, pois o que devia ser investigado e, quiçá, apurado, foi confessado lisamente por autoridade competente e insuspeita. As suas declarações são tão claras e peremptórias que, em qualquer país do mundo, teriam mudado a face das coisas em 24 horas. Aqui não aconteceu nada, foi como se nada tivesse declarado, ou até se tivesse dito o contrário do que efetivamente disse. Se não estou enganado, essa impermeabilidade da administração, mesmo em face das evidências mais vigorosas, é que está gerando um clima de revolta e de indignação contra tudo e contra todos.

Se o presidente do Banco do Brasil declara, por exemplo, que o descompasso entre os índices dos preços e os financiamentos criou a impossibilidade de seu pagamento pelos produtores; se o presidente do Banco do Brasil reconhece a impossibilidade do pagamento desses financiamentos, a questão está colocada de maneira incontornável, pois impossibilidade de pagamento significa que os pagamentos não serão feitos porque não poderão ser feitos. Neste caso tudo o mais é supérfluo. Diante da realidade em questão foi imposta, ou se mudam as condições dos financiamentos de maneira que eles possam ser pagos, ou a que situações se chegará? Insolvência coletiva, ao abandono da agricultura, à importação sistemática de alimentos? O fato é que não pode permanecer o *status quo*. Nem prolongar-se por mais tempo. A situação já extremamente grave agravar-se-á, sem proveito para ninguém e com prejuízo para todos."

Além de não acontecer nada, o problema sofreu sensível agravamento após a edição do Plano Real, pois neste, mais do que nos outros planos, houve a quebra dos contratos de financiamento, já que os mesmos seguiram indexados pelo índice financeiro da TR, enquanto os produtos agrícolas permanecem praticamente congelados já há cinco anos.

Esta ruptura da base contratual resulta num descasamento de 100%, pois quem devia 10 mil sacos no início do Plano (julho/94) deve hoje 20.000 sacos, contrariando a própria legislação que criou o Real, onde consta no artigo 16, § 2º, da Lei nº 8.880/94, que nos financiamentos agrícolas, de qualquer fonte, o reajuste se daria pelos mesmos índices de atualização dos preços mínimos dos produtos agrícolas.

Diante deste quadro, algumas entidades de classe, especialmente a FEDERARROZ - Federação das Associações de Arrozeiros do Rio Grande do Sul, que tem sido ao longo de sua curta existência uma entidade corajosa e firme na defesa da agricultura nacional, lideraram uma marcha a Brasília em caminhões carregando máquinas e implementos agrícolas, ficando conhecido o movimento como *caminhonaço*, em julho de 1995.

O Presidente da República, que se encontrava em Portugal, insensível às justas reivindicações do movimento, declarou de forma desastrosa que se tratavam de caloteiros aqueles que buscavam condições legais e adequadas ao pagamento de seus débitos. Diante da repercussão negativa na mídia nacional, Fernando Henrique reconsiderou suas declarações e determinou à equipe econômica a busca de uma solução.

Depois de infindáveis reuniões e da intransigência da equipe econômica, aliada aos técnicos do Banco do Brasil, a solução apresentada foi a impropriamente chamada *Securitização* dos débitos, editada através da Lei nº 9.138/95, onde os débitos até R$ 200.000,00 receberiam prazos para pagamento de 8 a 10 anos, com equivalência produto, mais juros de 3% ao ano. Os débitos acima de R$ 200.000,00 seguiram atualizados pela TR da poupança mais juros de 12% ao ano.

A *Securitização* atualizou os débitos até 30.11.95, o que resultou no incremento na conta do Plano Real de 56%. Além disto, na maioria dos casos, o Banco do Brasil obrigava os mutuários a aceitar o diferencial do Plano Collor I e mais honorários advocatícios, embora a lei assim não o estabelecesse.

Ainda, os cálculos eram feitos nem sempre buscando a origem da dívida, conforme determinava a Lei, resultando disto que foram embutidos nos cálculos juros elevadíssimos muito acima dos 12% legalmente previstos.

Tratou-se de um processo moroso e penoso aos que nele ingressaram, cuja possibilidade de pagamento, desde logo, para a grande maioria, é de evidente inviabilidade.

Esta renegociação envolveu cifras na ordem de 7 bilhões de reais, na época 7 bilhões de dólares. Tanto era inviável que no vencimento das duas primeiras parcelas já foi necessária a sua prorrogação.

Ficaram fora do universo securitizado segundo o Banco do Brasil, outros 7 bilhões de reais, mais as dívidas das cooperativas em 3 bilhões de reais e os EGFs especiais em 1,5 bilhões de reais, o que significa junto com a securitização 18,5 bilhões de reais, sem considerar os débitos com origem nos fundos constitucionais e no Prodecer, soma absolutamente absurda, pois é tida como já enxugada.

Para as dívidas acima de R$ 200.00,00 e aquelas não renegociadas através da securitização, inicialmente, foi possibilitada a renegociação das mesmas através da Resolução Bacen nº 2.471/98, e, posteriomente, pela Lei nº 9.866/99, regulamentada pela Resolução Bacen nº 2.666/99. Para o débito das cooperativas foi criado o RECOOP, que é um processo de reestruturação das mesmas, e os EGFs foram transferidos para a Secretaria do Tesouro Nacional.

Analisando somente a solução apresentada para as dívidas excedentes aos R$ 200.000,00, normatizadas pela Resolução Bacen nº 2.471/98, já que os demais processos encontram-se em fase de definição, conclui-se novamente pela sua inviabilidade, eis que se parte de uma conta duas a três vezes maior que o devido, para daí então, exigir-se à vista os 10,36% para a compra do título, os honorários advocatícios e promover o parcelamento do débito que de antemão sabe-se impagável.

Além disto, o pagamento à vista para uma atividade totalmente descapitalizada é desde logo decretar o fracasso da negociação apresentada. Por outro lado, novamente, impõe o banco a aceitação do diferencial do Plano Collor I e de juros acima de 12%.

Ao longo dos últimos dois anos, principalmente na gestão do Ministro Francisco Turra no Ministério da Agricultura, algumas soluções se encaminharam. Foi excluída a correção monetária para os novos financiamentos, e os juros vieram para índices bem mais compatíveis. O PRONAF (Programa Nacional de Fortalecimento da Agricultura Familiar) foi implantado. Entretanto, o montante de recursos é baixo, e o crédito, absolutamente seletivo.

Agregou-se novo problema. Diante da falta de recursos internos, e com a necessidade de captar moeda estrangeira não-especulativa, foi incentivado o financiamento em dólar pela chamada *63 Caipira*, internando-se aproximadamente 3,5 bilhões de dólares, sob segurança de que não haveriam choques econômicos, e que a estabilidade da moeda era questão de honra do Governo. Entretanto, no curso do financiamento, houve uma megadesvalorizacão da moeda, em 13 de janeiro de 1999, onerando os empréstimos em até 80%, bem como os preços dos insumos.

Esta situação foi gravíssima, e suas conseqüências só serão medidas ao longo do período, pois ao mesmo tempo em que os financiamentos em moeda estrangeira foram absurdamente onerados pela desvalorização do Real, os produtos agrícolas, especialmente os de exportação como a soja, encontram-se com os menores preços no mercado internacional, resultando disto uma equação terrível, cujas ilegalidades nos ocupamos nesta nova edição.

Neste contexto, mais uma vez as entidades de classe, agora lideradas pela Confederação Nacional da Agricultura, promoveram novo caminhonaço, agora denominado *acordo rural*, onde promoviam uma agenda de acordo sobre estas questões e de compromissos para o futuro, como o de aumentar a produção nacional em 100 milhões de toneladas, o que acrescentaria 1,5 milhões de empregos.

Deste movimento, resultaram novas medidas visando à solução do problema, consubstanciadas na Medida Provisória nº 1.918/99, transformada na Lei nº 9.866/99, regulamentada pela Resolução Bacen nº 2.666/99, que confere outras condições à Securitização e ao PESA, reduzindo juros e alongando prazos.

Certo é que outros episódios se verificarão ao longo do tempo diante da ocorrência de dificuldades ao atendimento do passivo renegociado.

O mais impressionante para quem acompanhou todo este processo é que ao longo dos anos buscou-se nada mais que a aplicação da legislação existente, tanto isto é verdade que, passo a passo, foi-se obtendo, no Judiciário, a confirmação dos pleitos.

Primeiro, foi a ilegalidade da substituição de juros após o vencimento, depois, a Taxa da ANBID; depois, o diferencial do Plano Collor I; posteriormente, a ilegalidade dos juros acima de 12% ao ano, a capitalização semestral quando não expressa e claramente contratada e atualmente vem encontrando guarida atualização pelo preço mínimo, especialmente no Plano Real.

Não tendo o Brasil obedecido a regras de controle da ganância financeira nos últimos 20 anos, ocorreu, como ocorre em todos os países que assim o fizeram, a atrofia da economia, passando a ser inviáveis as demais atividades diante dos insuportáveis custos financeiros que lhe são impostos.

Por outro lado, ficam desincentivadas as iniciativas que não sejam as de operações no cassino financeiro. Só no Plano Real a dívida interna brasileira foi multiplicada por oito, resultando disto um nó cujo desate certamente custará a inviabilidade do país por longos anos.

Tivemos a perda da lavoura de trigo e, nos cinco anos do Real, a redução da atividade agrícola. Só no arroz e no milho diminuímos aproximadamente 10 milhões de toneladas com a perda de mais de 3 bilhões de reais. Tornamo-nos o maior importador de comida do mundo em níveis próximos à China.

Entendemos que sem a solução a este quadro de endividamento, imposto por ilegalidades cometidas, não resolveremos a questão da produção e da produtividade nacional, eis que os agricultores se encontram excluídos do sistema creditício com seus nomes negativados nos cadastros do Cadin, do Serasa e do SPC e com a moral e o ânimo aniquilados para que possam seguir na luta incessante para alcançar o cumprimento deste endividamento que desde logo sabem inatingível. Prosseguem na condição de um ciclista que se parar de pedalar cai.

A estratégia que vem sendo adotada de conseguir soluções paliativas ao problema tem desgastado a imagem dos produtores junto à opinião pública, pois ano após ano têm que se jogar em nova luta de pleitos, já que as soluções apresentadas não podem ser atendidas.

No mesmo espaço de tempo em que estes fatos aconteceram no Brasil, nossos parceiros do MERCOSUL, em melhores condições tributárias, já que em nosso País em cada quilo de comida, absorvemos 35% de impostos, ocuparam o espaço perdido. Na mesma proporção que deixamos de produzir trigo, arroz e milho, eles aumentaram suas colheitas com destino quase exclusivo de vender ao Brasil, e o pior, muitos dos que estão produzindo lá são os excluídos daqui.

Nos capítulos a seguir, demonstraremos as questões que entendemos como principais neste quadro de ilegalidades.

2. Princípios constitucionais e legais de proteção à atividade rural - dirigismo estatal - o preço mínimo como mecanismo de viabilização da atividade

Diante da importância, do interesse público e dos riscos inseridos na atividade primária, historicamente e mundialmente se tem por indispensável a adoção de uma série de incentivos, de forma que os produtores cumpram com a obrigação de alimentar a população a preços adequados ao seu poder aquisitivo.

No Brasil, a exemplo da maioria dos países do mundo, os pressupostos legais de incentivo à atividade primária podem ser resumidos no seguinte:

- *Crédito oportuno* (no tempo próprio às necessidades de plantio), *em volume suficiente, a custos compatíveis*, se necessário subsidiados;
- *preços mínimos de garantia* que possibilitem ao produtor *suprir os custos da atividade* (inclusive os financeiros) com certa margem de *lucro*;
- *salvaguardadas em relação às importações e exportações* de forma a manter um equilíbrio na concorrência com os produtos produzidos em países estrangeiros, normalmente também subsidiados pelos governos respectivos; e
- *seguro agrícola* com vistas à garantia de frustrações de safra.

Como se demonstrará no decorrer do presente, a atividade rural, por razões constitucionais e legais, é histórica e fortemente tutelada e regulamentada pelo Estado. Tal dirigismo estatal se dá tanto no estabelecimento de condições diferenciadas, dentro dos pressupostos acima, como na contratação de empréstimos, ou ainda na garantia de venda da produção a preços compatíveis com os seus custos.

Neste sentido, a atuação do Estado se dá (ou deveria se dar) de diversas formas: a primeira delas, na ponta dos recursos destinados ao custeio e/ou investimentos, limitando a liberdade das partes ao contratar financiamentos, visando, com isto, à proteção do produtor frente à ganância do Sistema Financeiro, especialmente na adoção de taxas de juros, sua capitalização e indexadores compatíveis com a rentabilidade e sazonalidade da atividade produtiva.

Desde a Lei nº 4.504/64 (Estatuto da Terra), foram estabelecidos princípios protetores e estimuladores da atividade primária:

"Art. 2º - (...)
§ 2º - É dever do Poder Público:
(...)
b - zelar para que a propriedade da terra desempenhe a sua função social, estimulando planos para a sua racional utilização, promovendo a justa remuneração e o acesso do trabalhador aos benefícios do aumento da produtividade e ao bem estar coletivo."

"Art. 73 - Dentro das diretrizes fixadas para a política de desenvolvimento rural, com o fim de prestar assistência social, técnica e fomentista, e de estimular a produção agro-pecuária, de forma a que ela atenda não só ao consumo nacional, mas também a possibilidade de obtenção de excedentes exportáveis, serão mobilizados, dentre outros, os seguintes meios:
I - assistência técnica;
(...)
VI - assistência financeira e creditícia;
(...)
XII - garantia de preços mínimos à produção agrícola.
§ 1º - Todos os meios enumerados neste artigo serão utilizados para dar plena capacitação ao agricultor e sua família (...)"

"Art. 85 - A fixação dos preços mínimos de acordo com a essencialidade dos produtos agropecuários, visando aos mercados interno e externo, deverá ser feita, no mínimo, sessenta dias da época do plantio em cada região e reajustados, na época da venda, de acordo com os índices de correção fixados pelo Conselho Nacional de Economia.
§ 1º - Para fixação do preço mínimo se tomará por base o custo efetivo da produção, acrescido das despesas de transporte para o mercado mais próximo e da *margem de lucro do produtor, que não poderá ser inferior a 30% (trinta por cento)*.
§ 2º - As despesas do armazenamento, expurgo, conservação e embalagem dos produtos agrícolas correrão por conta do órgão

executor da política de garantia de preços mínimos não sendo dedutíveis do total a ser pago ao produtor."

Com a mesma finalidade, no que respeita às taxas de juros diferenciadas, há também estipulação expressa na Lei nº 4.595/64:

"art. 4º (...)
IX - *Limitar, sempre que necessário as taxas de juros, descontos, comissões* e qualquer outra forma de remuneração de operações e serviços bancários ou financeiros, inclusive os prestados pelo Banco Central do Brasil, *assegurando taxas favorecidas aos financiamentos* que se destinem a promover:
- recuperação e fertilização de solo;
- reflorestamento;
- combate a epizootias e pragas, nas atividades rurais;
- eletrificação rural;
- mecanização;
- irrigação;
- investimentos indispensáveis às atividades agropecuárias."

Em 5 de dezembro de 1965, foi editada a Lei nº 4.829, que institucionalizou o crédito rural, tendo já no seu primeiro artigo deixado claros os fins do crédito rural, bem diversos daqueles a que se presta o mesmo atualmente, qual seja, o enriquecimento do sistema financeiro:

"Art. 1º. O crédito rural, sistematizado nos termos desta lei, será distribuído e aplicado de acordo com a política de desenvolvimento da produção rural do País e tendo em vista o bem-estar do povo".

Dentro destes objetivos, vários outros mecanismos foram surgindo com o passar do tempo e da necessidade, tais como o aporte de recursos com vistas a que o produtor possa aguardar momento propício à comercialização de sua produção (normalmente na entressafra), através de EGFs (Empréstimos do Governo Federal), e até mesmo a compra dos mesmos produtos pelo Governo, por um preço mínimo suficiente à cobertura dos custos de produção, através de AGFs (Aquisições do Governo Federal), como já determinava o Decreto-Lei nº 79/66 e a já bem mais recente Resolução Bacen nº 1.915/92, *in verbis*:

"Decreto-Lei nº 79/66
Artigo 4º - *A União efetivará a garantia de preços através das seguintes medidas:*
A) Comprando os produtos, pelo preço mínimo fixado;

B) Concedendo financiamento, com opção de venda, ou sem ele, inclusive para beneficiamento, acondicionamento e transporte dos produtos." (grifei)

"Resolução Bacen nº 1.915/92
Artigo 3º - O instrumento de crédito deve estipular que o mutuário se obriga, sob pena de vencimento antecipado da operação, a apresentar ao financiador, até a data de vencimento da primeira parcela, documento representativo da *estocagem do produto financiado em quantidade suficiente para assegurar, com base no preço mínimo vigente, a liquidação do saldo do empréstimo* a ser transformado em operação de comercialização."

Face à importância da atividade à ordem e ao progresso da Nação, terminaram tais princípios de proteção a mesma sendo incorporados à própria *Constituição da República*, a partir de 1988:

"Art. 187. A política agrícola será planejada e executada na forma da lei, com a participação efetiva do setor de produção, envolvendo produtores e trabalhadores rurais, bem como dos setores de comercialização, de armazenagem e de transportes, levando em conta, especialmente:
I - os instrumentos creditícios e fiscais;
II - os preços compatíveis com os custos de produção e a garantia de comercialização;"

Finalmente, em confirmação a toda legislação supracitada, temos ainda a Lei nº 8.171, de 17 de janeiro de 1991 (Lei Agrícola):

"Art. 2º. A política agrícola fundamenta-se nos seguintes pressupostos:
(...)
III - Como atividade econômica, a agricultura deve proporcionar, aos que a ela se dediquem, rentabilidade compatível com a de outros setores da economia;
IV - o adequado abastecimento alimentar é condição básica para garantir a tranqüilidade social, a ordem pública e o processo de desenvolvimento econômico-social;
(...)
Art. 3º. São objetivos da política agrícola:
(...)
III - eliminar as distorções que afetam o desempenho das funções econômica e social da agricultura;"
(...)

Art. 31. O Poder Público formará, localizará adequadamente e manterá estoques reguladores e estratégicos, visando garantir a compra do produtor, na forma da lei, assegurar o abastecimento e regular o preço do mercado interno.
(...)
§ 5º - A formação e a liberação destes estoques obedecerão regras pautadas no princípio da menor interferência na livre comercialização privada, observando-se prazos e procedimentos preestabelecidos e de amplo conhecimento público, *sem ferir a margem mínima do ganho real do produtor rural, assentada em custos de produção atualizados e produtividades médias históricas.*"

No que tange especificamente aos financiamentos agrícolas, é enfática a lei no sentido de que haja uma adequação e correlação entre os custos e o resultado da produção:

"Art. 50. A concessão de crédito rural observará os seguintes preceitos básicos:
(...)
V - prazos e épocas de reembolso ajustados à natureza e a especificidade das operações rurais, bem como à capacidade de pagamento e às épocas normais de comercialização dos bens produzidos pelas atividades financeiras."

Da mesma forma, o artigo 4º da Lei nº 8.174/91 (chamada emenda à Lei Agrícola), *in verbis*:

"Art. 4º. Os preços de garantia dos produtos de consumo alimentar básico da população, nas operações de financiamento e garantia de compra pelo Governo Federal, realizadas com pequenos produtores, deverão guardar equivalência com os valores dos financiamentos de custeio de forma a evitar a defasagem entre o preço de garantia e o débito com o agente financeiro."

É inolvidável, então, que do ponto de vista legal, as normas que fixam preceitos de proteção à atividade rural e ao crédito concedido a esta atividade possuem conotação de *ordem pública*, vez que são *normas de interesse da coletividade*.

Partindo desta premissa, é evidente que o § 2º do art. 16 da Lei nº 8.880, de 27/05/94, é também *norma de ordem pública e de interesse da coletividade*, visando exatamente a assegurar uma equivalência justa entre o custo da produção e o preço dos produtos financiados, ao estabelecer:

"Art. 16. Continuam expressos em cruzeiros reais, até a emissão do Real e regidos pela legislação específica:
(...)
IV - as operações de crédito rural, destinadas a custeio, comercialização e investimento, qualquer que seja a sua fonte;
(...)
§ 2º. Nas operações referidas no inciso IV, a atualização monetária aplicada àqueles contratos será equivalente à dos preços mínimos em vigor para os produtos agrícolas."

A inclusão deste § 2º ao artigo 16 da Lei nº 8.880/94, através de substitutivo, para o qual tivemos oportunidade de colaborar através de pedido do então Deputado Victor Faccioni, foi objeto de intensa negociação com o Governo, que terminou aceitando-o. Todavia, após a sua aprovação no Congresso, o então presidente Itamar Franco vetou-o, descumprindo acordo com aquela Casa Legislativa. Inobstante, o veto foi derrubado pelo Congresso Nacional.

Na justificativa ao veto, o Governo afirmou que se encarregaria de promover os meios de garantia do equilíbrio econômico-financeiro dos contratos, através da atualização dos preços mínimos em níveis correspondentes aos reajustes das obrigações contraídas pelos produtores nos financiamentos rurais.

Inobstante, já no *artigo 4º do Decreto Presidencial nº 1.274 de 13/10/94 (DOU 14/10/94)*, que fixou os preços mínimos para a safra 94/95, ficaram estes preços desindexados de qualquer atualização monetária, embora os financiamentos continuassem indexados à TR/Poupança. A única tímida garantia dada aos produtores foi uma *"promessa"* de revisão destes preços mínimos com vistas a manter o equilíbrio econômico-financeiro dos contratos de financiamento:

"Art. 4º. No mês anterior ao de início da vigência, os preços mínimos e os valores de financiamento poderão ser revistos, de modo a garantir o equilíbrio econômico-financeiro dos contratos."

Observe-se, desde logo, a distorção da lei por parte do Exmo. Presidente da República, quando neste Decreto cogita da mera *possibilidade* de revisão dos preços mínimos, em que pese no *art. 85 do Estatuto da Terra (Lei nº 4.504/64)* corroborado recentemente pelo § 5º do *art. 31 da Lei nº 8.171/91*, venha determinado expressamente e impositivamente que:

"(...) a fixação dos preços mínimos (...) *deverá* ser feita, no mínimo, sessenta dias antes da época do plantio em cada região e *reajustados*, na época da venda, de acordo com os índices de correção fixados pelo Conselho Nacional de Economia" (...) "*sem ferir a margem mínima do ganho real do produtor rural, assentada em custos de produção atualizados e produtividades médias históricas*".

Não por outra razão, terminou sendo aquele veto presidencial sobre o § 2º do artigo 16 da Lei nº 8.880/94 derrubado por sessão plenária do Congresso Nacional, justamente por não ser admissível que o produtor pague a conta da estabilização econômica.

Outrossim, é também legalmente indiscutível a indexação pelo preço mínimo do produto, sendo ilícita qualquer cláusula que disponha em sentido contrário, por força do disposto no *art. 26 da Lei nº 9.069, de 29/06/95 (MP nº 542, de 30/06/94)*, que estabeleceu expressamente a indexação dos contratos aos preços mínimos para os custeios das safras 93/94 e 94/95:

> "Art. 26. Como forma de *garantir o equilíbrio econômico-financeiro* na conversão dos contratos relativos à atividade agrícola, ficam *asseguradas as condições de equivalência* constantes nos contratos de financiamento de custeio e de comercialização para produtos contemplados na *safra 1993/94 e na safra 1994 com 'preços mínimos de garantia' dentro da Política de Garantia de Preços Mínimos - PGPM*."

Assim, a partir de 1988, a proteção à atividade primária, que, antes decorria de leis ordinárias, passou a integrar a própria Constituição da República, especialmente, impondo-se uma correlação obrigatória entre o custo de produção e os preços dos produtos, o que restou confirmado pela Lei nº 8.171/91. O artigo 16, § 2º, da Lei nº 8.880/94, e o art. 26, *caput*, Lei nº 9.069/95 só vieram a corroborar este princípio.

Inobstante, não é isso o que ocorre na prática, eis que os financiamentos rurais têm apresentado custos sempre superiores ao valor dos produtos resultantes da atividade financiada, ferindo assim todo um sistema de proteção à produção, e que visa, em última análise, à tranqüilidade social, à ordem pública e ao processo de desenvolvimento econômico-social (Lei nº 8.17/911, art. 2º, IV).

Analisando o dirigismo estatal, encontramos excepcional fundamentação em acórdão da lavra do Eminente Juiz de Alçada gaúcho Dr. Wellington Pacheco Barros:

> "Crédito rural - Instrumento de política agrícola a exigir prévia discussão com o setor de produção. Art. 187, I, da Constituição Federal, Resoluções do Bacen ou inserção de cláusulas contra-

tuais pelo Banco emprestador sem essa prévia discussão padece do vício de origem.
A Constituição Federal, no seu art. 187, inciso I, estabelece que se insere na política agrícola os instrumentos de créditos a ela repassados e que por isso necessita de prévia discussão com o setor de produção.
Portanto, as resoluções do Banco Central ou mesmo a inclusão de cláusulas contratuais pelo Banco Emprestador que não respeitar essa norma padece de vício de origem, possibilitando a revisão do que foi estabelecido."

"Crédito rural - Instituto de Direito Agrário que busca proteção social ao homem do campo. Nele predomina o dirigismo estatal em substituição à autonomia de vontade.
Crédito rural é instituto de direito agrário que, como outros, busca proteger o homem do campo. Seu sistema legal é sempre social, de onde emerge a necessidade do *dirigismo estatal protetivo* em detrimento da *autonomia de vontade*, que é liberdade de contratar. Isto significa dizer que a interpretação que deve decorrer do sistema é a que melhor se adeqüe ao homem do campo."
APELAÇÃO CÍVEL Nº 195159413
QUARTA CÂMARA CÍVEL DO TARGS
REL. WELLINGTON PACHECO BARROS
JULGADA EM 11/04/96

Neste sentido, a cada Plano Econômico, profundas e maléficas distorções são geradas, com tabelamentos de preços e importações predatórias e, ao mesmo tempo, elevação do custo financeiro.

3. Mecanismos de proteção à comercialização de produtos

Passamos a demonstrar as ilegalidades praticadas pelos agentes da Política de Garantia de Preços Mínimos (PGPM) – Banco do Brasil e CONAB –, às *vistas grossas* da União. Como vimos no tópico anterior, especialmente no Decreto-Lei nº 79/66 e na Resolução Bacen nº 1.915/92, a comercialização, além da proteção contratual, é obrigação governamental proporcionar garantia de preços compatíveis a cobrir os custos de produção.

Para tanto, estabelece a lei diversos mecanismos:

Empréstimos de Comercialização - EGF/COV (com opção de venda) e EGF/SOV (sem opção de venda): os quais visam a suprir o produtor de recursos ao pagamento das despesas da lavoura sem a necessidade de venda do produto logo após a colheita, quando os preços estão aviltados. Através do EGF, deveria então o Governo emprestar ao produtor importância correspondente aos sacos colhidos, pelo peço mínimo, de forma a possibilitar que os preços de mercado reajam.

O que na prática, todavia, passou a ocorrer é que, sendo o Banco do Brasil o agente quase exclusivo das operações de EGF, e sendo o produtor normalmente devedor de financiamentos de custeio junto à mesma instituição, terminam aqueles empréstimos sendo emitidos em valores exclusivamente suficientes ao pagamento do Banco do Brasil.

Como não é realizado EGF relativamente ao restante da produção, para pagamento de outros débitos da lavoura, obriga-se o produtor à venda de produto a preço vil.

Esta, a primeira distorção no Sistema de garantia de preços mínimos, conquanto terminam os mecanismos destinados a estes fins sendo utilizados em vantagem única e exclusiva do agente financeiro.

Aquisições do Governo Federal - AGF: através das quais o Governo, por sua Companhia Nacional de Abastecimento (CONAB), adquire os produtos vinculados aos EGFs, no vencimentos destes empréstimos, quando os preços de venda no mercado não se apresentem suficientes ao pagamento dos financiamentos.

Normalmente inexistem recursos suficientes à transformação de EGF em AGF, resultando disso a realização de aditivos prorrogando os vencimentos dos EGFs, contratados a custos incompatíveis com a valorização do produto (TR mais 1% ao mês, no mínimo).

E o pior, se o produtor necessitar liquidar o EGF, deverá dispor de muitas vezes mais em volume de produto para quitar o débito, diante da discrepância entre o financeiro e o físico.

Passam-se por vezes dois anos, ou mais, sem a solução do problema, aumentando-se a defasagem entre o preço do produto (mínimo ou de mercado) e o custo do saco "Egefado", quando então no momento da realização da AGF já não resulta qualquer sobra ao produtor, eis que todo o recurso obtido desta aquisição não é suficiente ao pagamento do EGF junto ao banco, fazendo-se ainda necessária a concessão de *subvenção* pelo Tesouro a cobrir a diferença faltante.

Mais uma vez, é a PGPM utilizada em benefício do Sistema Financeiro, e não do produtor, que deveria ser o destinatário desta subvenção.

Remuneração pela armazenagem: face à ausência de recursos para AGF, obriga-se o produtor à armazenagem do produto Egefado por vários anos, sem perceber qualquer contraprestação a título de armazenagem.

Quando se trata de estoques de terceiros, o pagamento desta remuneração é feito com grandes atrasos, em valores cuja atualização do valor normalmente é incorreta.

Mais uma vez locupleta-se o Sistema Financeiro, que recebe as verbas de armazenagem do Tesouro e não as repassa aos armazenadores-produtores.

Sobretaxa em compensação pela depreciação do produto armazenado: como os produtos depositados são perecíveis, para cumprimento da obrigação de manutenção da qualidade do produto, obriga-se o armazenador-produtor a realizar rodízio nos estoques, vendendo o produto velho a preços reduzidos e comprando quantidade equivalente ao produto novo a preços bem superiores.

Em compensação a tal depreciação do produto e em contrapartida da imposição do produtor à entrega de cereal em iguais qualidades de conservação daquele inicialmente Egefado (ou Agefado), estabelecem as normas da PGPM o pagamento de uma *"sobretaxa de quebra zero"*.

Todavia, tal sobretaxa só é paga ao terceiro armazenador (não ao próprio produtor-armazenador). Ora, tal contratação por vezes chega a levar mais de dois anos, quando já ocorrida grande depreciação do produto, obriga-se o produtor a realizar a reposição dos estoques durante este período sem qualquer contraprestação.

Mesmo após a contratação da AGF, tal sobretaxa é paga normalmente com atraso e em valor inferior ao necessário à efetiva compensação pela perda de qualidade do produto.

De tal sorte os instrumentos de garantia de mercado e de comercialização vêm sendo totalmente descumpridos, razão pela qual, na prática, não existem mecanismos que permitam escoar a safra sem aviltar o preço.

Esta assertiva foi totalmente confirmada no relatório da *CPMI do Endividamento* conforme o trecho dele extraído, abaixo transcrito:

"B - ASSUNÇÃO DE ÔNUS OCASIONAIS

Talvez a razão maior do endividamento dos agricultores junto ao Sistema Financeiro, os Planos Econômicos implantados a partir de 1986, com o intuito de estabilizar a economia, constituiram-se em importante fator de desestabilização do setor agropecuário, por serem implantados em época de colheita e por não levarem em conta as especificidades do setor.
(...)
B.6. - VINCULADOS À INCONSTÂNCIA/INCONSISTÊNCIA DA POLÍTICA AGRÍCOLA
a) A Lei Agrícola e a Política Agrícola
Em realidade, a despeito de haver sido promulgada uma Lei Agrícola (Leis nº 8.171 e 8.174), o Brasil não conta com uma política agrícola consistente. De um modo geral a 'política agrícola' vem sendo feita por 'espasmos', por pacotes, fortemente alicerçados em medidas ligadas ao Crédito Rural.
A irresponsabilidade governamental para com a agricultura atingiu seu máximo no ano de 1990, quando era Ministra da Economia a Sra. Zélia Cardoso de Melo.
Nos anos seguintes, ao lado de medidas que se constituíram em efetivo apoio à agricultura, implantou-se, também, uma Política Agrícola de 'fachada', em que mais valiam os anúncios bombásticos, com ampla repercussão na mídia sem que, entretanto, fossem concretizadas as medidas, ao nível do agricultor. As promessas feitas pelo Governo Federal criaram expectativas e induziram a decisões por parte dos agricultores e, quando não

cumpridas, ocasionaram prejuízos de grande expressão aos agricultores.
b) A deficiente execução da Política de Garantia de Preços Mínimos (PGPM)
A deficiente execução da PGPM - obrigação legal, desde a edição do Estatuto da Terra - foi, também, fator preponderante no endividamento do setor agrícola, sobretudo nos últimos três anos. Dentre os principais aspectos apurados, destacam-se:
b.1. - o 'descasamento' entre o valor do preço mínimo - TR 'cheia' porque válida para um mês inteiro - e a correção dos contratos de custeio, para os quais se adota a TRD. Tal procedimento ocasiona aos agricultores prejuízos que alcançam até a quase 30 dias de correção monetária;
b.2. - a falta e o atraso na liberação dos recursos financeiros, por parte do Tesouro Nacional;
b.3. - a falta de decisões político-administrativas, como a autorização para transformação do crédito de custeio em operações de EGF, que foi tomada tardiamente, quando muitos agricultores já haviam vendido suas safras;
b.4. - a falta de recursos financeiros para execução das operações de EGF e AGF, prejudicou os agricultores que não haviam recorrido ao Crédito Rural, já que foram obrigados a vender sua produção pelos deprimidos preços do mercado.
(*Relatório Final*, Secretaria Legislativa, Subsecretaria de Comissões, Serviço de Comissões Especiais e de Inquérito, CPMI criada através do Requerimento do Congresso Nacional nº 92/93, 3ª Sessão Legislativa Ordinária da 49ª Legislatura, Brasília, 1993, págs. 212/217)."

Tal conclusão baseou-se, inclusive, em depoimento prestado à CPMI pelo *ex-Presidente do Banco do Brasil*, Sr. Alcir Calliari:

"Houve um período de perfeita coerência na política de preços mínimos, até que foi bruscamente interrompida e, nos últimos três anos, praticamente inexistiu política de preços mínimos no País." (*Relatório Final*, Secretaria Legislativa, Subsecretaria de Comissões, Serviço de Comissões Especiais e de Inquérito, CPMI criada através do Requerimento do Congresso Nacional nº 92/93, 3ª Sessão Legislativa Ordinária da 49ª Legislatura, Brasília, 1993, pág. 168)

Nas mesmas páginas 168/169, lê-se ainda o seguinte:

"Fax encaminhado à CPMI pelo Ministério da Agricultura, Abastecimento e da Reforma Agrária, em 10/11/93, informa que:
Safra 91/92 - por falta de recursos as operações de EGF só tiveram início no mês de junho. Este atraso contribuiu para as dificuldades de comercialização daquela safra.
Safra 92/93 - Devido à falta do crédito orçamentário, as operações de EGF não puderam ser convertidas em AGF. Esta situação forçou o Governo a prorrogar o vencimento dos citados EGFs até 15 de dezembro de 1993.
Outro fator de má aplicação da PGPM é a atualização mensal dos preços, enquanto os financiamentos sofrem reajustes diários, resultando daí graves prejuízos ao agricultor, por ocasião da formalização e da liquidação dos financiamentos.
Sobre o assunto PGPM, assim abordou o Sr. Franklin Mendes Thame, da FEBRABAN:
Se a política de preços mínimos estivesse realmente funcionando; se a indexação dos preços ocorresse em datas, em dias estabelecidos, esquecendo-se essas divergências de quinze, dez dias, um mês; se houvesse a garantia para o produtor de que ele receberia no seu produto essa transferência, não estaria nesses 12,5% ou nesses 6% o grande peso do negócio"

Como se pode ver, a garantia de comercialização dos produtos agrícolas por preços mínimos suficientes ao pagamento dos custos da lavoura não se constitui simples opção política do Governo Federal, mas sim obrigação constitucional e legal que se lhe impõe, a exemplo daquelas relacionadas com a saúde, a previdência, a educação, etc.

Assim sendo, da mesma forma que uma pessoa preterida no atendimento médico junto à rede de saúde pública pode reclamar indenização pelos danos materiais e morais sofridos em decorrência desta omissão, a não-garantia de preços mínimos aos produtores rurais gera ao Estado o dever de indenizar, em face do ato ilícito – descumprimento da lei que lhe impõe uma conduta comissiva – o que, na hipótese, a se tratar de ente administrativo, reclama responsabilidade objetiva, nos termos do art. 37, § 6º, da Constituição Federal de 1988.

4. As ilegalidades praticadas

Abaixo, relacionam-se as irregularidades e ilegalidades praticadas nas contratações agrícolas das quais decorreram o endividamento do setor.

4.1. A CORREÇÃO MONETÁRIA INCIDENTE SOBRE O DÉBITO

4.1.1. "Plano cruzado" - a isenção de correção monetária

Sustentam até hoje os ilustres juristas a inaplicabilidade da correção monetária no crédito rural, e o fazem respaldados em consistentes fundamentos legais. Entretanto, a triste realidade da inflação que assolou o país ao longo das últimas décadas fez com que o Judiciário terminasse por adotar a correção dos débitos pelos índices ao qual a economia em geral ficou atrelada, sob o fundamento de haver transferência de enriquecimento sem causa aos que fossem isentados da correção monetária, vindo o Superior Tribunal de Justiça a editar a Súmula 16 sobre a matéria:

"A legislação ordinária sobre crédito rural não veda a incidência da correção monetária"

Entretanto, o que se verificou ao longo dos anos foi a adoção de correção monetária em índices diferenciados para preços e financiamentos. Os instrumentos de créditos eram firmados dentro de uma realidade, e no momento de seu cumprimento houve a alteração de parâmetros de reajustes monetários, aplicando-se índices mais onerosos ao financiamento em relação àqueles que corrigiam os preços dos produtos agrícolas, inviabilizando-se seu cumprimento, quebrando-se a base do negócio jurídico.

O primeiro fato significativo, nesta esteira, deu-se no "Plano Cruzado" nos anos 1986 e 1987; devem ser observadas questões, quais sejam, as vantagens concedidas por diversas normas emanadas do

Conselho Monetário Nacional tornadas públicas pelo BACEN, como da própria Constituição Federal, ora excluindo correção monetária, ora reduzindo-a.

Portanto, os financiamentos contratados naquele período foram emitidos no âmbito de vigência do Decreto-Lei nº 2.284, de 10/03/86, chamado "CRUZADO I", onde se lia no seu artigo 7º, já alterado pelos Decretos-Leis nº 2.288 (de 23.07.86) e 2.289, (de 09.09.86), *in verbis*:

"Art. 7º - A partir da vigência deste Decreto-Lei é vedada, *sob pena de nulidade, cláusula de reajuste monetário* nos contratos com prazo inferiores a 1 (um) ano. As obrigações e contratos por prazo igual ou superior a doze meses poderão ter cláusulas de reajuste se vinculada a índices setoriais de custos ou de variação OTN, conforme se dispuser em regulamento, vedada a aplicação de reajustes até primeiro de março de 1987."

O Decreto-Lei nº 2.290, de 21/11/86, repetiu a vedação acima em seu artigo 2º, *in verbis*:

"Art. 2º - Somente as obrigações contratuais por prazo igual ou superior a 12 (doze) meses poderão conter *cláusula de revisão* livremente pactuada pelas partes, vinculada a índices setoriais de preços ou custos, que não incluam variação cambial."

O artigo 6º do mesmo Decreto-Lei nº 2.284/86 tinha a seguinte redação:

"Art. 6º - A Obrigação Reajustável do Tesouro Nacional - ORTN, de que trata a Lei nº 4357, de 16/07/64, passa a denominar-se Obrigações do Tesouro Nacional - OTN e a emitida a partir de 03/03/86, tem o valor de Cz$ 106,40 (cento e seis cruzados e quarenta centavos), inalterado até 1º de março de 1987."

E neste mesmo sentido, dentre outros, os seguintes normativos do BACEN (cf. voto do CMN):

- Resolução Bacen nº 1.352, de 01/06/87, que previu a isenção da correção monetária nos contratos agrícolas firmados anteriormente a 01/03/87, da data de emissão do financiamento até 28/02/87;
- Resolução Bacen nº 1.411, de 29/10/87, estendeu o prazo de isenção de correção monetária até 30/06/87.

O artigo 115 do Código Civil Brasileiro assim estabelece:

"Art. 115 - São lícitas, em geral, todas as condições que a lei não vedar expressamente. Entre as condições defesas se incluem as que privarem de todo efeito o ato, ou o *sujeitarem ao arbítrio de uma das partes*."

Neste passo, em relação às normas emanadas do BACEN, cumpre observar que, embora discutível a aplicação de tais resoluções, quando em prejuízo do mutuário, como tal não integrante do Sistema Financeiro Nacional e portanto não sujeito à normatização e fiscalização daquela Instituição, o mesmo não se pode dizer com relação aos bancos em geral, vinculados a tais normas.

Assim, se o Bacen isenta de correção monetária os contratos, tal decisão deve ser imediatamente acatada pelo Sistema Financeiro, o mesmo não podemos afirmar em relação aos Decretos-leis, já que normas de eficácia geral destinadas a regular os negócios jurídicos naquele período.

Entretanto, verificou-se que após 1987 os bancos obrigaram muitos mutuários a firmar aditivos, aplicando correção monetária de forma retroativa, o que é absolutamente ilegal. Além disso, as instituições financeiras utilizavam taxas flutuantes, como a ANBID, como substituição da correção monetária (vedada na ocasião), o que foi declarado ilegal pelo Judiciário.

Ademais, é de se verificar também a incidência da norma constitucional contida no art. 47 do ADCT, que determinou a isenção de correção monetária aos débitos dos mini, pequenos e médios produtores, no período compreendido entre 28/02/86 a 30/06/87.

Assim, entende-se, sem dúvida, deva haver a exclusão da correção monetária dos financiamentos emitidos anteriormente a 01.03.87 (1985 e 1986) até 30.06.87, tendo em vista o disposto nos Decretos-Leis nºs 2.284/86 e 2.290/86, bem como as Resoluções do BACEN nºs 1.352/87 e 1.411/87, o artigo 155 do Código Civil Brasileiro e o artigo 47 do Ato das Disposições Constitucionais Transitórias da CF/88.

4.1.2. "Plano Verão" - O indexador de fevereiro a maio de 1989

A causa da revisão das cláusulas contratuais que fixa o índice da poupança como indexador de fevereiro a maio de 1989 reside em fato superveniente, decorrente de Leis editadas com vistas a gerar benefícios e compensações ao Banco do Brasil S/A., justamente para que esta instituição não cobrasse dos produtores os índices das poupanças naquele período indexadas, mas sim a variação da OTN/BTN, como determinado no *art. 15, § 2º, da Lei nº 7.730/89 (Plano Verão)*.

Neste passo, nos meses de fevereiro a maio de 1989, foi aplicada aos contratos a variação das então recém-criadas LFTs, que neste período indexaram a poupança, assim também os financiamentos rurais vinculados a esta fonte de recursos.

Tal índice, de efêmera duração, e que visava tão-somente à sustentação do "Plano Verão" através do incentivo à poupança popular e desestímulo ao consumo, terminou acarretando um incremento nas contas dos produtores em torno de 74% com relação ao indexador determinado pela Lei nº 7.730/89, art. 15, § 3º, o IPC, o qual, aliás, anteriormente indexava a OTN, os preços mínimos, a própria poupança e, posteriormente, passou também a indexar o BTN (que se tornou novo índice da poupança).

Diante da imposição legal à adoção do IPC naquele período e da justificativa dos bancos de que haviam remunerado as poupanças pelo índice mais alto, através do *art. 1º da Lei nº 7.772, de 08 de junho de 1989*, foi autorizado ao Banco do Brasil *compensar no imposto de renda devido, relativo aos exercícios de 1989 a 1994, de eventuais prejuízos decorrentes da diferença entre os percentuais pagos aos poupadores naquele período (janeiro a maio de 1989 - LFT), e os que deveriam ter sido cobrados dos produtores (IPC)*.

Como se não bastasse, em novembro de 1989, através das *Leis nºs 7.868/89 e 7.869/89*, foi deferida indenização ao Banco do Brasil, através de emissão de Títulos da Dívida Pública Federal, com vistas a suprir aquele diferencial de índices, *devendo com isto o banco realizar o ajuste nas contas em que fora cobrado o valor a maior*.

Sobre tal questão manifestou-se de forma inequívoca a CPMI do endividamento rural:

"Entretanto, a Lei 7.737, de 28/2/89 deu nova redação ao Art. 16 da Lei 7.730, referindo-se, agora, exclusivamente aos contratos do SFH - retirando da redação os contratos de crédito rural lastreados com recursos da poupança - que constavam da redação original do Art. 16. Com isso, a Lei possivelmente quis dizer que aos contratos de crédito rural não se aplicariam os encargos de captação da poupança.

Não aparece nenhuma outra determinação legal sobre o assunto, exceto a Lei 7.868, adiante referida.

Portanto, não havia respaldo legal à cobrança que o Banco do Brasil queria fazer pela correção da poupança, nos contratos de crédito rural. Havia um vazio legislativo. Assim mesmo, o Banco, por negociações no

Congresso Nacional, logrou propor e aprovar duas Leis (nº 7.868 e nº 7.869, de 7/11/89) por meio das quais foi autorizada a emissão de Títulos Públicos Federais, a serem entregues aos Bancos - diga-se Banco do Brasil - a título de indenização, para que não cobrassem a correção pelo índice da Poupança e, sim, pelo IPC, mesmo nos contratos lastreados pela Poupança." (*Relatório Final* da Comissão Parlamentar Mista de Inquérito, criada através do Requerimento do Congresso Nacional nº 92/93, destinada a "investigar as causas do endividamento do setor agrícola, o elevado custo dos seus financiamentos e as condições de importação de alimentos nos exercícios de 1990 a 1993", fls. 120 - grifamos)

E corroborando este *Relatório*, também decisão do *TCU - Tribunal de Contas da União* aponta a relação direta entre a edição destas Leis e o benefício que deveria ter sido concedido aos agricultores:

"Passando à análise efetiva das questões suscitadas pela Comissão de Agricultura e Política Rural da Câmara dos Deputados, cabem alguns breves esclarecimentos acerca do primeiro ponto, qual seja, a indenização relativa às Leis nºs 7.772/89, 7.869/89 e 7.869/89. A Lei nº 7.730, de 31.01.89, instituidora do 'Plano Verão', alterou os indexadores monetários utilizados para a correção monetária dos contratos de crédito agrícola e da caderneta de poupança rural, da seguinte forma:

PERÍODO	CADERNETA DE POUPANÇA RURAL - Art. 17	CRÉDITO AGRÍCOLA Art. 15
Até 31.01.89	IRP *	IRP *
Fev/89 a maio/89	LFT	IPC

* Índice de Remuneração da Poupança

A conseqüência direta dessa alteração de indexadores foi um desequilíbrio entre remuneração da fonte e a aplicação dos recursos a qual chegou a atingir o percentual cumulativo de 74,6% em maio de 1989, como se observa no quadro a seguir:

MÊS	IPC	LFT
FEVEREIRO/89	0	22,3591%
MARÇO/89	3,60%	18,3539%
ABRIL/89	6,09%	19,8149%
MAIO/89	7,31%	10,96%
VARIAÇÃO ACUMULADA	17,9%	92,5%
DIFERENÇA	74,6%	

Para minimizar o impacto dessa diferença de índices nos resultados das instituições financeiras provedores de recursos para empréstimos de crédito agrícola lastrados pela caderneta de poupança rural foi a razão determinante para a edição das Leis em tela, autorizando a compensação no imposto de renda pelas instituições financeiras e a emissão de títulos pelo Poder executivo para indenização total do saldo da diferença negativa apurada."
(Decisão nº 184/97, Seção Ordinária do Plenário do Tribunal de Contas da União - TCU, de 16/04/97, voto nº TC 017.190/95-9)

Face a isto, nos financiamentos de *todos* os produtores deveria ter sido realizado um estorno, em novembro de 1989 (data de edição das leis em questão), deste diferencial de correção monetária. Quando realizado pelo Banco tal ajuste, foi este lançado nos demonstrativos de evolução das dívidas sob a curiosa rubrica denominada *"PERDÃO DA DÍVIDA".*

Todavia, nem todos os produtores tiveram este benefício, seja por que negado arbitrariamente pelo Banco; seja porque, como as Leis nºs 7.868/89 e 7.869/89 só foram editadas em novembro de 1989, as operações liquidadas antes desta data não receberam o desconto; seja, ainda, em outras, mesmo pagas no segundo semestre, não ocorreu o estorno em percentual adequado a efetivamente cobrir a diferença.

Desta forma, mais uma vez locupleta-se o Banco com o recebimento de vantagens fiscais e recursos em espécie do Tesouro Nacional destinados a manter o reajuste dos contratos pelo índice menor, mas, inobstante este fato, mantém a cobrança dos produtores pelo índice maior.

Por esta razão, tais lançamentos serem revisados para que nos termos da Lei, o estorno seja efetuado com base em percentual que efetivamente reflita a diferença entre a variação da LFT e do IPC nos meses de fevereiro a maio de 1989.

4.1.3. "Plano Collor I" - o reajuste dos contratos nos meses de março/abril/90

Este episódio foi marcante na desestruturação do crédito rural e tem conseqüências até hoje não solucionadas. Os mutuários do sistema já traziam sérias dificuldades em razão dos planos anteriores, principalmente de Plano Verão, objeto do tópico anterior, quando em março de 1990, logo após sua posse, o Presidente Fernando Collor confiscou a poupança nacional, deixando os poupadores com míseros NCz$ 50.000,00 disponíveis.

Da mesma forma, extinguiu o IPC, que indexava a poupança, e o BTN, aplicando índices diferenciados nas poupanças. No mês de março, o IPC foi apurado em 84,32%, e o BTN, em 41,28%. O dinheiro recolhido ao BACEN (confiscado) dependendo da data de aniversário, recebeu o índice do IPC, assim como os NCz$ 50.000,00 e as novas contas receberam o índice do BTN.

Por outro lado, os financiamentos agrícolas, que na época de sua contratação tinham os valores convertidos em quantidade de BTNs, tiveram sua correção pelo IPC. Além disso, os preços mínimos também receberam o reajuste pelo BTN.

Desta forma, do dia 15 para o dia 16 de março, houve uma brutal ruptura na base contratual, houve a aplicação de 84,32% nos financiamentos, enquanto os preços mínimos receberam reajuste de 41,28%. Assim, quem devia dez mil sacos no dia 15 passou a dever 18 mil no dia seguinte, quando o correto seria 14 mil; acrescentaram 33% a mais na dívida de um dia para o outro.

A insistência na cobrança deste indexador até os presentes dias inobstante a posição firme do Judiciário no sentido contrário, como se verá a seguir, trouxe problemas incontornáveis à atividade agrícola nacional, e ao próprio Banco do Brasil, cuja inflexibilidade resultou no ingresso de milhares de medidas judiciais para discutir o tema, quebrando a parceria da instituição com o sistema produtivo, resultando também na quebra da confiabilidade já abalada pela cobrança de altos juros ilegais e pelos fatos ocorridos nos dois Planos anteriores. Piores ainda foram os fatos que se sucederam, com uma verdadeira caça às bruxas daqueles que não se submeteram às cobranças ilegais, e daqueles que após inúmeras renegociações, por mata-mata, por prorrogação de dívida não tiveram como pagar seus débitos. Milhares de produtores venderam seus bens, saíram ou diminuíram sua atividade na tentativa de pagar estes débitos indevidos.

Da mesma forma que nos tópicos anteriores, a cobrança do percentual pretendido e efetivamente exigido pelos bancos em março de 1990 é absolutamente ilegal, mesmo sob o fundamento da indexação dos contratos às cadernetas de poupança, uma vez que não tendo o banco pago aos poupadores este percentual não se afigura lícito e até mesmo imoral cobrá-lo dos produtores financiados.

Com relação a este fato, além de *decisões dos Quatro Grupos Cíveis do Tribunal de Alçada do RS* (Embargos Infringentes nºs 192189520, 1º Grupo, rel. Juracy Vilela de Souza; 192012565, 2º Grupo, rel. Marco Aurélio dos Santos Caminha; 191092667, 3º Grupo, rel. Tael João Selistre; 191107101, 4º Grupo, rel. Antônio Janyr Dall'Agnol Junior); posicionamento idêntico adotam também outros Tribunais Estaduais como no caso do TJES (Apel. Cív. nº 014939000569-22.192, 2ª Câmara), cujo Recurso Especial do Banco do Brasil (de nº 94/46787-0-ES) foi improvido pela Quarta Turma no que tange ao diferencial do Plano Collor I. No mesmo sentido, decisão do TAMG, objeto do RESP nº 31.594-7-MG, cujo voto do Eminente Ministro-Relator, Dr. Ruy Rosado de Aguiar, serviu de referência a diversas outras decisões nesta Corte Superior, inclusive nos já mencionados Embargos de Divergência julgados pela Segunda Seção. Também no TAPR, Apelação Cível nº 53326-6, da 5ª Câmara Cível.

E pacificando definitivamente a questão, decisão da *Egrégia Segunda Seção do STJ, dos Embargos de Divergência ao RESP nº 47.186-9-RS (94/0011810-4)*, o qual transitou em julgado em 29/12/95:

"O Senhor Ministro Costa Leite (Relator): A e. Quarta Turma tem posição firme a respeito da questão que determinou a remessa do feito a esta e Segunda Seção, no sentido de que, em relação ao mês de março de 1990, a dívida resultante de financiamento rural com recursos captados de depósitos em poupança deve ser atualizada segundo o índice de variação do BTNF. Do voto que o eminente Ministro Ruy Rosado de Aguiar proferiu no Resp nº 31.594-7-MG, colho o seguinte trecho, contendo os fundamentos em que lastreada essa conclusão:

'A Lei 8.024, de 12 de abril de 1990, que aprovou a Medida Provisória nº 168, de 15 de março do mesmo ano, implantando o chamado 'Plano Collor', determinou que os saldos em cruzados das cadernetas de poupança, superiores ao limite de NCz$ 50.000,00, fossem transferidos ao Banco Central do Brasil (artigo 6º, *caput*, e artigo 9º), com devolução prevista para iniciar em 16 de setembro de 1991, em doze parcelas mensais iguais e sucessivas (art. 6º, § 1º).

Para a atualização desses saldos transferidos ao Banco Central, a regra está no § 2º do artigo 6º: entre a data do próximo crédito de rendimentos, isto é, a partir do primeiro 'aniversário' da conta após 15 de março, até a devolução integral dos saldos, a correção seria feita pela variação do BTN fiscal. Para as contas cujo trintídio se iniciara antes de 15 de março, com primeiro aniversário depois do Plano até 15 de abril, a atualização seria feita, nesse período, de acordo com a legislação vigente até 15 de março, isto é, aplicando-se o IPC.

Assim, a poupança efetuada antes de 15 de março de 1990, que servira ao Banco como fonte de recursos para os financiamentos agrícolas contratados até essa data, passou a ser atualizada pela variação do BTNf.
É certo que o Comunicado nº 2.067, do Banco Central, de 30 de março de 1990 (DO 02/04/90, p. 6431), determinou o uso dos Índices de Preços ao Consumidor (IPC) para a atualização dos saldos, mas dos saldos em cruzeiros, isto é, apenas das quantias até Cr$ 50.000,00, cuja conversão já ocorrera ou que iria ocorrer até 15 de abril, isto é, até a 'data do próximo crédito de rendimento', e das contas novas em cruzeiros. As contas já existentes, com saldo além de NCz$ 50.000,00, bloqueadas junto ao Banco Central, não estão compreendidas no Comunicado, referido apenas aos saldos em cruzeiro. Daí se conclui que a correção mensal pelo índice de 0,84 (IPC) para o trintídio iniciado depois de 15 de março, apenas se aplica aos saldos em cruzeiros, e assim, mesmo com a exclusão daquelas contas abertas no período de 19 a 28 de março, na forma da Circular nº 1.606, de 19 de março, para as quais se aplicou a mesma variação do BTNF, para o mês de abril.
Adotou-se, pois, sistema misto na correção dos saldos das cadernetas de poupança: para os saldos em cruzados, a correção pelo BTNF; para os depósitos em cruzeiros, pelo IPC, na forma do Comunicado 2.067/90. Não me parece correta a adoção de dois critérios para a atualização de quantias que tiveram na poupança popular a mesma origem, em detrimento dos titulares das cadernetas de poupança cujos saldos ficaram bloqueados, às quais foi destinada uma atualização muito inferior ao índice real da inflação. Mas aqui não se cuida de estabelecer a aceitação ou não das soluções adotadas na legislação e nos atos administrativos emanados do Banco Central; trata-se apenas de verificar quais os padrões diretivos que orientaram o Banco na escrituração dos valores das cadernetas de poupança que continuaram em cruzados, junto ao Banco Central.
O Banco do Brasil não alega, e menos ainda demonstra tenha feito a atualização da poupança em cruzados mediante a aplicação do índice de 84,32%. Como os recursos utilizados para a concessão do financiamento ao autor da ação de consignação e ora recorrido, relativo ao contrato objeto da ação, firmado em 27 de novembro de 1989, são oriundos de cadernetas de poupança então existentes e cujos saldos passaram a ser remunerados pelo BTNF (tirante a parcela limite de Cr$ 50.000,00), não vejo razão no seu pleito de aplicar ao referido contrato o índice de correção

de 84,32% (IPC), recusando o pagamento proposto pelo financiado, autor da ação, que calculou a atualização do seu débito para o período de 27 de março a 27 de abril (fl. 10), com o acréscimo de 41,28%.

O correto seria aplicar o percentual correspondente à inflação efetivamente verificada, tanto para a caderneta de poupança, como para os financiamentos e os preços agrícolas. Quando a prática bancária, no entanto, evidencia que os saldos em cruzados, fonte do financiamento, foram atualizados pelo BTNF, como está na lei e nas normas do BACEN, constituiria enriquecimento indevido do banco cobrar do financiado, com o qual mantinha contrato vinculado à remuneração das cadernetas de poupança, um percentual maior daquele considerado para corrigir os saldos das cadernetas.

O v. acórdão recorrido pôs a questão em seus devidos termos:
'Se as cadernetas de poupança tiveram seus rendimentos calculados com base no BTN de março de 1990, não há como evitar que também a dívida seja atualizada com base no BTN, mesmo critério utilizado para as cadernetas de poupança, segundo a cláusula do contrato, que deve prevalecer, mesmo porque, quando o financiamento foi liberado, se tomou como correspondência 46.20296 unidades de BTN'.

O banco recorrente insiste na sua tese de que os saldos transferidos ao Banco Central e ali bloqueados não constituíam mais cadernetas de poupança. Mas isso não corresponde à realidade, porque assim eles continuaram definidos na lei e nos atos normativos, e como tal foram tarde restituídos aos seus titulares. A diferença fundamental, que não interessa para o caso, está em que se tornaram indisponíveis para os poupadores, e disponíveis para os bancos, na forma do artigo 17 da Lei 8.024/90.

Desvinculando o critério de atualização do financiamento agrícola daquele adotado para as cadernetas de poupança cujos saldos permaneceram em cruzados e transferidos ao Banco Central, o recorrente quer descumprir o contrato que estabelecia a vinculação. Logo, o julgamento que mantém aquela paridade não viola o disposto no artigo 6º da Lei de Introdução do Código Civil. Do mesmo modo, não desatende ao Comunicado nº 2.067/90, do BACEN, apenas referido aos saldos em cruzeiros; de qualquer forma, este é o documento que não serve de padrão legislativo a ensejar o recurso especial.'

Afiguram-se-me irrepreensíveis tais fundamentos. Ante o atrelamento contratual, é injustificável aplicar-se o IPC, para a atua-

lização da dívida se os depósitos em poupança, fonte do financiamento, foram corrigidos segundo o índice de variação do BTNF. Nem se argumente com a Lei nº 8088/90, cujos arts. 5º e 6º assim dispõem:
(segue transcrição dos referidos dispositivos legais)
Em face desses dispositivos, sustenta o recorrente que 'o índice correto para aplicar-se aos mútuos realizados com recursos oriundos da caderneta de poupança é de 84,32%'. Não lhe assiste razão. Se de um lado resulta claro que a opção instituída pelo art. 6º pressupôs a correção pelo IPC, certo é que, é ínsita a esse pressuposto - do contrário, não se justificaria a distinção feita pela lei, que padeceria, inclusive, de vício de inconstitucionalidade - a remuneração das cadernetas de poupança de acordo com aquele índice, o que, em verdade, não ocorreu com os depósitos em cruzados novos bloqueados, como visto.
De qualquer modo, só seria dado divisar negativa de vigência àqueles dispositivos recorrendo-se à interpretação *contrario sensu*, consoante preconiza, aliás, o recorrente, mas isso não se afigura possível. A propósito, não se faz necessário avençar mais do que o acórdão proferido nos embargos de declaração, cujos fundamentos colho e endosso:
Simplesmente, os artigos citados, estabeleceram *faculdade, opção*, em prol do mutuário. Basta ver a utilização do termo *poderá*, o que indica faculdade posta à disposição do mutuário.
Dita lei, de compreensão nebulosa quanto aos seus objetivos, pretendeu desestimular o confronto entre mutuários e o banco embargante, conferindo a aqueles um pretenso benefício.
No entanto, ao mutuário que recorreu, ou vá recorrer ao Judiciário, em busca do reconhecimento do percentual de 41,28% qual o interesse de 'beneficiar-se' com 74,60%, como 'generosamente', lhe estenda o art. 6º lei em referência?
Está claro que, em tendo o mutuário recorrido à via judicial, pretendendo a aplicação dos BTNs, quanto ao mês em debate, de forma alguma se terá de apreciar o exercício de faculdade *não exercida*, matéria estranha e impertinente à *res in iudicium deducta*."
RECURSO ESPECIAL Nº 47.186-9-RS-94/0011810-4
SEGUNDA SEÇÃO DO STJ
REL. MIN. COSTA LEITE
(grifos no original)

Observe-se que, ainda não satisfeito, tentou o Banco do Brasil, em outro processo, formular Embargos de Divergência diretamente à Corte Especial, confrontando decisão relativa à atualização de contrato de financiamento rural indexado pela poupança, com débitos de natureza completamente diversa, sob o argumento de ser o IPC o índice que melhor repôs a inflação em março de 1990.

Mais uma vez foi derrotado por esmagadora maioria de 16 votos contra 1, já que a *Corte Especial do STJ, nos Embargos de Divergência ao Recurso Especial nº 59.898/RS (95/0046844-1)*, declarou inexistente tal divergência, até porque, como dito, e consta daquela decisão, a que porventura houvesse já restou pacificada nesta Corte pela Seção especializada na matéria, nos termos da ementa abaixo transcrita:

" - Processual civil. Embargos de divergência. Inocorrência do dissídio. Matéria pacificada na seção competente.

- Já estando a matéria discutida (correção monetária incidente sobre dívida de financiamento rural) uniformizada no âmbito da Segunda Seção, competente para a espécie, descabe invocar-se acórdão do mesmo Órgão, cuja orientação já está superada, para servir de paradigma na comprovação da divergência interna.

- Embargos de Divergência não conhecidos."

Temos ainda a sentença proferida pelo MM. Juiz da 3ª Vara Federal da Seção Judiciária do Distrito Federal na *Ação Civil Pública Nº 94.008514-1*, promovida pelo *Ministério Público Federal* contra o *Banco do Brasil S/A., Banco Central do Brasil e União Federal*, através da qual mais uma vez teve o Judiciário a oportunidade de apreciar a questão do diferencial do Plano Collor I e decidiu por declarar ilegal a cobrança, no dispositivo da sentença que abaixo se transcreve:

"Dispositivo

Ante o exposto, julgo procedente o pedido para reduzir, nos contratos de financiamento rural e, basicamente, nas cédulas de crédito rural, realizadas antes de abril de 1990, o percentual de 84,32% para 41,28% (quarenta e um vírgula vinte e oito por cento), e condenar o Banco do Brasil S/A. a proceder ao recálculo dos respectivos débitos na forma acima explicitada, bem como devolver aos mutuários que quitaram seus financiamentos pelo percentual maior, a diferença entre os índices ora mencionados, em valores corrigidos monetariamente, na forma legal, acrescidos de juros de mora, à taxa de 0,5% ao mês. Determino, em conseqüência, que o Banco do Brasil S/A. promova, *incontinenti*, a suspensão de todas as execuções judiciais eventualmente existentes, em andamento relativas a empréstimos efetivados sob as condições impugnadas nesta ação, e providencie para que os

débitos sejam adequados ao índice de 41,28%, tanto na esfera judicial quanto na via administrativa, se for o caso. A referida instituição financeira deverá comunicar a todos os seus mutuários a alteração do índice e as modificações decorrentes. Por fim, declaro ilegal o artigo 4º (com os respectivos incisos) da resolução nº 2.080, de 22.06.94, da lavra do Presidente do Conselho Monetário Nacional, tornando sem efeito as disposições ali contidas (Lei nº 7.347/85, art. 16).
(...)
Oficie-se ao Sr. Presidente do Banco do Brasil para adoção das providências ordenadas nesta sentença.
Intime-se o MPF e a União, na pessoa de seus representantes legais.
Publique-se.
Registre-se.
Brasília, 20 de novembro de 1997."

A decisão na Ação Cível noticiada acima, baseada naquele entendimento pacífico do Superior Tribunal de Justiça, acrescenta, entretanto, a obrigação do Banco do Brasil de estornar tal débito das contas em aberto e devolver o valor do mesmo nas liquidadas.

Mais do que isso, tal decisão declara ainda nulas as resoluções do Banco Central que impunham à renegociação de débitos o cálculo e a contabilização em separado do valor daquele diferencial, até que fosse dada solução governamental ao problema.

Em face da sentença acima proferida, o Banco Central do Brasil e o Banco do Brasil S/A. interpuseram a Apelação nº 1999.01.00.000821-4 distribuída à Terceira Turma do TRF da 1ª Região (Distrito Federal). Este recurso de apelação foi julgado procedente, em 17/08/99, com o acolhimento das preliminares de ilegitimidade do Ministério Público da União, em razão do que a Ação Civil Pública nº 94.008514-1 foi extinta sem julgamento do mérito. Desta decisão do Egrégia Terceira Turma do TRF da 1ª Região cabe recurso ao próprio tribunal, ainda não interposto em face da não-publicação do acórdão.

Desta forma, nos contratos firmados anteriormente a março de 1990, é absolutamente ilegal a exigência de correção monetária superior a 41,28%, nos termos e fundamentos das decisões acima transcritas.

4.1.4. "Plano Collor II" - a TR - Taxa Referencial como indexador

A partir de fevereiro de 1991, com a desindexação da economia decorrente da implantação do "Plano Collor II", foi extinto o BTN, bem como os demais índices medidores da inflação. Em substituição ao extinto BTN, indexador das cadernetas de poupança e da grande maioria das operações agrícolas daquele período, passou a ser adotada a TAXA REFERENCIAL.

Em razão disso, aboliu-se a prática de apurar a inflação por índices que mediam a perda do poder aquisitivo da moeda, passando-se a utilizar um índice financeiro para tanto. O mais grave é que foi adotado o custo do dinheiro num país onde este é mais caro do mundo. Deu-se o golpe fatal para gerar mais inflação a partir da própria inflação e favorecer definitivamente o sistema financeiro em detrimento da atividade produtiva em geral. A partir daí, o cassino financeiro não teve mais rédeas nem controle.

Por diversas razões afigura-se inaplicável tal indexador aos contratos, como se exporá a seguir.

4.1.4.1. A natureza de "taxa de juros" da TR, sua limitação a 12% a.a. e inconstitucionalidade

Já desde 1991, a desindexação da economia e a finalidade da criação da TR se mostra bem clara pela própria exposição de motivos da Ministra da Economia Zélia Cardoso de Melo, ao encaminhar a Medida Provisória que implantou o Plano Collor II:

> "6. São essas, Senhor Presidente, as razões que me fazem apresentar a minuta de Medida Provisória, em anexo, *que extingue todas as formas de indexação de contratos, com periodicidade inferior a um ano,* (grifei) e cria a Taxa Referencial, cujo objetivo é permitir o funcionamento do sistema financeiro no novo contexto criado por esse ato normativo."

É indiscutível, neste passo, que desde a sua criação teve este índice como critério de apuração média de taxas de juros, o que já ficou bem claro no primeiro artigo da Lei nº 8.177/91, que a instituiu:

> "Art. 1º. O Banco Central do Brasil divulgará Taxa Referencial-TR, calculada a partir da remuneração mensal líquida de impostos, dos depósitos a prazo fixo captados nos bancos comerciais, bancos de investimentos, bancos múltiplos com carteira comercial ou de investimentos, caixas econômicas, ou dos títulos públicos federais, estaduais e municipais, de acordo com a metodologia a ser aprovada pelo Conselho Monetário Nacional, no prazo de sessenta dias, e enviada ao Conhecimento do Senado Federal."

Desta forma, a nova *taxa*, que nada tem a ver com índice inflacionário, reflete sim o custo do dinheiro nas instituições financeiras, eis que, antes calculado a partir da média da remuneração de alguns CDBs das maiores instituições bancárias, e a partir do Plano Real, com base na média da remuneração dos CDIs. Por isto, o absurdo da utilização da TR nos contratos (que a adotam disfarçadamente através da vinculação do empréstimo aos índices da caderneta de poupança) conquanto, embora utilizada como indexador monetário, representa, na verdade, *juros* e *risco*.

E tanto é assim que, por conta de tais componentes desta taxa, está prevista em seu cálculo a utilização de um *redutor*, que visa, em tese, ao expurgo destas parcelas no cálculo do índice final. Todavia, tal redutor, que nunca atingiu o nível necessário ao efetivo expurgo destes componentes da taxa referencial, vem sendo gradativamente e reiteradamente diminuído, de forma a que cada vez se afigurem mais presentes os fatores *juro* e *risco* na composição final do índice.

Por esta razão, o Egrégio STF ao examinar a *AÇÃO DIRETA DE INCONSTITUCIONALIDADE nº 493/600*, proposta pelo Procurador-Geral da República, decidiu pela inconstitucionalidade da famigerada taxa no crédito agrícola indexado pela Caderneta Poupança Verde, com relação aos contratos firmados antes da criação do novo indexador a estas cadernetas (e aos contratos) conquanto tenha tal substituição de índices (BTN pela TR) violado o disposto no art. 5º, XXXVI, da Constituição Federal:

"Ação direta de inconstitucionalidade.
- Se a lei alcançar os feitos futuros de contratos celebrados anteriormente a ela, será essa lei retroativa (retroatividade mínima), porque vai interferir na causa, que é um ato ou fato ocorrido no passado.
- O disposto no artigo 5º inciso XXXVI da Constituição Federal se aplica a todo e qualquer lei infra constitucional, sem qualquer distinção entre lei de direito público e lei de direito privado, ou entre lei de ordem pública e lei dispositiva. Precedente do STF.
- Ocorrência, no caso de violação de direito adquirido. *A taxa referencial (TR) não é índice de correção monetária, pois, refletindo as variações do custo primário da captação dos depósitos a prazo fixo, não constitui índice que reflita a variação do poder aquisitivo da moeda*. Por isso, não há necessidade de se examinar a questão de saber se as normas que alteram índice de correção monetária se aplicam imediatamente, alcançando, pois, as prestações futuras de con-

tratos celebrados no passado sem violarem o disposto no artigo 5º XXXVI da Carta Magna.
- Também ofendem o ato jurídico perfeito os dispositivos impugnados que alteram os critérios de reajustes das prestações nos contratos já celebrados pelo sistema do Plano de Equivalência Salarial por Categoria Profissional (PES/CP).
Ação Direta de Inconstitucionalidade julgada procedente para declarar a inconstitucionalidade dos artigos 18, *caput* e parágrafos 1º e 4º; 20; 21 e parágrafo único; 23 e parágrafos; 24 e parágrafos, todos da Lei nº 8.177 de 1º de março de 1991." (grifamos)

E a inconformidade do Supremo Tribunal Federal com utilização de tal taxa se mostra reiterada na decisão que deferiu liminar por dez votos a zero, em outra *AÇÃO DIRETA DE INCONSTITUCIONALIDADE, nº 768-8*, ao suspender a exigibilidade do artigo 26 da Lei nº 8.177/91, significando a proibição da utilização da TR como atualização dos financiamentos rurais que tinham como índice o IPC e origem nos depósitos à vista, conforme ementa abaixo transcrita:

"Ação Direta de Inconstitucionalidade nº 768-8 (medida liminar) (...) Decisão: Por votação unânime, o Tribunal deferiu medida cautelar para suspender a eficácia do art. 26 da Lei Federal nº 8.177, de 1º de março de 1991. Votou o Presidente. Plenário, 07.10.92.
Ação Direta de Inconstitucionalidade - Liminar. A concessão ou não, de liminar em ação direta de inconstitucionalidade faz-se considerados dois aspectos principais - o sinal do bom direito e o risco de manter-se com plena eficácia o ato normativo. Este último desdobra-se a ponto de ensejar o exame sob o ângulo da conveniência da concessão da liminar, perquirindo-se os aspectos em questão para definir-se aquele que mais se aproxima do bem comum. Tratando-se de preceito legal revelador, ao que tudo indica, de retroação incompatível com o princípio do ato jurídico perfeito e acabado, a gerar direito adquirido, impõe-se o deferimento da suspensão preliminar. Isto ocorre quando a teor do artigo 26 da Lei nº 8.177/91: 'as operações de crédito rural contratadas junto às instituições financeiras, com recursos oriundos de depósito à vista e com cláusula de atualização pelo índice de Preços ao Consumidor (IPC), passam a ser atualizadas pela TR, observado o disposto no artigo 6º desta Lei'".

Em que pese, em princípio, só se apliquem tais decisões aos contratos firmados antes da criação da TR, a leitura da ementa da ADIn 493/600 não deixa dúvida de interpretação, de que *sendo a* atacada taxa reflexo do mercado financeiro, não pode prestar-se a substituir índice medidor de inflação, o que termina por atingir também os contratos posteriormente firmados, que utilizem este indexador.

Sobre o tema, transcrevem-se as seguintes decisões:

"Civil. Processual civil. Crédito rural. Capitalização de juros. Prêmio do PROAGRO. TR como indexador.
(...)
3. Recusa-se como indexador, para efeito de atualização monetária, a TR que não reflete a inflação, com repercussão no valor da moeda."
RECURSO ESPECIAL Nº 39.315-9-RS
QUARTA TURMA DO STJ
REL. MINISTRO DIAS TRINDADE

"Civil. Crédito rural. Correção pactuada durante o curso dos contratos. Aplicação da TR. Capitalização de juros.
Às dívidas rurais aplica-se correção monetária, segundo o que consta dos contratos, não sendo, porém de aplicar-se a TR em substituição aos indicadores neles previstos (...)"
RECURSO ESPECIAL Nº 37.997-0-GO
QUARTA TURMA DO STJ
REL. MINISTRO DIAS TRINDADE

"Direito econômico. Direito civil. Execução. Cédulas rurais. Contas gráficas. Embargos. Julgamento antecipado. Cerceamento de defesa. Inocorrência. Capitalização de juros. Possibilidade. Enunciado n. 93 da Súmula/STJ. Correção monetária. BTN - indexador contratualmente eleito. Substituição *ex lege* pela TR. Inconstitucionalidade declarada. Adoção do INPC. Recurso parcialmente conhecido e provido.
I - Em face da posição do Supremo Tribunal Federal, inadmitindo a TR como fator de atualização monetária substitutivo do BTN, a correção dos valores de atualização monetária substitutivo do BTN, a correção dos valores, cuja forma de reajuste estava, por lei ou por contrato, atrelada a variação do valor de referido título da dívida pública, cumpre seja procedida, a partir do advento da Lei 8.177/91, com base no INPC."
RECURSO ESPECIAL c/ registro nº 94/0009074-9-DF
QUARTA TURMA DO STJ
REL. MIN. SÁLVIO DE FIGUEIREDO
(Julgado em 25/10/94 - DJU 19/12/94, p. 35.321)

Observe-se que, mesmo em questões de natureza diversa (tributárias), tem sido este o entendimento do Superior Tribunal de Justiça, independentemente da inconstitucionalidade, pela *inaplicabilidade da TR como substitutivo de correção monetária, conclusão em razão da qual, impede a aplicação deste indexador mesmo a contratos firmados após a edição da Lei nº 8.177/91:*

"Crédito tributário. Correção monetária. Aplicação da TR. Imprestabilidade.
A taxa referencial de juros - TR - não é índice de correção monetária e, portanto, sem como tal não pode ser utilizada."
RECURSO ESPECIAL c/ registro nº 95/0007676-4-RJ
PRIMEIRA TURMA DO STJ
REL. MIN. CESAR ASFOR ROCHA
(Julgado em 05/04/94 - DJU 15/05/95, p. 13.379)

"Financeiro - Correção monetária - Índice a ser adotado - TR - Ilegalidade - INPC.
Na ausência de índice expresso de correção monetária, adota-se o INPC apurado pelo IBGE."
RECURSO ESPECIAL c/ registro nº 94/0040846-3-RJ
PRIMEIRA TURMA DO STJ
REL. MIN. GARCIA VIEIRA
(julgado em 22/02/95 - DJU 03/04/95, p. 8.118)

Como resta claro destas decisões, a *TR - Taxa Referencial não é índice de correção monetária, mas sim de juros.*

Todavia, é tal índice utilizado como forma de *"atualização monetária"* do mútuos rurais, diretamente ou atrelado ao indexador da poupança.

Ao admitir a utilização da TR como indexador monetário, que de juros já se trata, e, ainda, o acréscimo de juros remuneratórios *fixos* normalmente constantes nas cédulas às taxas mínimas de 12% a.a., resultará em inequívoca extrapolação deste limite já estabelecido em definitivo pelo Superior Tribunal de Justiça, conforme julgamento no REsp 111.881-RS, Segunda Seção-STJ, J. 26/11/97.

Ademais, *acrescida a TR da taxa de juros pré-fixada no contrato*, resulta a inequívoca conclusão da prática de *anatocismo*, pela cobrança de *juros sobre juros.*

Já por estas razões, a impossibilidade de adoção da TR como indexador, a qual, *trata-se de índice que mede taxa de juros, e não correção monetária*, o qual, *acrescido dos juros remuneratórios prefixados resulta em cômputo de juros sobre juros a taxas superiores aos 12% a.a.*

De qualquer modo, declarada inconstitucional a TR com relação aos contratos firmados anteriormente à sua criação, e estando os demais índices, especialmente o BTN, extintos pela mesma Lei nº 8.177/91, criou-se verdadeira *lacuna legal*, não se podendo atribuir a estas relações obrigacionais atingidas diretamente por aquelas declarações de inconstitucionalidade, outro índice, mesmo inflacionário, sem previsão legal expressa.

Inobstante, em muitas decisões, anteriores ao julgamento do STF, vinha procurando o Judiciário superar o vazio legal, como nos acórdãos acima e outros, no mesmo sentido, da Sexta Câmara Cível do TARGS, nas apelações 192106961 e 192106995, em Seção do dia 24.09.92, nas quais foi declarada inaplicável a TR no crédito agrícola, substituindo-a pela evolução do preço mínimo do arroz a partir de 02.02.91, quando da criação da referida taxa.

Finalmente é de se rebater também o argumento por vezes utilizado de que a variação de tal índice foi em alguns períodos inferior a outros, verdadeiramente inflacionários.

Na verdade, tal justificativa não se presta a salvaguardar a inconstitucionalidade e ilegalidade da TR ou o ambiente objetivo da celebração do contrato, pois, em se tratando de taxa composta de juros *flutuantes* destinada ao controle da política monetária pelo Governo Federal, pode a qualquer momento verificar-se a inversão desta constatação, como de fato já ocorrido nos primeiros meses da instituição desta Taxa Referencial, ou mesmo a partir da implantação do Plano Real.

Com efeito, nos meses de janeiro a junho de 1994, a TR apresentou variação de 781,01%, contra 732,26% do IGP-M, o que corresponde a um acréscimo no débito dos produtores que possuíam a indexação de seus financiamentos ao mesmo índice utilizado para a remuneração da poupança, só neste período, de 6,51 %, ou seja, mais de 1% ao mês, como dito, fora o juro da cédula!

No Plano Real, de 01.07.94 a 01.10.99, já temos acumulada uma variação de 113,64% para a TR e 82,15% para o IGPM, em contrapartida de um aumento nos preços mínimos na ordem de 16,667% (feijão), 8,9820% (arroz), 19,1646% (soja) e 18,3333% (milho), por exemplo.

Assim sendo, a decisão da Suprema Corte deve ser aplicada, *incontinenti*, nas contratações anteriores à criação desta Taxa Referencial, seja nos que adotavam os índices da caderneta de poupança, como naqueles que possuíam parcelas indexadas pelo BTN ou IPC, eis que substituir tais indexadores pela TR ou TRD, fere o ato jurídico perfeito e o direito adquirido, em similitude ao decidido pelo STF, contrariando o art. 5º, XXXVI, da Constituição Federal.

Nos demais contratos, firmados posteriormente à criação da TR, há que ser a aplicação da mesma declarada ilegal, por não se admitir a utilização de taxa e juros como sucedâneo de referencial monetário (inflação), ainda mais quando previsto nos contratos, como de resto ocorre, taxa adicional de no mínimo 12% ao ano.

Além disso, tratando-se a TR de índice de juros, também ilegal a sua utilização como indexador, eis que quando acrescida aos juros remuneratórios fixados em contrato resulta em *anatocismo* a taxas superiores a 12% a.a., o que é inadmitido pelo STJ, conforme demonstrado no tópico denominado *"Os Juros Remuneratórios"*.

Finalmente, deve-se atentar que a partir de 1994 os novos financiamentos já não têm mais a contratação da TR ou de qualquer outro indexador, passando a incidir juros efetivos fixos. Para a safra 98/99 e 99/99 temos a taxa de juros efetiva de 8,75% a.a, com exceção dos financiamentos de custeio aos pequenos produtores ao amparo do Pronaf - Programa Nacional de Fortalecimento da Agricultura Familiar, onde a taxa de juros efetiva é de 5,75% a.a. Desta forma, torna-se insofismável a inaplicabilidade do indexador cuja ocorrência nos contratos antigos cria inclusive tratamento diferenciado e extremamente oneroso aos devedores, atingindo o princípio da eqüidade.

4.1.4.2. A potestatividade e a onerosidade excessiva contida na TR - como na nula taxa da ANBID

Desde a sua criação, a TR sempre representou uma tentativa do Governo Federal de desindexar a economia, especialmente desatrelar o crescimento dos preços da variação do volume do *deficit* público (dívida interna).

Para isto, em fevereiro de 1991 (Plano Collor II), extinguiu o BTN, sucessor das OTN e ORTN, que indexavam o *deficit* do Tesouro Nacional, criando, para tanto, a Taxa Referencial, que serviria, em tese, unicamente de referencial de juros pagos pelos pelo Governo à rolagem da dívida interna.

Todavia, entregou a fixação de tal taxa de juros ao sistema financeiro, eis que, como dito, a TR era calculada tomando por base a média dos juros praticados nos CDBs nos maiores bancos do País. Conclusão óbvia desta fórmula macabra é que passaram estes bancos a ditar o valor da TR, segundo seus interesses e os interesses do mercado especulativo.

Com o crescente *deficit* público federal, demandando mais e mais recursos à rolagem da dívida interna, passaram tais bancos a exigir as taxas que bem entendiam com vistas à rolagem desta dívida do

Tesouro, obrigando-se o governo a aceitá-las, como única forma de controle de seu *deficit*.

A tal ponto chegou este absurdo, que do ano de 1994 para cá o governo gastou mais de R$ 200 bilhões com a rolagem de sua dívida, de forma praticamente a concentrar no Tesouro a maior parte da rentabilidade e dos lucros do sistema financeiro. Nesta esteira, todavia, seguiu toda a atividade produtiva, que se obrigou ao pagamento das taxas impostas pelos bancos, que as ditam em razão da necessidade de caixa do Governo, como se pode ver em artigo publicado no jornal *O Globo*:

"Taxas que incentivam poupança
desestimulam os investimentos
(...)
De fato, o lucro dos bancos cresceu tanto nos últimos anos que eles se tornaram sócios ou até mesmo donos de grupos industriais brasileiros, caso de gigantes como Bradesco, Itaú e Unibanco e mesmo outros menores, como o Garantia. Nos últimos cinco anos, um grupo de 170 bancos obteve um lucro líquido de US$ 11,7 bilhões (R$ 10,5 bilhões), com rentabilidade média de 10,1%. Esse nível de retorno é semelhante ao dos bancos dos países desenvolvidos, mas estes ganham mais financiando a produção do que o Governo, afirma o consultor Alberto Borges Matias:
- Os bancos e seus clientes nos fundos tiveram uma receita bruta de R$ 21 bilhões com títulos federais nos primeiros seis meses de 1994. É um absurdo termos banqueiros no comando da política monetária do país." (Jornal *O Globo*, 09/04/95)

Desta forma, é de se observar que a Taxa Referencial, enquanto fixada com base nas taxas de juros fixadas pelo sistema financeiro segundo as necessidades de caixa do Governo, é, na verdade, um índice absolutamente *potestativo*, razão da ilegalidade de sua utilização em contratos de financiamento, conquanto fica o reajuste da obrigação o mutuário à mercê da vontade única e exclusiva do mutuante - Sistema Financeiro -, ferindo assim o art. 115 do CCB.

Pior do que isto, com a nova metodologia de apuração da Taxa Referencial a partir do Plano Real, tornou-se a mesma não mais semelhante, mas idêntica, à Taxa da ANBID, cuja ilegalidade já se encontra declarada na Súmula 176 do STJ, por sua potestatividade.

Neste sentido, decidiu o Tribunal de Alçada do Paraná, nos termos da ementa abaixo transcrita:

"308821 – Embargos do Devedor – Execução de título extrajudicial – Cédula de Crédito Rural – Excesso de execução em parte demonstrado – Utilização da TR como fator de indexação – Inadmissibilidade – Juros – Capitalização mensal – Possibilidade – Juros remuneratórios – art. 192, § 3º, da Constituição Federal – Norma que depende de regulamentação – Apelação provida em parte – Recurso adesivo provido – Caracteriza-se o excesso de execução se demonstrada quaisquer das hipóteses previstas no art. 743, do Código de Processo Civil. A TR – taxa referencial – a exemplo da 'taxa ANBID' – não é índice de correção monetária, posto que reflete uma média das variações do custo primário de captação dos depósitos bancários a prazo fixo pelos bancos ou títulos públicos federais, estaduais e municipais, como previsto no art. 1º da Lei nº 8.177/91. Não existindo entre os elementos de sua apuração, correlação concreta e necessária com a efetividade dos preços gerais de bens, mercadorias, serviços e outros componentes da economia que retratam a variação do custo de vida, tem-se um índice descomprometido com a realidade inflacionária do país, e portanto, sua indigência, inadequação e impropriedade para recompor o poder aquisitivo da moeda tornam-se irretorquíveis e negam vigência ao comando emergente da lei nº 6.899/81. Caso contrário, ocorreria de forma inexorável e absurda, que em períodos de inflação contida ou deflacionários, aplicar-se-ia uma 'correção monetária' meramente fantasiosa, indevida e ilegal, manifestamente lesiva ao devedor e caracterizadora de enriquecimento ilícito do credor, já que os custos de captação seriam sempre positivos. Sob outro focar, a existência de previsão contratual a instituindo como indexador, particularmente em contrato bancário, revela-se além de imprópria, injurídica e ineficaz, porquanto, sendo a TR (assim como a taxa ANBID) índice sujeito à interferência dos estabelecimentos de crédito, não pode prevalecer a cláusula que deixa a fixação do mútuo ao talante de uma das partes, vale dizer, do próprio banco, a teor do art. 115 do Código Civil. (cf. Precedentes citados, do E. STJ relacionados à taxa Anbid, de inteira pertinência à discussão relativa à TR). Ainda, tendo-se em consideração que tal índice reflete – em verdade – custo médio de captação de depósitos bancários, vale dizer, juros, ter-se-ia que aplicá-lo, a pretexto e disfarçado de indexador inflacionário, caracterizando anatocismo, por via dissimulada, já que os juros também incidiriam sob rubrica específica sobre valores assim corrigidos. Incidência, também, do Código de Defesa do Consumidor. Os juros pactuados com instituição financeira, ainda que em taxas superiores ao limite legal, podem ser exigidos, vez que, inaplicável à espécie as disposições do Decreto 22.626/33. O artigo 192, § 3º, da Carta da República, é norma que depende de regulamentação para sua aplicabilidade, sendo válido os encargos pactuados pelas partes, ainda que superiores ao limite estabelecido na atual Constituição Federal. (TAPR – AC 82.706-9-PR – Ac. 6.490 – 1ª C. Cív. – Rel. Juiz Cunha Ribas – J. 06.02.96)

Veja-se também artigo do Jornal do Comércio do dia 06.03.98, Caderno Opinião, onde o atual Ministro da Saúde, José Serra, afirma ser a TR o maior equívoco da política econômica brasileira desde 1991, tendo em vista que esta se trata de uma *média de taxa das taxas de juros praticadas no mercado*, nos termos do artigo abaixo transcrito:

"SERÁ QUE A TR É CHIQUE?
José Serra

No final do ano passado, apresentei no Senado um projeto de lei extinguindo a Taxa Referencial de juros, a TR. O texto do projeto é simples: a TR acaba e, em seu lugar, passa a ser usado um índice de preços, no caso o IGPM apurado pela Fundação Getúlio Vargas e amplamente utilizado no mercado financeiro. Tive um cuidado especial em relação à caderneta de poupança: além do IGPM e do juro mensal de 0,5% - que já existem e seriam mantidos como piso mínimo de remuneração -, o Conselho Monetário Nacional poderia aumentar os juros sempre que entendesse ser necessário manter a atratividade da caderneta face a outros papéis.

Assim, também, seria evitado o descasamento no sistema de poupança e empréstimos habitacionais afinal, a mesma taxa estaria corrigindo tanto as aplicações quanto os financiamentos lastreados nesses recursos. A vantagem desse sistema é que a remuneração extra à poupança seria dada pelos juros, e não por um superindexador que contamina o resto da economia, no estilo 'pôr fogo na casa para assar o leitão'.

Confesso que usar a TR como indexador é, para mim, um dos maiores equívocos, para não dizer estultice, da política econômica brasileira desde 1991. É que a TR é uma média das taxas de juros praticadas no mercado. Quando estes sobem, em termos reais, ela sobe também em relação aos índices de preços, transformando-se num superindexador. Um índice que repõe a inflação passada numa proporção superior à inflação. Essa bobagem econômica tem custado caríssimo aos cofres públicos portanto à sociedade em geral, que paga a conta e aos mutuários do sistema financeiro da habitação, em particular.

Vejam só: entre 1º de julho de 1994 e 1º de novembro do ano passado, a TR acumulou uma variação de 83%, contra uma variação de 55,5% do IGPM. Apenas em 1995, a TR acumulada no ano foi de 31,6%, para uma inflação medida pelo IGPM de apenas 15,2%.

Tal circunstância impõe transferências de renda e ônus adicionais às contas públicas sem qualquer justificativa racional. Isso porque a TR, além de remunerar aplicações financeiras, serve também para corrigir (como um superindexador) vários passivos e obrigações da União, dos Estados e dos Municípios. Assim, do Plano Real até agosto do ano passado, as obrigações do Fundo de Compensação de Variações Salariais (usado para cobrir diferenças em empréstimos habitacionais) aumentaram em R$ 10 bilhões somente pelo fato de terem sido corrigidas pela TR em lugar do IGPM. As dívidas do FGTS idem: em julho de 1997 equivaliam a R$ 47 bilhões, mas somariam R$ 41 bilhões caso tivessem sido corrigidas por aquele índice. Os depósitos judiciais feitos por todas as instâncias de governo e que somavam, no segundo semestre de 1997, R$ 18 bilhões somente na Caixa Econômica Federal também são corrigidos pela TR.

O custo aumenta vertiginosamente quando as taxas de juros aumentam, como ocorreu no final de outubro passado. Somente devido à supercorreção pela TR, vários megapassivos federais aumentaram, desnecessariamente, quase R$ 4 bilhões desde novembro. As dívidas de mutuários e os empréstimos do FGTS (estima-se que existam quase 1,5 milhão deles, contando com as Cohabs) aumentaram R$ 1 bilhão, a ser cobrado, mais dia menos dia, das famílias e dos cofres públicos.

Tudo isso torna óbvio que a TR é um estorvo, e um estorvo caríssimo. Mas o fato é que o projeto, apesar de aprovado pela Comissão de Economia do Senado, não entrou na pauta da convocação extraordinária de janeiro. E ouviram-se sussurros (sempre em *off*), nos corredores do Banco Central e adjacências, contra a idéia.

Argumenta-se que a supressão da TR como indexador levaria a um descasamento na poupança. Pior, sua remuneração perderia atratividade e os bancos teriam dificuldades em refinanciarem suas aplicações em habitação. Mas meu projeto, como já vimos, evita esses problemas ao permitir uma remuneração maior para

a poupança, a mesma que valeria para o refinanciamento de empréstimos. Outra objeção nos diz que a utilização do IGPM para a poupança 'reindexaria a economia'.
É melhor, então, superindexar? Ainda assim, haveria uma saída: deixe-se de lado o IGPM e crie-se uma TJLP para a poupança, como foi feito para o FAT e os empréstimos do BNDES. Ainda no campo do hilário, há o argumento de que é ruim fazer mudanças como essa no meio de uma crise. Ou seja: pacotes, taxações novas etc., pode fulminar uma burrice, não. Há, por fim, quem sublinhe que a TR não é um problema porque o governo pode e aplica um redutor a essa taxa, perfeitamente legal. Mas, ainda assim, esse redutor não impede que a TR caminhe acima dos índices de preços.
E, de mais a mais, se for para aumentar muito o redutor, para quê a TR? A inconsistência deste último argumento se pode ver em fevereiro. O redutor da TR não eliminou totalmente a superindexação, mas a poupança perdeu depósitos no valor de R$ 3 bilhões.
Por que, então, manter a TR? Não encontro uma razão lógica para isso. Será porque consideram que o 'chique' é cortar gastos em remédios, bolsas de estudo ou esfolar os mutuários? E por acaso seria 'pouco chique' evitar gastos financeiros, que acabam tendo o mesmo efeito que os demais gastos sobre o déficit público?"

Também por isto a inaplicabilidade da TR como indexador, principalmente a *insegurança* causada a uma das partes da relação, por sua desvinculação à variação da inflação, e sim ao *custo do dinheiro no mercado financeiro*, extremamente sensível, como se sabe, à especulação, ao fenômeno da *cartelização*, e do qual participa o Banco do Brasil como um dos principais manipuladores.

Decorre ainda esta potestatividade e insegurança da permanente *necessidade de caixa do governo*, com vistas à rolagem da dívida interna e externa, ou mesmo à manutenção dos seus próprios Planos Econômicos, para o que se utiliza a União de diversos mecanismos, dentre os quais, historicamente, a poupança, mesmo indexador dos contratos rurais e, por sua vez, indexada pela TR.

A utilização da TR infringe, assim, *princípios legais* estatuídos no art. 115 do CCB, e no art. 39, IV e VI do CDC (Lei nº 8.078/90), consistindo então em obrigação *nula de pleno direito* com base no art. 51, IV, X, XV, e § 1º, III.

4.1.5. O "Plano Real"

A implantação do Plano Real resultou para a agricultura nacional um problema que certamente se constituiu a mais grave distorção de todas as já ocorridas até agora.

Trata-se de um descasamento de índices ainda não experimentado pela agricultura, superando inclusive a absurda ruptura que havia se dado em razão do "Plano Collor I" acima tratado.

E o pior, agrega-se, mês a mês, mais alguns metros neste abismo. Demonstra-se abaixo a razão de tal descasamento.

4.1.5.1. A Taxa Referencial no Plano Real

O artigo 4º do Decreto Presidencial nº 1.274/94 assegurou o reajustamento dos preços dos produtos agrícolas para garantir o equilíbrio econômico-financeiro das contratações agrícolas.

No entanto, desde a implantação do Plano Real através da Lei nº 8.880/94, os preços destes produtos vieram a receber reajuste somente em fevereiro de 1997, na ordem de 5% (arroz) a 11% (milho), enquanto a TR acumulava neste período a taxa de 73,27% (julho/94 a fevereiro/97).

Desta feita, através da edição do Plano Real, foi mantida a indexação dos contratos de financiamento rural com a caderneta de poupança que, reajustada com base nesta *Taxa Referencial* de juros que já acumula variação de 113,64% (01.07.94 a 01.10.99).

Prova maior desta defasagem é que logo após a implantação do Plano Real, verificou-se uma *deflação* dos preços na nova moeda, na ordem de *0,69%*, resultado já da primeira apuração realizada pelo FIPE, tomando por base a variação dos preços levantados nos dias 1º a 5 de julho e 1º a 7 de agosto, conforme publicação no caderno de economia do jornal *Estado de São Paulo* de 06/08/94. *A nova TR, no mesmo período, aponta um reajuste de 5,03%.*

Verifica-se que, nos primeiros quatro anos de implantação do Plano Real, a agricultura nacional já perdeu R$ 15 bilhões, como atesta o renomado economista Fernando Homem de Melo em levantamento realizado para o Jornal Folha de São Paulo, Caderno Folha Dinheiro, do dia 10 de outubro de 1999, página 2, referindo-se à agricultura como uma *"Âncora Verde"*, nos termos *in verbis*:

"Agricultura perde R$ 15 bi com FHC
Bruno Blecher
Editor do Agrofolha

'Os quatro primeiros anos do governo FHC custaram bem caro para agropecuária brasileira. Mais exatamente R$ 15,1 bilhões, segundo levantamento realizado para a Folha pelo economista Fernando Homem de Melo, professor da Faculdade de Administração e Economia (FEA), da Universidade de São Paulo.
Nos anos FHC (95-98), o valor da produção rural (produtos vegetais e animais) alcançou a média de R$ 59,1 bilhões, contra R$ 62,9 bilhões no período de 1989-1994. Uma perda de R$ 3,79 bilhões por ano ou R$ 15,1 bilhões em quatro anos.
(...)
Âncora Verde
O levantamento de Homem de Melo inclui 19 produtos vegetais (algodão, amendoim, arroz, batata, cacau, café, cana, cebola, feijão, fumo, laranja, mamona, mandioca, milho, sisal, soja, tomate, trigo e uva) e quatro animais (boi, suíno, frango e peixe). Os valores foram corrigidos pelo IGP.
A queda da renda agrícola foi brutal. Na comparação dos dois períodos, os preços agrícolas caíram 19,4%. Na década, a redução chegou a 32,5%,' diz o economista da USP.
(...)
'A agricultura sustentou o Real. O argumento do governo de que a crise agrícola é uma crise de preços, provocada pela queda das cotações internacionais, não é verdadeiro. Entre 94 e 97, o mercado internacional estava em alta e isso acabou salvando a lavoura' diz o economista.
(...)
Os produtores mais prejudicados foram os de algodão, arroz, cebola e trigo.
Pecha de caloteiro
Para a Confederação Nacional da Agricultura (CNA), a perda de renda dos produtores nos anos FHC foi ainda maior: R$ 24,3 bilhões, se comparado o valor da produção agrícola de 1994 com a média do período de 95-98.
(...)
Luiz Hafers, presidente da Sociedade Rural Brasileira (SRB) diz (...)
'Nós nos concentramos na questão do não-pagamento da dívida. Uma atitude politicamente negativa. Ficamos com a pecha de caloteiro, quando o grande problema é o empobrecimento do agricultor'."

Pergunta-se então, qual a razão de se impor dupla cobrança de juros nos contratos financeiros, ou mesmo de taxa de juros disfarçada de correção monetária, especialmente estando proibido o reajustamento dos contratos em geral em período inferior a um ano, mas, principalmente, tendo os preços dos produtos financiados apresentado deflação?

Verifica-se sim que a manutenção do reajuste do contrato sem o respectivo reajuste do preço do produto acarreta a *quebra da base contratual*, do *ambiente objetivo à data da contração*, da mesma forma como ocorrido em março de 1990 (Plano Collor I), com o descasamento dos índices da poupança (84,32%) e do preços mínimos (41,28%), situação hoje consagrada no Judiciário como causa suficiente à revisão do contrato para o restabelecimento da sua bilateralidade e equivalência entre as obrigações ajustadas.

Na verdade, a concessão do crédito à produção não é *favor* do Poder Público (União), mas obrigação que tem por fim a realização do bem-estar do povo (art. 1º, Lei nº 4.829/65), a tranqüilidade social, a ordem pública e o processo de desenvolvimento econômico-social (art. 2º, Lei nº 8.171/91).

O direito ao crédito rural, como instrumento de realização do bem comum, faz parte de um contexto legislativo que tem como base a própria Constituição Federal (arts. 174 e 187), e se que estende por diversas leis ordinárias já citadas, fixando os princípios em que se funda tal crédito, especialmente a *viabilidade da atividade financiada*, para o que se afigura indispensável a existência de uma *relação entre o custo financeiro e o preço do produto segundo a Política de Garantia de Preços Mínimos - PGPM*.

Não se pode então admitir que através de uma nova norma venha a impor o desequilíbrio nas relações, *contrariando um sistema legal complexo de garantia da produção de alimentos*.

Pior do que isto, em benefício de um setor que nada produz, e já de longa data vem expoliando a população brasileira, ferindo inclusive, como dito, disposição constitucional expressa, que estabelece devam ser todos iguais perante a lei.

Ressalte-se aqui a derrubada do veto presidencial ao § 2º do art. 16 da Lei nº 8.880/94, que estabeleceu a utilização dos preços mínimos para reajustamento dos contratos de crédito rural, em substituição à TR.

Em razão desta importante iniciativa legislativa, é de se mencionar o artigo do ex-Ministro da Agricultura e da Fazenda, atualmente Deputado Federal, Antonio Delfim Netto, em parceria com o ex-Presidente do Incra, Paulo Yokota, em resposta às críticas dirigidas ao

Congresso e ao setor rural brasileiro, quando da derrubada daquele veto:

"A TR e a agricultura crucificada
(...)
A TR é uma taxa referencial *criada para atender as conveniências do setor financeiro*. Seu valor é calculado a partir da média da remuneração de alguns CDBs das maiores instituições bancárias. A utilização da TR como indexador monetário acabou provocando uma elevação de todos os custos financeiros. Fontes de recursos como os da poupança popular, para manter a sua competitividade com outros segmentos financeiros, foram obrigadas a utilizar este desastroso referencial, repassando para os mutuários encargos correspondentes.
(...)
Esta utilização é absurda, pois a TR é usada como um indexador monetário, mas inclui também juro e risco. Além da TR são cobrados juros reais. É aplicado um redutor por conta destes dois fatores, mas sistematicamente abaixo do vigente no mercado. Ainda recentemente, apesar das elevações dos juros reais, as autoridades alteraram o redutor de 1,4% para 1,2% (1º de setembro) e novamente para 1% (25 de janeiro).
Na agricultura, tudo indica que os governos apostaram na desorganização de suas lideranças para ir adiando a solução do problema que começou no Plano Collor e foi se agravando com as 'correções' que se seguiram, até chegar ao paradoxismo no Plano Real.
A cada promessa de 'correção' sucedeu uma quebra de compromisso assumido pelos governos com o setor agrário. Isso se demonstra com a releitura do texto da Mensagem Presidencial nº 411, enviada ao Congresso em 27 de maio de 1994.
'Com o objetivo de preservar o princípio enunciado na versão inicial do Projeto de Lei de Conversão da MP nº 457/94, *negociado com o Congresso Nacional*, o Executivo incluirá, na regulamentação relativa à transformação dos contratos de cruzeiro real para real, um dispositivo que *assegure o equilíbrio econômico-financeiro entre os termos do crédito agrícola e os da política de preços mínimos, ou seja, a equivalência entre os indicadores de um e de outro.*'
Este claríssimo compromisso faz parte de justificativa do veto do presidente da República ao artigo da MP aprovada no Congresso, o qual garantia aos agricultores pelo menos a correção dos preços mínimos no nível da correção da TR. Já na vigência do

Plano Real, o governo tornou a dar garantia oficial de que os preços mínimos seriam corrigidos em fevereiro de 1995 pelo IPC-r. Quando chegou janeiro, o governo simplesmente anunciou que não daria nenhuma correção. Em abril, o Congresso reagiu e derrubou o veto presidencial, o que significa que o conforto retornou às suas origens.
(...)
Os custos financeiros do crédito rural desta safra ficaram idênticos aos do *overnight*, acumulado em cada dia do período, ou seja, com os juros mais elevados do mercado.
(...)
Insinuar que a agricultura, com a queda da TR, está tomando recursos equivalentes ao da saúde é mistificar o problema. Tenta-se cobrar da agricultura o que ela não pode pagar *por causa do 'conto do vigário' que lhe foi aplicado pelo governo* ao não corrigir os preços mínimos, não conceder a equivalência produto e valorizar o câmbio.
(...)
É Semana Santa, e a agricultura continua sendo crucificada (...) Como sempre 'desequilíbrio econômico-financeiro' dos bancos conta, o dos produtores agrícolas não!" (Jornal *Zero Hora*, 14/04/95, Porto Alegre)

Por tudo isso, devem ser revisados os contratos, para que declarada a ilegalidade da utilização da TR como indexador.

4.1.5.2. A imposição legal da equivalência do produto a partir do Plano Real

Notadamente, até a edição do Real (1º/07/94), os contratos de financiamento agrícola tinham sua sustentação em dois pilares. Ou seja, os preços mínimos dos produtos e as contratações agrícolas eram reajustados pelo mesmo indexador, qual seja, a TR - Taxa Referencial, de questionável legalidade conforme já exposto. Tal método permitia ao produtor antever, através da quantidade de produto colhido, a viabilidade ou não do cumprimento da obrigação.

A partir do Plano Real, os preços dos produtos receberam reajuste na ordem de 8% a 19,7%, enquanto os financiamentos permaneceram sendo reajustados pela TR da poupança, mais juros à taxa de 12% ao ano, no mínimo.

Na verdade, quando da edição do Plano Real já se antevia que haveria este desequilíbrio, razão pela qual, como já se disse, foi apresentado um substitutivo à Lei nº 8.880/94, fazendo incluir o § 2º do art. 16, onde ficou estabelecido que os financiamentos agrícolas, de qualquer fonte, receberiam os mesmos reajustes dos preços mínimos, nos termos que segue:

"Art. 16. Continuam expressos em cruzeiros reais, até a emissão do Real e regidos pela legislação específica:
(...)
IV - as operações de crédito rural, destinadas a custeio, comercialização e investimento, qualquer que seja a sua fonte;
(...)
§ 2º. Nas operações referidas no inciso IV, a atualização monetária aplicada àqueles contratos será equivalente à dos preços mínimos em vigor para os produtos agrícolas."

Este substitutivo foi objeto de intensas negociações com o governo, que acabou aceitando-o. Após a sua aprovação no Congresso Nacional, o Presidente Itamar Franco vetou-o, traindo o acordo. O veto foi derrubado em plenário e publicado no DOU em 15.05.95.

Fundametava-se o veto pelo fato de que já existia esta proteção no Decreto Presidencial nº 1.274/94, onde estava previsto:

"Art. 4º No mês anterior ao de início da vigência, os preços mínimos e os valores de financiamento poderão ser revistos, de modo a garantir o equilíbrio econômico-financeiro dos contratos."

Posteriormente a isto, o art. 26 da Lei nº 9.069/95 resguardou a equivalência de preços previstas nos contratos das safras de 93/94 e 94/95, nos termos que segue:

"Art. 26. Como forma de *garantir o equilíbrio econômico-financeiro* na conversão dos contratos relativos à atividade agrícola, ficam *asseguradas as condições de equivalência* constantes nos contratos de financiamento de custeio e de comercialização para produtos contemplados na *safra 1993/94 e na safra 1994 com 'preços mínimos de garantia' dentro da Política de Garantia de Preços Mínimos - PGPM*."

No entanto, estas normas que visam a assegurar o equilíbrio econômico-financeiro dos contratos não vêm sendo cumpridas, o que determina uma onerosidade dia a dia, na medida em que, conforme já referido, os contratos se mantêm indexados pela TR da poupança, enquanto os preços dos produtos financiados encontram-se praticamente congelados desde a implantação do Real.

Observe-se que desde a implantação do Plano Real, a TR acumula variação de 113,64% (01.07.94 a 01.10.99), enquanto os preços mínimos foram reajustados na ordem de 8% a 19,7%. Veja-se a tabela abaixo que demonstra a variação dos preços mínimos de alguns produtos:

PRODUTO	PREÇO MÍNIMO EM JULHO/94	PREÇO MÍNIMO EM FEVEREIRO/97	PREÇO MÍNIMO EM FEVEREIRO/98	PREÇO MÍNIMO A VIGORAR EM FEVEREIRO/2000	VARIAÇÃO PREÇO MÍNIMO JULHO/94 ATÉ FEVEREIRO/2000
SOJA	R$ 8,14	R$ 8,88	R$ 9,50	R$ 9,70	19,1646%
FEIJÃO	R$ 24,00	R$ 25,20	R$ 26,00	R$ 28,00	16,6667%
ARROZ	R$ 10,02	R$ 10,53	manteve-se o mesmo valor	R$ 10,92	8,9820%
MILHO	R$ 6,00	R$ 6,70	manteve-se o mesmo valor	R$ 7,10	18,3333%

Assim, o justo o legal é a conversão da dívida em produto na data da implantação do Plano Real (01.07.94), expurgando-se a TR como indexador, para que se restabeleça a bilateralidade do contrato e a comutatividade das obrigações ajustadas no mesmo.

4.2. A ALTERAÇÃO DA BASE DO CONTRATO

De outro lado, independentemente da aplicação ou não de toda a legislação referente à fixação da indexação das contratações agrícolas pelo preço mínimo do produto, verifica-se também que da brutal distorção entre o indexador contratado e a variação do próprio produto financiado resulta argumento mais do que suficiente a que seja o contrato revisado para *restabelecimento da base* à data da contratação, da comutatividade e equilíbrio das obrigações.

O pressuposto da contratação de um financiamento destinado ao custeio, investimento ou comercialização de produtos agrícolas é que possa o produtor efetuar o pagamento do empréstimo com a venda de sua produção, ou seja, com o resultado precípuo da atividade financiada (produção de alimentos).

Sem dúvida nenhuma, supondo o banco isto não fosse possível, jamais emprestaria o dinheiro e, provavelmente, jamais o tomaria o produtor. O pagamento do financiamento com o resultado da produção é pressuposto intrínseco da manifestação de vontade expressa na contratação.

Neste passo, como já se disse, até a edição do Plano Real, os financiamentos agrícolas tinham as suas bases contratuais sustentadas em dois pilares, quais sejam, tanto o preço do produto como o valor do empréstimo possuíam indexadores com variações percentuais próximas.

Entretanto, a partir do Real, o produto deixou de ser indexado a qualquer índice inflacionário, enquanto os empréstimos permanecerem atrelados à TR da poupança.

Tal desequilíbrio não se configura ainda maior, face ao ínfimo reajuste aplicado aos preços mínimos entre 8% e 19,7%. Todavia, desde a implantação do Real, o IRP (Índice de Reajuste da Poupança), baseado na TR, acumula variação de 113,64% (01.07.94 a 01.10.99).

No caso da *soja*, quando da edição do Plano Real, possuía o saco de 60kg o valor de R$ 8,14 (oito reais e quatorze centavos). Com os reajustes ocorridos em fevereiro/97 (9,091%), fevereiro/98 (6,98%) e fevereiro/2000 (2,10%), passaram os valores para R$ 8,88, R$ 9,50 e R$ 9,70, respectivamente. Desta feita, desde a edição do Plano Real o preço mínimo do saco de soja de 60 kg reajustou em 19,1646%.

Quanto ao *arroz*, o preço mínimo do saco de 50 kg do produto valia na implantação do Real R$ 10,02, tendo desde então recebido reajuste em fevereiro/97 (5,08%) e em fevereiro/2000 (3,70%), passando a valer R$ 10,53 e R$ 10,92, respectivamente, acumulando um reajuste total, desde a edição do Plano Real, de 8,9820%.

Relativamente ao *milho*, o preço mínimo do saco de 60kg do produto valia na implantação do Real R$ 6,00, tendo desde então recebido reajuste em fevereiro/97 (11,66%) e em fevereiro/2000 (5,97%), passando a valer R$ 6,70 e R$ 7,10, respectivamente, acumulando um reajuste total, desde a edição do Plano Real, de 18,3333%.

No que se refere ao *feijão*, quando da edição do Plano Real, possuía o saco de 60kg o valor de R$ 24,00 (vinte e quatro reais). Com os reajustes ocorridos em fevereiro/97 (5%), fevereiro/98 (3,17%) e fevereiro/2000 (7,69%), passaram os valores para R$ 25,20, R$ 26,00 e R$ 28,00, respectivamente. Desta feita, desde a edição do Plano Real o preço mínimo do saco de feijão de 60 kg reajustou em 16,6667%.

Face a isto, quem já na edição do Plano Real possuía débito junto à instituição financeira equivalente a 10.000 sacos, hoje, necessita de 22.000 sacos do mesmo produto para o cumprimento da obrigação (TR da poupança mais juros).

Desta forma, é flagrante a constatação da alteração da base contratual, devendo também por esta razão ser revisado o ajuste, para que se estabeleça índice de reajuste equânime, que mais se aproxime à manifestação de vontade declarada à data da contratação, qual seja, a variação do preço do produto produzido pelo produtor financiado (no caso, arroz irrigado).

Observe-se, outrossim, que se nos contratos em geral a revisão judicial das obrigações já é absolutamente possível, quiçá em operações como as que se cogita, onde impera o *dirigismo estatal para proteção do mutuário-produtor*.

A possibilidade de assim proceder o Judiciário é inquestionável, tanto em face do desrespeito às normas imperativas que regem o crédito rural, bem assim, pelo desequilíbrio entre as obrigações pactuadas, decorrente da alteração do ambiente objetivo existente à data da contratação.

Nesta linha, especialmente a *teoria da alteração da base contratual*, do qual Larenz foi um dos precursores, através de sua obra "*A Base do Negócio Jurídico e o Cumprimento das Obrigações*", tem como fundamento a modificação das circunstâncias fáticas encontradas à data da celebração do contrato e aquelas verificadas à data de seu adimplemento. Há que se distinguir esta variação da *teoria da alteração da base do negócio jurídico* daquela que se convencionou denominar de "*Teoria da Imprevisão*", segundo a qual, faz-se necessária uma alteração imprevisível na ordem econômica, ou quiçá, na ordem macroeconômica, para ensejar sua aplicação.

Para a implementação das condições que tipificam a *teoria da alteração da base contratual*, basta a verificação da alteração em si, desimportando sua previsibilidade, conforme acentua o Exmo. Ministro do STJ Ruy Rosado de Aguiar Jr., enquanto ainda Desembargador do Egrégio TJRGS:

"(...) não cabe perquirir da previsibilidade do fenômeno inflacionário, porque não me atenho a teoria da imprevisão, mas sim ao preceituado pela teoria da base do negócio jurídico, perfeitamente compatível com o nosso sistema jurídico, onde a imprevisibilidade do fato futuro não é requisito para a revisão do contrato (...)"

APELAÇÃO CÍVEL Nº 588059113
QUINTA CÂMARA CÍVEL TJRGS

Neste sentido, tem o Egrégio Tribunal de Alçada do Rio Grande do Sul, pela maioria de suas Câmaras, determinado a indexação dos contratos de crédito rural pelo preços mínimos dos produtos:

"Correção monetária no crédito rural.
A Câmara, em recente decisão, teve oportunidade de assentar que:
'A partir do Plano Real, o índice de correção monetária aplicável é o da variação dos preços agrícolas (Lei da Securitização)'. (Apelação Cível 195 160 544, relatora a Juíza Regina Maria Bollick).

Com efeito, se o valor das dívidas deve ser atualizado, para evitar que a incidência do fenômeno inflacionário prejudique o credor, a inadequada adoção de índices de correção monetária, que lese o patrimônio do devedor, não pode ser aceita.
No crédito rural, o fenômeno atualmente é marcante. Ao passo que o chamado Plano Real de estabilização da economia criou a chamada 'âncora verde', congelando os preços dos produtos primários para segurar a cotação da moeda nacional, pretendem os estabelecimentos creditícios ver corrigidas as dívidas dos produtores pelos índices de medição da inflação em outros setores da economia.
A dessintonia tornou-se palpável do ponto de vista econômico e acabou sendo reconhecida no campo legal, com o advento da Lei 9.138/95, que instituiu a denominada 'securitização' das dívidas dos produtores rurais e autorizou o alongamento dos débitos mediante à indexação dos preços mínimos dos produtos.
Em conseqüência, a atualização monetária das obrigações pecuniárias dos produtores rurais, de acordo com a variação dos preços mínimos, é cabível tanto no plano lógico como no jurídico, devendo ser adotada a partir do advento do Plano Real, causa do desequilíbrio referido e que foi implantado a partir de 01/07/94, pela Lei 8.880/94."
APELAÇÃO CÍVEL Nº 195194089
NONA CÂMARA CÍVEL DO TARGS
REL. DR. ANTÔNIO GUILHERME TANGER JARDIM
DJ 06/08/96

"a) 196711360 (Idarci e outros). O tema foi tratado através da seguinte passagem:
'3. Quanto à TR como indexador, julguei repetidas vezes pela sua admissão, até ser convencido em contrário, pela argumentação sólida de numerosos precedentes. (STJ, REsp. nº 60.534-2-SP, 1ª T, rel. Min. Milton Luiz Pereira, DJU 04-09-95, p. 27.805.)
Inviável, de outra parte, atrelar a atualização da moeda ao preço do produto, sendo a poupança capaz de produzir o efeito procurado pelas partes de modo lícito. Por evidente, apenas o índice de correção da poupança, excluída sua remuneração. E para os casos em que se tratou o BTN como atualizador, segue-se o IPC, de acordo com os últimos julgamentos da Câmara'.
Como se vê, o acórdão deixou em branco o aspecto do atrelamento dos contratos ao Plano Real, a partir da sua edição, e objeto de incisiva fundamentação recursal.

Sendo assim, cabível e adequado o suprimento, que ora faço, conforme os últimos julgamentos desta Câmara aproveitando os termos de precedente invocado, (AC 195194089, 9ª CamCv-TARGS, rel. Dr. Tanger Jardim, DJ 06-08-96." verbis:
'A partir do Plano Real, o índice de correção aplicável é o da variação dos preços agrícolas (Lei da Securitização) (AC 195160544, Rel. Drª Regina Bollick).
Com efeito, se o valor das dívidas deve ser atualizado, para evitar que a incidência do fenômeno inflacionário prejudique o credor, a inadequada adoção de índices de correção monetária, que lese o patrimônio do devedor, não pode ser aceita.
No crédito rural, o fenômeno atualmente é marcante. Ao passo que o chamado Plano Real de estabilização da economia criou a chamada 'âncora verde', congelando os preços dos produtos primários para segurar a cotação da moeda nacional, pretendem os estabelecimentos creditícios ver corrigidas as dívidas dos produtores pelos índices de inflação em outros setores da economia.
A dessintonia tornou-se palpável do ponto de vista econômico e acabou sendo reconhecida no campo legal, com o advento da Lei 9.139/95, que instituiu a denominada 'securitização' das dívidas dos produtores rurais e autorizou o alongamento dos débitos mediante a indexação dos preços mínimos dos produtos.
Em conseqüência, *a atualização monetária das obrigações dos produtores rurais, de acordo com a variação dos preços mínimos, é cabível tanto no plano lógico como no jurídico, devendo ser adotada a partir do advento do Plano Real, causa do desequilíbrio referido e que foi implantado a partir de 01-07-94, pela Lei 8.880/94.*"
EMBARGOS DE DECLARAÇÃO Nº 196711360
NONA CÂMARA CÍVEL DO TARGS
PRES. REL. DR. BRENO MOREIRA MUSSI
DJ 10/10/96

Inclusive em *Embargos Infringentes* já se tem por admitida a revisão do reajuste do contrato para fixação do preço mínimo como indexador:

"Crédito rural. Juros. Correção monetária. Multa.
(...)
No crédito agrícola, com destinação específica ao custeio da lavoura, a atualização do débito é de ser pela variação do preço do produto.
Critério que mais se ajusta às peculiaridades da atividade rural, que, pela sua importância sócio-econômica, sempre teve crédito

privilegiado, porque diretamente vinculado ao bem estar do povo (art. 1º, da Lei 4.829/95).
(...)
Embargos parcialmente providos."
EMBARGOS INFRINGENTES Nº 196055750
SEGUNDO GRUPO CÍVEL DO TARGS
REL. DR. ALDO AYRES TORRES
J. 16.05.97

"Da correção monetária:
Assiste razão à apelante ao pleitear o afastamento da TR como índice de correção monetária o qual, ao contrário do que afirma, foi pactuado expressamente nas cédulas; os contratos de conta-corrente não possuem pacto quanto a qualquer índice.
Não é o caso de se acolher as conclusões de fls. 25/26 dos autos, mas sim adotar a atualização monetária da variação dos preços mínimos do arroz, consoante previsão da Lei nº 8.880/94 (...) (grifei)"
APELAÇÃO CÍVEL Nº 598196848
DÉCIMA SEGUNDA CÂMARA CÍVEL DO TJRS
REL. DRA. DESª. ANA MARIA NEDEL SCALZILLI
J. 02.09.99

Observe-se, outrossim, que decisões como estas têm sido mantidas pelo *Superior Tribunal de Justiça*, por razões de inadmissibilidade dos recursos especiais interpostos pelos bancos, como se extrai do acórdão a seguir transcrito:

"(...)
No mais, especificamente sobre a alegação do recorrente de que a correção monetária foi pactuada na variação dos índices da poupança, por isso ilegal a adoção de vinculação ao preço mínimo do produto, a pretensão recursal, mais uma vez, enseja análise de cláusula contratual, sendo inevitável a aplicação da Súmula nº 05 desta Corte."
AGRAVO DE INSTRUMENTO Nº 151.719-RS (97.4475-3)
TERCEIRA TURMA DO STJ
REL. MIN. CARLOS ALBERTO MENEZES DIREITO
J. 27/08/97, DJU 05/09/97

Em alguns arestos do egrégio Superior Tribunal de Justiça tem-se encontrado a convalidação da cláusula de reajuste através do IRP - Índice de Remuneração da Poupança. Ocorre, como já se viu anteriormente, que o mesmo STJ acolhe a postulação de ilegalidade da TR como indexador substitutivo da correção monetária. Entretanto, contraditoriamente, permite a indexação dos contratos agrícolas pelo IRP sem atentar que este é reajustado pela TR.

Admitir-se a legalidade do IRP independentemente de seu indexador, seria forma de permitir a burla daquilo que o Judiciário declara ilegal. Se assim fosse, teríamos como legal o IRP, mesmo sabendo-se, por exemplo, que seu indexador fosse a ANBID, declarada nula por Súmula do mesmo STJ.

Por estas razões, as cláusulas que estabelecem reajuste monetário devem receber revisão judicial para que sejam as obrigações indexadas pelo preços mínimos do produto objeto do financiamento, restabelecendo-se, assim, a base da contratação, a comutatividade e o equilíbrio das obrigações, atentando a sistemática legislativa neste trabalho transcrita.

4.3. A INEXISTÊNCIA DE CORREÇÃO MONETÁRIA AOS CONTRATOS AGRÍCOLAS A PARTIR DA LEI Nº 9.138/95

Notadamente, nas operações agrícolas emitidas a partir da safra 95/96, tornou-se ilegal a cobrança de qualquer forma de correção monetária, sendo nula qualquer cláusula contratual que disponha em sentido contrário conforme se demonstrará abaixo.

Com o advento da *Lei nº 9.138, de 29/11/95*, que trata da "securitização" da dívida dos produtores rurais, regulamentada pelo Voto ao *CMN nº 158/95 e Resolução Bacen nº 2.238, de 31/01/96*, foi admitido, expressamente, o alongamento dos débitos dos produtores rurais com *indexação aos preços dos produtos de suas atividades*, bem como a *redução dos juros para 1% ao mês, eliminação de mora e taxa de inadimplência*.

No entanto, para as operações *"novas"*, ou seja aquelas contratadas a partir do advento desta Lei, passou a ser inexigível a correção monetária, tendo em vista o disposto no *artigo 2º da Lei nº 9.138/95, in verbis*:

"Art. 2º Para as operações de crédito rural contratadas a partir da publicação desta Lei e até 31 de julho de 1996, não se aplica o disposto no § 2º do artigo 16 da Lei nº 8.880, de 27 de maio de 1994."

Este termo final de permissão de contratação sem correção monetária, qual seja, 31 de julho de 1996, vem sendo prorrogado, a cada Plano Safra, através da Medida Provisória nº 1.512, editada originalmente em 30.07.96. A última reedição da medida provisória em referência se deu através do número 1.886-40 em 27 de agosto de 1999, que prorrogou a data em questão para 31.07.2000.

Observe-se, neste passo, que o § 2º do art. 16 da Lei nº 8.880, de 27/05/94 (acima já transcrito), visa justamente a assegurar que a *correção monetária* incidente sobre as operações de crédito rural mantivesse a justa equivalência entre o custo da produção e o preço dos produtos financiados, como determina de longa data a legislação que rege este tipo de financiamento.

Vale dizer com isso que, referido dispositivo legal é norma de *indexação monetária* de financiamentos rurais, que se de um lado constitui uma obrigação de pagamento de correção monetária pelo produtor, de outro, limita esta obrigação à variação do preço mínimo.

Assim, o artigo 16, § 2º, da Lei nº 8880/94, ao mesmo tempo que permitia a correção monetária, só a autorizava sob a única forma de sua equivalência ao preço mínimo do produto.

Outrossim, a Lei nº 9.138/95, ao dispor que nas contratações celebradas *a partir de sua vigência não se aplica a indexação pelo preço mínimo do produto*, restou por inequivocamente *excluir toda e qualquer forma de indexação*, inclusive aquela única autorizada pelo § 2º do art. 16 da Lei nº 8.880/94.

Tanto é verdade que com a edição das Resoluções do Banco Central do Brasil que divulgam as normas para os Planos Safras anuais, não mais se exigiu a correção monetária em operações rurais, seja aquelas destinadas ao custeio ou à comercialização.

Conforme se verifica das Resoluções Bacen restou fixada unicamente uma *taxa de juros efetiva*, ou seja, já capitalizada, a incidir sobre os recursos mutuados.

Neste sentido, a *Resolução Bacen nº 2.164, de 19.06.95*, que divulgou o *Plano Safra 95/96*, fixou uma taxa de juros efetiva de *16% ao ano*, no seu artigo 1º, *in verbis*:

"Art. 1º As operações contratadas no período de 09.06.95 a 31.07.96, ao amparo de recursos controlados do crédito rural, destinam-se exclusivamente a financiamentos de despesas de custeio e a Empréstimos do Governo Federal (EGF), concedidos diretamente ao produtor ou repassados por suas cooperativas, e ficam sujeitos *à taxa efetiva de juros de até 16% a.a.* (dezesseis por cento ao ano).

Com a edição da Resolução Bacen nº 2.295, de 28.06.96, que divulgou o *Plano Safra 96/97*, estabeleceu-se no *caput* do artigo 1º a taxa de juros de efetiva de *12% ao ano, in verbis*:

"Art. 1º As operações contratadas a partir de 01.07.96 ao amparo de recursos controlados do crédito rural destinam-se a financiamentos de despesas de custeio e a Empréstimos do Governo

Federal Sem Opção de Venda (EGF/SOV), concedidos diretamente a produtores ou repassados por suas cooperativas, e ficam sujeitas à taxa efetiva de juros de 12% a.a. (doze por cento ao ano)."

Com relação ao *Plano Safra 97/98*, por sua vez, o *inciso II do artigo 1º* da *Resolução Bacen nº 2.415/97*, determinou a aplicação da taxa de juros efetiva de *9,5% ao ano*.

No *Plano Safra 98/99*, divulgado pela *Resolução Bacen nº 2.506/98*, é determinada através do *caput* do art. 1º a aplicação da taxa de juros efetiva de *8,75% ao ano*, à exceção dos financiamentos de custeio ao amparo do Pronaf - Programa Nacional de Fortalecimento da Agricultura Familiar, onde a taxa de juros efetiva é de *5,75% a.a.*

Já para a *safra 99/99*, mantiveram-se as taxas efetivas de juros em *8,75% a.a.* nos termos do *artigo 1º, II, da Resolução Bacen nº 2.511/98* (com as alterações realizadas pela *Resolução Bacen nº 2.593/99*), sendo de *5,75% a.a.* para os financiamentos de custeio ao amparo do Pronaf, conforme *Resolução Bacen nº 2.629/99*, respectivamente.

Desta feita, consolidou-se o cumprimento de uma das obrigações do Estado em relação à atividade rural, com a definitiva exclusão da correção monetária.

De fato, tendo sido já excluída a indexação monetária dos preços dos produtos, especialmente do mínimo, dentro dos pressupostos de proteção à atividade rural não se mostra efetivamente possível a indexação dos custos

Na verdade, sustentam alguns, inclusive o próprio Banco do Brasil (quando de seu interesse), que a partir da Lei nº 8.880/94 já não se poderia mais cogitar de correção monetária. Neste sentido, correspondência expedida pela agência Correntina/BA daquela instituição, a um agricultor que postulava a aplicação de correção monetária sobre indenizações de seguro a que tinha direito no âmbito do PROAGRO, na qual vem expressamente negada a atualização do crédito sob a justificativa da *extinção da correção monetária a partir da edição e implantação do PLANO REAL*, com base na mesma Lei nº 8.880/94, *verbis*:

"Posse (GO), 06 de maio de 1.997.
Ao
Sr. GILSON OSMAR DENARDIN
CORRENTINA-BA
Prezado Senhor,
CRÉDITO RURAL - PROAGRO - Operação 92/00217-X - Em atenção a sua correspondência de 06.03.97, endereçada ao BANCO CENTRAL DO BRASIL questionando sobre o não pagamento dos encargos financeiros sobre a indenização deferida em

19.05.95, informamos que recebemos a resposta, em 02/05/97, conforme expediente APROD III/EQUIPE-H-97/0518 do CESEC SANTA GENOVEVA de Goiânia-GO, que anexava o expediente DEORF-97/0412-4 Pt. 9700716860, de 08/04/97, de 08.04.97, do BANCO CENTRAL DO BRASIL no qual constam os seguintes esclarecimentos:
a) os recursos próprios amparados pelo PROAGRO vinham sendo corrigidos monetariamente até 31.08.94, sem a incidência de outros encargos financeiros, na forma da regulamentação vigente à época;
b) com a extinção da correção monetária, quando da implantação do Plano Real (Lei nº 8.880/94), as coberturas da espécie deixaram de ser atualizadas a partir de 01.09.94." (grifei)

Desta feita, em se podendo cogitar de correção monetária sobre as operações de crédito rural a partir do Plano Real, em face do disposto no § 2º do inciso IV do art. 16 da Lei nº 8.880/94, só pode a mesma se operar com base na variação dos preços mínimos dos produtos agrícolas.

Entretanto, a partir da Lei nº 9.138/95, com a revogação desta única modalidade de correção monetária admitida, e a substituição da remuneração total do financiamento por taxas de juros prefixadas pelo Conselho Monetário Nacional, por certo não se afigura mais lícito cogitar de qualquer modalidade de atualização nas operações desta natureza.

4.4. OS JUROS REMUNERATÓRIOS

Dentre as principais causas da falência do setor produtivo nacional encontram-se as altas taxas de juros exigidas nos financiamentos, tornando inviável o seu pagamento, quando então, ocorrendo a inadimplência, a alteração de tais encargos os torna mais impagáveis, verdadeiramente imorais, conforme se exporá a seguir.

Demonstrar-se-á neste tópico as razões da inconstitucionalidade e da ilegalidade das taxas de juros exigidas dos produtores.

4.4.1. A incompetência do CMN e BACEN pela revogação da delegação normativa na CF/88

Caso se admita a necessidade de Lei Complementar à vigência do artigo 192 da Constituição Federal, haver-se-ia de concluir, com mais razão e por este mesmo motivo, pela *completa descaracterização do Banco Central do Brasil como órgão normativo e fiscalizador do sistema financeiro nacional.*

E isto porque, no âmbito da competência da *Lei Complementar*, incluem-se a própria organização, funcionamento e *atribuições do Banco Central*, a teor do disposto no *art. 192, IV, da Constituição Federal*, que rege o sistema financeiro nacional:

"Art. 192. *O sistema financeiro nacional*, estruturado de forma a promover o desenvolvimento equilibrado do País e a servir aos interesses da coletividade, *será regulado em lei complementar, que disporá, inclusive, sobre*:
(...)
IV - *a organização, o funcionamento e as atribuições do Banco Central e demais instituições financeiras públicas e privadas.*"

Ora, se a aplicabilidade do § 3º do art. 192 da CF depende de Lei Complementar, em que pese sua clareza, e a auto-suficiência da proibição contida na norma; como se admitir com base na Súmula 596, STF, a alegada competência legislativa delegada ao Banco Central a fixar taxas de juros, quando a mesma norma constitucional afirma depender as atribuições desta Instituição de definição em Lei Complementar?

Conclusão em contrário, ressalvando a desnecessidade de Lei Complementar a regulamentar o inciso IV do mesmo artigo 192, implicaria a adoção de dois pesos e duas medidas! E isto porque, também corrente e insofismável o entendimento de que as disposições para as quais se exige Lei Complementar não se suprem por lei ordinária, tais como normalmente as citadas a justificar a legalidade das escorchantes cláusulas de juros em contratos de financiamento agroindustrial (especialmente a competência delegada ao CMN e ao Bacen pela Lei nº 4.595/64), até porque, mesmo que assim não fosse, é a própria Constituição, no art. 25 dos ADCT, que estabelece prazo para o preenchimento desta lacuna legal:

"*Ficam revogados, a partir de cento e oitenta dias da promulgação da Constituição*, sujeito este prazo a prorrogação por lei, *todos os dispositivos legais que atribuam ou deleguem a órgão do Poder Executivo competência assinalada pela Constituição ao Congresso Nacional*, especialmente no que tange a:
I - ação normativa." (grifamos)

Por todas estas razões, conclui-se insofismavelmente que, se para vigência imediata do § 3º do art. 192 se faz mister a edição de Lei

Complementar, encontrar-se-ia o Banco Central, pela mesma razão, destituído de suas atribuições. Por isso, não há como se admitir o fundamento levantado, calcado na recepção constitucional da *Lei nº 4.595/64 que, nos termos do art. 25 dos ADCT, perdeu sua eficácia a partir de 180 dias da promulgação da constituição* e, de qualquer forma, não se prestariam ao fim pretendido, por não se tratar de Lei Complementar, consoante exigência do *caput* do art. 192 da CF.

E o efeito imediato da revogação de tal norma é a *revogação da autorização legal ao CMN ou BACEN para legislar em matéria financeira*, este segundo, que se encontra justamente com competência sua indefinida face à ausência de regulamentação ao inciso IV do art. 192 da CF. Ora, se não se pode limitar os juros pela inaplicabilidade imediata do art. 192 da CF, é de se concluir também pela *inconstitucionalidade da atuação do Bacen ao fixar taxas de juros no crédito agroindustrial.*

Com isso, se *único fundamento* a que se viesse admitindo a cobrança de *taxas de juros livres* no Sistema Financeiro se baseava na *delegação ao Banco Central da competência à fixação de tais taxas, hoje tal decisão foi revogada pela CF/88.*

Todavia, a partir do momento em que a nova Carta avoca tal competência normativa em matéria financeira, de forma exclusiva, ao Congresso Nacional *(CF, art. 48, XIII)*, competindo somente a este e, exclusivamente ao Presidente da República, a eventual delegação *(CF, art. 68)*, ao mesmo tempo, subordina a organização, funcionamento e atribuições do Bacen à Lei Complementar até o presente momento não editada *(CF, art. 192, IV)*, deixaram de possuir o Conselho Monetário Nacional e o Banco Central competência a manipular taxas de juros, perdendo, então, toda base legal a cláusula contratual que fixar taxas acima dos limites da Lei de Usura.

Especialmente no art. 48 da CF, encontramos de forma clara e precisa a competência exclusiva do Congresso a legislar em matéria financeira:

"Art. 48. Cabe ao Congresso Nacional, com a sanção do Presidente da República, não exigida esta para o especificado nos arts. 49, 51 e 52, dispor sobre as matérias de competência da União, especificamente:
(...)
XIII - matéria financeira, cambial e monetária, instituições financeiras e suas operações."

Ademais, é de se observar também que segundo dispõe o *art. 5º, II, da Constituição Federal, "ninguém está obrigado a fazer ou deixar de fazer alguma coisa senão em virtude de lei".*

Mesmo que se admitisse possuir o Bacen, em algum momento histórico, autorização legal a fixação de taxas de juros, por diversas razões constitucionais estaria tal competência revogada a partir da nova Carta de 1988, razões esta as quais se acresce ainda esta vinculação comportamental e obrigacional do cidadão à *Lei*, e não às resoluções, circulares e à infinidade de atos administrativos normativos expedidos por este Banco Central.

Ora, *Lei* é o ato emanado do Poder Legislativo, não se equiparando à mesma atos praticados arbitrária e unilateralmente pelo Poder Executivo, senão nos casos em que a Constituição expressamente admite, dentre os quais não se incluem, até a promulgação da Lei Complementar de que trata o art. 192.

Assim, conclui-se insofismavelmente que o Banco Central encontra-se destituído de suas atribuições, especialmente a normativa, eis que os dispositivos legais normalmente apontados neste sentido (Lei nº 4.595/64) encontram-se expressamente revogados pela Constituição Federal de 1988 e, de qualquer forma, não se prestariam ao fim pretendido, por não se tratarem de lei complementar, consoante exigência do *caput* do art. 192 da CF, sendo então inadmissível admitir-se a cobrança de juros livres com base em "autorização" do BACEN, a qual, na verdade, inexiste.

4.4.2. Os limites da (revogada) delegação normativa ao Conselho Monetário Nacional

Inobstante, ainda que se pudesse reconhecer a atual competência normativa do CMN ou do BACEN, restaria ainda o fato de inexistir normas emanadas destes órgãos que autorizem a prática de juros livres no crédito agroindustrial.

Neste sentido, *a atividade bancária não é uma atividade livre*, muito pelo contrário, é exercida de forma *altamente tutelada pelo Estado*, tanto é que não se admite sequer o funcionamento de uma instituição financeira sem autorização expressa, através da denominada *"carta-patente"*.

Disso resulta, então, que as instituições financeiras não operam livremente, sendo sua atuação permanentemente monitorada e controlada pelo Estado, através de normas de direito público, portanto, inderrogáveis pela simples vontade dos bancos. Trata-se, então, de *normas de ordem pública* que exercem *tutela imperativa* sobre as operações no âmbito do crédito agrícola.

O Crédito Rural e a própria atividade bancária adquirem legitimidade por normas que se inserem no âmbito do Direito Público, portanto, de observância obrigatória.

Não por outra razão, a *Lei nº 4.595/64*, que associada à Súmula 596-STF se constitui no eterno e *único* fundamento a que se venha admitindo a extrapolação das taxas de juros financeiros, não pode gerar a alegada exceção da aplicação da Lei de Usura, conquanto a própria delegação normativa contida neste dispositivo legal se restringe à *limitação das taxas de juros (art. 4º, IX)*:

"Art. 4º. Compete ao Conselho Monetário Nacional, segundo as diretrizes estabelecidas pelo Presidente da República:
(...)
IX - limitar, sempre que necessário, as taxas de juros, descontos, comissões e qualquer outra forma de remuneração de operações e serviços bancários ou financeiros, inclusive os prestados pelo Banco Central do Brasil, *assegurando taxas favorecidas aos financiamentos que se destinem a promover*:" (grifamos)

Por isto, a conclusão que se extrai é que, mesmo em vigor a Lei nº 4.595/64, não se insere na mesma (art. 4º, IX) autorização à extrapolação de taxas de juros, quando muito, admitindo-se a ainda competência do CMN e BACEN, seria a estes possível a mera limitação das taxas praticadas pelas instituições financeiras.

Neste sentido, as decisões dos Grupos Cíveis do TARGS, que através do julgamento dos Embargos Infringentes nºs 194212775 (Primeiro Grupo) e 194031829 (Terceiro Grupo) pacificaram a questão, nos termos *in verbis*:

"O ilustre Ministro Xavier de Albuquerque, em aresto publicado na Revista Trimestral de Jurisprudência (72/916), entendeu que a cláusula 'sempre que necessário' contida no inciso IX do art. 4º da Lei nº 4595/64 indica a remoção do limite genérico enunciado pelo Decreto nº 22626/33. *Parece-me, ao contrário, que de uma permissão para fixar taxas de juros 'sempre que necessário' não se pode inferir autorização para desrespeitar o máximo legal. A melhor inteligência do dispositivo sob exame é a de haver conferido ao Conselho Monetário Nacional poderes para impor ao sistema financeiro taxas inferiores e não superiores à limitação legal.*" (grifamos)
EMBARGOS INFRINGENTES Nº 194031829
TERCEIRO GRUPO DO TARGS
REL. PARA O ACÓRDÃO: DR. MÁRCIO BORGES FORTES
(julgado em 28/10/94)

"Juros. Os juros, devem respeitar o limite legal de 12% ao ano, com base no art. 1º do Decreto nº 22.626/33.
(...)
O Decreto 22.626/33 dispõe que é vedado estipular, em quaisquer contratos, taxas de juros superiores ao dobro da taxa legal. Esta é fixada em seis por cento (6%) ao ano, quando não convencionada, como se vê do art. 1.062 do Código Civil. Daí decorre com toda a clareza que o limite legal da taxa de juros é de 12% ao ano.
A chamada Lei de Usura continua em pleno vigor pois não revogada, nem modificada por qualquer dispositivo legal ulterior. Aplica-se a norma também aos bancos e instituições financeiras, pois a Lei 4.595/64 não permite a estipulação de juros acima do limite legal e não revoga, nem mesmo implicitamente, o art. 1º do Decreto 22.626/33 ou o art. 1.062 do Código Civil.
A mencionada lei autorizou o CMN a limitar as taxas de juros dos bancos e instituições financeiras, sempre que necessário. Cabe salientar que limitar não é sinônimo de liberar. O CMN, portanto, não podia nem pode liberar as taxas de juros, mas apenas limitá-las, obedecendo o limite legal estabelecido pelo art. 1º da Lei de Usura.
Além disso é de salientar que a circular nº 1.130/87 do BACEN, não contém autorização para cobrança de juros acima do limite legal. Segundo a mesma, os recursos captados na forma nele previstos 'deverão ser aplicados em operações que tenham cláusula de atualização ao índice utilizado nos depósitos de poupança e os juros serão calculados, no mínimo em nível igual aos de captação'. Considerando que as cadernetas de poupança vencem juros de meio por cento (0,5%) ao mês, conclui-se que a circular possibilita cobrança de taxa de juros superior a meio por cento (0,5) ao mês, mas não autoriza nunca seja estipulado percentual superior ao limite legal, de 12% ao ano, fixado na Lei de Usura.
Diante do exposto, por unanimidade, rejeitaram os embargos infringentes.
Participaram do Julgamento, além do signatário, os eminentes Juízes de Alçada Antonio Janyr Dall'Agnol Junior, Presidente, João Pedro Freire, Heitor Assis Remonti, Ari Darci Wachholz, Arno Werlang, Maria Isabel Broggini e Carlos Alberto Bencke.
Porto Alegre, 08 de março de 1996"
EMBARGOS INFRINGENTES Nº 194212775
PRIMEIRO GRUPO CÍVEL DO TARGS
REL. HÉLIO WERLANG

Em decisão da Egrégia 4ª Câmara do TARGS, é mais uma vez reafirmada a questão acerca da ainda presente vontade legislativa quanto à limitação de juros e à impossibilidade de se atribuir ao *"mercado"* a fixação destas taxas, sob pena de se vivenciar um absurdo sem precedentes mundiais como o que atualmente se presencia no Brasil:

"Há muito *os juros estão limitados pela Lei de Usura a 12% ao ano*. A interpretação gerou algumas dúvidas a respeito de sua aplicação ou não às instituições financeiras. Acabou prevalecendo entendimento, ao meu ver equivocado, de que *os agentes financeiros poderiam ser autorizados pelo Conselho Monetário Nacional a infringir a lei*. O fundamento jurídico é de que caberia ao CMN limitar os juros dos empréstimos. Ora, a limitação visava evidentemente reduzir os juros para empréstimos especiais em que recomendava-se juros favorecidos, jamais extrapolar o limite legal. *A limitação estabelecida pelo CMN evidentemente não poderia infringir o máximo legal.*

Mesmo que ilegal não fosse, inviável seria a cobrança sem prova de expressa autorização do Conselho Monetário Nacional, segundo orientação do Superior Tribunal de Justiça:

'*Em modificando seu anterior posicionamento, vem entendendo a 4ª Turma ser defesa a cobrança de juros além de 12% ao ano se não demonstrada a prévia estipulação pelo Conselho Monetário Nacional das taxas de juros vencíveis para o crédito rural (art. 5º do Decreto-Lei nº 167/67)*' (Rec. Esp. nº 103.319 (96/0049386-3) RS - 15.10.96 - Rel. Min. Sálvio de Figueiredo Teixeira).

No mesmo sentido o R. Esp. nº 84.815-RS, Rel. Min. Barros Monteiro e 95.540-RS, ambos de 3.9.96, Rel. Min. Ruy Rosado de Aguiar Junior.

(...)

Assim, há de ser respeitada a *limitação legal* mesmo porque, corrigido o débito, juros de 12% ao ano são uma das mais altas taxas do mundo.

Veja-se '*Os juros no mundo*'- *taxas reais ao ano:*

México	-	6,42%
Cingapura	-	2,91%
Japão	-	0,52%
Áustria	-	1,83%
Alemanha	-	1,93%
Reino Unido	-	1,99%
Estados Unidos	-	3,05%
Itália	-	3,38%

Dinamarca	-	4,17%
França	-	4,65%
Suécia	-	6,58%
Espanha	-	6,79%
Argentina	-	9,05%
Chile	-	9,42%
BRASIL	-	30,41%

Fonte: The Economist/FMI/IBGE/BC/Paulo Nogueira Batista Júnior - Transcrito de VEJA, edição de 27 de setembro de 1995, p. 116.

Recentemente noticiaram os jornais as quedas ocorrida nas Bolsas de Valores em razão do aumento da taxa de juros nos Estados Unidos da América para depósitos *com prazo de 30 anos para 6,99% ao ano*. Aqui sustenta-se que as taxas mensais devem ser dez, vinte vezes superiores sem que o sistema financeiro não sobrevive.

O trágico não é apenas o drama a que são submetidas as empresas e o cidadão comum, mas o absurdo crescimento da própria dívida interna que saltou de 45,1 bilhões de reais em jan/94 para 69,5 em jun/95, 82,2 em jul/95 e 92,3 em ago/95. Queima-se uma *Vale do Rio Doce* por mês ou uma *Petrobrás* a cada dois meses (Fonte: VEJA, ED. 27.9.95, P.115).

Enquanto isso acumulam-se divisas que já beiram os setenta bilhões de dólares, em grande parte o chamado capital volátil, meramente especulativo.

(...)

Ressalte-se que o princípio da validade absoluta do contrato modernamente vem cedendo terreno ante o dirigismo estatal, devendo observar os princípios legais que norteiam a matéria. *É inválida a cláusula imposta em contrato de adesão e que fere a ordem jurídica, inclusive o Código de Defesa do Consumidor."*
APELAÇÃO CÍVEL Nº 196191811
QUARTA CÂMARA DO TARGS
REL. MOACIR LEOPOLDO HAESER
J. 20/02/97 (grifamos)

Enfim, mesmo com base na Lei nº 4.595/64, não se poderia sequer cogitar pela amplitude que se quer conferir à atuação do Bacen e do CMN, uma vez que, com base no art. 4º, XI, desta Lei, estão estes órgãos do Executivo meramente autorizados a *limitar juros*, jamais a ampliá-los, acima dos limites legais preexistentes - Lei de Usura. Desta feita, na própria norma estão fixados os parâmetros da ação normativa concedida ao CMN, quais sejam os de meramente *limitar juros*.

4.4.3. A necessidade de que o exercício da (revogada) delegação se dê por norma expressa e escrita, e a inexistência da mesma

De qualquer modo, ainda que se admita a competência e a delegação ao Conselho Monetário Nacional a extrapolar (e não, como visto, apenas para *limitar*) taxas de juros, estando por isso o sistema financeiro excluído das limitações da lei de usura, mesmo neste caso, tem-se por *indispensável a autorização do órgão normativo* respectivo (CMN ou BACEN).

Fora desta hipótese, jamais comprovada pelos bancos, há que ser aplicada a limitação usual aos demais contratos, de forma a que tudo que exceder tal parâmetro máximo há que ser entendido como abusivo e ilegal.

Insista-se. Mesmo admitindo, para mero raciocínio, estar o CMN (ou o BACEN) autorizados por delegação do Congresso Nacional, a fixar taxas de juros *além* dos limites da usura (D 22.626/33), em razão do caráter excepcional de tal extrapolação, que beneficia unicamente o Sistema Financeiro, haveria de fazê-lo por *norma escrita*.

Isto porque, como dito, a *atividade bancária não é uma atividade livre*, muito pelo contrário, é exercida de forma *altamente tutelada pelo Estado*, tanto é que não se admite sequer o funcionamento de uma instituição financeira sem autorização expressa, através da denominada *"carta-patente"*.

Disso resulta, então, que *as instituições financeiras não operam livremente*, sendo sua *atuação permanentemente monitorada e controlada pelo Estado*, através de normas de *direito público*, portanto, inderrogáveis pela simples vontade dos Bancos.

Mesmo considerando estar o CMN (ou o BACEN) autorizados a fixar taxas de juros *além* dos limites da usura (D 22.626/33), em razão do caráter excepcional de tal extrapolação haveria de fazê-lo por *norma escrita*.

E assim se deve concluir porque, como dito sendo a atividade de *emprestar dinheiro* controlada e normatizada pelo Estado, equipara-se àquelas de *natureza eminentemente administrativa*, como tal, sujeitas ao *princípio da legalidade, a qual só se expressa por escrito, jamais consuetudinariamente*.

Neste sentido, Hely Lopes Meirelles, em sua clássica obra, leciona que "(...) no direito privado se distinguem as formas *ad substantiam* e *ad probationem*, ao passo que no Direito Administrativo não se faz essa distinção, visto que *toda forma estabelecida para o ato é substancial*".
E segue o renomado autor:

"a inexistência de forma induz a inexistência do ato administrativo. A forma normal do ato de administração é a escrita, embora atos existam consubstanciados em ordens verbais e até mesmo em sinais convencionais, como ocorre com as determinações de polícia em casos de urgência e com a sinalização do trânsito. O que convém fixar é que só se admite o ato administrativo *não escrito* em casos de urgência, de transitoriedade da manifestação da vontade administrativa ou de irrelevância do assunto para a Administração. *Nas demais hipóteses é de rigor o ato escrito em forma legal, sem o quê se exporá à invalidade"* (*Direito Administrativo Brasileiro*, pág. 136, Malheiros Editores, 17ªed, 1992 - grifamos)

Não por outra razão, acompanhando posicionamento firme na maioria das Câmaras do Egrégio Tribunal de Alçada Gaúcho, fixou-se posição no *Superior Tribunal de Justiça* no sentido da necessidade desta autorização expressa do CMN à cobrança de juros superiores a 12% ao ano no crédito rural.

Neste sentido, analisando a questão sob a ótica da Súmula 596-STF, sempre invocada pelos bancos, qual seja, a da não-aplicação da Lei de Usura em face da Lei nº 4.595/64, o STJ tem entendido, assim mesmo, pela *"exigência de autorização do CMN para a cobrança de juros acima da tabela legal"*:

"1. *A exigência de autorização do CMN* para a cobrança de juros acima da tabela legal *não causa ofensa à lei* e está de acordo com os precendentes. *Art. 4º, Inc. IX, da Lei 4.595/64, e art. 5º caput do DL 167/67.*
(...)
3. *A cobrança de juros acima do limite legal,* - que predominantemente se entende possível depois da edição da Lei 4.595/64, de que é fruto a Súmula 596/STF, ainda em vigor, - *está condicionada à autorização do Conselho Monetário Nacional,* conforme previsto naquele diploma legal e no artigo 5º, *caput,* do Dec. Lei 167/67, sobre o crédito rural.
Assim se decidia no eg. Supremo Tribunal Federal (RTJ 72/916; 77/966 e 79/620), e ainda se decide nesta 4ª Turma.
(...)
Portanto, *na esteira da lei e da jurisprudência, não pode ser acolhida a tese do recorrente, de que, quanto aos juros, 'as partes têm total liberdade para estabelecê-los'."* (fl. 123)
RECURSO ESPECIAL Nº 95.540-RS (96.304173)
QUARTA TURMA DO STJ
REL. MIN. RUI ROSADO DE AGUIAR
J. 03/09/96, DJ 14/10/96 - grifamos

E aí está o cerne da questão. Afirmam reiteradamente os bancos que o CMN e o BACEN possuem poderes para fixar taxas de juros livres, todavia, em nenhum momento demonstram existir tal norma, resultante do exercício de tal poder, especialmente no crédito rural.

Todavia, mesmo possuíssem o CMN e BACEN tais prerrogativas, *inexiste, principalmente no crédito rural, norma que autorize a cobrança de juros acima de 12% ao ano.*

A única norma emanada daqueles Órgãos que conseguem os bancos por vezes apontar é a *Resolução Bacen 1.064/85*, a partir da qual tentam fazer valer cláusulas que fixam juros muito acima de 12% ao ano, sob o fundamento de que teria o Banco Central do Brasil autorizado a prática de *juros livres*. Todavia, esta própria norma ressalva no seu âmbito de incidência as operações *incentivadas*:

"I - *Ressalvado o disposto no item III*, as operações ativas dos bancos comerciais, de investimento e de desenvolvimento serão realizadas a taxas de juros livremente pactuáveis.
(...)
III - *As operações ativas incentivadas continuam regendo-se pela regulamentação específica, permanecendo vedadas quaisquer práticas que impliquem ultrapassagem dos respectivos limites máximos de remuneração, as quais poderão ser consideradas faltas graves pelo Banco Central para os efeitos do artigo 44 da Lei n. 4.595, de 31 de dezembro de 1964.*"

O crédito rural, certamente, é *operação ativa incentivada*, o que se extrai do *art. 14 da Lei nº 4.829/65*, que se reporta ao *art. 4º, IX, da Lei nº 4.595/64*.

"Lei nº 4.829/65
Art. 14. Os termos, prazos, juros e demais condições das operações de crédito rural, sob quaisquer de suas modalidades, *serão estabelecidos pelo Conselho Monetário Nacional*, observadas as disposições legais específicas, não expressamente revogadas pela presente Lei, inclusive o favorecimento previsto no art. 4º, inciso IX, da Lei nº 4.595, de 31 de dezembro de 1964, ficando revogado o art. 4º do decreto-lei nº 2.611, de 20 de setembro de 1940."

E tanto é verdade que o Crédito Rural é operação diferenciada (ou incentivada) que para sua regulamentação foi criado pelo próprio Bacen o *Manual de Crédito Rural - MCR*, distinguindo, assim, sua normatização daquela inserida no Manual de Normas e Instruções - MNI.

De outro lado, o *art. 5º do Decreto-Lei nº 167/67*, também deixa clara a imposição a que as taxas de juros no crédito rural sejam *estipuladas* pelo Conselho Monetário Nacional, o que exclui, desde logo, a possibilidade de sua livre *fixação pelas partes*, como cogita o inciso I da Resolução Bacen nº 1.064/85:

> *"Decreto-lei nº 167/67*
> (...)
> Art. 5º. As importâncias fornecidas pelo financiados vencerão juros às taxas que o Conselho Monetário Nacional fixar (...)"

Não há, então, como aplicar a Resolução Bacen nº 1.064/85, que se insere no MNI, e não no MCR, tanto mais quando por este ato normativo são expressamente ressalvadas as operações de que ora se cogita, vedando-se a extrapolação dos limites de que trata a normatização específica, sob pena, inclusive, de caracterização de falta grave.

Na verdade, mesmo desconsiderada a exceção prevista na própria Resolução ao Crédito Rural, bem observado o inciso I desta norma, *não se extrai a fixação de qualquer novo limite* além daqueles estabelecidos na Lei de Usura ou no CCB, o que se faria indispensável, segundo a própria Lei nº 4.595/64, especialmente no caso das operações tratadas na Lei nº 4.829/65 e no Decreto-Lei nº 167/67. Interessante, neste passo, lembrar trecho da fundamentação de decisão da Nona Câmara do TARGS (Ap.Cív. 194241264, Rel. Juiz Roque Miguel Fank, J. 21/03/95): *"A disposição em referência não constitui limite, mas ausência de limite. Sequer de fixação de juros trata."*

Da mesma forma a também quase sempre citada Circular 1.130 do Bacen, que instituiu as Cadernetas de Poupança Verde, nada *estipula* acerca de taxas de juros, muito menos acima dos limites legais.

O *art. 14 da Lei nº 4.829/65 e o art. 5º do Decreto-Lei nº 167/67*, exepcionando o crédito rural das operações financeiras em geral, impõem que para a possibilidade de cobrança de juros acima dos limites legais de 12% ao ano, há que haver norma do CMN *estipulando* novas taxas, o que não se presume pela simples omissão deste Órgão em não fixar juros diversos. Em suma, sem norma expressa, entenda-se vigentes os limites anteriores, não excepcionados pela Lei nº 4.595/64.

Neste sentido, também com relação a esta única suposta autorização indicada pelas Instituições Financeiras, o *Superior Tribunal de Justiça* tem-se manifestado com o entendimento de que não se presta a mesma aos fins colimados pelos bancos:

> "Direitos comercial e econômico. *Mútuo rural. Juros. Livre pactuação. Impossibilidade. Não-demonstração da taxa estipulada pelo Con-

selho Monetário Nacional (Art. 5º do DL 167/67). Capitalização mensal não-pactuada expressamente. Menção da cédula ao 'método hamburguês'. Inadmissibilidade. Previsão de indexação monetária pelos mesmos índices da caderneta de poupança. Mês de março/90(41,28%). LEI Nº 8.088/90, ART. 6º. Recurso desacolhido.
(...)
Esta Quarta Turma, no julgamento de precedentes versando sobre o tema em debate, do que é exemplo o Resp 112.437-RS(por mim relatado), tem sufragado o entendimento de que *a resolução 1.064/85 não contém autorização para que as taxas de juros, no crédito rural, sejam livremente pactuáveis.* Tal modalidade de financiamento se acha incluída na exceção do inc.III, por tratar-se de operação incentivada, a qual se reveste de importância social e econômica e exerce relevante papel na implementação das políticas agrícolas voltadas às necessidades básicas dos cidadãos, bem como ao equilíbrio da balança comercial, quando se cuide de exportação dos excedentes de produção.
A Circular 1.130/87, por seu lado, não regula especificamente a possibilidade de livre pactuação dos juros, limitando-se a fixar que a taxa mínima não seja inferior à taxa de captação dos depósitos em poupança(0,5%).
Esta própria circular evidencia a natureza especial do crédito rural, erigindo-se em incentivo às atividades do seguimento agropecuário, mediante oferta de financiamento às atividades concernentes."
(...)
RECURSO ESPECIAL Nº 108.674(96/0059962-9) - RS
QUARTA TURMA DO STJ
REL. MIN. SÁLVIO DE FIGUEIREDO TEIXEIRA
(grifamos)

Reveladora, aliás, a ementa a seguir transcrita, denotando mudança de posicionamento nesta Corte Superior, e a superação da decisão adotada no REsp 65.430-RS:

"Direito Comercial e Econômico. *Mútuo rural. Juros. Livre pactuação. Impossibilidade. Não-demonstração da taxa estipulada pelo Conselho Monetário Nacional (Art. 5º do DL 167/67).* Previsão de indexação monetária pelos mesmos índices da caderneta de poupança. Mês de março/90 (41,28%). Lei nº 8.088/90, art. 6º. Capitalização mensal. Não pactuação. Precedentes. Recurso especial desacolhido.

I - *Em modificação de seu anterior posicionamento*, vem entendendo a 4ª Turma ser defesa a cobrança de juros além de 12% ao ano se não demonstrada pelo credor, a prévia estipulação pelo Conselho Monetário Nacional das taxas de juros vencíveis para o crédito rural (art. 5º do Decreto-Lei 167/67)."
(...)
RECURSO ESPECIAL Nº 103.319 (96/0049386-3) - RS
QUARTA TURMA DO STJ
REL. MIN. RUY ROSADO DE AGUIAR
J. 15/10/96, DJ 11/11/96, pág. 43.728 - grifamos

Da mesma forma, verifica-se tratar-se de entendimento firme, que já se consolidou nesta Egrégia Corte, como na decisão que se segue, proferida em 25/03/97:

"Direitos Comercial, Econômico e Processual Civil. Recurso Especial. Prequestionamento. Inocorrência. Questão surgida no Acórdão recorrido. Necessidade. Mútuo rural. *Juros. Teto da lei de usura. Taxas livres. Não-demonstração por parte do credor de autorização do Conselho Monetário Nacional.* Aumento dos juros pelo inadimplemento. Impossibilidade. Enunciado nº 596 da Súmula/STF. Dissídio não configurado. Dessemelhança das situações fáticas. Circulares e resoluções. Impossibilidade de análise. Recurso não-conhecido.
II - *Vem entendendo a 4ª Turma* ser defesa a cobrança de juros além de 12% ao ano se não demonstrada, pelo credor, a prévia estipulação pelo Conselho Monetário Nacional das taxas de juros vencíveis para o crédito rural, correspondentes à data de emissão da cédula.
(...)"
RECURSO ESPECIAL Nº 112.437 (96/0069646-2) - RS
QUARTA TURMA DO STJ
REL. MIN. SÁLVIO DE FIGUEIREDO TEIXEIRA
J. 25/03/97

Veja-se que o posicionamento acima foi confirmado pela *Segunda Seção do Superior Tribunal de Justiça,* no julgamento do *Resp nº 111.881-RS,* o que torna definitivo o posicionamento daquela Corte, cuja ementa abaixo se transcreve:

"Crédito Rural. Limitação da taxa de juros. Correção monetária no mês de março/90. Precedentes da Corte.
1. O Decreto-lei nº 167/67, art. 5º, posterior à Lei nº 4.595/64 e específica para as cédulas de crédito rural, confere ao Conselho

Monetário Nacional o dever de fixar os juros a serem praticados. Ante a eventual omissão desse órgão governamental, incide a limitação de 12% ao ano prevista na Lei de Usura (Decreto nº 22.626/33), não alcançando a cédula de crédito rural o entendimento jurisprudencial consolidado na Súmula 596-STF."
RECURSO ESPECIAL Nº 111.881-RS (96.68176-7)
SEGUNDA SEÇÃO DO STJ
REL. MIN. CARLOS ALBERTO MENEZES DIREITO
J. 26/11/97, DJU 16/02/98

No mesmo sentido, vem decidindo o *Superior Tribunal de Justiça* quanto às operações contratadas no âmbito do *crédito comercial e industrial*, conforme decisões abaixo transcritas:

"Embargos a Execução. Nota de crédito comercial. Limitação da taxa de juros. Autorização do CMN. Ônus da prova. Julgamento *extra petita*.
Cabe ao exeqüente provar a existência de autorização do Conselho Monetário Nacional para a cobrança de juros acima de 12% ao ano em nota de crédito comercial.
Não julga *extra petita* o Tribunal que acolhe a pretensão deduzida na petição inicial, não podendo, ainda, fundamentar a sua decisão em norma legal diversa da indicada pelo requerente, segundo os brocardos *jura novit curia* e *da mihi factum dabo tibi jus*.
O art. 5º da Lei nº 6.840/80 c.c o art. 5º do Decreto-lei 413/69, posteriores à Lei nº 4.595/64, conferem ao Conselho Monetário Nacional o dever de fixar os juros a serem praticados nas notas de crédito comercial. Ante a eventual omissão desse órgão governamental, incide a limitação de 12% ao ano prevista na Lei de Usura (Decreto nº 22.626/33), não alcançando a nota de crédito comercial o entendimento jurisprudencial consolidado na Súmula nº 596-STF (Resp nº 111.881/RS).
Recurso especial não conhecido."
RECURSO ESPECIAL Nº 79.507 - RS
TERCEIRA TURMA DO STJ
REL. MIN. CARLOS ALBERTO MENEZES DIREITO

"Cédula de crédito industrial. Juros. Limitação.
A cédula de crédito industrial, no pertinente aos juros, tem a mesma disciplina da cédula de crédito rural, de maneira que lhe é aplicável a jurisprudência que se formou no STJ, a propósito de incidir a limitação de 12% da Lei de Usura, à míngua de autorização do Conselho Monetário Nacional.

Capitalização dos juros admitida. Aplicação da Súmula 93/STJ. Recurso conhecido e provido em parte e, nessa parte, provido."
RECURSO ESPECIAL Nº 167.088 - RS - 98/0017675-6
TERCEIRA TURMA DO STJ
REL. EXMO. SR. MIN. COSTA LEITE

A bem da realidade, mesmo considerando as operações financeiras em geral, tanto inexiste autorização para prática de juros livres que, com vistas a tentar suprir tal ilegalidade foi editada a Medida Provisória 1.367, de 20 de março de 1996 (reeditada sob o nº 1.410), que sob o pretexto de prestar socorro financeiro ao Banco do Brasil, em verdadeiro estelionato jurídico contra a nação brasileira, traz inseridos ao final de seu texto quatro artigos, completamente dissociados do conteúdo da norma como um todo, visando a autorizar o Sistema Financeiro à prática de ilegalidades já rechaçadas a mais de 30 anos no Judiciário, como, por exemplo, a capitalização mensal de juros (Súmula 121, do STF).

Além disso, tal medida autorizaria também a cobrança de taxas de juros flutuantes, declarada ilegal pela Segunda Seção do STJ (REsp 44.847-SC - 94062559), juros de mora livres, mesmo em operações onde são os mesmos limitados (Cédulas de Crédito Rural, Comercial e Industrial - art. 5º, Parágrafo único dos Decretos-Leis nºs 167/67 e 413/69), com base na reiterada Jurisprudência daquela Corte Superior, e assim por diante, revogando enunciados e desprestigiando por completo a atuação do Judiciário.

Só não surpreende mais tal medida, conquanto já tenha a Nação se acostumado a assistir boquiaberta ao *pronto-socorro bancário* que se instalou neste País, através do PROER e da liberação de verbas públicas bilionárias a bancos quebrados, dentre os quais se inclui a requerida.

O absurdo chegou a tal ponto que, até banqueiros acusados de crimes contra o Sistema Financeiro Nacional encontram, através do PROER, soluções às Instituições pelos mesmos controladas, como no caso das fusões Nacional-Unibanco, Econômico-Excel. Isto tudo é a prova do poder bancário exercido neste país, inclusive na elaboração de leis e normas em causa própria, como a que se tentou inserir naquela esdrúxula Medida Provisória.

Todavia, inobstante a manifesta inconstitucionalidade desta MP nº 1.367/96, *a própria necessidade de tal medida leva à inquestionável conclusão de que, antes da mesma, inexistia a necessária autorização à cobrança dos juros usurários praticados pelo Sistema Financeiro.*

De qualquer modo, além de esta norma não ter o condão de atingir obrigações contratadas anteriormente à sua entrada em vigor, é também de se frisar que por acordo entre o Congresso e o Governo, com vistas à aprovação de pontos da *reforma previdenciária*, foram excluídos desta MP nº 1.367/96 os esdrúxulos artigos que tratam da liberação dos juros no Sistema Financeiro.

Desta forma, se antes não havia norma a autorizar o Sistema Financeiro à prática da usura pretendida pelos bancos, em cuja tentativa editou-se a MP nº 1.367/96, com a revogação, pela vontade expressa do Legislativo, dos artigos que visavam a *"legalizar"* tal atitude, fica irremediavelmente abortada a tentativa de se praticar os juros livres propugnados pelas instituições financeiras.

4.4.4. Ainda a questão constitucional

O disposto no § 3º do art. 192 da CF limitou em 12% a.a. as taxas de juros reais para a concessão de créditos, o que vem sendo reiteradamente ratificado pelas decisões dos tribunais. Não se justifica, desta forma, a exação de juros reais superiores ao patamar constitucional.

Observe-se, neste passo, entendimento do então Desembargador do TJRGS, hoje Ministro do STJ, Exmo. Dr. Ruy Rosado de Aguiar Júnior:

"Juros. Limite constitucional. Aplicabilidade.
Estando o credor a cobrar a título exclusivamente de remuneração de capital os juros de 17% e 19%, cabe ao juiz reduzir a verba aos limites estabelecidos na Constituição da República, pois se trata de juro real.
(...)
2. Os juros devem ser reduzidos a 12% ao ano, conforme disposto no texto constitucional. A falta de regulação através de lei complementar não impede ao juiz de verificar que, na espécie em julgamento, todas as parcelas que poderiam ser cobradas a título de correção monetária, despesas, deságio, etc., já o foram; logo, os 17% e os 19%, previstos no contrato como juros, correspondem exclusivamente à remuneração do capital. A esse título é que estão sendo cobrados e nenhuma demonstração em sentido diverso foi sequer ensaiada pelo credor. Ora, a Constituição da República já fixou para a remuneração do capital o limite de 12% ao ano, e eventual superveniência de lei complementar não lhe

poderá alterar o limite. Diante disso, considerando os fatos dos autos, estou em reduzir os juros a 12%."
APELAÇÃO CÍVEL Nº 591091509
QUINTA CÂMARA CÍVEL DO TJRGS
Pres. Rel. Des. Ruy Rosado de Aguiar Júnior

Reforçando entendimento já firmado em decisões anteriores, em Embargos Infringentes julgado pelo Terceiro Grupo do TARGS, foi reafirmada a manutenção do limite de juros previsto no art. 192, § 3º, da CF, sob o fundamento de que, não podendo a Lei Complementar fixar limite diverso do estabelecido na lei maior, não carece esta de qualquer outra norma à admissão de sua imediata vigência:

"A existência de um gradualismo eficacial das normas constitucionais é irrefragável, bem como a lacuna consentida pelo constituinte para ser repleta pelo legislador ordinário na norma em assunto. Mas é justamente esse gradualismo que permite ver no artigo 192 mandamentos incompletos, sem possibilidade de aplicação imediata, e o preceito *self-enforcing* assentado no seu § 3º. No primeiro caso, estão as matérias relacionadas nos incisos, de I a VIII, as quais serão objeto de regulamentação subconstitucional. Já o disposto no § 3º, embora também possa ser tratado em lei complementar, contém ordenação completa, de sentido pleno, de eficácia irrestrita, e, portanto, de aplicação imediata: a estipulação de limite máximo às taxas de juros reais.

Lei complementar ou a legislação ordinária poderão trazer regramentos sobre a remuneração do capital, porém sem desrespeitar a limitação imperativa dos doze por cento ao ano. *O jurista Saulo Ramos, em parecer parcialmente transcrito no acórdão da lavra do eminente Ministro Celso de Mello (RE 163069-8-RS), apesar de posicionar-se contra a auto-aplicabilidade, reconhece que o conteúdo da norma não dá ao legislador a faculdade de proceder com irrestrita liberdade, pois o impedimento da fixação das taxas superiores a doze por cento ao ano está vedada desde logo pelo constituinte, impondo uma evidente restrição à atividade legiferante.*

Se nenhuma norma infraconstitucional poderá elevar a taxação acima do mencionado teto, não vejo como deixar de reconhecer a esta aplicação imediata."
EMBARGOS INFRINGENTES Nº 194031829
TERCEIRO GRUPO DO TARGS
REL.PARA O ACÓRDÃO: DR. MÁRCIO BORGES FORTES
(julgado em 28/10/94) - grifamos

Ademais, é de se observar entendimento que toma corpo no mundo jurídico, com relação aos efeitos daquela ADIn nº 4, entendimento este a encorpar as teses favoráveis à necessária restrição dos abusos na fixação de taxas de juros financeiros, segundo o qual se conclui pela limitação do objeto daquela ADIn unicamente aos atos que lhe deram causa - *ato normativo do Presidente da República, aprovador do parecer SR-70 da Consultoria-Geral da República e circular do Banco Central* -, não propriamente ao art. 192 da CF, conforme se extrai de decisão proferida pelo Terceiro Grupo Cível do TARGS, em Embargos Infringentes nº 193171626:

"(...)
A Ação Direta de Inconstitucionalidade nº 04-DF fora direcionada *contra ato normativo do Presidente da República, aprovador do parecer SR-70 da Consultoria Geral da República e circular do Banco Central*, o primeiro considerando não auto-aplicável a norma do § 3º sobre juros reais de 12% ao ano, e a segunda determinando a observância da legislação anterior à constituição de 1988, até o advento da lei complementar reguladora do Sistema Nacional.
A ação direta de inconstitucionalidade foi dirigida, portanto, contra o *parecer normativo federal*. Este, consequentemente, o objeto da ação de inconstitucionalidade.
A Suprema Corte decidiu pela regularidade e constitucionalidade do referido *parecer normativo* e da *circular do Banco Central*, determinadora da observância da legislação anterior à atual Carta Magna, reguladora do sistema financeiro nacional. Muito embora, na fundamentação, tenha sido afirmado não ser auto-aplicável a norma constitucional limitadora dos juros, e daí o afastamento da alegada inconstitucionalidade do *parecer normativo* e da *Circular do Banco Central*, o julgamento da constitucionalidade ficou restrita a estes aspectos (...)"
EMBARGOS INFRINGENTES Nº 193171626
TERCEIRO GRUPO DO TARGS
REL. MOACIR ADIERS
(julgado em 23/09/94) - grifos no original

O próprio ex-Ministro do Supremo Tribunal Federal, Paulo Brossard de Souza Pinto, voto vencido naquela ADIn, em artigo publicado em Zero Hora em data de 11 de março de 1991, pronunciou-se sobre o tema, que segue em parte transcrito:

"*Lei complementar é que deve obediência à norma constitucional e não esta ficar dependendo daquela.*"

Aliás, de forma peculiarmente irônica, é também o mesmo Min. Paulo Brossard, em seu voto naquela ADIn, que atacando a insubsistência da tese vencedora da não-auto-aplicabilidade segundo a qual se haveria de definir o que seja juro real, demonstra quão pueril se apresenta tal conclusão:

"21. Alega-se que a execução do disposto no § 3º em causa supõe prévia definição do juro real. Ora, é oportuno lembrar que a constituição, em regra, usa de palavras e expressões no sentido corrente e popular. É claro que não vejo necessidade alguma em que o legislador venha a dizer o que a Constituição já disse, o que seja juro real. Mas *eu lembraria que o legislador não definiu o que é juro e nenhuma instituição financeira deixou de cobrar juros por ignorar a sua definição legal (...)* O legislador serviu-se do conceito de juro, como se serviu do conceito de árvore, CC 556, 558, de parede, CC 580, 583, de cerca, CC 588, de tapume, CC 580, de janela, sacada, terraço, goteira, CC, 576, de estrebarias, currais, pocilgas, estrumeiras, CC 578, de chaminé, fogões, fornos, CC 582, de morte, de nascimento, de lucro, de tempo, sem defini-los. Fala em amor, e não o define, CC 1.338. Da mesma forma que a constituição não define o que seja juro, nem o Código Civil, nem a lei de usura, nem a lei 1.521, nem a lei 4.595, não há necessidade de definir o que seja juro real, para que seja cumprido o mandamento expresso e taxativo do § 3º do art. 192 da Constituição. Não há quem não saiba o que seja juro real." (grifamos)

Importante ainda lembrar que a decisão naquela ADIN contrariou também o entendimento majoritário dos Tribunais Estaduais, conquanto no *XIII Encontro Nacional de Tribunais de Alçada*, por maioria de 13 votos contra 4, havia ficado decidido que "*a limitação constitucional da taxa de juros reais é aplicável de imediato. Entende-se por juro real o juro excedente à taxa inflacionária. No juro real incluem-se os custos administrativos e operacionais, as contribuições sociais (FINSOCIAL, PIS e PASEP) e os tributos devidos pela instituição financeira.*" (*in* JULGADOS DO TARGS 67/365).

Por tudo isto, verifica-se que a conclusão pela não-auto-aplicabilidade do art. 192, § 3º, da CF, resulta em verdadeira tentativa de fraude à Lei Maior, prática que, em se tratando de cobrança de juros extorsivos, é assunto que remonta já desde as primeiras normas proibitivas da usura, como nos noticia do eminente Juiz de Alçada Dr. Armínio José Abreu Lima da Rosa, em embargos Infringentes do Terceiro Grupo do TARGS:

"Já o clássico Montesquieu dedicou apreciáveis páginas às grandes usuras praticadas entre os romanos ('este povo, amiudemente obrigado a partir sem soldo para a guerra, tinha muito freqüentemente necessidade de pedir emprestado e, efetuando incessantemente expedições bem sucedidas, tinha constantemente facilidade de pagar'. 'Do Espírito das Leis', Liv. IV, Cap. XXII). No entanto, mesmo as conquistas de guerra têm limites e nem todos delas podiam se servir. Tão intensa a usura que leis reprimindo-a se sucederam. Todas objeto de fraudes. Se os cidadãos romanos não podiam emprestar a juros, recorria-se a latinos ou aliados, como interpostas pessoas. Até porque, 'quando um homem pede emprestado, encontra um obstáculo na própria lei feita em seu favor: esta lei tem contra si quem ela socorre e quem ela condena' (idem, idem).

E eram poderosos os usuários: Bruto emprestava, com nomes falsos (os 'fantasmas não são de hoje'), dinheiro a 4% ao mês; Pompeu, que emprestara 600 talentos ao Rei Ariobarsano, fazia-se pagar 33 talentos por mês (idem, idem).

Esta tradição insistente, persistente, não tardou para se instalar no Brasil. Conta Frei Vicente do Salvador a luta de Mem de Sá e o primeiro Ouvidor-Geral contra as usuras. Infrutífera, de sorte que a uma mínima circunstância pessoal, 'tornaram a correr as demandas, e as usuras, não só paliadas, mas tanto de escâncaras, que, se vale um escravo vinte mil réis, pago logo, o dão fiado por um ano por quarenta, e o que mais é, que por isso o não querem vender a dinheiro de contado, senão fiado, e não há quem por isso olhe'. (*História do Brasil - 1500-1627*, 4ª ed., pág. 161)

Por isso, não surpreende, ao contrário, que juros reais de 12% a.a., uma violência para qualquer Nação que se pretenda civilizada, sejam rotulados como delírio do legislador e se proceda a um verdadeiro desmonte jurídico da Carta de 1988.

No entanto, o Judiciário, na sua missão constitucional, tantas vezes incompreendida, não pode ignorar ou tergiversar com o texto da Lei Maior e, tão grave igualmente, dar guarida a pressões as mais variadas decorrentes do capital especulativo.

Destarte, rogando a mais respeitosa vênia a entendimentos em contrário, por mais respeitáveis que o sejam, o Grupo fica com a constituição e tudo o que representa, improvendo os embargos."
EMBARGOS INFRINGENTES Nº 193110319
TERCEIRO GRUPO CÍVEL DO TARGS
REL. DR. ARMÍNIO JOSÉ ABREU LIMA DA ROSA

"Embargos à Execução - Limitação dos juros.
Auto-aplicabilidade do § 3º, do art. 192, da CF/88 e legislação infraconstitucional (Decreto nº 22.626/33 e art. 1062, do CC).
Comissão de permanência.
Nula é a cláusula que prevê o pagamento de comissão de permanência, por infringir o art. 115 do Código Civil, podendo ser decretada de ofício.
Apelo improvido."
APELAÇÃO CÍVEL Nº 198 021 305
SEGUNDA CÂMARA CÍVEL DO TARGS
REL. HENRIQUE OSVALDO POETA ROENICK

Desta feita, tomando por base o papel do Judiciário de fazer valer a vontade legislativa (reflexo da vontade da nação), é de fato absurda a interpretação jurisdicional que contraria manifestação expressa, emanada da própria fonte elaboradora da norma.

4.5. A ILEGALIDADE DA ELEVAÇÃO DA TAXA DE JUROS NAS PRORROGAÇÕES DAS CÉDULAS

Verifica-se que quando da prorrogação dos financiamentos em atenção ao disposto no *artigo 4º, parágrafo único, da Lei nº 7.843, de 18/10/89 e MCR 2.6.9 (Circular BACEN nº 1.536, de 03.10.89)* que determinam a prorrogação do vencimento das cédulas, independentemente de consulta ao BACEN, assegurando-se as taxas originalmente contratadas sempre que o rendimento propiciado pela atividade objeto de financiamento for insuficiente para o resgate da dívida, em caso frustração de safras, eventuais ocorrências prejudiciais ao desenvolvimento das explorações, falta de mercado para os produtos ou outros motivos alheios à vontade e diligência do devedor, é imposto pelos bancos, sob pena de não conceder a prorrogação, a elevação substancial da taxa de juros o que é flagrantemente ilegal.

O pior, em outros casos, que visando a burlar a legislação acima, em vez de prorrogar os financiamentos através de aditivos, as instituições financeiras impõem a realização do mata-mata, bem como das Confissões de Dívidas, elevando-se substancialmente as taxas de juros.

Tal situação de ilegalidade foi flagrada em inspeção realizada pelo *Tribunal de Contas da União*, que emitiu o seguinte parecer sobre a prorrogação do vencimento das contratações agrícolas, como determina a lei:

"3.2.1.1. *Quanto à prorrogação automática de dívidas do crédito rural.*
3.2.1.1.1. A prorrogação automática de dívidas de crédito rural disciplinada pela Lei nº 7.843, de 18.10.89, e regulamentada pela Circular Bacen nº 1.536, DE 03.10.89, não foi acolhida pelos normativos internos do Banco do Brasil até a edição da Circular Operações de Crédito nº 122, de 15.03.93, que apenas *admitia* a prorrogação de crédito, em vez de prever que a mesma *era devida* como determinado pelo Banco Central. Além disso, o Banco do Brasil estabeleceu requisitos para a concessão da prorrogação que não aqueles fixados pela autoridade monetária, como a idoneidade do proponente e dos demais intervenientes, a capacidade técnico-administrativa do proponente, impondo, assim, restrições não previstas na lei." (Decisão nº 184/97, Seção Ordinária do Plenário do Tribunal de Contas da União – TCU, de 16.04.97, voto nº TC 017.190/95-9...)

Neste exato sentido, recente decisão do *Superior Tribunal de Justiça*, inadmitindo recurso especial sobre este ponto da controvérsia, manteve decisão do Tribunal de Alçada do Rio Grande do Sul, corroborou entendimento da Corte Estadual de ser *nula a elevação de juros, mesmo em aditivos de re-ratificação de operações de crédito rural*, equiparando tal prática à já consagrada nulidade da substituição de juros após o vencimento, vedada pelo parágrafo único do art. 5º do Decreto-Lei nº 167/67:

"Insurge-se o recorrente, no apelo extremo, contra Acórdão proferido pela 5ª Câmara Cível do Tribunal de Alçada do Estado do Rio Grande do Sul, assim ementado:
'Cédula de Crédito Rural. Juros. Cláusula de substituição dos juros. Capitalização. Critério de correção. Proagro. Sucumbência.
Juros remuneratórios
Pactuados originalmente em 7% ao ano não se admite elevação da taxa em cláusula contratual nem em pactos aditivos ao contrato primitivo.
Capitalização
Caso em que a capitalização é semestral.
Correção
Nos créditos rurais o critério mais justo de correção dos valores é aquele que se co-relaciona com o preço do produto.
PROAGRO
Não cabem cobranças posteriores ao débito inicial.
Sucumbência
Utilização do critério da proporcionalidade de acordo com o decaimento na execução e nos embargos.' (fl. 114)

(...)
Além disso, consta do Acórdão recorrido que, *verbis*:
(...)
2. *Juros remuneratórios*
No que diz com a *cédula original* não há necessidade de discutir-se a respeito dos aspectos legais e constitucionais a respeito da taxa de juros.
O título (fls. 7 da execução) prevê taxas de juros de 7% *ao ano*.
Logo, as partes já pactuaram taxa menor que a previsão legal.
Contudo, como se vê às fls. 12 da execução, houve um *aditivo de retificação e ratificação à cédula original.*
Há previsão de *substituição desta taxa em caso de inadimplemento para a taxa de 24% ao ano.*
Já o aditivo de fls. 9 prevê juros de *12,500 ao ano com substituição* para *35% ao ano* em *caso de inadimplemento.*
Por sua vez, no aditivo de fls. 12 tem a previsão de juros a taxa de 2% *ao mês*. Aqui, em caso de inadimplemento, é prevista a *substituição* por comissão de permanência conforme cálculo que apresenta.
A Câmara considera que à taxa contratada em aditivo deve ser dado o mesmo tratamento à cláusula de substituição que se verá a seguir.
Substituição
A questão que resta diz com a de substituição da taxa inicialmente pactuada e posteriormente substituída na cláusula chamada de *'inadimplemento'*.
Aqui a Câmara tem posição uniforme.
Em verdade, esta substituição disfarçada taxa de juros moratórios indiscutivelmente limitados em um por cento ao ano. (...)'
(...)
Ante o exposto, nego provimento ao agravo."
RECURSO ESPECIAL Nº 151.719-RS
TERCEIRA TURMA DO STJ
REL. MIN. CARLOS ALBERTO MENEZES DIREITO
J. 27/08/97 - DJU 05/09/97

Desta forma, verifica-se ser nula a cláusula de elevação de juros tanto nos aditivos de prorrogação, como nas cédulas caracterizadas com o *mata-mata* e ainda das Confissões de Dívidas, eis que proibido pelas normas retro, que determinam a manutenção das taxas originalmente contratadas nos financiamentos.

4.6. OS JUROS MORATÓRIOS E A MULTA

Tratando-se aqui de *Cédulas Rurais Pignoratícias*, temos o *parágrafo único do art. 5º do Decreto-Lei nº 167/67*, que não deixa margem de dúvidas quanto ao limite dos juros moratórios em 1% *ao ano*:

"Art. 5º. (...)
Parágrafo único. Em caso de mora a taxa de juros constante da cédula será elevável de 1% ao ano."

Em face desta inolvidável limitação, tem também a jurisprudência *unânime* do *Superior Tribunal de Justiça* confirmado decisões de todo o País quanto à inarredabilidade deste limite, o que muitas vezes tentam as Instituições Financeiras ultrapassar, especialmente o Banco do Brasil, através de cláusulas que dissimulam juros moratórios como sendo remuneratórios:

"Mútuo. Nota de Crédito. Juros Remuneratórios e Correção Monetária. Alteração de Tais Encargos Em Caso de Inadimplemento. Impossibilidade. Limite Legal (DL 167/67): 1% a.a. (Juros Moratórios - art. 5º, Parágrafo Único) Mais 10% Sobre o Total da Dívida (Multa -art. 71). Recurso Desprovido.
I - Estabelecidos, em nota de crédito rural, juros remuneratórios e correção monetária para incidirem durante o prazo de vigência do mútuo, nula se apresenta cláusula que preveja majoração de tais encargos financeiros em caso de inadimplemento do mutuário.
II - A Lei específica (DL 167/67) somente autoriza sejam pactuados para situação de não pagamento da dívida no respectivo vencimento, os seguintes acréscimos: Juros Moratórios no patamar de 1% a.a.. (art. 5, Parágrafo Único), e multa de 10% sobre o montante devido (art. 71).
III - Qualquer estipulação que vise a burlar esse limite legal - como, por exemplo, o referido artifício da elevação dos juros remuneratórios ou da criação de outros encargos (taxas, sobretaxas, comissão de permanência) para serem aplicados no caso de inadimplemento - carece de validade).
Por unanimidade, conhecer do recurso, mas negar-lhe provimento."
Decisão em 18/04/95
RECURSO ESPECIAL c/registro nº 95/0003813-7
QUARTA TURMA STJ
REL. MIN. SÁLVIO DE FIGUEIREDO
(DJU de 22/05/95, pág. 14419)

Com idêntica fundamentação e dispositivo:

Recurso Especial nº 28.907-9-Rio Grande do Sul, Quarta Turma, Relator Ministro Sálvio de Figueiredo;
Recurso Especial nº 42089-0-RS, Quarta Turma, Rel. Min. Barros Monteiro;
Agravo Regimental nº 19.950 - RS (92.0005741-1), Terceira Turma, Rel. Min. Eduardo Ribeiro;
Recurso Especial nº 12.521 - RS - (91.14047-3), Terceira Turma, Rel. Ministro Cláudio Santos;
Recurso Especial nº 92/0015682-7, Quarta Turma, Min. Rel. Sálvio de Figueiredo (DJU 03/04/95, p. 8.134);
Recurso Especial nº 94/0037822-0-MG, Terceira Turma, Rel. Min. Eduardo Ribeiro, J. 27/03/95 - DJU 15/05/95, p. 13.403;
Recurso Especial nº 94/0008404-0-RS, Quarta Turma, Rel. Min. Sálvio de Figueiredo, J. 26/04/95 - DJU 23/05/95, p/ 12.618;
Recurso Especial nº 95.540-RS (96/304173), Quarta Turma, Rel. Min. Ruy Rosado de Aguiar, J. 03/09/96, DJU 14/10/96;
Recurso Especial nº 95.970-RS (96/314926), Quarta Turma, Rel. Min. Ruy Rosado de Aguiar, J. 01/10/96, DJU 11/11/96;
Recurso Especial nº 107.271-RS (96/572380), Quarta Turma, Rel. Min. Ruy Rosado de Aguiar, J. 09/12/96, DJU 17/03/97;
Recurso Especial nº 108.263-RS (96/0059029-0), Quarta Turma, Rel. Min. Sálvio de Figueiredo Teixeira, J. 04/02/97, DJU 17/03/97;
Recurso Especial nº 111.109-RS (96/0066202-9), Quarta Turma, Rel. Min. Sálvio de Figueiredo Teixeira, J. 10/03/97, DJU 07/04/97;
Recurso Especial nº 111.160-RS (96/0066473-0), Quarta Turma, Rel. Min. Sálvio de Figueiredo Teixeira, J. 24/03/97, DJU 05/05/97;
Recurso Especial nº 112.437-RS (96/0069646-2), Quarta Turma, Rel. Min. Sálvio de Figueiredo Teixeira, J. 25/03/97, DJU 05/05/97;
Recurso Especial nº 115.585-RS (96/0076731-9), Quarta Turma, Rel. Min. Sálvio de Figueiredo Teixeira, J. 27/05/97, DJU 23/06/97;
Recurso Especial nº 114.467-RS (96/0074476-9), Quarta Turma, Rel. Min. Sálvio de Figueiredo Teixeira, J. 27/05/97, DJU 23/06/97.

Da mesma forma, relativamente à multa, não se pode admitir a sua cobrança, mesmo contratualmente e legalmente prevista sua possibilidade, eis que ausente o pressuposto de sua incidência, qual seja, a mora do devedor.

Neste sentido, exigindo o banco crédito superior ao legalmente devido, não se pode imputar ao devedor a demora ensejadora das penas do inadimplemento. Muito pelo contrário, trata-se de caso de *mora creditoris* pela não-aceitação ao recebimento da importância efetivamente devida.

Por outro lado, observe-se que a Lei nº 8.078/90 (Código de Defesa do Consumidor) determina, no seu § 1º do inciso V do artigo 52 (redação dada pela Lei nº 9.298/96), que a multa moratória não poderá ser superior a 2% do valor da prestação. Desta feita, absolutamente nula a cláusula contratual que fixa multa moratória à taxa de 10%, em razão do que, se deferida a mesma, deve esta ser limitada a 2%.

Quanto à *exclusão da multa*, decisão em Embargos Infringentes julgados pelo *Segundo Grupo Cível do TARGS*:

"Multa moratória. Controvérsia a envolver o *quantum debeatur* afasta sua incidência. (ementa).
(...)
Nos embargos infringentes nº 194021416, restou reequacionada a controvérsia, em silogística e jurídica fundamentação enunciada pelo eminente Dr. RUI PORTANOVA, a quem rogo a vênia para transcrever percucientes razões:
Está em discussão a incidência, ou não, da multa referida no pacto entre as partes, que remete ao art. 71, do DL 167/67.
Considerando que se pretende a cumulação daquela cláusula penal com a verba honorária, por evidente a aplicação não pode ter o caráter dogmático e absolutista do só fato da intentação da ação.
Com efeito, a cobrança da multa tem como causa a alegada mora do devedor.
Contudo, diante do que foi decidido, tem-se mais caracterizada a mora do credor do que do devedor.
É o que se retira dos termos do art. 955 do Código Civil: *considera-se em mora o devedor que não efetuar o pagamento e o credor que não quiser receber no tempo, lugar e forma convencionada (art. 1058)*.
Ora, o que foi decidido pela maioria da Câmara é que - induvidosamente - o Banco não atendia ao requisito da *forma convencionada*.
Isso porque, evidentemente, tem-se que como *forma convencionada* aquela *forma* que as partes *convencionam* de acordo com os termos da lei.

Neste passo, estando o Banco a exigir juros além daqueles que a lei possibilita, tem-se que o credor *não quer receber na forma adequada*.

Enfim, restando reconhecido em juízo que o Banco estava pretendendo mais do que tinha direito, tem-se - por via de conseqüência lógica - que o devedor não estava em mora. Era o banco que, exigindo de *forma não convencionada*, acabara por estar em mora.

Alega o banco que, então, o devedor deveria intentar ação de consignação em pagamento.

Ora, a lei não obriga a tanto.

Diz o artigo 941 que, *recusando-se o credor da quitação ou não a dando na devida forma (art. 940), pode o devedor citá-lo para esse fim, e ficará quitado pela sentença que condenar o credor.*

Por evidente, o acesso ao Judiciário é uma faculdade do devedor. Não há esquecer, é princípio constitucional que ninguém será obrigado a fazer ou deixar de fazer alguma coisa senão em virtude de lei (art. 5º, inciso II).

Ao contrário do que entende o embargante, a lei autoriza o devedor a fazer exatamente o que ele fez - reter o pagamento enquanto lhe não for dada a quitação regular (art. 939 do Código Civil).

Não se pode penalizar o devedor por não ter buscado a composição litigiosa do seu débito pela via do Poder Judiciário, ainda mais que a base da penalização pretendida é legítima.

3. Nessa conformidade, desacolhem-se os embargos."

EMBARGOS INFRINGENTES Nº 193232980
SEGUNDO GRUPO CÍVEL DO TARGS
REL. DR. LUIZ OTÁVIO MAZERON COIMBRA

"Cédula Rural.

Correção monetária - Juros - Capitalização - Penalidade.

Os créditos oriundos de financiamento rural devem ser atualizados pelos mesmos índices utilizados para remunerar as cadernetas de poupança rural.

O BTN foi o indexador observado generalizadamente na economia em março/90.

O art. 4º da Lei nº 4.595/64, dentre outras atribuições estebelece a competência do CMN para limitar as taxas de juros sobre operações bancárias. A amplitude do disciplinamento não deve ser interpretada como liberação das taxas de juros, pena de exceder a disposição legal.

Sem autorização do CMN, as taxas de juros remuneratórios, inclusive para o período de inadimplência, limitam-se a 12% ao ano.
Não é devida a multa prevista no art. 71 do Decreto-Lei nº 167/67, se o banco está a exigir mais do que o devido.
É admissível a capitalização mensal de juros quando expressamente contratada. A disposição do art. 5º do Decreto-Lei nº 167 excepciona a proibição estabelecida no art. 4º da Lei de Usura. (ementa - grifei)
(...)
Não tem incidência a multa prevista no art. 71 do Decreto-Lei nº 167/67, por estar o credor a exigir mais do que o valor realmente devido.
Não pode o devedor ser penalizado por não buscar judicialmente a composição de seu débito, quando a lei o autoriza a reter o pagamento enquanto não lhe for dada a quitação regular (art. 939 do Código Civil).
E diante do reconhecimento judicial de excesso de execução, tem-se que o devedor não se encontrava em mora, o que afasta a aplicação da penalidade."
APELAÇÃO CÍVEL Nº 195053137
PRIMEIRA CÂMARA CÍVEL DO TARGS
REL. DRA. MARIA ISABEL BROGGINI

"(...)
Multa: é devida se pactuada, havendo mora. Não há mora se o credor exige valores indevidos, autorizada a retenção do pagamento pelo devedor até que o credor forneça quitação regular do valor devido. (ementa)
(...)
Resta apreciar a questão da multa e da mora.
A Câmara tem admitido a cobrança da multa de 10%, prevista em lei, desde que convencionada no título. Há de se observar, no entanto, em sua cumulação com os honorários, o limite máximo de 20% pois são de idêntica natureza.
A multa pode ser cumulada, ainda, com os juros de mora, estes no limite de 1% ao ano.
Não há incidência de multa e dos juros de mora, entretanto, se o devedor não está em mora. O devedor pode reter o pagamento quando o credor exige além do devido e recusa receber o valor correto e dar a quitação regular.
É o caso dos autos. O exequente exigia valores indevidos, agora expungidos da execução. Só haverá mora, portanto, se não ocor-

rer o pagamento em 24h após definido o débito por cálculo, observado, ainda, o limite retro quanto à multa."
APELAÇÃO CÍVEL Nº 195063680
QUARTA CÂMARA CÍVEL DO TARGS
REL. DR. MOACIR LEOPOLDO HAESER

Com isto, temos que nulas as cláusulas que impõem obrigação de pagamento de juros moratórios acima dos limites de 1% ao ano estabelecido no parágrafo único do art. 5º do Decreto-leiL nº 167/67, bem como da multa em taxa acima de 2% conforme art. 52, V, § 1º da Lei nº 8.078/90.

4.7. A COMISSÃO DE PERMANÊNCIA E A TAXA DA ANBID

Conforme já exposto, após o vencimento das cédulas, pretendem os Bancos o recebimento da *Comissão de Permanência às taxas de mercado*. Abaixo se demonstram as razões da ilegalidade de tal exigência.

4.7.1. Ilegalidade da delegação do Bacen às instituições financeiras para fixação de taxas de juros flutuantes - potestatividade absoluta da cláusula que a estabelece (nulidade)

A Comissão de Permanência é uma modalidade de encargo financeiro que se constitui em verdadeira taxa de juros flutuante. Aplica-se à mesma, por manifesta analogia, o já antigo entendimento adotado pelo *Superior Tribunal de Justiça* com relação à Taxa da ANBID (Súmula 176), como atesta artigo do ex-Ministro daquele Tribunal e ex-Desembargador do TJRGS, o eminente jurista Athos Gusmão Carneiro:

"(...) De outra parte, considerou o acórdão a utilização da taxa Anbid não fora devidamente autorizada pelo CMN. A Res. 1.143/86 autorizou as instituições financeiras a realizar operações a taxas flutuantes, podendo o Banco Central *'fixar parâmetro para base do reajuste periódico das taxas'*. Para esse fim, o Bacen expediu a Circular nº 1.047/86, a cujo respeito, todavia, assim se manifestou o aresto do STJ, voto do relator: *'Como se vê, a taxa variável somente pode ser fixada pelo Banco Central, conforme delegação recebida do CMN. A disposição dúbia constante do final do art. 3º da Circular 1.047/86, deve ser entendida como outra taxa também fixada*

pelo mesmo Banco Central, pois não se concebe estivesse ele abrindo mão da autorização delegada pelo CMN e, muito menos, entregando-a a uma entidade interessada nos resultados da fixação dos valores dos encargos financeiros'.
No RESP nº 47.344-SC esta orientação foi mantida pela 4ª Turma, ac. 25.10.94, Rel. o em. Min. Fontes de Alencar, com remissão aos fundamentos do julgado anterior. Integraram também o colegiado, além do relator, os Min. Sálvio de Figueiredo, Barros Monteiro, Ruy Rosado de Aguiar e Antônio Torreão Braz. Assim também no julgamento do RESP 47.466, rel. o em. Min. Sálvio de Figueiredo. (...)" (*Jornal do Comércio*, 12/12/94, Porto Alegre).

De outro lado, do ponto de vista contratual, também se tem por nula de pleno direito a cláusula que atribui a uma parte, por sua única e exclusiva vontade, o direito de fixar o montante da obrigação da parte contrária. Neste sentido, dispõe o *art. 115 do Código Civil Brasileiro:*

"Art. 115. São lícitas, em geral, todas as condições que a lei não vedar expressamente. Entre as condições defesas se incluem as que privarem de todo efeito o ato, ou o sujeitarem ao *arbítrio de uma das partes*".

Da mesma forma dispõe o art. 51, X e XII, da Lei nº 8.078/90 - Código de Defesa do Consumidor:

"Art. 51. São nulas de pleno direito, entre outras, as cláusulas contratuais relativas ao fornecimento de produtos e serviços que:
(...)
X - permitam ao fornecedor, direta ou indiretamente, variação do preço de maneira unilateral;
(...)
XIII - autorizem o fornecedor a modificar unilateralmente o conteúdo ou a qualidade do contrato, após sua celebração;"

Tal princípio, que guarda coerência com o fundamento e a base de sustentação do contrato - o consensualismo -, vem também expresso no art. 1.125 do CCB, ao dizer que *"nula é o compra e venda quando deixa ao arbítrio exclusivo de uma das partes a taxação do preço"*. Notadamente, é justamente disso que trata a estipulação da *"comissão de permanência".*

Desta forma, à comissão de permanência *fixada pelo próprio credor*, aplica-se, mais uma vez, e com muito mais razão, tudo o que se já de longa data vem sendo decidido pelo Superior Tribunal de Justiça acerca da Taxa da ANBID.

Neste sentido, reportamo-nos novamente àquele artigo do Eminente ex-ministro do Superior Tribunal de Justiça, Athos Gusmão Carneiro:

"(...) O STJ, pela sua 4ª Turma, no RESP nº 47.344-SC, Rel. o em. Min. Ruy Rosado de Aguiar, em decisão unânime, ac. 20.09.94, julgou que a exigência de encargos financeiros com base na 'taxa da Anbid' infringe a norma do art. 115 do Código Civil: *'atribuir a estipulação das taxas devidas em razão do financiamento bancário à entidade de classe do próprio banco, associação criada evidentemente para defesa dos interesses dos estabelecimentos bancários, e não dos devedores dos bancos, seria o mesmo que deixar ao arbítrio do credor a fixação do preço do negócio'*. (...)" (Jornal do Comércio, 12/12/94, Porto Alegre).

Como se sabe, este fundamento quanto à potestatividade da estipulação de taxas de juros com base nos índices da ANBID, que vinha sendo reiteradamente adotado em decisões da Quarta Turma do Superior Tribunal de Justiça, veio a se consolidar, num primeiro momento, nos *Embargos de Divergência ao REsp nº 44.847-SC (94062559), Segunda Seção, Rel. Min. Nilson Naves, julgado em 30/08/95*:

"(...) *O que ficou resolvido foi que a cláusula em questão estava ao arbítrio de uma das partes, donde tratar-se de cláusula proibida. O fato da ANBID não fazer parte do contrato em nada altera o raciocínio do acórdão, visto cuidar-se de entidade, conforme enunciado em sua ementa, voltada 'à defesa dos interesses' do credor. O certo é que não foi atingido o disposto no art. 20, parecendo-me exata a interpretação local, ao se valer do aludido art. 115.*
(...)
A 4ª Turma já emitiu opinião a respeito da questão aventada nestes autos. Foi no REsp 46.746, também de Santa Catarina, com essa ementa redigida pelo Sr. Ministro Ruy Rosado: 'Nota de crédito rural. Encargos financeiros. Taxa da ANBID. É ilegal a cláusula inserta em nota de crédito rural, atribuindo à ANBID a fixação da taxa de encargos financeiros suportados pelo devedor. Resolução 1.143, de 26.06.86, do CMN, e Circular 1.047, de 09.07.86, do BACEN. Recurso não conhecido' (julgado em 20.09.94)."

Todavia, face à insistência na cobrança desta taxa pelos bancos, e para não deixar mais qualquer dúvida acerca da ilegalidade desta prática, foi editada a *Súmula nº 176 do Superior Tribunal de Justiça*, que dispõe:

"Súmula nº 176
É nula a cláusula contratual que sujeita o devedor à taxa de juros divulgada pela ANBID/CETIP.
(DJU 06.01.96)"

Ora, se fixada por associação de classe já se tem a Taxa da ANBID por potestativa, quiçá a Comissão de Permanência fixada unilateralmente pela própria instituição credora !!!

Observe-se, outrossim, que inobstante esta Súmula, *até hoje esta TAXA é editada pela ANBID, e divulgada em jornais de grande circulação.* E saibam o porquê: *Para que possa ser utilizada pelos bancos como uma das referências à fixação de suas comissões de permanência!*

Notadamente, permitir a adoção da comissão de permanência é então permitir a cobrança da Taxa da ANBID e algo mais acrescido pelos bancos.

É verdadeiramente derrogar a Súmula 176-STJ, ao permitir a inclusão nos contratos de índice que toma como ponto de partida taxa já declarada nula por aquele Superior Tribunal de Justiça. É permitir aos bancos ignorar a autoridade do Poder Judiciário!

Assim, é nula a cobrança de comissão de permanência pelas taxas fixadas pelo próprio credor, porque se trata de estipulação com potestatividade absoluta, por esta razão nula de pleno direito, nos termos do *art. 115, segunda parte, do CCB* e, por analogia à Taxa da ANBID, *Súmula 176-STJ.*

Por outro lado, com a permissão da cobrança da Comissão de Permanência entra-se em contradição com o entendimento do STJ não só com relação à limitação de juros em 12% como na substituição dos juros após vencimento, matérias estas já pacificadas naquela Corte, eis que como é notório este encargo implica taxa bem superior ao limitador e tem o mesmo impeditivo pelo qual não se tem como válida a Resolução Bacen nº 1.064/85.

Além disso, também nula a comissão de permanência porquanto toma como ponto de partida a taxa fixada pela ANBID, de utilização proibida pelo referido enunciado do STJ, inclusive porque se afigura ilegal admitir a fixação de taxas de juros flutuantes por Bancos privados ou associações destes, quando somente competente para isso o Banco Central do Brasil (Res. 1.143/86).

4.8. CAPITALIZAÇÃO MENSAL DE JUROS NO CRÉDITO RURAL - CRÍTICA À SÚMULA 93 DO STJ

Visando a pacificar a polêmica questão da capitalização de juros no crédito rural, comercial e industrial, o Superior Tribunal de Justiça editou a Súmula 93 (DJU de 03/11/93), com a seguinte redação:

"A legislação sobre cédulas de crédito rural, comercial e industrial admite o pacto de capitalização de juros".

Com tal decisão, convalidaram-se cláusulas contidas na maioria dos contratos de financiamento da produção primária (Cédulas de Crédito Rural), prevendo a capitalização mensal de juros.

Inobstante o entendimento daquela excelsa corte, temos que tal decisão se mostra tecnicamente frágil, pelas razões que passaremos a expor neste sucinto estudo do problema.

A capitalização é questão de fundamental importância no contexto das agruras dos mutuários, pois os artifícios e formas utilizadas ao capitalizar os juros tornam-se, em muitas das vezes, mais graves ao longo do tempo que a própria elevação de taxas.

Esta prática de capitalizar mensal e até diariamente os juros tem sido rechaçada ao longo dos anos pelas mais diversas Cortes do País, inclusive pelo STF nas Súmulas 121 e 596, mantendo-se as disposições do Decreto 22.626/33.

Inobstante, até bem pouco tempo diante do poder de pressão dos bancos, apareciam uma e outra decisão permitindo a capitalização mensal, alcançando inclusive Súmula no STJ, aplicável aos créditos comercial, industrial e rural, quando as partes assim ajustarem.

Em que pese a regra geral seja pela anuidade, admitia-se a capitalização mensal no crédito rural sob os seguintes fundamentos:

a) previsão de sua possibilidade em lei especial (art. 5º, parágrafo único, Decreto-Lei nº 167/67), mediante autorização do Conselho Monetário Nacional;

b) previsão contratual expressa;

c) subsidiariamente, pela adoção da mesma forma de capitalização da fonte de captação dos recursos (caderneta de poupança).

Fato também incontroverso é o de que as decisões que confirmam a capitalização mensal, além de negar vigência aos dispositivos legais apontados, dão aos mesmos interpretação divergente aos julgados de outros Tribunais, inclusive do Egrégio Superior Tribunal de Justiça, cuja decisão transcreve-se abaixo:

"Agravo de Instrumento nº 25498-6 - R.G.S. - 92.0021839-3.
Relator: Exmº Sr. Ministro Fontes de Alencar
Despacho
Trata-se de agravo de instrumento a despacho que indeferiu recurso especial contra decisão proferida em execução de título extrajudicial (cédula de crédito comercial).
Alega o recorrente violação dos arts. 5º, II, § 2º do Dec. Lei 413/69; Dec. 22.626/33, Lei 4599, Lei 6040/80, além de discrepância com a Súmula 596, do S.T.F. para tanto, assevera que os juros devem ser capitalizados mensalmente.
Sem razão o agravante, porquanto esta Corte no Resp. 4724, relatado pelo eminente Ministro Sálvio de Figueiredo, perante a 4ª Turma, fixou o entendimento de que, mesmo nas hipóteses contempladas em leis especiais, vedada é a capitalização mensal de juros.
Na linha do precedente, nego provimento ao presente agravo (art. 254, I do RI/S.T.J).
Publique-se."

4.8.1. A ausência de autorização pelo Conselho Monetário Nacional

No que tange à suposta autorização ao Conselho Monetário Nacional, afirma-se decorrer esta do disposto no artigo 5º do Decreto-Lei nº 167/67, com a seguinte redação:

"Art. 5º - As importâncias fornecidas pelo financiador vencerão juros às taxas que o Conselho Monetário Nacional fixar e serão exigíveis em 30 de junho e 31 de dezembro ou no vencimento das prestações, se assim acordado entre as partes; no vencimento do título e na liquidação, ou por outra forma que vier a ser determinada por aquele Conselho, podendo o financiador, nas datas previstas capitalizar tais encargos na conta vinculada à operação."

Na verdade, é entendimento daquela própria Corte, impresso nas decisões que originaram a Súmula em debate, que a capitalização semestral, prevista no crédito rural é hipótese *excepcional*, face à vedação ao anatocismo, consagrada pelas referidas Súmulas 121 e 596, do STF, que mantêm em pleno vigor as disposições do Decreto nº 22.626/33, art. 4º:

"É proibido contar juros dos juros; esta proibição não compreende a acumulação de juros vencidos aos saldos líquidos em conta-corrente de ano a ano."

Por outro lado, em se tratando de crédito diferenciado pela natureza da atividade financiada, e que portanto sujeita-se à proteção do Estado através do *dirigismo contratual*, é de se concluir pela *imperatividade das normas* legais que fixam condições à sua contratação.

Por tudo isto, (*excepcionalidade e imperatividade legal*), deve a norma que estabelece capitalização diferenciada ser interpretada *restritivamente* e, *dentro dos fins a que se destina*, em benefício do mutuário, não se admitindo, mesmo ao Judiciário, concluir pela extensão deste benefício aos bancos.

Assim, a admissão da capitalização mensal no crédito rural, ao contrário de autorizada pelo art. 5º do Decreto-lei nº 167/67, faz sim por negar vigência ao mesmo, conforme se extrai da interpretação da norma, nos moldes a que nos referimos acima.

Desta feita, com base nas regras de hermenêutica aplicáveis às normas fundadas em preceitos de *ordem pública*, indubitavelmente não poderia o Conselho Monetário Nacional fixar prazo inferior àquele previsto no artigo acima transcrito, já que, se a lei não permite capitalização diversa da semestral, não podem as circulares ou resoluções alterá-las, devendo ao contrário, adequar as fontes de captação à norma imperativa. Se o fazem de forma diversa não será o mutuário que deverá suportar o prejuízo decorrente da ilegalidade.

Além disto, se por um lado já é de se questionar a delegação de competência do Conselho Monetário Nacional ao Banco Central - fonte das normas tidas como permissivas da capitalização mensal -, eis que nada previsto em lei a este respeito; por outro, há que se observar a nova sistemática imposta pela Constituição Federal de 1988, quando em seu art. 48, inciso XIII, conferiu ao *Congresso Nacional* atribuição a legislar sobre questões financeiras, quando, s.m.j., foi excluída a competência daquele Conselho para dispor em matéria desta natureza:

"Art. 48. Cabe ao Congresso Nacional, com a sanção do Presidente da República, não exigida esta para o especificado nos arts. 49, 51 e 52, dispor sobre as matérias de competência da União, especificamente:
(...)
XIII - matéria financeira, cambial e monetária, instituições financeiras e suas operações."

Ademais, mesmo admitindo a liberdade do Conselho Monetário Nacional, ou do Banco Central, em derrogar a norma legal expressa, deve-se atentar, no caso dos financiamentos com base na poupança verde, que a Circular Bacen nº 1.130, que supostamente instituiu a capitalização mensal, estabelece que os empréstimos com tal origem devem sofrer a mesma correção monetária deferida à poupança e *juros* não inferiores ao de captação, *nada se referindo à capitalização*.

Note-se que nesta fonte (poupança) a captação é realizada a 6% a.a. de juros, e nos financiamentos são cobrados atualmente, no mínimo, 100% a mais, já estando aí obviamente incluídas todas as margens, inclusive capitalização, de forma que, utilizando-se a semestralidade, não restará descumprida a referida Circular.

Reitere-se que as disposições do Decreto-Lei nº 167/67 visam a proteger um setor de baixa lucratividade dos abusos do mercado financeiro, veja-se a onerosidade dos financiamentos se cumuladas as duas parcelas, TRD, que já possui a remuneração bancária embutida (juros), mais juros remuneratórios, capitalizados mensalmente, isto em créditos cuja rentabilidade da atividade financiada não supera a 9% ao ano. A manutenção de tal critério significa a decretação da falência do setor produtivo.

Na verdade, as decisões que admitem a capitalização mensal no crédito rural, quando em qualquer outro tipo de financiamento é a mesma vedada, contrariam o espírito da proteção legal conferida a esta atividade, incorrendo em verdadeiro equívoco hermenêutico, ainda mais se considerada a razão da promulgação daquela norma protetiva (Decreto-Lei nº 167/67) que previa a exceção - capitalização semestral -, a ser aplicada sobre taxas de juros subsidiadas, de 3% a 6% ao ano, absurdamente inferiores às que hoje se impõem à atividade primária.

Há então que se observar o *ambiente* em que eram contratadas as operações de crédito rural à época da promulgação do Decreto-Lei nº 167/67, quando os juros desta atividade eram verdadeiramente *subsidiados*, o que hoje já não mais ocorre, razão pela qual até mesmo a semestralidade da capitalização já colocaria tais tipos de financiamentos em desvantagem a quaisquer outros, estes nos quais só se admite a anuidade.

Assim, sendo inequívoco o entendimento do Judiciário de que o financiamento à produção rural deva ser, por sua natureza, favorecido em relação aos outros tipos de mútuos bancários, já não se justificaria, praticamente igualadas as taxas de juros com a retirada do subsídio, fosse mantida a capitalização semestral, muito pior admiti-la mensalmente.

Com relação à inexistência de autorização pelo Conselho Monetário Nacional a que se proceda à capitalização mensal nas operações de crédito rural, cumpre transcrever, ainda, os votos dos Exmos. Mins. Barros Monteiro e Bueno de Souza, no Recurso Especial nº 30.537-1-RS, interposto pelo Banco do Brasil S.A., julgado pela 4ª Turma desta Corte em 31/05/93, portanto pouco antes da edição da Súmula nº 93 (julgada pela Segunda Seção em 27/10/93, tendo por último precedente, decisão no REsp 31.025-RS, 4ª T, de 17/02/93). Ditos votos, embora vencidos, denotam entendimento no sentido da tese ora exposta:

"O Sr. Ministro Barros Monteiro:
Sr. Presidente, vou pedir vênia para não conhecer do recurso, por entender não contrariado, no caso, o art. 5º do Decreto-Lei nº 167/67.
A propósito da capitalização mensal dos juros, cogitou-se da matéria na Egrégia Segunda Seção deste Tribunal para fins de criação de uma súmula sobre o tema. O Ministro Eduardo Ribeiro enfatizou, naquela ocasião, a necessidade de autorização expressa do Conselho Monetário Nacional, conforme dispõe o aludido art. 5º do Dec.-Lei 167 de 1967. Parece-me que, no caso, não existe nenhuma determinação a respeito da capitalização mensal oriunda do mencionado órgão e, de outro, também é certo que não está devidamente pactuada essa capitalização.
Sr. Presidente, penso, por estas razões, que não há, no caso, afronta ao referido preceito de lei federal."

"Ministro Bueno de Souza, Senhor Presidente, tenho como ponderável a objeção ao conhecimento, fundada na preceituação legal (art. 5º do Decreto-Lei 167/67), que remete para a regulamentação do Banco Central.
É bem verdade que, do ponto de vista conceitual, sempre opus as maiores reservas a essa desmedida delegação do Poder Legislativo ao Banco Central. Mas o fato é que ela tem subsistido no direito brasileiro, até o momento.
Ora, cumpre ao Banco, ao agredir o acórdão por ter negado essa capitalização, demonstrar (de novo, invoco o Ministro Fontes de Alencar) concretamente a contrariedade à lei, isto é, que, portanto, essa pretensão contasse com o respaldo legislativo suficiente. Pondera o eminente Ministro Barros Monteiro que essa exigência não está satisfeita e sinto-me convencido de que a capitalização

mensal não está neste caso provadamente autorizada por deliberação apropriada do Banco Central.
Por isso, com a devida vênia, não conheço do recurso, por não encontrar caracterizada ofensa ao preceito legal."

Observe-se que o entendimento dos votos vencidos acima hoje encontra posição majoritária na Quarta Turma do STJ, exigindo-se a comprovação da prévia autorização do CMN à capitalização de juros em períodos diversos dos estabelecidos no Decreto-Lei nº 167/67, art. 5º (30 de junho e 31 de janeiro), sem o que, careceria a própria contratação de anterior previsão normativa e, por isso, eivada de nulidade absoluta:

"Direito Comercial e Econômico. Mútuo rural. Juros. Livre pactuação. Impossibilidade. Não-demonstração da taxa estipulada pelo Conselho Monetário Nacional (Art. 5º do DL 167/67). Previsão de indexação monetária pelos mesmos índices da caderneta de poupança. Mês de março/90 (41,28%). Lei nº 8.088/90, Art. 6º. Capitalização mensal. Não pactuação. Precedentes. Recurso especial desacolhido.
(...)
III - Possível é a capitalização mensal dos juros nas cédulas rurais desde que haja autorização do Conselho Monetário Nacional e seja expressamente pactuada, não sendo hábil a simples referência ao denominado 'método hamburguês'".
RECURSO ESPECIAL Nº 103.319 (96/0049386-3) - RS
QUARTA TURMA DO STJ
REL. MIN. SÁLVIO DE FIGUEIREDO TEIXEIRA
J. 15/10/96, DJ 11/11/96, pág. 43.728 - grifamos

No mesmo sentido, diversas outras decisões desta mesma Egrégia Corte Superior:

Embargos de Declaração no Recurso Especial nº 36.228 (93/0017575-0)-RS, Rel. Min. Sálvio de Figueiredo Teixeira, (J. 14/05/96, DOU 10/06/96)
Recurso Especial nº 108.674-RS (96/0059962-9-3), Quarta Turma, Rel. Min. Sálvio de Figueiredo Teixeira;
Recurso Especial nº 111.109-RS (96/0066202-9), Quarta Turma, Rel. Min. Sálvio de Figueiredo Teixeira, J. 10/03/97, DJU 07/04/97;
Recurso Especial nº 111.160-RS (96/0066473-0), Quarta Turma, Rel. Min. Sálvio de Figueiredo Teixeira, J. 24/03/97, DJU 05/05/97;
Desta feita, mesmo que expressamente contratada, deve ser a capitalização afastada por não autorizada em norma expressa do

CMN, como determina o art. 5º do Decreto-Lei 167/67. Esta é a atual orientação do Superior Tribunal de Justiça quanto à capitalização de juros no crédito rural.

4.8.2. A inexistência de anuência dos contratantes e de disposição contratual quanto à capitalização de juros

Quanto ao segundo fundamento da Súmula daquela Corte que admite a capitalização mensal - *anuência das partes*, aspecto importante a derrubá-lo, e que por isso deve estar presente quando da análise da questão, diz respeito à *natureza do contrato* que prevê tal forma de apropriação dos juros.

Neste sentido, temos tratar-se de *contrato de adesão*, redigido pelo banco em letras minúsculas, em regra, com cláusulas complexas, quando não até confusas, escritas de forma a dificultar a compreensão até mesmo por pessoas especializadas, quiçá por agricultores.

Na verdade, ainda que admitida fosse a permissão legal à capitalização mensal, não deixa de se obrigar o banco à observância também das normas pertinentes à legislação de proteção do consumidor.

Nesse passo, veda tal legislação a onerosidade excessiva dos contratos de adesão, consoante disposto no art. 51, IV e § 1º, III, da Lei nº 8.078/90, que estabelece a *nulidade das cláusulas abusivas*, nos moldes destas em discussão, por tornarem insuportável o cumprimento dos contratos.

Ademais, por se tratar de *cláusula que restringe direitos do devedor*, frente à previsão legal da semestralidade, impressa em *contrato de adesão*, por aplicação do Código de Defesa do Consumidor, haveria de constar *grifada*, sob pena de nulidade (§ 4º do art. 54 da Lei nº 8.078/90).

No fundo, se não se pode dizer sequer da clareza dos contratos firmados com os bancos em geral, condição indispensável à sua validade, consoante dispõe o § 3º do artigo e lei supra-referidos, no mínimo as imposições nitidamente abusivas deveriam se apresentar em destaque, sem o que, devem ser declaradas nulas pelo Judiciário.

Por isto, é de se analisar com cautela a afirmação de que em contratos desta natureza houve anuência por parte do devedor quanto às cláusulas nos mesmos impressas.

Na verdade, a liberdade de contratar nestes casos está restrita a *aderir* ou não às condições estabelecidas pelo banco, este que, por sua vez, também normalmente age sem vontade própria, no cumprimento de todo o tipo de circulares, resoluções e portarias. A grande diferença é que o banco pode subsistir sem a contratação, enquanto o produtor necessita do crédito à sua própria subsistência, fato que deve ser considerado quando da afirmação de que *concordaram* as partes com as disposições contratuais.

Por outro lado, há que se observar ainda que a ilegalidade das imposições dos bancos decorre não propriamente da estipulação contratual, que muitas vezes nada cogita acerca de capitalização de juros, em qualquer período que seja, mas da prática do anatocismo sem nem ao menos estar o mesmo previsto no contrato.

E neste passo é de se observar a cláusula padrão do Banco do Brasil S/A, por exemplo, relativamente aos encargos financeiros devidos nas operações de crédito rural, consta redação no sentido unicamente quanto ao *débito mensal de juros pelo método hamburguês*, nada se referindo à *capitalização mensal*. Restringem-se estas cláusulas a *facultar* ao Banco a capitalização, sem mencionar, todavia, em qual período.

Como reiteradamente tem entendido o Superior Tribunal de Justiça, se *facultada* a capitalização, por certo não se pode extrair da estipulação de *débito mensal de juros pelo método hamburguês* conclusão quanto à contratação do anatocismo, resulta disto a impossibilidade de sua cobrança posto que não contratada:

"Crédito rural. Juros. Capitalização.
Os juros podem ser capitalizados mensalmente, *desde que pactuados.*
(...)
A capitalização dos juros nos financiamentos rurais, embora as restrições que se possa ter contra o anatocismo, é pacificamente admitida pela jurisprudência já sumulada deste Tribunal (Súmula 16). Também tem sido admitida a capitalização mensal, desde que pactuada:
(...)
No caso, porém, não há cláusula contratual dispondo sobre a capitalização mensal. Há simples referência à utilização do método hamburguês para o cálculo da correção monetária e dos juros, que podem ser cobrados mensalmente, assim como também está prevista a capitalização, mas nada se diz nos contratos sobre a capitalização mensal. Desconheço como se calcula o débito pelo método hamburguês, mas deduzo, pelo que consta do contrato, que além de não se prestar apenas para o cálculo de juros, pois pode ser usado para a atualização da dívida, também não é da sua essência a capitalização, tanto que, logo após a referência a ele feita, o estipulante referiu a possibilidade da capitalização dos juros, de

onde concluo que pode haver a aplicação do método hamburguês, sem a capitalização.
Aliás, o próprio acórdão já reconhecera que 'previsão mensal não há' (fl. 435).
Por isso, não conheço.
É o voto."
RECURSO ESPECIAL Nº 62.581-RS (95/136457)
QUARTA TURMA DO STJ
REL. MIN. RUY ROSADO DE AGUIAR
Recorrente: Banco do Brasil S.A.
Recorridos: Bruno Harry Czaplicki e outros
(J. 09/10/95, v.u., DJU 27/11/95 - grifamos)

4.8.3. A correlação entre o custo de captação e o repasse dos recursos

No que tange ao terceiro argumento da Súmula em discussão - *correlação entre o custo de captação e o de repasse dos recursos*, além de, como dito, já estar nos juros cobrados incluído *spread* mais que suficiente a compensar a não-aplicação da capitalização semestral, não atentam as decisões que admitem a mensalidade, ao fato de que nem sempre as fontes de captação capitalizam mês a mês, como, por exemplo, os depósitos à vista, os recursos da exigibilidade (aplicação obrigatória) e na própria poupança, nesta última onde o que há é uma reaplicação, já que sendo *contratação mensal*, vencido este prazo, pode o poupador sacar o dinheiro, ou reaplicá-lo, parcial ou integralmente, tratando-se então de uma operação de trinta dias, e não de seis, doze ou mais meses, como se empresta no crédito rural.

Neste sentido, as conclusões da *CPMI do Endividamento do Setor Agrícola*, realizada no Congresso Nacional, *fonte da própria norma aplicada ao caso*, que entendeu pela *ilegalidade da capitalização mensal*, com base na legislação vigente e mesmo nas Resoluções do Conselho Monetário Nacional:

"Transferência de recursos ao setor financeiro
A - Assunção de ônus sistemáticos
(...)
A.2 - Práticas bancárias prejudiciais aos agricultores
(...)
A.2.1 - Práticas ilegais
a) *Capitalização Mensal de Juros - Contrária ao DL 167/67*

O Banco do Brasil, por seu livre arbítrio e cometendo clara ilegalidade, estabeleceu a capitalização mensal dos juros na fonte Poupança, recebendo, portanto, juros efetivos de 13,24% ao invés da taxa que, legalmente deveria cobrar, de 12,5% a.a., para o caso dos grandes produtores. *Tal decisão contraria frontalmente o Decreto-Lei 167/67 e as Resoluções do Conselho Monetário Nacional.*" (grifo no original)
(*Relatório Final*, Secretaria Legislativa, Subsecretaria de Comissões, Serviço de Comissões Especiais e de Inquérito, CPMI criada através do Requerimento do Congresso Nacional nº 92/93, 3ª Sessão Legislativa Ordinária da 49ª Legislatura, Brasília, 1993, pág. 209)

4.8.4. Conclusão

Por tudo isso, nada menos de sete são as razões à derrubada dos fundamentos da Súmula nº 93 desta Corte:

a) inexiste autorização do Conselho Monetário Nacional à capitalização mensal de juros no crédito rural, uma vez que a Circular 1.130, que criou a poupança verde, não fala em capitalização;

b) além disso, a autorização ao CMN a fixar outros períodos de capitalização deve ser entendida nos *limites da lei*, assim, na pior hipótese, semestralmente, por se tratar a norma que a estabeleceu, preceito de ordem pública, de natureza excepcional, que deve ser interpretada restritivamente;

c) há que se observar também a cessação da competência deste próprio Conselho face às novas disposições constitucionais (art. 48, XIII, CF);

d) não se pode ainda ignorar o paradoxo gerado pela aplicação da capitalização mensal nas operações de crédito rural, quando nas demais, não sujeitas a qualquer proteção pelo Estado, só é a mesma admitida anualmente;

e) mesmo considerada a fonte de captação como sendo unicamente a poupança, ignorando-se assim os recursos provindos da exigibilidade e dos depósitos à vista, por se tratar de contrato mensal, não ocorre a capitalização, mas sim mera *hipótese de reaplicação* dos recursos;

f) mesmo fosse admitida a poupança como a única fonte, e que suas aplicações sofressem capitalização mensal, como as taxas de juros cobradas no crédito rural superam em mais do dobro as pagas aos poupadores, verifica-se em favor do banco diferencial mais que suficiente à eventual compensação entre as formas de apropriação dos juros;

g) não há acordo entre as partes para capitalização diferente da semestral, eis que está a se tratar de contrato de adesão, imposto pelo Banco, em dissonância com a legislação protetiva do consumidor, no qual não há por parte do produtor verdadeiro *consentimento*, de forma *plena*, com relação às condições do ajuste, senão mera adesão às mesmas.

h) finalmente, impõe-se a observância quanto à ausência de contratação de capitalização no caso das cláusulas que simplesmente estipulem *débito* mensal de juros pelo *método hamburguês* (que de capitalização nada tratam), razão pela qual, nesta hipótese, não podem ser os juros capitalizados em face da inexistência de disposição contratual.

4.9. FALTA DE CONTA VINCULADA À OPERAÇÃO - DESNATURAÇÃO DO TÍTULO - ILIQUIDEZ DO CRÉDITO - IMPOSSIBILIDADE DE EXECUÇÃO

Nos termos do *art. 4º do Decreto-Lei nº 167/67*, nas operações de crédito rural onde as liberações de recursos se dêem de forma parcelada, deve ser aberta uma *conta vinculada*, a partir da qual são registrados os movimentos relativos ao financiamento.

"Art. 4º. Quando for concedido financiamento para utilização parcelada, o financiador abrirá com o valor do financiamento conta vinculada à operação, que o financiado movimentará por meio de cheques, saques, recibos, ordens, cartas ou quaisquer outros documentos, na forma e tempo previstos na cédula ou no orçamento."

Tal salutar exigência tem por fim o controle e a fiscalização da movimentação financeira da operação. É a partir do extrato desta conta vinculada, que comumente se denomina de *"conta gráfica"*, que se torna possível a verificação da regularidade dos lançamentos de liberações, amortizações e encargos financeiros incidentes sobre a operação, normalmente lançados a termo, após a contratação. Ou seja, com base nestes extratos é que se procede à *liquidação* do valor do débito.

Na verdade, já de longa data vem o Judiciário impondo a execução de qualquer crédito a apresentação, pelo credor, de um demonstrativo onde venham discriminados, com clareza, os critérios de cálculos de apuração do crédito.

Tal exigência de construção pretoriana terminou sendo incorporada pelo direito legislado, através da nova redação dada pelas Leis n°s 8.898/94 e 8.953/94 aos *artigos. 604 e 614, II, do CPC*, a partir de quando passou a ser *condição legal* à execução de qualquer crédito que seja, a demonstração pelo credor, desde logo, de sua liquidez, através de *"demonstrativo do débito atualizado até a data da propositura da ação"*.

Código de Processo Civil
"Art. 604. Quando a determinação do valor da condenação depender apenas de cálculo aritmético, o credor procederá à sua execução na forma do art. 652 e seguintes, instruindo o pedido com a memória discriminada e atualizada do cálculo"
"Art. 614. Cumpre ao credor ao requerer a execução, pedir a citação do devedor e instruir a petição inicial:
(...)
II - com o demonstrativo do débito atualizado até a data da propositura da ação, quando se tratar de execução por quantia certa."

O de que muitos talvez não se tenham dado conta é que esta exigência de demonstração do débito, imposição de certa forma recente em se tratando dos créditos em geral, já desde 1967 é requisito de liquidez e certeza do próprio título de crédito rural, na medida em que, antes mesmo de dispor a lei processual a este respeito, já constava tal imposição na própria lei de direito material que criou o título em questão.

Não por outra razão, tanto em *CPMI - Comissão Parlamentar Mista de Inquérito*, instaurada no Congresso Nacional para verificação das causas do endividamento do setor agrícola, como na *Lei nº 9.138/95* e na *Resolução Bacen nº 2.238*, de 31/01/96, ficou mais uma vez corroborada a *obrigação dos bancos de apresentação de contas gráficas* de evolução dos débitos vinculados a operações de crédito rural, desde as suas origens, o que, como bem colocado por aquela CPMI, se constitui em *"importante aspecto da relação empresa-consumidor: a transparência das informações."* (dir-se-ia, mais, em qualquer relação comercial)

Neste sentido, referindo-se precipuamente ao Banco do Brasil, mas tratando de situação idêntica à que se pode observar no relacionamento bancário em geral, naquela *CPMI* firmou-se entendimento oficial claro quanto à irregularidade da não-apresentação de *contas gráficas* de débitos vinculados ao crédito rural:

"4.1.3.2. - Práticas irregulares
(...)

C) Falta de informações aos mutuários

O comportamento autoritário do Banco do Brasil no trato com seus clientes levou, talvez, o Banco a descuidar de importante aspecto da relação empresa-consumidor: a transparência das informações. Talvez para camuflar as inúmeras irregularidades - com as aqui apontadas - e confundir o cliente, o Banco, de acordo com inúmeras denúncias apresentadas à CPMI, sonega informações essenciais ao cliente, relacionadas à melhor compreensão de seus débitos, de sua origem e das formas de correção, além de adotar cédulas leoninas e unilaterais.

Sob o pretexto de que o processamento das contas gráficas é feito de forma centralizada, em centros próprios, os gerentes apresentam apenas os valores ou anotações com os débitos, sem qualquer comprovação ou explicação da metodologia utilizada, trazendo, aos mutuários, sérias dúvidas acerca da precisão e veracidade dos dados apresentados.

Há denúncias de que isso esconda irregularidades como débito em dobro, *float* dos recursos, etc. (cof. Doc. 3, pág. 49).

Existe, nesse caso, um claro e flagrante desrespeito à Lei 8.078, ou seja, o Código de Defesa do Consumidor." (*Relatório Final*, Secretaria Legislativa, Subsecretaria de Comissões, Serviço de Comissões Especiais e de Inquérito, CPMI criada através do Requerimento do Congresso Nacional nº 92/93, 3ª Sessão Legislativa Ordinária da 49ª Legislatura, Brasília, 1993, págs. 93/94)

Ademais, justamente pela contumaz resistência dos Bancos em apresentar as contas gráficas das operações de crédito rural, foram recentemente editadas diversas normas reiterando esta imposição, como o *art. 5º, § 11, da Lei nº 9.138/95, e o art. 1º, inciso IV, da Resolução Bacen nº 2.279, de 22/05/96*, que transcrevemos tão-somente para demonstrar uma convicção legal, atual e reiterada, acerca da imposição de que se cogita:

Lei 9.138/95
"Art. 5º. (...)
§ 11. O agente financeiro apresentará ao mutuário extrato consolidado de sua conta gráfica, com a respectiva memória de cálculo, de forma a demonstrar discriminadamente os parâmetros utilizados para a apuração do saldo devedor."

Resolução Bacen nº 2.279/96
"Art. 1º. (...)
IV - o extrato consolidado da conta gráfica, com a respectiva memória de cálculo, *desde a data da operação inicial* (salvo quando

comprovada a impossibilidade de resgate do instrumento de crédito original), deve ser fornecido de imediato ao beneficiário, em cumprimento ao disposto no art. 5º, § 11, da Lei nº 9.138/96".

Assim, no âmbito do processo executivo à cobrança deste crédito, a norma de direito material contida no *art. 4º do Decreto-Lei nº 167/67* (posteriormente corroboradas pelos arts. 5º, § 11, da Lei nº 9.138/95, e 1º, inciso IV, da Resolução Bacen nº 2.279, de 22/05/96) se completam com a exigência dos já referidos *arts. 604 e 614, II, do CPC*, que impõem, para efeito de propositura da ação executiva, a apresentação de demonstrativos atualizados do débito, quais sejam, as *contas gráfica*s da operação que efetivamente retratem a evolução do débito, ou como define a própria decisão recorrida ao cogitar da exegese destes dispositivos legais: *"demonstrativo do cálculo, devendo este, de modo claro e preciso, indicar todos os passos desenvolvidos, com explicitação atinente e que esclareça como se chegou exatamente ao resultado quantificado"*.

Corroborando este entendimento, antes mesmo das já referidas alterações nos arts. 604 e 614 do CPC, precedentes do Superior Tribunal de Justiça, deixavam claro que *conta vinculada à operação* é aquela aberta desde a contratação do financiamento, e cuja *"conta gráfica"* ou *"extrato"* se mostra condição indispensável à execução:

> "Processual civil - Execução por cédula rural pignoratícia - Conta gráfica ou extrato vinculado.
> I - Tratando-se de Execução de saldo devedor, por título extrajudicial - crédito rural pignoratício - é imprescindível que este seja instruído com a conta gráfica ou extrato a ele vinculado, para se apurar o *quantum* devido. Sem eles, a dívida se torna ilíquida, incerta e inexigível, portanto, não executável, por isso não pode dar suporte à execução forçada.
> II - Precedentes do STJ.
> III - Recurso conhecido e provido."
> RECURSO ESPECIAL Nº 39.529-1-GO
> TERCEIRA TURMA DO STJ
> REL. MIN. WALDEMAR ZVEITER
> RECORRENTE: LUIZ CARLOS BUBIM FACCO E OUTRO
> RECORRIDO: BANCO BRADESCO S/A
> J. 13/12/93, DJ 14/03/94 (Revista Jurídica 199/90, Repositório Oficial do STJ 09/90)
> (...)

"Segundo revelam os autos, o Banco seria credor 'da quantia líquida, certa e exigível de Cr$ 36.010.211,99, (...)' e pretende haver este valor. Contudo, deixou de explicitar, na inicial, como chegou a esse montante, como de rigor, já que dele absoutamente divergente o valor constante dos títulos que instruem o pedido. Consoante a doutrina e jurisprudência firmada nos tribunais, a execução por títulos de crédito rural, pelo saldo apurado de acordo com a conta corrente a ele vinculada, não desfigura o seu caráter de título civil, líquido, certo e exigível, art. 10 e § 1º; do Decreto-Lei nº 167/67 (RE nº 92.342-GO-RTJ 94/1.289).
Tal como a hipótese, tratando-se de execução de saldo devedor de títulos extrajudiciais, qual seja, se a quantia devida inicialmente tiver sofrido modificações, é imprescindível que o título seja instruído com a conta gráfica ou o extrato, para se apurar o *quantum* devido. Sem estes, a dívida se torna ilíquida, incerta e inexigível; portanto, não executável, por isso não pode dar suporte à execução forçada.
Como se vê, aqui, para se chegar ao valor da quantia exata da dívida, não basta, apenas, a simples operação aritmética, como quis fazer crer o Acórdão recorrido.
Ao contrário, cuidando-se de execução de saldo devedor, é essencial que ofereça o credor os elementos necessários à discriminação do que seja o principal, dos juros, multas e outros acessórios, para apuração da quantia real devida.
(...)
Essa, também, foi orientação pela Egrégia Quarta Turma ao julgar o REsp nº 13.388-RS, relatado pelo eminente Ministro Athos Carneiro, cujo aresto, restou assim, ementado:
'Execução por cédula rural pignoratícia
Não comprovada a liquidez do crédito, por inconcludentes os extratos de contas relativas aos acréscimos pretendidos pela mutuante, inviável a via executiva'."

Como se pode ver, não basta seja instruída a execução com *qualquer* conta gráfica do débito. Para que se possa cogitar da liquidez do crédito, requisito à execução, deve acompanhar a inicial extratos de contas concludentes, relativas aos acréscimos pretendidos pela mutuante, não bastando, para se chegar ao valor da quantia exata da dívida, apenas, a simples possibilidade de realização de operação aritmética.

Não se confunde, assim, a liquidez do título com liquidez do valor executado, quando diverso este daquele constante do título.

Quer com isso se dizer que a possibilidade de determinação do valor da execução, que se consitui em requisito inerente ao título, não exime o credor de proceder a esta liquidação, porquanto o *quantum* reclamado na execução há que ser determinado, não determinável. A conta vinculada ao título, apresentando a evolução do débito desde sua origem, constitui-se no meio transparente de *determinação* do *quantum* reclamado, ônus que se impõe ao credor.

Observe-se, outrossim, que as *modificações* a que se refere a decisão acima transcrita correspondem a alterações no valor inicial decorrentes de condições ajustadas no *próprio título* e, assim mesmo, conclui-se pela indispensabilidade da apresentação de cálculo pelo credor, demonstrando a evolução do débito. Mesmo apurável o valor do débito por simples *operação aritmética*, há que vir esta claramente demonstrada na inicial executiva, sob pena de indeferimento da ação.

A este propósito, aquela decisão, também do Superior Tribunal de Justiça, mencionada no acórdão acima, corrobora o fato de que, embora não prejudicada a liquidez do título pela necessidade de simples operação aritmética, não significa isso seja dispensável a demonstração desta operação à propositura da execução:

"Execução por cédula rural pignoratícia.
Não comprovada a liquidez do crédito, por inconcluentes os extratos de contas relativas aos acréscimos pretendidos pelo mutuante, inviável a via executiva.
Recurso especial não conhecido. (ementa)
RECURSO ESPECIAL Nº 13.388-RS (91.0015738-4)
QUARTA TURMA DO STJ
REL. MINISTRO ATHOS CARNEIRO
RECORRENTE: BANCO BRADESCO S/A
RECORRIDO: PEDRO MENEGOTTO NESSI
J. 24/06/92, DJ 03/08/92
(...)
RELATÓRIO
O Exmo. Sr. Ministro Athos Carneiro: Cuida-se de embargos do devedor opostos por Oswaldo Machado Beck na ação executiva que lhe move Banco Bradesco S/A, julgados procedentes no juízo monocrático. A 5ª Câmara Cível do Tribunal de Alçada do Rio Grande do Sul, à unanimidade, negou provimento ao apelo, sob a seguinte ementa, *verbis*.
'Embargos do Executado. Ausência de liquidez.
O título que embasa a execução deve revestir-se dos requisitos de certeza, liquidez e exigibilidade. Se, na leitura da incial, não

se extrai a presença de todos esses três característicos, não pode prosseguir a execução.
Embargos procedentes. Sentença mantida. Apelo improvido'. (fls. 443)
Inconformado, o banco exeqüente interpôs recurso especial, pelas alíneas *a* e *c* do permissor constitucional, sob a alegação de negativa de vigência do art. 10 do Lei 167/67 e ao art. 333, II do CPC, além de dissídio jurisprudencial. Sustenta, em resumo, 'a agregação dos acessórios contratados ao valor do capital mutuado não gera iliquidez' e que não há dúvidas quanto ao real valor do débito, pois dos autos constam elementos bastantes para que sejam formulados os cálculos necessários para concluir quanto ao valor do débito; afirma, outrossim, que o ônus da prova da iliquidez do título exeqüendo caberia ao devedor embargante." (fls. 450/458)
VOTO
O Exmo. Sr. Ministro Athos Carneiro (Relator):
O v. aresto apresenta a seguinte fundamentação:
'Segundo se verifica dos autos, na inicial da execução o embargado mencionou que seu crédito era de Cz$ 554.289,39.
Juntou, porém, aos autos, uma cédula rural pignoratícia no valor de Cz$ 280.799,57, vencida em 13 de junho de 1988.
Além disso, juntou os extratos de conta corrente de fls. 8/15.
Contudo, nem na inicial, nem nos aludidos extratos se esclarece como chegou o exequente ao valor pleiteado na execução.'
Ora, o Juiz não está obrigado a efetuar cálculos - nem mesmo os simples aritméticos - para tentar entender como chegou a tais cifras o exequente. Isso se constitui em encargo seu, como ensina a doutrina:
... *omissis* ...
'Nem se diga, com base nas colações acima, que estando o título que embasou a inicial revestido de todas aquelas exigências, seriam improcedentes os embargos.
Não. O que é preciso deixar claro é que o título (cédula rural pignoratícia) é de CZ$ 280.799,57, e que o credor pretende haver Cz$ 554.289,39, *sem explicitar como chegou àquele montante!*
Por isso, confirma-se integralmente a ven. sentença recorrida, da lavra do Dr. Almedorino Furtado'. (fls. 445/447)
(...)
Questiona-se é a liquidez do crédito exequendo. Por certo a necessidade de operações aritméticas, para apuração de juros, correção monetária, taxas percentuais, etc., não retira ao título, em

princípio, a liquidez e a exigibilidade pela via executiva. Assim, a doutrina e os arestos invocados. Mas o acórdão recorrido informa, - e em recurso especial defeso reexaminar a prova dos autos - , que os extratos de contas apresentados, como no recurso extremo, o Banco omitiu-se em explicitar seus cálculos, limitando-se à discussão doutrinária do tema.
Em assim sendo, não encontro ofensa à lei federal, nem possibilidade de confronto pretoriano, motivo pelo qual não conheço do recurso.
É o voto." (grifamos)

Como se pode ver, ao não admitir o recurso especial do credor, que sustentava a liquidez do crédito *exclusivamente* em face do título cambiariforme - cédula de crédito rural -, corrobora o acórdão que, não preenche o requisito da liquidez, para efeito de execução, a mera possibilidade de apuração aritmética do saldo devedor a partir do título executado, impondo-se, à sua execução, a demosntração destas operações.

E tudo o que se disse vem também e especialmente corroborado no voto proferido naquele primeiro acórdão acima transcrito (REsp 39.529-1-GO), pelo Eminente Min. Cláudio Santos, que deixa ainda mais claro este entendimento, e suas repercussões práticas (impossibilidade da execução) com base no *art. 4º do Decreto-Lei nº 167/67*:

"Na verdade, em se tratando de conta vinculada é de supor-se que esta deva estar junto ao título, porque ela faz parte do próprio título.
Sendo assim, indispensável sua exibição com a inicial da execução. O art. 4º do Decreto-lei 167, citado na tribuna pelo ilustre Advogado, diz, claramente que, quando for concedido financiamento para utilização parcelada, como é o caso, o financiador abrirá com o valor do empréstimo conta vinculada à operação. Comprovado o dissídio, consoante salientou o eminente Ministro-Relator, tenho que o recurso deve ser conhecido. Aliás, poderia até ser conhecido pela letra a, embora não expressamente invocada a violação do art. 4º do Decreto-lei 167, mas apenas do art. 10. Em sendo conhecido, deve ser provido, porque a toda evidência, a falta de discriminação das parcelas que compõem a *totalidade* da dívida dificulta os embargos de devedor."

Como se pode ver, no voto do Eminente Min. Cláudio Santos, *conta vinculada é aquela que deve estar junto ao título*. Ou seja, trata-se de requisito da própria cédula rural, e não apenas de sua execução.

Mais do que isso, é conta que deve ser aberta pelo financiador *"com o valor do empréstimo"*, ou seja, concomitantemente à liberação do primeiro recurso mutuado e não, como muitas vezes se observa em execuções desta natureza, com base em meros aditivos, firmados após a contratação da cédula. Assim não fosse, não seriam contas vinculadas ao *empréstimo*, mas sim aos aditivos, através dos quais nada foi emprestado.

Não bastasse isso, reforça ainda o Eminente Ministro, devem ser discriminadas as parcelas que compõem a totalidade da dívida. As contas apresentadas unicamente a partir da data de aditivo não representam a totalidade da dívida, porquanto obviamente não constem das mesmas as parcelas acrescidas ao débito original (juros, correção monetária, encargos financeiros outros, amortizações, etc.), anteriormente à esta "renegociação".

Finalmente, afirma o voto ser indispensável a exibição de tais contas com a *inicial da execução*, justamente *"porque a toda evidência, a falta de discriminação das parcelas que compõem a totalidade da dívida dificulta os embargos de devedor"*.

Inequivocamente, disso se conclui ser inadmissível, por exemplo, determinar-se a realização de perícia para verificação da origem dos valores executados, ou seja, a liquidez do crédito.

Na verdade, situação muitas vezes determinada em embargos de devedor que apresentam preliminares de iliquidez da execução por ausência de contas gráficas, mostra-se completamente absurdo cogitar-se do saneamento de requisito essencial à execução a partir de um verdadeiro processo de liquidação, incompatível com o processo executivo. Equivocadas decisões neste sentido, por vezes verificadas em embargos à execução manifestadamente ilícitas, representam uma verdadeira inversão do ônus da prova de liquidez e certeza que compete ao credor, obrigando o devedor à comprovação da ilegalidade de fatos que sequer integram o processo executivo.

Mesmo podendo decorrer a liquidez e certeza do crédito da possibilidade de sua apuração por cálculos aritméticos a partir dos documentos constantes da execução, impor-se-ia, de igual forma, ao credor, a demonstração destes cálculos *já na inicial*, a partir de cálculos que discriminem a evolução da dívida e dos encargos à mesma incorporados, desde a liberação do primeiro recurso mutuado.

Tal prova, na verdade, consistirá em meio de *liquidação do crédito ilíquido*, a partir da indagação e apuração da origem do saldo devedor implantado um ano após a contratação, o que se mostra absolutamente inadmissível.

A *conta vinculada* ao título, apresentando a evolução do débito desde o início da contratação, é condição e pressuposto da execução de cédula de crédito rural. Esta a conclusão dos acórdãos acima transcritos, especialmente daquele primeiro (REsp 39.529-1-GO), no que tange à iliquidez, incerteza e inexigibilidade da dívida que, *"por isso não pode dar suporte à execução forçada"*.

Notadamente, se na cobrança de crédito em geral a não-abertura de uma de conta vinculada não desnatura o título executivo *per si*, isto não ocorre no caso do crédito rural, uma vez que se trata de exigência da lei de direito material que estabeleceu a *forma* do próprio título *(art. 4º, do Decreto-lei nº 167/67)*.

De qualquer forma, sem prejuízo da discussão da validade do título sob a ótica do direito material, certo também é que a não-apresentação de demonstrativo dos cálculos de liquidação do crédito destatura a execução, conquanto se trate de requisito indispensável à inicial, nos termos dos referidos *arts. 604 e 614, II, do CPC*.

4.10. O PROAGRO

Quanto à cobrança do Proagro, cometem os bancos outras ilegalidades além das acima denunciadas, eis que ao debitar o valor do financiamento, lançam também parcela correspondente ao Proagro, que a partir de então recebe, mês a mês os acréscimos do contrato.

Injustamente, no curso do prazo contratual, outros lançamentos a título de Proagro são feitos na conta dos mutuários. Ora, isto é absolutamente ilícito, pois se este valor era debitado integralmente no início da contratação e sobre ele incidiram todas as taxas de remuneração, nada mais deve ser cobrado a este título, sob pena de verificar-se *bis in idem*.

Sobre o tema, utiliza-se ensinamento da decisão colhida do acórdão nº 191036128 da Sexta Câmara Cível do TARGS:

> "PROAGRO. Dada a sua natureza jurídica de seguro, a cobrança do valor devido a tal título, somente pode ser feita em uma única oportunidade, a não ser que o mesmo venha a ser desdobrado em pagamentos parcelados, observado o limite do percentual previsto. Tratamento diverso importa em inadmissível dupla cobrança. Tal questão pode ser oposta ao mutuante, ainda que figure como mero operador do programa e aja por determinação do Banco Central."

Ainda quanto à forma de cobrança, com diversos e sucessivos lançamentos do prêmio que se costuma verificar nas contas gráficas (o popularmente denominado *repique do Proagro*):
"(...)
Por derradeiro, quanto ao PROAGRO matéria já se encontra pacificada nesta Câmara, que vem decidindo no sentido de que não tem cabimento a cobrança de parcelas adicionais, quando o prêmio foi pago integralmente, de uma só vez. A respeito, e para evitar desnecessária repetição, vale citar o v. acórdão proferido na Apelação Cível n. 192098465, que teve por Relator o eminente Juiz de Alçada Tael João Selistre, cuja ementa encontra-se reproduzida nas contra-razões de apelação."
APELAÇÃO CÍVEL Nº 193116654
CÂMARA CÍVEL DO TARGS
REL. LUIZ FELIPE AZEVEDO GOMES
Julgada em 18/11/93.

"Suprindo a omissão, tem-se não proceder a inconformidade do embargante quanto a este aspecto. Em outras oportunidades a Câmara assim se tem pronunciado:
'A natureza jurídica do Proagro é própria da contratação de um seguro e como tal admite sua cobrança em uma só oportunidade, se abrangente da totalidade devida no momento da liberação do financiamento ou da sua cobrança. Poder-se-ia admitir sua cobrança em mais de uma oportunidade se o seu pagamento tivesse sido previsto e ajustado em parcelas. Se o percentual estabelecido a tal título tiver sido lançado na conta do mutuário por ocasião da liberação do financiamento de forma integral, não mais é dado continuar cobrando deste qualquer parcela pelo Proagro. O percentual de 5% devido ao Proagro foi debitado à conta de mutuário quando da liberação do valor mutuado. Conseqüentemente, vedado qualquer outro lançamento, a tal título, na conta do mutuário. Entendimento diverso implicaria admitir-se a cobrança do prêmio devido duas ou mais vezes, o que refoge, repita-se, à natureza do Proagro. Ainda que se cuide de mero operador do programa do Proagro, tal circunstância não é impeditiva do reconhecimento do pedido do autor-apelado quanto à forma de sua cobrança, vez que nas prestações de conta pode haver o necessário acertamento com o BACEN. Neste sentido a orientação desta Câmara (Julgados 81/1367)'.

A circunstância de o embargante já ter repassado ao Banco Central as parcelas cobradas a mais, não se constitui em óbice à manutenção do comando sentencial. Tendo em vista as diversas e sistemáticas relações que se travam entre o embargante e o Banco Central quanto a cobrança e repasse de parcelas do Proagro, possível se revela a compensação entre eles. Em nada muda a situação o fato de o programa ser administrado pelo Banco Central e aparecer o embargante como um *mero agente* ou *operador*, porque, ainda assim, possível acerto de contas entre eles com base na determinação sentencial.

3 - Pelos expostos fundamentos, conhecendo dos embargos de declaração, acolhe-se-os para suprir a omissão, nos termos acima expostos."

EMBARGOS DE DECLARAÇÃO Nº 194197539
SEXTA CÂMARA CÍVEL DO TARGS
PRES. REL. MOACIR ADIERS

Matéria objeto, inclusive, de embargos infringentes, julgados pela 4º Grupo Cível:

"PROAGRO. Seguro prêmio percentualizado. Cobrança única.
Sendo o PROAGRO um seguro, cujo prêmio está em percentuais fixados sobre o montante do empréstimo, ele somente poderá ser cobrado de uma só vez, quando do crédito do financiamento, salvo se houver subdivisão do percentual, que, ainda assim, ficará limitado à percentualidade fixada no contrato"

EMBARGOS INFRINGENTES Nº 194102067
QUARTO GRUPO CÍVEL DO TARGS
REL. JUIZ JOÃO ADALBERTO MEDEIROS FERNANDES

Por outro lado, passa o prêmio do PROAGRO, muitas vezes, à taxa de até 11,7% no caso do trigo, contrariando a lei que estabelece o adicional em 1%, impondo significativo acréscimo de custos aos financiamentos, conforme art. 2º da Lei nº 5.969, de 11 de dezembro de 1973, intitulada "Institui o Programa de Garantia da Atividade Agropecuária", abaixo transcrito:

"Art. 2º O PROAGRO será custeado:
I - pelos recursos provenientes do adicional de até 1% (um por cento) ao ano, calculado juntamente com os juros, sobre os empréstimos de custeio e investimento".

Cumpre aqui rebater a afirmação por vezes verificada em decisões sore o tema, de que tal dispositivo legal foi alterado pela Lei nº 6.685/79, que atribuiu ao Conselho Monetário Nacional competência para fixar tal alíquota. Todavia, somente a partir de 1991, com as Resoluções Bacen nºs 1.855 e 1.955 (esta última de 1992) foram fixados novos percentuais por este Conselho, razão da ilegalidade da cobrança de alíquota acima de 1% anteriormente a estas datas.

Sobre o tema, vale transcrever parte de acórdão da 4ª Câmara Cível do TARGS, apelação cível nº 191034750, que aprecia caso idêntico, sendo parte também o Banco do Brasil, parte legítima na relação contratual estabelecida com os agricultores.

"Alega o apelante que o adicional do PROAGRO foi calculado de acordo com a resolução nº 1.507, de 04.08.88, do Banco Central do Brasil.
Efetivamente, os cálculos estão de acordo com a citada resolução. Ocorre, entretanto, que a referida resolução extrapolou os termos da lei que instituiu o PROAGRO, ou seja, a Lei 5.969, de 11.12.73. Conquanto refira no cabeçalho, que a resolução foi tomada tendo em vista as disposições da citada lei, na verdade, as disposições da resolução não conferem com aquela.
Estabelece a lei que instituiu o PROAGRO:
art. 2º - O PROAGRO será custeado:
I - pelos recursos provenientes do adicional de até 1% (um por cento) ao ano, calculado, juntamente com os juros, sobre os empréstimos rurais de custeio e investimento;
II - por verbas do Orçamento da União e outros recursos alocados pelo Conselho Monetário Nacional.
Daí se deduz que até as alíquotas de 3% e 5% estabelecidas na referida resolução são ilegais, eis que a lei fixa como teto máximo 1% ao ano.
Entretanto, o autor se conformou com tais alíquotas de sorte nada há a se modificar a respeito.
Razão contudo assiste ao autor, quando pretende que tal alíquota não incida sobre a correção monetária. Em primeiro lugar, porque, expressamente, a lei determina a incidência apenas sobre o principal e juros, não sobre a correção monetária. Poder-se-á argumentar que a correção monetária integra o principal e, por isso, sobre ela deve incidir o adicional do PROAGRO. O argumento serviria se o adicional fosse pago apenas por ocasião da liquidação do empréstimo, mas não quando, como no caso, o adicional já é debitado por ocasião da liberação do mútuo. *Não há, então, razão para se fazer incidir novamente sobre a correção monetária.*
Sustenta o apelante que a indenização do PROAGRO é corrigida monetariamente, por isso, nada mais justo que o adicional de

custeio também seja corrigido. Acontece que foi o adicional debitado já na liberação do empréstimo, passando a integrar o principal da dívida. Conseqüentemente, o devedor teria o valor do adicional incorporado à dívida e corrigido concomitantemente a esta e, além disso, deveria pagar nova alíquota sobre a correção monetária, inclusive sobre e referente ao próprio adicional." (grifei)

Por fim, transcreve-se decisão do *Egrégio Superior Tribunal de Justiça*, pacificando de vez a posição sobre a matéria, de ilegalidade da cobrança do Proagro, bem como da responsabilidade e legitimidade do BB na cobrança de tal prêmio :

"(...)
3. No tema relativo ao PROAGRO, o v. acórdão assim decidiu:
'(...) dada a sua natureza jurídica de seguro, a cobrança do valor devido a tal título somente pode ser feito em uma única oportunidade, a não ser que o mesmo venha a ser desdobrado em pagamentos parcelados, observado o limite do percentual previsto. Tratamento diverso importa em inadmissível dupla cobrança. Tal questão pode ser oposta ao mutuante, ainda que figure como mero operador do programa e aja por determinação do Banco Central'. O que é bastante para afastar a pretensão recursal quanto a esse aspecto". (fl. 287)
O Banco invocou a sua condição de mero agente do Banco Central, que é o administrador do programa, e defendeu a atualização do valor segurado.
Ocorre que o banco reconheceu ter incluído na execução a parcela correspondente ao Proagro. Se o financiador exige judicialmente o pagamento da parcela, o segurado somente pode se defender do que considera indevido, a esse título, através de embargos, oferecidos à execução que o banco promove. Adequada, portanto, a via escolhida pelo devedor, e corretamente apresentada a defesa contra quem lhe exige o pagamento.
No mérito, tenho que o pagamento do prêmio corresponde ao seguro, em uma única oportunidade, significa a quitação do segurado, que não pode ser novamente cobrado pelo mesmo seguro. Se o bem garantido se valorizou, igual valorização deve ter tido o prêmio pago pelo seguro."
RECURSO ESPECIAL
Nº 75.129-RS (REG. 95.485605)
REL. MIN. RUY ROSADO DE AGUIAR
QUARTA TURMA DO STJ

Face ao exposto, verifica-se ser ilegal a cobrança do seguro Proagro em percentual superior a 1% em todos os financiamentos contratados anteriormente as Resoluções CMN nºs 1.855/91 e 1.955/92, bem como a forma de cálculo adotada para o Proagro, que determina o *bis in idem*.

4.10.1. A suspensão da exigibilidade do título em razão do PROAGRO

Evidentemente que contratado o seguro na própria cédula, este tem efeitos na sua exigibilidade, até porque do instrumento não faz parte outra instituição que não mutuário e financiador.

De tal sorte, diante da ocorrência do sinistro, enquanto não decidido o deferimento da cobertura, estará suspensa a exigibilidade da cédula, isto por força do próprio manual de crédito rural, conforme relatado a seguir.

Inconcebível seria que após suportado um elevado e por vezes ilegal prêmio de seguro, conforme denunciado acima, na hora de valer-se do mesmo, deverá primeiro adimplir a cédula para depois aguardar o desfecho do pedido de cobertura.

A pretensão dos bancos bem demonstra a imprestabilidade, na prática, do PROAGRO, pois além de determinar significativo custo nos financiamentos, na hora de cumprir o seu papel determina o agravamento da situação de dificuldade do agricultor, uma vez que além dos prejuízos decorrentes da *intempérie*, vê-se obrigado a saldar o financiamento antes de ver examinado o seu pedido de cobertura.

Incongruente e ilegal será adimplir, ou ser executado, com as conseqüências que o processo acarreta, e após ser-lhe devolvida a indenização dos prejuízos, situação na qual jamais será satisfeita a cobertura necessária.

As operações agrícolas que possuem pendência de decisão de cobertura do PROAGRO têm a sua exigibilidade suspensa, conforme exposto anteriormente, e por conseqüência, enquanto o pedido de indenização não for definitivamente resolvido, fica a instituição obrigada a sua prorrogação, nos termos do MCR 7.10.3 (redação dada pela Carta-Circular nº 2584 de 22.09.95), *in verbis*:

"Título: Crédito Rural
Capítulo: Programa de Garantia da Atividade Agropecuária (PROAGRO) - 7
Seção: Disposições Finais - 10

(...)
3 - Sem prejuízo da aplicação das normas específicas deste manual, *é obrigatório prorrogar pelo prazo de até 120 (cento e vinte) dias o vencimento original da operação de crédito rural, pendente de providências na esfera administrativa, no âmbito do programa, desde que:*
a) esteja em curso normal;
b) a comunicação de perdas e o recurso a CER, quando for o caso, tenham sido apresentados tempestivamente. (Carta-Circular nº 2584 de 22.09.95)".

Sobre a matéria, transcreve-se parte da decisão proferida no Agravo de Instrumento nº 192076750, pela Sétima Câmara Cível do TARGS:

"(...)
Entretanto, examinando o disposto no artigo 1º da Lei 5969/73, *constato que o atendimento de reclamo de cobertura de perdas a serem atendidas pelo PROAGRO representa condição suspensiva da exeqüibilidade das Cédulas Rurais Pignoratícias.* Ocorre que se deferido o pedido, serão atendidas as obrigações financeiras decorrentes da formação da lavoura." (grifei)

Temos ainda sobre o tema as decisões do Egrégio Tribunal de Alçada do Rio Grande do Sul, a seguir transcritas:

"Cédula Rural. PROAGRO. Inexigibilidade do título enquanto pendente recurso administrativo contra decisão que não deferiu cobertura.
Embora o PROAGRO tenha a natureza de verdadeiro seguro agrícola e o banco credor seja mero agente do BACEN, não é menos verdade que a resolução que estabelece o programa - Res. 1507/88 (BACEN), no capítulo das Disposições Finais (4 e 5) que só haverá mora do produtor se indeferido o recurso.
O Banco, portanto, não é absolutamente estranho à relação. É beneficiário da cobertura e se a ela também aderiu, deve se sujeitar às regras. Assim, a cédula rural, mesmo vencida só se torna exigível após a decisão do recurso quanto a cobertura.
Só após isso é que o banco passa a ser estranho à relação securitária, que permanece apenas entre o produtor e o BACEN.
Apela improvido."
APELAÇÃO CÍVEL Nº 192139988
QUINTA CÂMARA CÍVEL DO TARGS
PRES. REL. JORGE ALCIBÍADES PERRONE DE OLIVEIRA

"Embargos à Execução. Cédula Rural Pignoratícia. PROAGRO. Suspensão da ação. Capitalização mensal pactuada. Juros. Multa contratual.
O Seguro PROAGRO, que visa a cobertura de eventuais frustrações à safra, também se destina à satisfação do débito vencido, ainda que mero administrador o Banco credor.
(...)
Apelo provido em parte, por maioria.
ACÓRDÃO
(...)
O PROAGRO, contratado diretamente com o banco credor e vinculado ao contrato de mútuo, destina-se à cobertura de encargos financeiros decorrentes do financiamento da lavoura, visando a prevenção de eventuais frustrações à mesma, que impeçam ao agricultor e tomador do empréstimo honrar seus compromissos com o banco credor.
Nesse caso, pendente recurso administrativo relativo ao PROAGRO e já definitiva a cobertura de 80% do valor postulado, incoerente seria admitir-se, por meio do valor postulado, incoerente seria admitir-se, por meio da ação executiva a expropriação de bens do devedor segurado, que, após o julgamento do recurso interposto, pode vir a receber a cobertura pleiteada. Inócua a indenização, por exemplo, se o plantador já se viu despojado de seus bens, inerentes à atividade, o que o impediria de continuar na mesma.
Desse modo, seguindo orientação dominante, o voto é no sentido de prover o apelo para suspender a ação de execução até decisão final do recurso referente ao seguro PROAGRO."
APELAÇÃO CÍVEL Nº 195195615
SEGUNDA CÂMARA CÍVEL DO TARGS
REL. DR. HÉLIO WERLANG

Verifique-se ainda que existem decisões que declararam a carência da ação executiva quando exigido título com pendência de decisão sobre a cobertura do PROAGRO:

"Execução. Crédito Rural. Inexigibilidade do crédito na pendência de recurso administrativo quanto ao seguro PROAGRO.
ACÓRDÃO
Acordam os Juízes da Sexta Câmara Cível do Tribunal de Alçada do Estado, à unanimidade, dar provimento à apelação.
(...)

2. A matéria prefacial merece especial atenção. Esta Câmara, em outras oportunidades, seguiu pela trilha de que sendo o seguro PROAGRO administrado pelo Banco Central do Brasil, e o Banco do Brasil mero agente intermediário, a este último não se pode sustar exigibilidade de seus créditos diante de impasses atinentes à percepção do PROAGRO. Neste passo, por sinal, decisão majoritária da 4ª Turma do STJ, REsp. nº 42.401-1-RS, de 28.02.94, rel. o Min. Barros de Monteiro (acórdão este ventrado a fls. 103 a 109).

No entanto, até pela documentação anexada a este feito, o tema merece reconsideração.

É inegável que o seguro PROAGRO está umbilicalmente ligado à concessão do crédito rural. Não se obtém a este sem *aderir* à cobertura securitária. Esta cobertura, aliás, corresponde a uma garantia que se introduziu visando evitar conhecidas tragédias, ou, no mínimo, situações de penúria, ao produtor rural, diante das inclemências da natureza (art. 1º, Lei nº 5.969/73). Quando ao outro grave risco que a atividade rural apresenta, safra generosa e redução dos preços, pelo excesso de oferta, a política de preços mínimos procura mitigá-la. Perfaz-se, assim, uma sistêmica proteção a atividade rural, extremamente sensível a estes dois fatores: ou a safra sofre com as mazelas da natureza e é pouca; ou, se generosa, padece com diminuição de preços. Ao primeiro, o PROAGRO visa obstar. Ao outro, é a definição de preços mínimos agrícolas adversários de sua ocorrência.

Ora, não se compreende, e assim parece resultar dos próprios termos da resolução 1.507-BACEN, Disposições Finais (4 e 5), que somente se poderá ter por inadimplente o produtor em havendo indeferimento de recurso administrativo.

Claro que se poderá argumentar que a Resolução do Banco Central não quebraria a lógica formal de que o Banco do Brasil seria estranho à relação securitária.

Mas, isto é desmentido pelos fatos.

À pergunta sobre quem defere a cobertura do seguro PROAGRO, em 1ª instância, responde o documento de fls. 114: o Banco do Brasil (CESEC, que, incontroverso, indicou perito para elaborar laudo sobre o qual deferiu a cobertura parcial).

Isso, convenha-se, é muito mais que a simples atribuição de intermediar o seguro PROAGRO. Se o Banco do Brasil pode estabelecer, na instância administrativa original, a extensão da indenização securitária, não se afigura lógico e nem jurídico permitir-lhe que, sobre aquilo que não admitiu incidência do seguro, possa, de pronto, exigir satisfação.

Esta supervalorização de uma formal autonomia do seguro em face do empréstimo, que não existe de fato, significa, de outra banda, esquecer as razões do seguro. Se devido em sua integralidade, ao se permitir que o segurado sofra execução, perca seu patrimônio, sem condições de arcar com o pagamento da dívida, exatamente em decorrência das agruras vividas pela colheita frustrada, estará se conferindo ao seguro o valor de uma miragem e se propiciando a ocorrência daquilo que, afinal de contas, a instituição do PROAGRO visou evitar.

Por tais fundamentos, não sendo exigível o crédito, inexiste o título executivo e, pois, provê-se a apelação, para decretar a carência da ação de execução, nos termos do art. 586, do CPC."

APELAÇÃO CÍVEL Nº 195125893
SEXTA CÂMARA CÍVEL DO TARGS
REL. DR. ARMÍNIO JOSÉ ABREU LIMA DA ROSA

Entender-se o banco como parte ilegítima para a postulação do PROAGRO, e não sujeito a seu efeitos, além de tornar inócuo o seguro, seria desconhecer a teoria da aparência da contratação. Ao agricultor que contrata a cédula não é dado saber que a indenização deverá ser buscada junto a terceiro (Bacen), pois é com o banco que este firma a cédula. É o banco que fiscaliza a lavoura. É o banco que apresenta o laudo de perdas. É o banco que decide em primeira instância o pedido de cobertura.

Além disto, a moeda que o produtor disporia ao pagamento do financiamento é o produto obtido com a safra; se esta não existiu ou se existiu parcialmente, como poderá ele antecipar o pagamento, e ficar aguardando a cobertura futura do seguro? A única relação que existe é do segurado com o banco, não recebendo ele qualquer apólice de terceiro tratando-se assim de relação diferente da corretora com o segurado comum. Desta forma, tanto o banco como o agricultor devem esperar a solução do pedido de cobertura para saber quem deve pagar a conta.

Assim, é flagrante a inexigibilidade das Cédulas enquanto pender de julgamento o pedido de cobertura relativo a lavouras por elas financiadas.

4.11. A OPERAÇÃO "MATA-MATA"- SUA ILEGAL UTILIZAÇÃO À PRORROGAÇÃO DE DÉBITOS NO ÂMBITO DO CRÉDITO RURAL

A questão tratada neste capítulo, a nosso juízo, não vem recebendo a devida atenção e um melhor exame por parte do Judiciário, e sua prática pelo sistema financeiro resultou num dos pontos importantes na desestruturação do crédito, com conseqüências fundamentais no endividamento hoje existente.

A partir de 1989 houve drástica redução nos volumes de recursos destinados a financiamento da atividade agrícola. Tal fato, aliado à necessidade de liquidar os financiamentos inchados pela cobrança de taxas ilegais de juros, de índices inflacionários indevidos, como o diferencial do Plano Collor - objeto de apreciação posterior - os bancos, principalmente o Banco do Brasil, passaram a adotar a prática do "mata-mata".

Tal conduta simulava a liberação de verbas de novos financiamentos, especialmente de custeios agrícolas, para liquidar débitos, com isto consagrava aquelas ilegalidades. Então, o financiado obrigava-se a custear sua lavoura através de malabarismos financeiros, a custos absolutamente inadequados à atividade, tais como cheques especiais, operações troca-troca, empréstimos pessoais, *hot money*, etc.

Isto tornou-se prática corriqueira e impositiva, pois se o produtor não aceitasse a operação *mata-mata*, tornar-se-ia inadimplente, jogado no rol dos caloteiros, excluído do crédito e processado judicialmente. Com isto, os números foram se avolumando, e os agricultores, a partir daí, tornaram-se não só devedores nos bancos, mas também do comércio, junto a seus fornecedores de insumos, uma vez que as operações realizadas com os mesmos eram realizadas a altos custos, e os preços das safras passaram a ser aviltados, eis que na safra havia a obrigação da comercialização em grandes volumes para liquidação dos débitos, resultando disto superoferta.

A cédula de crédito rural, por sua própria natureza, é *título de crédito causal*,[1] razão pela qual, a desnaturação de seu objeto acarreta a descaracterização do próprio título.

Neste sentido, tal *causalidade* decorre de disposição expressa de lei. Assim a manobra utilizada pelos bancos para mascarar a liquidação de financiamentos acrescidos de parcelas ilícitas contraria não só

---

[1] É a opinião do eminente Min. Cláudio Santos, do STJ, conforme artigo *Cédulas de Crédito Rural, Industrial e Comercial - Aspectos Materiais e Processuais*, publicado na revista *AJURIS* 56/202.

a norma contida no *art. 2º do Decreto-lei nº 167/67*, mas também e principalmente, o *art. 14, parágrafo único, "b", do Decreto nº 58.380/66*:

"Art. 2º. O emitente da cédula fica obrigado a aplicar o financiamento nos fins ajustados, devendo comprovar essa aplicação no prazo e na forma exigidos pela instituição financeira."

"Art. 14. As operações de crédito rural devem subordinar-se ainda aos seguintes preceitos:
(...)
Parágrafo único. Não constituem função do crédito rural:
(...)
b) *financiar pagamento de dívidas contraídas antes da apresentação da proposta.*"

Por isto, antes mesmo de se cogitar da conceituação do vício de consentimento contido nesta prática denominada de *mata-mata*, impõe-se fique claro, nos termos do *art. 14, parágrafo único, "b", do Decreto nº 58.380/66*, a existência de *proibição legal expressa na utilização de operações de crédito rural para financiar pagamento de dívidas contraídas antes da apresentação da proposta.*

Por esta razão, do ponto de vista legal, é impossível deixar de reconhecer a nulidade dos efeitos de cédula de crédito rural, título *causal* por natureza, quando admite o credor, expressamente, que obstou ao mutuário a utilização dos recursos provenientes do mútuo aos fins a que se destinavam. Com muito mais razão a nulidade, quando tal utilização veio em proveito do próprio credor.

Por outro lado, é preciso também observar que a *atividade bancária* tem a sua *atuação permanentemente monitorada e controlada pelo Estado*, através de *normas de ordem pública* que exercem *tutela imperativa* sobre as operações no âmbito do Crédito Rural.

Portanto, temos que o crédito rural e a própria atividade bancária adquirem legitimidade por normas que se inserem no âmbito do direito público, portanto, de observância obrigatória.

Em face destas constatações, deve o Judiciário levar em consideração os objetivos protecionistas estabelecidos pelo legislador ao apreciar a aplicação desta normas, jamais dando interpretação extensiva às mesmas, relevando sua aplicação, ou aplicando-a de forma prejudicial ao destinatário da proteção legislativa.

Ainda mais inadmissíveis estas hipóteses, quando o próprio Órgão instituído por Lei à fiscalização da atividade bancária se manifesta pela aplicação da norma cogitada, na forma suscitada.

Neste sentido, o então *Presidente do BACEN, hoje Ministro da Fazenda, Sr. Pedro Malan*, em resposta a questionário encaminhado pela CPMI do Endividamento da Agricultura, realizada pelo Congresso Nacional, reconheceu tal irregularidade, tornando-a fato inconteste:

"A utilização de recursos do crédito rural para pagamento de dívidas é expressamente vedada pelo art.14, § único, alínea 'b', do regulamento aprovado pelo Decreto 58.380/66.
A inobservância desse preceito pelas instituições financeiras, sob forma do procedimento denominado 'mata-mata', sujeita as operações à desclassificação como crédito rural, mediante exclusão dos respectivos saldos das rubricas contábeis destinadas ao registro desses financiamentos e o infrator às penalidades previstas no art. 44 da Lei 4.595/64." (*Relatório Final*, Secretaria Legislativa, Subsecretaria de Comis-sões, Serviço de Comissões Especiais e de Inquérito, CPMI criada através do Requerimento do Congresso Nacional nº 92/93, 3ª Sessão Legislativa Ordinária da 49ª Legislatura, Brasília, 1993, pág. 86)

O próprio então presidente do Banco do Brasil, Sr. Alcir Calliari, em informações prestadas àquela CPMI do endividamento rural, reconheceu a existência de irregularidades nestas operações:

"As operações mata-mata, citadas pelo Deputado, são operações proibidas pelo Banco Central. Se alguém as executa, às vezes *premido pela necessidade de reduzir inadimplência*, está agindo errado" (*Relatório Final*, Secretaria Legislativa, Subsecretaria de Comissões, Serviço de Comissões Especiais e de Inquérito, CPMI criada através do Requerimento do Congresso Nacional nº 92/93, 3ª Sessão Legislativa Ordinária da 49ª Legislatura, Brasília, 1993, págs. 88)

Ante tais evidências, terminou dita CPMI, em seu *Relatório Final (3ª Seção Legislativa Ordinária da 49ª Legislatura, Brasília - 1993, pág. 210)*, por concluir pela ilegalidade destas operações:

"A.2.1 - PRÁTICAS ILEGAIS
(...)
c) Operações 'Mata-Mata' - contrárias ao DL 167
Prática fraudulenta que contraria os princípios do Crédito rural, constituindo-se em claro desvio de sua finalidade e absolutamente ilegal, pois contraria o Art. 2º do Decreto-Lei 167/67. Objetiva resolver o problema do Banco, fazendo a quitação da dívida antiga à custa dos recursos para fundar nova safra. Prática também comprovada pela CPMI e pela Fiscalização do Banco Central, que para esse caso e para exigência de reciprocidade,

instaurou processo administrativo contra o Banco do Brasil (Pt.9200032460) e contra o Banco Econômico (Pt.9200072374) (cf. Of. PRESI-93/02847, de 17/11/93, do Presidente do BACEN à CPMI - doc. 3, Pasta 14)."

Inclusive o *reconhecimento expresso da prática do mata-mata* pelo próprio Banco do Brasil S/A. se deu quando da realização do *alongamento do débito dos produtores rurais* com base na *Securitização* - instituída pela Lei nº 9.138, de 29/11/95, e Voto ao CMN nº 158/95 -, tendo em vista o disposto na a alínea "b" do inciso VIII da artigo 1º da Resolução Bacen nº 2.238/96, *in verbis*:

"A revisão deve retroceder à operação original quando os saldos devedores passíveis de alongamento forem resultantes de operações cujos recursos tenham sido empregados na liquidação de dívidas anteriores".

Tal CPMI, amplamente divulgada nos meios de comunicação, teve suas conclusões ainda confirmadas pelo *Tribunal de Contas da União - TCU*, conforme Aviso nº 200-SGS-TCU, Decisão nº 184/97, Sessão Ordinária do Plenário de 16/04/97, TC 017.190/95-9, como, por exemplo, na ilegalidade da forma de renegociação e/ou pagamento imposta pelo Banco do Brasil. Neste sentido, restou, por exemplo, condenada a operação *mata-mata*, como forma de liquidação de obrigações por valores sabidamente indevidos:

"3.2.1.5. *Quanto às irregularidades no crédito rural no âmbito do BB e do BNB*
3.2.1.5.1. Examinados os relatórios de inspeções realizadas pelo BACEN em agências do Banco do Brasil no período de 1991 até 1994, inclusive, pode-se constatar que as irregularidades que se destacam são:
- concessão de crédito para quitação de outro financiamento já vencido 'mata-mata';"

Enfim, em sua decisão o *TCU* aponta também a irregularidade na realização do *mata-mata* na medida em que era imposição legal não a contratação de novos financiamentos, mas a simples prorrogação dos mesmos, como determina a lei e, mesmo nestas renegociações, estabelecendo taxas de juros não autorizadas pelo CMN:

"3.2.1.1. *Quanto à prorrogação automática de dívidas do crédito rural.*
3.2.1.1.1. A prorrogação automática de dívidas de crédito rural disciplinada pela Lei nº 7.843, de 18.10.89, e regulamentada pela Circular Bacen nº 1.536, de 03.10.89, não foi acolhida pelos nor-

mativos internos do Banco do Brasil até a edição da Circular Operações de Crédito nº 122, de 15.03.93, que apenas *admitia* a prorrogação de crédito, em vez de prever que a mesma *era devida* como determinado pelo Banco Central. Além disso, o Banco do Brasil estabeleceu requisitos para a concessão da prorrogação que não aqueles fixados pela autoridade monetária, como a idoneidade do proponente e dos demais intervenientes, a capacidade técnico-administrativa do proponente, impondo, assim, restrições não previstas na lei.
(...)
3.2.1.2.4. Cabe destacar que esses normativos próprios fixavam taxas de juros para renegociação superiores àquelas estabelecidas pelo CMN para as operações de crédito originalmente acordadas, contrariando, assim, o Manual de Codificação de Instruções Circulares - Operações de Crédito (CIC) daquela instituição financeira, que dispõe no seu capítulo 4, de acordo com a Circular Operações de Crédito nº 97, de 06.05.92, que 'Nas composições de dívidas do crédito rural e do crédito em geral, serão pactuados encargos financeiros iguais aos em vigor - inclusive quanto às condições de cálculo, débito, exigibilidade, mora e sanções por inadimplemento - na data da formalização, para novas operações da mesma finalidade e recursos orçamentários, ponderadas eventuais reclassificações a serem efetivadas.'
3.2.1.2.5. Essas taxas chegaram a 18,2% a.a., para empréstimos financiados pela caderneta de poupança rural, enquanto que, nos termos das Resoluções CMN de nºs 1.954, de 23.09.93, e 2.000, de 23.06.93, as taxas de juros aplicáveis aos minis, pequenos e demais produtores rurais deveriam ser de 6% a.a., 9% a.a., e 12,5% a.a., respectivamente". (Decisão nº 184/97, Seção Ordinária do Plenário do Tribunal de Contas da União - TCU, de 16/04/97, voto nº TC 017.190/95-9 - grifamos).

Na verdade, bem lembrado pelo *TCU*, a adoção de tal procedimento pelo Banco é forma justamente de mascarar a cobrança de ilegalidades existentes na operação *"matada"*, posto que para a solução dos débitos que não puderam ser atendidos nas safras anteriores, apresenta a lei solução adequada que deveria ter sido utilizada pelo Banco, qual seja, a simples prorrogação de vencimento, como determina o parágrafo único do *artigo 4º da Lei nº 7.843/89* e no *Manual de Crédito Rural - MCR 2-6-9 (Circular BACEN nº 1.536, de 03.10.89)*, *in verbis*:

"Lei nº 7.843/89
Art. 4º. (...)

Parágrafo único. Fica assegurada a prorrogação dos vencimentos de operações rurais, obedecidos os encargos vigentes, quando o rendimento propiciado pela atividade objeto de financiamento for insuficiente para o resgate da dívida, ou a falta de pagamento tenha decorrido de frustração de safras, falta de mercado para os produtos ou outros motivos alheios à vontade e diligência do devedor, assegurada a mesma fonte de recursos do crédito original."

"Manual de Crédito Rural - MCR - BACEN
Título: Crédito rural
Capítulo: Condições Básicas - 2
Seção: Reembolso - 6
9 - Independentemente de consulta ao Banco Central, é devida a prorrogação da dívida, aos mesmos encargos financeiros antes pactuados no instrumento de crédito, desde que se comprove incapacidade de pagamento do mutuário, em conseqüência de:
a) dificuldade de comercialização dos produtos;
b) frustração de safras, por fatores adversos;
c) eventuais ocorrências prejudiciais ao desenvolvimento das explorações." (Circular BACEN nº 1.536 de 03.10.89 - MCR 2.6.9).

Desta forma, além de ilegal o *mata-mata*, visava o mesmo, claramente, a burlar legislação imperativa que determinava a simples prorrogação automática do débito em atraso. Em que pese existente previsão legal expressa à prorrogação das operações inadimplidas, obviamente tal solução não foi adotada pelo banco justamente para tentar encobrir a cobrança de créditos que sabia indevidos.

Por esta razão, toda a análise que venha a se fazer acerca da extensão dos efeitos destas operações de *mata-mata*, deve se dar mediante a certeza de que são impostas de forma *dolosa* pelo banco, com vistas a que, *induzindo o devedor em erro* na contratação de nova operação, absolutamente desnecessária, fiquem encobertos os encargos que ilegalmente eram exigidos nas operações renegociadas.

Além desta razão, ao efetivar banco operação *mata-mata realiza a apropriação contábil dos lucros da operação "matada"*, lucros estes que, na verdade, nunca chegou a realizar, porquanto não tenha sido efetivamente paga a conta. Tal procedimento vem, então, em benefício do Gerente que ascende pontos em sua carreira profissional, amealhando mais e mais lucros à instituição, à Agência por ele gerida, que mantém uma carteira de créditos aparentemente em situação de regularidade e aos acionistas, que recebem lucros que não foram sequer ainda efetivamente realizados.

Ao produtor, entretanto, nenhuma vantagem, muito pelo contrário, resulta disso a brutal elevação de seu débito e o que é pior, o risco da impossibilidade de revisar estas ilicitudes.

Verifique-se então que se o produtor desvia a finalidade do financiamento, recebe penalidades que vão desde o acréscimo de juros, passando pelo vencimento antecipado, e concluindo com o impedimento de atuar no crédito rural. *Contrario sensu*, se o próprio banco se utiliza da Cédula para desviar sua função, pratica fraude que acarreta a nulidade do ato, e por via de conseqüência do título, conforme maciça jurisprudência neste sentido, transcrevendo-se abaixo ementas de algumas das decisões:

"(...)
Os financiamentos concedidos devem ser aplicados aos fins ajustados dentro dos objetivos traçados pela lei que os regula. Cédulas emitidas para pagamento de outras, com evidente desvio de finalidade, caracterizando o desvirtuamento do empréstimo. Invalidade. Compensação do débito com os valores recebidos ou debitados a maior, que deverão ser apurados. Prosseguimento da execução pelo saldo encontrado em favor do credor. Sentença mantida por seus próprios fundamentos. Apelação desprovida, por maioria."
APELAÇÃO CÍVEL Nº 192098465
SEXTA CÂMARA CÍVEL DO TARGS
REL. DR. TAEL JOÃO SELISTRE

"Embargos à Execução.
Fraude à lei. Ocorre na hipótese de financiamento rural, com base no DL nº 167/67, que não objetive aplicação na produção, mas, sim, liquidação de débito.
Em se cuidando de fraude à lei, o ato é nulo, e não simplesmente anulável. E, mais do que nulo absolutamente, é-o manifestamente, pleno *iure*, o que possibilita 'pronunciamento' até de ofício (art. 246, parágrafo, do Cód. Civil)".
APELAÇÃO CÍVEL Nº 192239556
SÉTIMA CÂMARA CÍVEL DO TARGS
REL. ANTÔNIO JANYR DALL'AGNOL JUNIOR

"Cédula Rural. Desvio de finalidade provocado pelo Banco do Brasil e em seu integral favor, pois implicou a quitação de cédulas anteriores, englobando parcelas abusivas.
Numerário do qual não dispôs o devedor, posto mera operação contábil, deixando-o sem recursos para financiar a safra.
Responsabilidade integral do Banco pela fraude à lei, assim como frustração da finalidade essencial do empréstimo.
Título descaracterizado. Embargos procedentes."
APELAÇÃO CÍVEL Nº 193221447
NONA CÂMARA CÍVEL DO TARGS
REL. DR. BRENO MOREIRA MUSSI

"Financiamento rural fictício, através de assinatura de nota de crédito, que serviu, no entanto, para caucionar dívida de cooperativa perante o banco credor.
Nulidade, por desvio de finalidade, posto que os títulos de crédito rural servem de instrumento para a concessão de financiamento rural, e não para dar garantia real ou pessoal a financiamento de terceiro.
Nulidade decretada, com provimento do recurso."
APELAÇÃO CÍVEL Nº 194002176
TERCEIRA CÂMARA CÍVEL DO TARGS
REL. DR. ARNALDO RIZZARDO

Entretanto, diante da clareza dos fundamentos, lastima-se que o Superior Tribunal de Justiça até agora tenha firmado entendimento segundo o qual, em se tratando de financiamentos emitidos com a mesma finalidade, não há ilicitude na operação mata-mata.

Entretanto, sabe-se que esta posição fere a convicção pessoal de muitos dos componentes daquela Egrégia Corte, esperando-se ainda a reversão da posição, quando for examinado o tema à luz clara da lei. Como exemplo disto, transcreve-se voto do eminente Ministro Ruy Rosado de Aguiar Júnior, relator do REsp nº 47.550-3/ES, julgado em 26.09.94, *in verbis*:

" 1. Quanto à nulidade das cédulas expressivas de desvio de sua finalidade já tive oportunidade de assim reconhecê-la:
'A cédula rural pignoratícia e hipotecária não é um título comum de mútuo, mas documento que expressa negócio bancário com caracteres especiais, assim como previstas no Dec. Lei nº 167/67, entre elas se destacando a possibilidade de cobrança de taxas e comissões de fiscalização (art. 8º); multa pela mora (art. 71); o inadimplemento importa o vencimento não só da cédula rural

como de todos os demais financiamentos concedidos pelo credor (art. 11); podem ser objeto de penhor os bens elencados no art. 56; os bens objeto de penhor ou hipoteca não poderão ser penhorados, arrestados ou seqüestrados por outras dívidas (art. 69); é permitida a capitalização mensal de juros (Súmula 93/STJ).
O financiador que se utiliza desta cédula de crédito para finalidade diversa do financiamento da atividade rural não está participando de uma simulação inocente, mas obtendo do devedor um documento de crédito de especial eficácia, pelo qual passa a desfrutar de situação mais forte e privilegiada em relação ao contrato comum de financiamento.
Diz-se que se trata apenas de novação de dívida preexistente. Mas a abstração do título assim obtido não me permite conhecer a natureza e o montante dos negócios anteriores, excluindo da fiscalização judicial o exame dessa operação e das condições impostas para que a renovação do negócio. Sendo um contrato de adesão, e já caracterizada a inadimplência do devedor, é fácil concluir pela reduzida capacidade de negociação de que dispõe o financiado, e são conhecidos os índices de taxas e comissões normalmente impostas em tais situações. Com isso quero dizer que a cédula rural resultante desse desvio é um negócio feito exclusivamente para a satisfação do interesse do financiador, garantindo-o não só a dívida vencida ora renovada, - pois esta, se mantém resultante de cédula rural, tinha as mesmas garantias, - mas lhe permitindo embutir no novo negócio as suas comissões, de tal sorte que não se pode afirmar diante do documento apresentado com a inicial, quanto daquele valor foi efetivamente aplicado na atividade produtiva, e quando representa o interesse do financiador. Mas, ao fim e ao cabo, tudo passa a gozar das mesmas garantias do Dec. Lei 167/67, graças à 'simulação inocente'.
Reconhecido lisamente que a cédula em execução serviu à novação de dívida anterior, mas que foi criada como se vinculada a uma operação de compra de gado para criação, não posso deixar de concluir estar diante de um documento falso. Não creio que os princípios de moralidade e transparência que presidem o ordenamento jurídico permitam que tais negócios sejam celebrados livremente, deixando o banco de lado os muitos instrumentos de que já dispõe para a garantia de sua atividade, passando a usar confessadamente de um documento falso, onde embutiu os acréscimos resultantes do inadimplemento anterior.

É certo que o devedor também participou do embuste, mas que é irrecusável a situação de inferioridade em que se encontrava quanto à escolha do modo de pagamento da dívida vencida. O comum é que aceite o que lhe é apresentado, pois o seu ânimo de escolha é quase nenhum.

Não estou negando o dever de pagar, mas não consinto ao credor o uso de documentos criados falsamente para melhor garantia do seu crédito.

É caso de nulidade, como bem explicou o eminente Dr. Antonio Janyr Dall'Agnol Jr. ao lavrar o v. acórdão recorrido:

'A matéria não chega a ser nova nesta Câmara que, em outra oportunidade, ainda que no exame de agravo de instrumento, inclinou-se por entender que nulo o título de crédito rural que, por iniciativa da própria instituição financeira - ou, de qualquer modo, com sua inequívoca participação - desconsidere a finalidade legal de aplicação do numerário mutuado (art. 2º, do DL nº 167, de 14.02.67), pois ocorreria fraude à lei (cf. AI nº 191069707, de 18.12.91, rel. o Dr. Flávio Pâncaro da Silva).

E assim o é, pois não se há de confundir, como o ressalta Pontes de Miranda, ato simulado e ato em fraude à lei.

Leciona o saudoso jurista: 'O ato jurídico em fraude à lei é nulo, como o ato jurídico simplesmente *contra legem*. O ato jurídico simulado é anulável' (*Tratado de Direto Privado*, IV, § 469, p. 379, ed. 1974).

Ora, em se cuidando de ato nulo (vale dizer, absolutamente nulo), que se encontra documentalmente evidenciado, ao juiz incumbe, no sistema brasileiro - art. 146, parágrafo, do Código Civil - pronunciá-la.'

2. No entanto, essa orientação restou vencida na egrégia 4ª Turma, e não conta com o apoio da colenda 3ª Turma, razão pela qual, com ressalva do meu posicionamento pessoal, estou votando com a maioria (...)."

Não se diga, como se tem verificado em esporádicas decisões, que não podem os autores se beneficiar da própria torpeza para invalidar os títulos.

Não há na verdade qualquer benefício ao mutuário, eis que este se obriga, ante a não-liberação dos recursos ao custeio da safra, a buscar financiamentos no mercado e/ou com fornecedores, pagando custos incompatíveis.

Em razão deste fato, temos que não se trata aqui também de simulação, muito menos inocente, visto que eivado o ato de *dolo unilateral por parte do credor*, visando unicamente à liquidação de operações anteriores de forma a mascarar sua contabilidade com apropriação de lucros (juros) de fato não recebidos, induzindo em erro não só o BACEN, encarregado da fiscalização das instituições financeiras em geral, mas do Tribunal de Contas da União, quando tratar-se a instituição financeira de sociedade de economia mista ou empresa pública.

Por todo o exposto, forçoso concluir pela *nulidade* da *Cédula Rural Pignoratícia* que tem seus recursos destinados pelo credor à liquidação de dívida anterior, por se caracterizar meio fraudulento utilizado pelos bancos credores visando a burlar a legislação pertinente ao crédito rural.

No entanto, conforme se demonstrará em tópico abaixo denominado *"A Revisão das Operações Contratadas no Âmbito do Crédito Rural – Relação Jurídica Continuativa"*, o Judiciário vem reconhecendo o direito de revisão das operações caracterizadas com o *mata-mata* partindo das contratações que lhe deram origem, sob o argumento de que estas formam uma *relação jurídica continuativa*.

Sobre o tema, inclusive, temos recente decisão da *Quarta Turma do Superior Tribunal de Justiça*, publicada em 23.08.99, colhida no Recurso Especial nº 205.532-RS, cujo relator foi o Eminente Min. Ruy Rosado de Aguiar, que entendeu pela admissão da *"revisão dos contratos bancários elaborados um em substituição ao outro"* eis que *"o cumprimento de uma obrigação não é causa impeditiva de sua revisão judicial"*. Todo o conteúdo deste acórdão do Superior Tribunal de Justiça, bem como outros acórdãos dos Egrégios TARGS e TJRGS no mesmo sentido, são transcritos em tópico abaixo denominado *"A Revisão das Operações Contratadas no Âmbito do Crédito Rural – Relação Jurídica Continuativa"*.

5. As renegociações

5.1. A RENEGOCIAÇÃO PELA RESOLUÇÃO BACEN 2.080/94

Como já demonstrado, a cada Plano Econômico, profundas e maléficas distorções foram geradas pela ação direta da União com tabelamentos de preços e importações predatórias e, ao mesmo tempo, com elevação do custo financeiro.

Já em 1993 a agricultura acumulava uma dívida absolutamente impagável (mais de duas safras em uma). Inobstante, a primeira tentativa do Banco do Brasil em dar alguns benefícios para a renegociação das dívidas foi editar para tanto a Circular interna denominada Presi 91/92, que não teve os efeitos almejados.

Diante da gravidade da situação, por iniciativa do Deputado Victor Faccioni, foi instaurada no Congresso a *CPMI do Endividamento*, resultando esta em verdadeira radiografia dos problemas da agricultura nacional, e concluindo em seu relatório que os problemas verificados decorriam basicamente das conseqüências dos desastrosos Planos Econômicos, especialmente pelo desrespeito da política de preços mínimos (PGPM) e da legislação específica do crédito.

Em face de tais conclusões, foi assinado o *"Memorando de Entendimento"* firmado pelos Ministros da Fazenda e da Agricultura, Banco do Brasil S/A. e pela Comissão de Agricultura e Política Rural da Câmara dos Deputados, ratificado no *Voto do Conselho Monetário Nacional*, encaminhado pelo Ministro da Agricultura, com a aprovação do Ministro da Fazenda.

Além disso, com vistas à regulamentação do referido memorando, foi editada a *Resolução Bacen nº 2.080 em 22.06.94*. Esta resolução dispôs sobre a renegociação de dívidas de produtores rurais contratadas até 31.12.92, estabelecendo, entre outros benefícios:

a) redução dos juros para 1% ao mês;
b) eliminação de mora e taxa de inadimplência;

c) suspensão da cobrança do percentual relativo ao diferencial custo/preços do Plano Collor I (março de 1990), que teria solução até 15.12.94.

Esta a primeira manifestação expressa da União quanto ao reconhecimento da defasagem ocorrida nos financiamentos e nos preços, em março de 1990 - Plano Collor I.

Neste *memorando de entendimento* ficou ajustado que o Banco do Brasil suspenderia a cobrança do valor correspondente a este diferencial, no aguardo de uma solução por parte da União, o que foi expressamente aceito pelo Governo.

Nos termos do *inciso I do artigo 4º da Resolução Bacen nº 2.080/94*, foi determinada a escrituração em conta especial deste diferencial até *15.12.94*, no intuito de que, até esta data, o Governo Federal apresentasse uma solução ao problema.

Saliente-se, no entanto, que até hoje não há solução com relação a este diferencial, tendo sido a data acima prorrogada sucessivamente através de Resoluções editadas pelo Bacen, sendo que a última foi a *Resolução Bacen nº 2.433*, em 16.10.97, que prorroga o prazo para *31.03.99*, de onde se conclui que o procedimento a ser adotado será o mesmo que veio sendo utilizado nos últimos anos, qual seja, o da prorrogação do prazo para a solução, quem sabe eterna.

No entanto, em que pese administrativamente nunca se tenha obtido êxito quanto ao expurgo desta ilegalidade, no Judiciário a questão já se encontra pacificada, conforme já relatado no tópico acima denominado *"Plano Collor I"* - o reajuste dos contratos no mês de março/90.

Lastima-se que estas reiteradas prorrogações têm-se prestado para que os bancos mais e mais imponham a aceitação do diferencial como condição a que os agricultores tenham acesso às renegociações.

5.2. A RENEGOCIAÇÃO PELA RESOLUÇÃO BACEN 2.164/95

Inobstante não tenha se prestado a Resolução Bacen nº 2.080/94 à solução dos problemas até então existentes, a partir da implantação do Plano Real a situação agravou-se, eis que este, certamente, constituiu-se na mais grave distorção de todas as já ocorridas nos *planos* anteriores.

A partir daí, o inchaço da dívida da agricultura tornou-se incontrolável, conforme anteriormente já demonstrado.

Assim, mais uma vez foi impossível atender as contas quando então foi editada a Resolução Bacen nº 2.164, de 19 de junho de 1995.

Através da *Resolução Bacen nº 2.164/95*, foi autorizada a prorrogação de débitos de operações vincendas até 31 de dezembro de 1995, pelo prazo mínimo de um ano e máximo de dois anos, fixando nos incisos e parágrafos do artigo 5º os critérios para a renegociação, dentre estes:

a) *a aplicação das taxas originalmente contratadas para a normalidade na apuração do saldo devedor a ser renegociado*, de 01.06.95 até a data do aditivo, nos termos do artigo 5º, inciso I, da Resolução Bacen nº 2.164/95;

b) a aplicação mensal de um *"redutor de encargos financeiros"* - entenda-se um abatimento sobre encargos financeiros - equivalente a 1% ao mês a ser aplicado da data de 1º de junho de 1995 até a data da renegociação - nos termos do artigo 5º, II, da Resolução Bacen nº 2.164/95.

No entanto, o que se verificou na prática foi o descumprimento por parte das instituições financeiras dos dispositivos acima, na medida em que, na grande maioria dos casos, nenhum redutor de encargos financeiros foi aplicado quando do recálculo do débito para renegociação.

Por outro lado, nos poucos casos em que se verificou tal redução, esta incidiu em percentual incorreto e sobre valor apurado em desacordo com a resolução. Observe-se ainda que lançada a mesma em conta gráfica sob a rubrica de *"abatimento negocial"*, sugerindo ser uma concessão da instituição para com o mutuário, e não uma obrigação imposta à mesma nos termos do normativo supra.

Muitas vezes a aplicação deste redutor se deu sobre montante onde se faziam incidir as taxas do inadimplemento quando o artigo 5º, inciso I, da cogitada Resolução Bacen nº 2.164/95 determinou para a atualização do débito como vistas à renegociação a adoção dos encargos contratados para a normalidade.

Inobstante, quando o valor era apurado corretamente, aplicou a instituição percentual de redução de encargos financeiros inferior ao que deveria incidir. O artigo 5º, II, da Resolução Bacen nº 2.164/95, é bem claro ao determinar que para apuração do valor a ser renegociado deve incidir redutor de 1% ao mês, partindo da data de 01.06.95 até a data em que se assinar a renegociação.

Desta feita, além de estar o banco se locupletando quanto ao redutor de encargos, locupleta-se também quanto à base de cálculo para incidência deste redutor, em flagrante descumprimento aos incisos I e II do artigo 5º da Resolução Bacen nº 2.164/95.

Assim, acrescenta-se à ilegalidade de taxas de juros e critérios de correção já elencados, a frontal violação da norma bancária em que se baseou a emissão dos aditivos de renegociação celebrados no âmbito da Resolução Bacen nº 2.164/95.

5.3. O PROCESSO DE SECURITIZAÇÃO INSTAURADO PELA LEI Nº 9.138/95 (SEÇÃO I)

Face ao agravamento da situação e à pressão exercida pelas entidades de classe, diante do notório reconhecimento, pelos Poderes Judiciário e Legislativo, das ilegalidades praticadas nas operações de crédito agropecuário, terminou sendo aprovada a *Lei nº 9.138, de 29/11/95*, regulamentada pelo *Voto CMN nº 158/95*, resultando nas *Resoluções BACEN nºs 2.220/95, 2.238/96 e 2.279/96*, estabelecendo-se condições de renegociação dos débitos dentro do crédito rural. Tal processo foi denominado impropriamente *"Securitização"*.

Esta renegociação estabeleceu um limite de alongamento no valor de R$ 200.000,00 (duzentos mil reais) por produtor ou para cada integrante de condomínio ou parceria agrícola, fixando imperativamente o procedimento a ser adotado pela instituição financeira para o cálculo deste saldo devedor (taxas de juros, capitalização, expurgos de lançamentos a débito etc.). A tal renegociação se denominou "Seção I". O saldo devedor remanescente seria renegociado entre as partes, denominando-se tal procedimento de "Seção II".

Desta feita, através das normas supra deveriam ter sido assegurados:

1.O fornecimento pelo Banco de extratos consolidados da conta gráfica do produtor, com a respectiva memória de cálculo, de forma a demonstrar discriminadamente os parâmetros utilizados pelo mesmo para a apuração do saldo devedor (artigo 5º, § 11, da Lei nº 9.138/95 e artigo 5º, § 11, do Voto CMN nº 158/95, o que foi reiterado pelo artigo 1º, IV, da Resolução Bacen nº 2.279/96);

2. Quanto à apuração da dívida: o cálculo do saldo devedor da operação a ser renegociada com base nos juros contratados da emissão até o vencimento do título. Após esta data, a aplicação da taxa de juros de 12% ao ano, mais atualização monetária pelo índice de remuneração da poupança - IRP - (TR), até 30.11.95, expurgando-se:

a) todos os encargos moratórios e honorários advocatícios (Artigo, 1º, VI, "b" da Resolução Bacen nº 2.238/96);

b) a capitalização mensal de juros, determinando-se fosse a mesma realizada de acordo com o art. 5º do Decreto-Lei nº 167/67, ou seja, semestralmente (Artigo, 1º, VI, "a" da Resolução Bacen nº 2.238/96);

c) outros débitos não contratados nas operações de crédito rural, tais como seguros, "acessórios-outros", etc. (Artigo, 1º, VI, "d" da Resolução Bacen nº 2.238/96 o que foi reiterado pelo artigo 1º, II, da Resolução Bacen nº 2.279/96);

d) o repique do Proagro (Artigo, 1º, VI, "c" da Resolução Bacen nº 2.238/96).

3. *Em se tratando de operações cujos recursos tenham sido utilizados para pagamento de débitos anteriores, a revisão deve retroceder a contratação original* (art. 1º, IV, "b" da Resolução Bacen nº 2.220/95 e art. 1º, VIII, *b* da Resolução Bacen nº 2.238/96);

4. Quanto aos encargos financeiros incidentes a partir de 30.11.95: o saldo devedor apurado com base nos critérios acima, deveria ser convetido em 30.11.95, pelo preço mínimo vigente, incidindo sobre o montante juros de 3% ao ano mais equivalência produto (*caput* do inciso VI do artigo 1º da Resolução Bacen nº 2.238/96).

5. Quanto ao prazo de pagamento: de 7 (sete) a 10 (dez) anos com dois anos de carência; (art. 5º, § 5º e incisos da Lei nº 9.138/95).

Além disso, ficou assegurado ao produtor o direito de revisão dos cálculos através da *Comissão de Avaliação - COMAV*, quando este entendesse que os mesmos foram realizados em desacordo com as normas supra.

Neste sentido, a *Resolução Bacen nº 2.220*, de 06.12.95, que no seu inciso IV do artigo 1º, *in verbis*:

"(...)
IV - fica assegurada a *revisão do cálculo* dos encargos financeiros pela instituição credora, em instância superior à da agência, quando o beneficiário entender que o saldo devedor foi apurado em desacordo com os critérios definidos neste normativo. Persistindo o entendimento do beneficiário, este poderá requerer, inclusive através de entidade de classe, a revisão do cálculo a uma comissão especialmente formada para essa finalidade, integrada por 3 (três) representantes das entidades de classe dos agricultores, 3 (três) do Governo Federal e 3 (três) do Banco do Brasil S/A. (...)" (grifamos)

Em face de tal dispositivo, esta mesma Resolução Bacen nº 2.220 anunciava no seu artigo 3º a criação do *Comissão de Avaliação - COMAV*, *in verbis*:

"Art. 3º. Será constituída Comissão de Avaliação composta por representantes das Secretarias de Acompanhamento Econômico e do Tesouro Nacional, do Ministério da Fazenda, de Política Agrícola, do Ministério da Agricultura, do Abastecimento e da

Reforma Agrária, e de Planejamento e Avaliação, do Ministério de Planejamento e Orçamento, para acompanhamento da implementação das medidas estabelecidas na Lei nº 9.138/95 e na presente resolução, bem como proposição de soluções de casos omissos."

Os dispositivos acima transcritos foram reiterados pela *Resolução Bacen nº 2.238, de 31.01.96*, através dos seus artigos 1º, VIII, e 17º, *caput*, respectivamente.

Com a edição da *Carta-Circular nº 2.658*, de 19.06.97, foi reiterado o disposto no artigo 1º, IV, da Resolução Bacen nº 2.220/95 e artigo 1º, VIII, da Resolução Bacen nº 2.238/96, determinado-se a observância pelas instituições financeiras do conteúdo dos dispositivos que *"(...) asseguram ao mutuário o direito de revisão dos cálculos dos saldos devedores passíveis de alongamento, inclusive junto a Comissão Técnica instituída por meio da Portaria Interministerial nº 226, de 26.03.96 (...)"*.

Através da Resolução Bacen nº 2.315, de 19.09.96, foi definida a competência da referida Comissão de Avaliação, no seu artigo 3º, *in verbis*:

"Art. 3º A Comissão de Avaliação (COMAV) limitar-se-á a informar se são passíveis ou não de alongamento os casos a ela submetidos, não detendo poderes para interferir na relação negocial entre financiado e financiador."

Desde logo então, cumpre observar que esta própria legal previsão de recurso ao COMAV decorre do fato de ser público e notório que os bancos ignoram a lei, não respeitam os direitos dos produtores e ainda se utilizam do poder econômico que possuem para retaliar os mutuários que se rebelam contra estas ilegalidades.

Observe-se também que estas instituições financeiras só respeitam a autoridade legislativa e os direitos dos mutuários quando exercidos sob coerção (normalmente judicial), e a criação do COMAV visou justamente a que o produtor pudesse impor o cumprimento da lei administrativamente, evitando assim, uma maior demanda ao Judiciário.

No entanto, como já referido, través do artigo 3º da Resolução Bacen nº 2.315, de 19.09.96, terminou definida que a competência da COMAV, *"(...) limitar-se-á a informar se são passíveis ou não de alongamento os casos a ela submetidos, não detendo poderes para interferir na relação negocial entre financiado e financiador."*

Assim, para que os produtores pudessem ver a aplicação das normas impostas pelo processo de securitização aos Bancos, e assim terem expurgados do saldo devedor renegociado as ilegalidades determinadas na sua apuração, tornou-se necessária a publicação de novo normativo.

Tal normativo veio a ser editado em 16 de outubro de 1997, através da *Resolução Bacen nº 2.433/97*, portanto mais de um ano após a assinatura pelos produtores dos instrumentos de securitização e às vésperas do vencimento da primeira parcela do débito (final de outubro de 1997).

Desta forma, face à edição da Resolução Bacen nº 2.433/97, que determina a revisão dos cálculos do débito dos instrumentos de securitização, foi reconhecida expressamente a iliquidez de todas as dívidas alongadas pelo processo de Securitização, bem como o excedente renegociado na época, o que será tratado no tópico abaixo denominado *"Securitização - O reconhecimento expresso da necessidade de revisão pela Resolução Bacen nº 2.433/97"*

Na verdade, verifica-se que o processo de securitização não atinge plenamente as necessidades do *campo*, pois para fazer *jus* ao mesmo obrigaram-se os produtores a aceitar um débito naquela época 56% já maior que a variação do preço mínimo dos produtos que dão suporte ao pagamento da conta.

Isto se deu porque quando da edição da Lei nº 9.138, em 29.11.95, em que pese a mesma determine que a partir de 30.11.95 as operações deveriam receber juros de 3% ao ano mais equivalência produto. Para o cálculo da operação até aquela data - novembro de 1995 - incidiu a correção monetária pela TR enquanto os preços mínimos ficaram congelados.

Assim, os valores alongados pela securitização receberam reajuste pela TR de julho/94 (edição do Plano Real - Lei nº 8.880/94) a novembro/95 (edição do Processo de Securitização - Lei nº 9.138/95), período em que os preços mínimos ficaram congelados. Neste prazo a TR acumulou variação de 56%.

Esta incidência contrariou o disposto no § 2º do inciso IV, artigo 16 da Lei nº 8.880/94, que determina a atualização dos financiamentos agrícolas pelos preços mínimos.

Hoje a TR acumula variação de 113,64% (01.07.94 a 01.10.99), enquanto os preços mínimos receberam reajuste na ordem de 8% a 19%. Tal questão foi tratada com mais minudência no tópico *"A natureza de 'taxa de juros' e a inconstitucionalidade da TR"*, bem como no tópico *"A alteração da base do contrato"*, acima.

5.3.1. Os honorários advocatícios indevidamente cobrados pelos bancos na securitização

Questão de relevante importância é a tratada no presente tópico, tendo em vista a repercussão da mesma e a generalidade de sua incidência.

E neste passo, é de se verificar que inobstante reiteradamente tenha sido determinado o expurgo do montante relativo aos honorários advocatícios devidos aos profissionais contratados pelo banco, o que se verificou, na prática, é que a grande maioria dos produtores teve que assumir esta despesa para ter direito ao alongamento da dívida.

E o que é mais grave: sabedores os bancos e seus advogados da ilegalidade da cobrança desta verba, terminaram, muitas vezes, condicionando a realização da securitização ao pagamento à vista deste valor, e/ou a emissão de notas promissórias (de cuja abstração pensam os beneficiários do crédito restar afastada a discusão sobre a sua origem), e/ou dação em pagamento (através de terras, imóveis, máquinas, etc.).

Observe-se que os normativos do Banco Central, que divulgaram os critérios para o processo de alongamento de dívidas agropecuárias, sempre foram claros e incisivos quanto ao expurgo dos honorários advocatícios das contas dos produtores, nos termos das resoluções *in verbis*:

"Resolução Bacen nº 2.220, de 06.12.95
(...)
Art. 1º Estabelecer as seguintes condições e procedimentos a serem observados na formalização das operações de alongamento de dívidas originárias de crédito rural, de que trata a Lei nº 9.138, de 29.11.95:
(...)
III - para fins do alongamento, o saldo devedor total deve ser calculado com base nos encargos financeiros previstos nos contratos originais para a operação enquanto em curso normal, até a data do vencimento pactuado. A partir do vencimento de cada operação, incidirão os encargos financeiros totais até o limite máximo de 12% a.a. (doze por cento ao ano) mais o índice de remuneração básica dos depósitos de poupança, *expurgando-se*, se houver:
(...)
b) os débitos relativos a multa, mora, taxa de inadimplemento e *honorários advocatícios de responsabilidade da instituição financeira;*"

A determinação acima foi reproduzida na norma seguinte, a saber:

"Resolução Bacen nº 2.238, de 31.01.96
(...)
Art. 1º Estabelecer as seguintes condições e procedimentos a serem observados na formalização das operações de alongamento de dívidas originárias de crédito rural, de que trata a Lei nº 9.138, de 29.11.95:
(...)
IV - para fins do alongamento de dívidas vencidas até 30.11.95, o total do saldo devedor total deve ser calculado com base nos encargos financeiros previstos nos contratos originais para a operação enquanto em curso normal, até a data do vencimento pactuado. A partir do vencimento e até 30.11.95, incidirão encargos financeiros totais até o limite máximo de 12% a.a. (doze por cento ao ano) mais o índice de remuneração básico dos depósitos de poupança, *expurgando-se*, se houver:
(...)
b) os débitos relativos a multa, mora, taxa de inadimplemento e *honorários advocatícios de responsabilidade da instituição financeira;*"

Face ao reiterado descumprimento pelos bancos das normas estabelecidas para a securitização, em especial quanto à questão dos honorários advocatícios, foi editada a resolução abaixo, que determina, novamente, o expurgo desta despesa:

"Resolução Bacen nº 2.279, de 22.05.96
(...)
Art. 1º Recomendar às instituições financeiras do Sistema Nacional de Crédito Rural (SNCR) atenção especial na condução dos processos de alongamento da dívidas originárias de crédito rural, de que tratam a Lei nº 9.138, de 29.11.95, e a Resolução nº 2.238, de 31.01.96, principalmente com relação às seguintes situações:
(...)
II - *na apuração do saldo devedor da operação, o expurgo de débitos referentes a honorários advocatícios, previsto no art. 1º, inciso VI, alínea 'b', da Resolução nº 2.238/96, deve abranger toda a dívida do beneficiário, independentemente do limite alongável de R$ 200.000,00 (duzentos mil reais);*"

Novamente, a questão veio à colação na Resolução Bacen nº 2.671, de 18.07.96, que determinou quais as despesas acessórias que podem ser incluídas na conta da dívida alongada, excetuando a relativa a honorários advocatícios, nos termos *in verbis*:

"I - além dos encargos financeiros, podem ser incluídas as seguintes despesas acessórias, quando debitadas na conta gráfica vinculada ao financiamento:
(...)
c) custas processuais, *exceto honorários advocatícios;*"

Mais uma vez, para que não pairassem dúvidas a respeito do tema, a Resolução Bacen nº 2.433, de 16.10.97, - que trata do recálculo dos débitos Securitizados em razão das arbitrariedades cometidas pelos bancos na apuração do mesmo - determinou:

"Art. 1º Em relação às operações alongadas nos termos da Lei nº 9.138, de 29.11.95, a instituição financeira deve fornecer 1 (um) extrato de cada conta gráfica das operações originais e 1 (um) extrato do saldo consolidado em 30.11.95, ao mutuário que os requererem, observando:
I - extrato relativo à conta gráfica da operação original contendo todos os lançamentos com os respectivos valores, datas e identificações, *onde fiquem claramente demonstrado*:
(...)
c) os honorários advocatícios devidos ao profissional contratado pela instituição financeira;"

E neste sentido é de se observar a posição firme do Banco Central do Brasil quanto à impossibilidade de incidência de honorários advocatícios nos débitos alongados pelo processo de securitização, nos termos da resposta à consulta realizada ao mesmo pelo Deputado Valdir Collato, cujo teor segue abaixo:

"SECRE/SUPAR-98/0432 Brasília, 18 de fevereiro de 1998.
PT. 9800818328

Senhor Deputado,

Reportamo-nos ao Ofício 231, de 30.1.98, por meio do qual V. Exa. solicitou informações quanto aos procedimentos adotados no processo de securitização regulamentado pela Resolução 2.238, de 31.1.96, especialmente no que se refere à cobrança de honorários advocatícios pelo Banco do Brasil S.A.
2. Consoante esclarecimentos prestados pelo setor técnico, cumpre-nos informar que, em fiscalização direta, esta Autarquia encontrou divergências entre os normativos internos do Banco do

Brasil S.A e as Normas do Conselho Monetário Nacional/Banco Central, em relação aos honorários advocatícios. No momento, estão sendo tomadas providências para solucioná-las, adequando os procedimentos do BB às normas vigentes.

3.O entendimento deste Banco Central é claro: os honorários referentes a Instituição Financeira são de sua exclusiva responsabilidade, sendo exigido o seu expurgo do saldo devedor a ser securitizado e vedada a cobrança do mutuário.

Atenciosamente,

SECRETARIA PARA ASSUNTOS PARLAMENTARES
Sollmar J. Wichrowski
Chefe

A Sua Excelência o Senhor
Deputado Valdir Collato
Câmara dos Deputados, Anexo IV, Gab. 662
70.060-900 – Brasília - DF"

Enfim, por tudo o que se expôs, é notória a ilegalidade da exigência de honorários advocatícios no processo de securitização, tendo em vista as normas expressas do Banco Central do Brasil neste sentido, reiteradamente descumpridas pelos bancos.

5.3.2. A obrigatoriedade da securitização às instituições financeiras

Verifica-se ainda que durante o processo de Securitização das dívidas agropecuárias, muitas vezes foi negado ao produtor o direito ao alongamento de seus débitos, quando não, o condicionamento da realização do mesmo à assunção de obrigações indevidas, como o diferencial do "Plano Collor I", juros acima dos limites legais, ou honorários advocatícios, como já visto indevidos, excluindo da renegociação todos os que se aventurassem a se rebelar contra tais imposições.

Tal negativa de renegociação baseava-se em critérios absolutamente subjetivos, tendo em vista que inobstante enquadrar-se o produtor nos requisitos estabelecidos pela Lei nº 9.138/95, o seu direito à renegociação era negado.

Tal procedimento adotado pelos Bancos obrigou os produtores a mais uma vez buscar guarida de seus direitos no Judiciário.

Seguem abaixo decisões do Egrégio Tribunal de Alçada do Rio Grande do Sul declarando o direito dos produtores ao alongamento do débito e à obrigatoriedade das instituições em proceder à renegociação desde que preenchidos os requisitos exigidos em lei pelo produtor:

"Mandado de Segurança.
Securitização. Benefício negado. Mandado de Segurança impetrado, em primeiro grau contra ato de sociedade de economia mista.
Liminar indeferida.
É de ser concedido mandado de segurança ao produtor rural, que teve negado seu pedido de securitização, sem qualquer fundamentação.
Concedida liminar para que o credor forneça o extrato consolidado da conta gráfica ao impetrante e examine a pretensão desse e seu enquadramento ou não no benefício.
Confirmada a liminar.
Concedida a segurança." (grifei)
MANDADO DE SEGURANÇA Nº 196 119 937
QUINTA CÂMARA CÍVEL DO TARGS
PRES. REL. SILVESTRE JASSON AYRES TORRES

"Crédito rural. Securitização das dívidas. Lei nº 9.138/95.
Preenchendo o mutuário os requisitos exigidos pela lei, tem direito a obter a repactuação de seu débito nos moldes nela previstos, não podendo o Banco do Brasil S/A. negar-se a acolher o pedido, mormente se não explicita razões para tal decisão.
Caráter protetivo da lei em relação à atividade agrícola, tornando impositivo para o credor o deferimento do benefício.
Agravo improvido." (grifei)
AGRAVO DE INSTRUMENTO Nº 196 129 738
SEGUNDA CÂMARA CÍVEL DO TARGS
REL. ROBERTO LAUX

Sobre o tema, temos ainda as decisões do *Superior Tribunal de Justiça*, abaixo transcritas:

"Direito econômico. Dívida agrária. Securitização. Lei nº 9.138/95. Alongamento da dívida. Direito subjetivo do devedor. Conseqüente inexigibilidade do título executivo. Doutrina. Recurso provido.
I - A securitização da dívida agrícola prevista na Lei nº 9.138/95 consubstancia direito subjetivo do devedor. Com vistas a implementar a política agrícola de caráter protetivo e de incentivo definida no art. 187, I, da Constituição, o Governo Federal autorizou ao Tesouro Nacional a emissão de títulos que perfizessem

sete bilhões de reais. Não haveria, desta forma, como fugir à determinação contida na Lei nº 9.138/95, que regula o programa de crédito rural, para refinanciamento da dívida dos produtores que, por circunstâncias alheias à sua vontade, não estavam em dia com suas obrigações junto às instituições financeiras.
II - O não-emprego do dinheiro público para o fim destinado e a falta de implementação de uma política agrícola de desenvolvimento do setor rural descumpre o ordenamento jurídico vigente, que teve grande preocupação com o setor de política agrícola."
REsp nº 166.592 - MG
QUARTA TURMA DO STJ
MIN. REL. SÁLVIO DE FIGUEIREDO TEIXEIRA

"CRÉDITO RURAL. Securitização. Alongamento da dívida rural. Lei 9.138/95.
A Lei nº 9.138/95 concedeu ao devedor o direito de ver atendido seu pedido de alongamento da dívida, uma vez preenchidos os requisitos nela previstos.
Recurso conhecido pela divergência, mas improvido.
(...)
2. Nesse ponto, não vejo ofensa ao disposto no art. 5º da Lei nº 9.138, de 29.11.95, que dispôs sobre o alongamento das dívidas originárias de crédito rural:
'*Art. 5º - São as instituições e os agentes financeiros do Sistema Nacional de Crédito Rural, instituídos pela Lei 4829, de 05 de novembro de 1965, autorizados a proceder ao alongamento de dívidas originárias de crédito rural, contraídas por produtores rurais, suas associações, cooperativas e condomínios, inclusive as já renegociadas, relativas às seguintes operações, realizadas até 20 de junho de 1995*'."(fl. 113)
Há de se entender que a 'autorização' concedida às instituições financeiras e aos agentes financeiros do Sistema Nacional de Crédito Rural é para que se proceda ao alongamento da dívida mediante provocação do devedor, nos casos e nos termos da lei, pois do contrário estaria apenas instando os Bancos a fazer o que está no poder de qualquer credor: conceder prazo, renunciar parcial ou totalmente ao crédito, dar quitação, etc. Na verdade, o que houve foi a intervenção estatal no Sistema Nacional de Crédito Rural, que é ordenado e fiscalizado pelo estado, - uma vez que a produção agrícola e o financiamento da atividade rural é do seu interesse, - a fim de permitir o alongamento das dívidas, pelas razões que ele legislador deve ter ponderado. Se editou uma lei para enfrentar as causas que justificaram a sua interven-

ção apenas para dizer que os credores podem, querendo, alongar dívida, legislou sobre o nada, pois esse direito já existe e a resposta é conhecida. Tal interpretação não corresponde a realidade, nem se ajusta às notórias circunstâncias que precederam a edição do novo diploma ora em exame, com a dificuldade de a atividade agrícola suportar os juros de mercado. Penso que a lei, autorizando o alongamento da dívida, concedeu ao devedor o direito de requerer o benefício nela instituído, que não poderia ser denegado uma vez atendidos os pressupostos.

Assim, conhecendo do recurso, pela divergência, que ficou bem demonstrada, estou em negar provimento ao recurso."

Brasília, 7 de maio de 1998 (data do julgamento).
REsp nº 147.586 - GO (REG. 97 635023)
QUARTA TURMA DO STJ
MIN. REL. RUY ROSADO DE AGUIAR

Como se pode ver destas decisões, mostra-se pacífico o entendimento do Superior Tribunal de Justiça acerca da imperatividade das normas que regem a *"securitização"*, de forma que a realização da renegociação, nos exatos termos determinados pela Lei e resoluções do Conselho Monetário Nacional e Banco Central do Brasil, não se trata de uma faculdade dos Bancos, mas sim uma obrigação.

Destaque-se outrossim, que ao se concluir tratar-se de normas inperativas, decorrentes da intervenção Estatal, visando à tutela de contratações que em seus objetos se inserem interesses de ordem pública dirigismo contratual, resulta a inequívoca conclusão que não só a renegociação, como a forma e critérios de recálculo do débito, se constituem em direitos do produtor, que se sobrepõe ao próprio princípio da força obrigatória do contrato, e que, por isso, não podem ser negados pelos bancos.

Além disso, característica que se atribui também a normas de ordem pública e caráter imperativo, é que a interpretação de seus dispositivos jamais se pode dar em prejuízo da parte beneficiada pela norma. Se pelos princípios de hermenêutica a interpretação de qualquer norma legal deve se dar a vistas dos fins propugnados pelo legislador, com muito mais razão assim deve ocorrer em caso de normas que consabidamente visam à proteção de um setor essencial a qualquer Nação: a agricultura.

Assim, segundo este entendimento, não só ilegal a negativa de concessão da renegociação, mas também a sua realização de forma diversa daquela estabelecida na lei (especialmente no que tange aos critérios de cálculo), em prejuízo do produtor, do que resultará a inequívoca nulidade da obrigação ajustada além daqueles limites estabelecidos na Lei, como tal, podendo ser a qualquer tempo revista, ainda que para isso se imponha, mais uma vez, a busca da tutela Jurisdicional.

5.3.3. Alterações introduzidas na securitização pela Lei nº 9.866/99 e pela Resolução Bacen nº 2.666/99

Como previsto, diante dos altos valores alcançados nos cálculos dos saldos devedores securitizados, ficou inviabilizado o seu cumprimento já nas duas primeiras parcelas, em face do que se fez necessário uma prorrogação.

Diante desta evidência e do novo movimento reivindicatório denominado *Caminhonaço II* ou *Acordo Rural*, que levou milhares de agricultores a Brasília, em agosto de 1999, e após intenso trabalho da Comissão de Agricultura da Câmara Federal, bem como das entidades de classe, foram expedidas novas normas para a Securitização.

Tais normas autorizaram, para produtores com saldo devedor até R$ 15.000,00, a prorrogação das parcelas vincendas nos anos de 1999 e 2000 para o final do prazo contratado na securitização, sem imposição de qualquer pagamento.

Contudo, para aqueles devedores que possuíam saldos superiores a esta cifra de R$ 15.000,00, ficou estabelecido o pagamento de 10% da parcela vincenda em 1999 e 15% da parcela vincenda em 2000, prorrogando-se por mais dois anos os saldos remanescentes para o final do prazo contratado na securitização.

Além disto, foi conferido um bônus de adimplência de 30% para saldos devedores apurados em 31.07.99 de até R$ 50.000,00 e 15% sobre a cifra que superar este valor, no cumprimento de cada parcela, prorrogando-se o vencimento da obrigação relativa ao ano de 1999, de 31 de outubro para 31 de dezembro.

Esta é a interpretação dada pelo Governo e pelo Sistema Financeiro. Inobstante, da leitura literal do artigo 1º da Lei nº 9.866/99, que altera o artigo 5º, § 5º, inciso I, alínea "d", nºs 1 e 2, tem-se, com clareza, que o desconto de 30% incidiria sobre a parcela até R$ 50.000,00 e não sobre o saldo devedor até esta cifra, o que resultaria no desconto de 30% para todos os devedores da securitização.

Nos termos da Resolução Bacen nº 2.666/99, é condição para que o devedor seja contemplado com o bônus de adimplência referido no parágrafo anterior, que as obrigações estejam adimplidas, ou seja, que as parcelas vencidas em 1997 e 1998 tenham sido pagas ou prorrogadas.

Mais uma vez a Resolução inova em relação à Lei nº 9.866/99, eis que esta condição não consta do texto desta, nem poderia constar, pois aqueles que inadimpliram o fizeram pela incapacidade de pagamento, não sendo justo ficarem excluídos de medida que confere benefícios à generalidade dos produtores. Desta forma, o justo seria possibilitar aos inadimplentes a reintegração no processo, diluindo-se seu saldo devedor nas parcelas vincendas para que não haja tratamento desigual aos iguais.

Com relação às cooperativas, também a Resolução inova com relação à Lei nº 9.866/99 e à Lei nº 9.138/95 sem que o CMN tenha competência para isto, pois nas operações onde não haja identificação do tomador final adota o critério de saldo integral, desconsiderando a divisão por número de filiados como previsto no inciso II, § 3º, do artigo 5º da Lei nº 9.138/95.

5.4. CONSIDERAÇÕES SOBRE A RESOLUÇÃO BACEN 2.471/98 (PLANO PESA – DÍVIDAS NÃO-SECURITIZADAS) COM AS ALTERAÇÕES DA LEI Nº 8.966/99 E DA RESOLUÇÃO BACEN 2.666/99

Como já se disse, os valores dos débitos acima de R$ 200.000,00, que não se enquadraram na denominada Seção I da *securitização*, ou foram renegociados "livremente" pelos produtores e bancos, ou, ainda, ficaram em aberto (vencidos ou não), no aguardo da regulamentação pelo CMN conforme o artigo 5º, § 6º da parte da Lei nº 9.138/95, que tratava da composição da parte dos débitos acima daquele limite.

Para a renegociação desta parcela, adotou-se a denominação de *Seção II*, que foi regulamentada através da Resolução Bacen nº 2.471/98 e recentemente pela Lei nº 9.866/99 e pela Resolução Bacen nº 2.666/99, tendo a primeira autorizado composição para a renegociação das dívidas agrícolas acima de R$ 200.000,00 (duzentos mil reais) não abrangidas pela *Seção I* da Securitização, bem como aquelas não renegociadas.

Estabelece o § 1º do artigo 1º da Resolução Bacen nº 2.471/98, quais as dívidas abrangidas pela mesma, a saber:

"Art. 1º Autorizar a renegociação de dívidas originárias de crédito rural sob condições especiais, vedada a equalização de encargos financeiros pelo Tesouro Nacional.

§ 1º A renegociação pode abranger dívidas:
I -passíveis de enquadramento na Resolução nº 2.238, de 31.01.96, renegociadas ou não, mas que não tenham sido objeto de alongamento/securitização com base naquele normativo;
II - de valor excedente a R$ 200.000,00 (duzentos mil reais), referidas no art. 5º, § 6º, da Lei nº 9.138, de 29.11.95, e no art. 1º, inciso IX, da Resolução nº 2.238/96;
III - decorrentes de empréstimos de qualquer natureza, vencidos ou vincendos, cujos recursos tenham sido utilizados para amortização ou liquidação de operações de crédito rural formalizadas até 20.06.95."

É fixada também no § 2º do artigo 1º da Resolução Bacen nº 2.471/98, uma condição para a realização desta renegociação, qual seja, a aquisição de título público:

"§ 2º A renegociação está condicionada à aquisição, pelos devedores, por intermédio da instituição financeira credora de títulos do Tesouro Nacional, tipificados no anexo desta Resolução, com o valor de face equivalente ao da dívida a ser renegociada, os quais devem ser entregues ao credor como garantia do principal."

Quanto à forma de apuração do débito, consta no artigo 2º e incisos desta Resolução Bacen os critérios para o cálculos:

"Art. 2º Para fins da renegociação de que trata esta resolução, o saldo devedor deve ser apurado com observância das seguintes condições:
I - *os valores não renegociados* com base no art. 5º da Lei nº 9.138/95 e na Resolução nº 2.238/96 sujeitam-se:
a) até a data do vencimento pactuado no instrumento de crédito ou de repactuação de que trata esta resolução, a que ocorrer primeiro: aos encargos financeiros previstos no instrumento de crédito original para a situação de normalidade;
b) do vencimento pactuado até a data da renegociação: à incidência da remuneração básica dos depósitos de poupança mais taxa efetiva de juros de 12% a.a. (doze por cento ao ano), ficando excluídos os encargos relativos a mora, multa e inadimplemento;
II - *os valores renegociados* com base no art. 5º, § 6º, da Lei nº 9.138/95 e no art. 1º, inciso IX, da Resolução nº 2.238/96, contemplando, inclusive, o diferencial de índice verificado por ocasião do Plano de Estabilização Econômico editado em março de 1990, sujeitam-se:

a) a partir da data da renegociação anteriormente formalizada e até igual dia do mês de janeiro de 1998: à remuneração básica dos depósitos de poupança mais taxa efetiva de juros de 12% a.a. (doze por cento), procedendo-se aos acertos contábeis devidos; b) sobre o saldo devedor apurado na forma da alínea anterior: à incidência dos encargos, inclusive atualização, definidos no art. 3º, inciso II, desta resolução." (grifamos)

O principal da dívida - passível de renegociação, apurada segundo os critérios acima -, é pago mediante a entrega ao banco credor de título do Tesouro Nacional criado para este fim, com prazo de resgate em 20 anos, cujo valor nominal é idêntico ao da dívida. Aplicado o deságio de 12% ao ano em 20 anos, o valor necessário para a compra do título equivale a 10,366% do seu montante. Com a entrega do mesmo ao banco, o principal fica quitado, por ocasião do resgate do título pelo Tesouro Nacional ao fim dos 20 anos.

Sobre o montante da dívida incidirão juros progressivos e proporcionais de 8% ao ano para débitos até R$ 500.000,00 (quinhentos mil reais); de 9% a.a. para débitos de R$ 500.000,00 a R$ 1.000.000,00; e 10% a.a. para valores acima de R$ 1.000.000,00 (um milhão de reais), conforme dispõe o art. 3º, II, "a", "b" e "c" da Resolução Bacen nº 2.471/98. A partir da Resolução Bacen nº 2.666/99, houve uma *redução de dois pontos percentuais por faixa destes juros*.

Para o cálculo dos juros, não é abatida do montante do débito a parcela equivalente a 10,366% desembolsada para a aquisição do título, incidindo os mesmos sobre o saldo total do débito atualizado pelo IGPM.

O prazo para pagamento, em até 20 anos, obedecerá à periodicidade de acordo com o fluxo de caixa do devedor, não podendo ser esta superior a um ano (art. 3º, V, "b" da Resolução Bacen nº 2.471/98).

Exemplo: Uma dívida de R$ 1.000.000,00 poderia ser paga da seguinte forma: o principal com a aquisição de título do Tesouro Nacional no montante de R$ 103.666,77, mais os juros sobre o montante atualizado pelo IGPM (admitindo-se que este fosse 6% a.a.), teríamos a primeira das vinte parcelas (anuais, por exemplo) pelos padrões atuais de juros no valor de R$ 68.900,00 (R$ 1.060.000,00 + 6,5% = 68.900,00), progredindo o valor de acordo com a atualização monetária.

Desta forma, a segunda parcela equivaleria a: R$ 1.060.000,00 mais IGPM (digamos de 6% a.a.) = R$ 1.123.600,00 sobre este montante aplica-se a taxa de 6,5% e encontra-se a segunda parcela de R$ 73.034,00.

Tais parcelas alcançariam ao final de 20 anos, acrescido da compra do título, o montante de R$ 2.638.194,23 (dois milhões, seiscentos e trinta e oito mil, cento e noventa e quatro reais e vinte e três centavos).

Quanto ao prazo para a assinatura da renegociação no âmbito da Resolução Bacen nº 2.471/98, este veio sendo sucessivamente prorrogado. No normativo em referência, o prazo máximo para a assinatura da renegociação era até o dia 31.07.98, conforme dispõe o artigo 3º, I, "a", da Resolução Bacen nº 2.471/98.

Através da Resolução Bacen nº 2.512, de 17.06.98, o prazo para a assinatura da renegociação foi prorrogado para 03.11.98 (conforme artigo 1º), condicionada a esta data a imposição de que as tratativas para a contratação tenha se iniciado até 31.02.98 (conforme artigo 1º, parágrafo único).

Estes prazos estabelecidos no normativo acima foram prorrogados através da Resolução Bacen nº 2.589, de 28.01.99, que admitiu que a renegociação fosse assinada até 02.08.99 (artigo 1º), desde que as tratativas para a renegociação tivessem se iniciado até 28.05.99. Esta resolução também impôs que, para efeito de aplicação da data-limite de renegociação prevista na mesma, seria necessário que os recursos destinados à aquisição do título do Tesouro Nacional tivessem sido depositados nas instituições financeiras credoras até 22.07.99 (conforme estabelece o artigo 1º, parágrafo único).

Da mesma forma que o normativo anterior, o prazo para a assinatura da renegociação foi prorrogado através da Resolução Bacen nº 2.631, de 12.08.99, fixando-se uma nova data-limite para 31.12.99 (conforme artigo 1º), impondo a mesma *unicamente* que os recursos destinados à aquisição do título do Tesouro Nacional sejam depositados nas instituições financeiras credoras até 30.11.99 (conforme estabelece o artigo 1º, parágrafo único, inciso I).

5.4.1. As ilegalidades na apuração da dívida

O objetivo deste instrumento é dar solução a um grande contingente de produtores que ficou excluído da pretensa solução anterior (Securitização). Tal entendimento, como dito, encontra respaldo naquelas decisões do Superior Tribunal de Justiça, acima referidas, que concluíram pela obrigatoriedade dos bancos à realização da renegociação. Assim, em se tratando de normas imperativas, devem ser cumpridas à risca, sem margem de interpretações, principalmente quando desfavoráveis justamente à parte que visa ao Legislador proteger *(art. 47 do Código de Defesa do Consumidor - Lei nº 8.078/90).*

Verifica-se, entretanto, que nesta nova modalidade, não só ocorrem os mesmos problemas existentes na anterior, mas ainda outros sérios agravantes.

As maiores dificuldades impostas ao produtor, mais uma vez, encontram-se na apuração do valor devido, já que o Banco exige em seus cálculos índices e taxas ilegais, quais sejam:

1. O DIFERENCIAL DO PLANO COLLOR I

Segundo aos normas internas do Banco do Brasil S/A. (PESA), é exigida obrigatoriamente a assunção pelo produtor do diferencial do Plano Collor I, embora esta cobrança estivesse suspensa até 31/03/99, pela Resolução Bacen nº 2.433, de 16/10/97, e a matéria já esteja pacificada no Superior Tribunal de Justiça (Embargos de Divergência ao Resp nº 47.186-9-RS, Segunda Seção e ao REsp nº 59.898/RS, Corte Especial), determinando que o índice dos financiamentos agrícolas para o mês de março/90 é de 41,28%, e não 84,32%, ou 74,6% como quer o banco.

2. O PLANO REAL

A partir de Plano Real, é cobrada correção monetária pela TR, mais juros de 12%, contrariando o art. 16, IV, § 2º, da Lei nº 8.880/94, e art. 26 da Lei nº 9.069/95, bem como o Decreto Presidencial nº 1.274, de 13/10/94 (DOU 14/10/94), art. 4º, todos assegurando a equivalência produto nos financiamentos.

Observe-se o alerta de que o art. 2º da Lei nº 9.138/95, e as medidas provisórias posteriores (MP nº 1.512), que porrogaram o prazo contido no mesmo e que suspendem os efeitos do art. 16, IV, § 2º da Lei nº 8.880/94 não dizem respeito aos financiamentos antigos, mas sim aos novos empréstimos firmados a partir de 1995. Assim, as dívidas "velhas", que são objeto da securitização e da renegociação nos 20 anos, estão sujeitas à atualização pelo preço mínimo com base no referido art. 16, IV, § 2º, da Lei nº 8880/94.

O resultado da aplicação do Plano Collor I e da TR do REAL significa, por exemplo, que uma dívida de 10 mil sacos representaria, em 31/12/97, um débito de 24 mil sacos a ser renegociado em vinte anos, sem considerar a questão dos juros acima de 12% a.a., comprometendo, assim, 30% da produção anual do devedor.

3. QUANTO AOS JUROS

Os juros no recálculo, para a normalidade, em boa parte são superiores a 12% a.a., o que é ilegal, pela ausência de autorização do CMN, nos termos do art. 14 da Lei nº 4.829/65 e do art. 5º do Decreto-Lei nº 167/67, e conforme posição pacífica do Superior Tribunal de Justiça, proibindo tal cobrança (REsp 111.881-RS, Segunda Seção).

Além disto, o artigo 2º, I, "b", da Resolução Bacen nº 2.471/98, estabeleceu para o recálculo que os juros após o vencimento serão de *até* 12% a.a. Este dispositivo pretendia fazer respeitar, mesmo após o vencimento, juros inferiores a este patamar contratados para a normalidade, coisa que não vem sendo observada pelos bancos, uma vez que, após o vencimento, independente de serem os juros para a normalidade menores que 12% a.a., esta é a taxa adotada para o cálculo do saldo.

4. QUANTO AOS HONORÁRIOS ADVOCATÍCIOS

Na Securitização, era proibida a cobrança desta despesa do produtor, conforme se depreende do disposto no artigo 1º, III, "b", da Resolução Bacen nº 2.220 de 06.12.95; do artigo 1º, VI, "b", da Resolução nº 2.238, de 31.01.96; do artigo 1º, II, da Resolução Bacen nº 2.279, de 22.05.96, e ainda no item I, "c", da Carta Circular nº 2.671, de 18.07.96.

Neste sentido, o conteúdo dos referidos normativos:

"Resolução Bacen nº 2.220 de 06.12.95
(...)
Artigo 1º. Estabelecer as seguintes condições e procedimentos a serem observados na formalização das operações de alongamento de dívidas originárias do crédito rural, de que trata a Lei nº 9.138, de 29.11.95:
(...)
III – para fins de alongamento, o saldo devedor total deve ser calculado com base nos encargos financeiros previstos nos contratos originais para a operação enquanto em curso normal, até a data do vencimento pactuado. A partir do vencimento de cada operação, incidirão encargos financeiros totais até o limite máximo de 12% a.a. (doze por cento ao ano) mais o índice de remuneração básica dos depósitos em poupança, expurgando-se, se houver:
(...)
b) os débitos relativos a multa, mora, taxa de inadimplemento e honorários advocatícios de responsabilidade da instituição financeira;"

"Resolução nº 2.238 de 31.01.96
(...)
Art. 1º. Estabelecer as seguintes condições e procedimentos a serem observados na formalização das operações de alongamen-

to de dívidas originárias do crédito rural, de que trata a Lei nº 9.138, de 29.11.95:
(...)
VI – para fins de alongamento de dívidas vencidas até 30.11.95, o total do saldo devedor deve ser calculado com base nos encargos financeiros previstos nos contratos originais para a operação enquanto em curso normal, até a data do vencimento pactuado. A partir do vencimento e até 30.11.95, incidirão encargos financeiros totais até o limite máximo de 12% a.a. (doze por cento ao ano) mais o índice de remuneração dos depósitos de poupança, expurgando-se, se houver:
(...)
b) os débitos relativos a multa, mora, taxa de inadimplemento e honorários advocatícios de responsabilidade da instituição financeira;"

"Resolução Bacen nº 2.279 de 22.05.96
(...)
Art. 1º. Recomendar as instituições financeiras do Sistema Nacional de Crédito Rural (SNCR) atenção especial na condução dos processos de alongamento de dívidas originárias do crédito rural, de que tratam a Lei nº 9.138, de 29.11.95, e a Resolução nº 2.238, de 31.01.96, principalmente com relação às seguintes situações:
(...)
II – na apuração do saldo devedor da operação, o expurgo dos débitos referentes a honorários advocatícios, previsto no art. 1º, inciso VI, alínea "b" da Resolução nº 2.238/96, deve abranger toda a dívida do beneficiário, independentemente do limite alongável de R$ 200.000,00 (duzentos mil reais);"

"Carta Circular nº 2.671 de 18.07.96
(...)
I – além dos encargos financeiros, podem ser incluídas as seguintes despesas acessórias, quando debitadas na conta gráfica vinculada ao financiamento:
(...)
c) custas processuais, exceto honorários advocatícios;"

Contudo, foram desrespeitadas as normas regulamentadoras do alongamento, sendo cobradas estas rubricas conforme se demonstrou no item próprio da Securitização.

No que se refere à Resolução Bacen nº 2.471/98, que dispõe sobre a renegociação do valor excedente a R$ 200.000,00 da securitização, inobstante a mesma seja omissa quanto a custas e honorários advocatícios, é inolvidável que não sendo possível embutir tais encargos no alongamento previsto pela Lei nº 9.138/95, obviamente também no PESA não poderão os mesmos ser exigidos sob pena de violação do artigo 1º, III, "b", da Resolução Bacen nº 2.220, de 06.12.95; do artigo 1º, VI, "b", da Resolução nº 2.238 de 31.01.96; do artigo 1º , II, da Resolução Bacen nº 2.279, de 22.05.96, e ainda no item I, "c", da Carta Circular nº 2.671, de 18.07.96.

Inobstante, aproveitando-se desta omissão quanto à cobrança das custas e honorários na Resolução Bacen nº 2.471/98, o banco impõe o acerto da cobrança destas parcelas, mesmo tenha sido ele condenado judicialmente ao pagamento de tais despesas. Além disto, tem-se mostrado o Banco inflexível quanto ao percentual, exigindo honorários de 10% da dívida, independente de seu tamanho.

Preocupa ainda mais esta cobrança quando os processos judiciais foram ajuizados em valores absurdos (dívida de R$ 100.000,00 foi ajuizada por R$ 1.000.000,00 pelo embutimento de encargos indevidos, tais como juros moratórios de até 15% ao mês mais IRP). Este fato determina uma significativa elevação nas custas, que em alguns casos passam a significar 10% do débito, efetivamentre devido e ao final renegociado, tendo em vista que em alguns Estados da Federação não há teto para o pagamento de custas, como em Goiás e Tocantins.

5.4.2. Condição à realização da renegociação - aquisição de títulos e garantias

Como já se disse, para a composição, deverá o produtor dispender 10,366% do débito para a compra dos títulos públicos, recursos que poucos possuem. Em sua grande maioria, necessitariam de uma carência de no mínimo 2 anos para se capitalizar. Tanto isto é verdade, que a própria securitização, com condições mais amenas, já não pôde ser cumprida nas suas primeiras três parcelas.

O pior é que não são 10,366% de que deverá dispor o produtor, pois na maioria dos casos terá que adicionar a isto os 10% de honorários, mais as custas judiciais que podem chegar a outros 10%, sem falar nos honorários de seu próprio advogado, resultando na necessidade de um aporte imediato de 30% sobre o débito, o que é impossível.

O principal renegociado é garantido pelo próprio título que deverá liquidar a operação ao seu final. Quanto aos juros, devem ser adotadas as garantias usuais do crédito rural na proporção de 50% do valor do principal renegociado, admitindo-se obrigações federais registradas no SELIC.

5.4.3. Outras alterações introduzidas pela Lei nº 9.866/99 e pela Resolução Bacen nº 2.666/99 no Pesa

Além da redução da taxa de juros com equalização pelo Governo em favor do Sistema Financeiro de dois pontos percentuais, ficou autorizado o financiamento ao produtor do valor necessário à aquisição do título pelo Banco desde que não sejam utilizados recursos controlados do crédito rural para esta finalidade.

Por outro lado, não ficou vedada a negociação por taxas de juros inferiores sem aplicação do referido desconto de dois pontos percentuais.

Através da Lei nº 9.866/99 e da Resolução Bacen nº 2.666/99 foram permitidos os enquadramentos das seguintes operações:

1. Empréstimos de qualquer natureza, vencidos ou vincendos, cujos recursos tenham sido utilizados para a amortização ou liquidação de operações de crédito rural formalizadas até 20.06.95.

2. Operações enquadradas no RECOOP – Programa de Revitalização de Produção Agropecuária.

3. Empréstimos de crédito rural formalizados entre 20.06.95 e 31.12.97 não sujeitos a encargos financeiros prefixados (custeio sem correção monetária) e desde que não tenha havido prática de desvio de crédito;

4. Finalmente, as vinculadas ao Fundo de Amparo ao Trabalhador (FAT) e outros operados pelo BNDES; dos fundos constitucionais (FNO, FNE e FCO), do Fundo de Defesa da Economia Cafeeira (FUNCAFÉ); do Programa de Cooperação Nipo-Brasileira para o Desenvolvimento dos Cerrados (PRODECER), neste caso, operações formalizadas anteriormente a 20.06.95

5. E, por último, os referenciados em variação cambial (*63 caipira*).

A Resolução nº 2.666/99 tem importante dispositivo no seu artigo 7º determinado às instituições financeiras as providências necessárias para a continuidade da assistência creditícia aos mutuários beneficiados pelas medidas ali estabelecidas quando imprescindível ao desenvolvimento de suas explorações e geração de receitas para honrar os compromissos assumidos.

5.4.4. Conclusão

A conclusão que se extrai é que a solução que se destinaria ao produtor, na verdade, está possibilitando ao banco lastrear o principal de dívida impagável com títulos públicos, o que equivalerá ao recebimento da mesma. Quanto aos juros, mesmo com as taxas atuais de de 6%, 7% e 8% ao ano e IGPM, no prazo de 20 anos, temos que tais encargos não encontram parâmetros no mundo, pois dívidas a longo prazo têm taxas baixíssimas. Tal solução também é interessantíssima ao Governo, que captará R$ 7 bilhões a um bom custo pela venda dos títulos. Ao produtor, por sua vez, permanecem as ilegalidades que foram as causadoras do endividamento e a insegurança de novos desequilíbrios entre o fator de correção e o preço do produto, ponto no qual o PESA contraria também o disposto no § 2º do art. 16 da Lei nº 8.880/94.

Lastima-se ainda que a integralidade daqueles que aderem ao programa tem permanecido, na prática, excluída do crédito oficial.

6. A revisão das operações contratadas no âmbito do crédito agrícola - a relação jurídica continuativa

Antes de adentrarmos nas questões específicas que determinam a revisão das contratações, há que se observar que a *prorrogação de vencimento* de operações contratadas no âmbito do crédito agrícola é *direito do produtor* que se impõe por determinação legal.

Neste sentido, o artigo 4º, parágrafo único, da Lei nº 7.843/89, e o Manual de Crédito Rural composto por normas do BACEN, no título MCR 2-6-9 (Circular BACEN nº 1.536, de 03.10.89), *in verbis*:

"Lei nº 7.843/89
Art. 4º. (...)
Parágrafo único. Fica assegurada a prorrogação dos vencimentos de operações rurais, obedecidos os encargos vigentes, quando o rendimento propiciado pela atividade objeto de financiamento for insuficiente para o resgate da dívida, ou a falta de pagamento tenha decorrido de frustração de safras, falta de mercado para os produtos ou outros motivos alheios à vontade e diligência do devedor, assegurada a mesma fonte de recursos do crédito original."

"Manual de Crédito Rural - MCR - BACEN
Título: Crédito Rural
Capítulo: Condições Básicas - 2
Seção: Reembolso - 6
9 -Independentemente de consulta ao Banco Central, é devida a prorrogação da dívida, aos mesmos encargos financeiros antes pactuados no instrumento de crédito, desde que se comprove incapacidade de pagamento do mutuário, em conseqüência de:
a) dificuldade de comercialização dos produtos;
b) frustração de safras, por fatores adversos;
c) eventuais ocorrências prejudiciais ao desenvolvimento das explorações." (Circular BACEN nº 1536 de 03.10.89 - MCR 2.6.9)

E com relação aos subitens "b" e "c" do MCR 2.6.9, temos que, em caso de pendência de decisão sobre o deferimento da cobertura pelo seguro Proagro, é devida a prorrogação do vencimento das cédulas, nos termos abaixo:

"*Manual de Crédito Rural - MCR - BACEN*
Título: Crédito Rural
Capítulo: Programa de Garantia da Atividade Agropecuária (PROAGRO) - 7
Seção: Disposições Finais - 10
(...)
3 - Sem prejuízo da aplicação das normas específicas deste manual, *é obrigatório prorrogar pelo prazo de até 120 (cento e vinte) dias* o vencimento original da operação de crédito rural, pendente de providências na esfera administrativa, no âmbito do programa, desde que:
a) esteja em curso normal;
b) a comunicação de perdas e o recurso a CER, quando for o caso, tenham sido apresentados tempestivamente." (Carta-Circular nº 2584 de 22.09.95)

Inobstante as previsões legais acima, que determinam a prorrogação automática do vencimento das contratações agrícolas assegurando a taxa de juros originalmente contratada, verifica-se que as instituições financeiras integrantes do Sistema Nacional de Crédito Rural em vez de simplesmente prorrogar os financiamentos com a emissão de um aditivo ao título, praticam o *mata-mata* ou impõem a emissão de *"Confissões de Dívidas"*. A adoção de tais mecanismos visa exatamente à consolidação da série de ilegalidades que vinham sendo praticadas nestas contratações ao longo dos anos, nos termos já denunciados nos capítulos acima.

Sobre o tema, vejamos a manifestação do *Tribunal de Contas da União* sobre a prorrogação do vencimento das contratações agrícolas, como determina a lei:

"3.2.1.1. *Quanto à prorrogação automática de dívidas do crédito rural.*
3.2.1.1.1. A prorrogação automática de dívidas de crédito rural disciplinada pela Lei nº 7.843, de 18.10.89, e regulamentada pela Circular Bacen nº 1.536, de 03.10.89, não foi acolhida pelos normativos internos do Banco do Brasil até a edição da Circular Operações de Crédito nº 122, de 15.03.93, que apenas *admitia* a prorrogação de crédito, em vez de prever que a mesma *era devida* como determinado pelo Banco Central. Além disso, o Banco do Brasil estabeleceu requisitos para a concessão da prorrogação

que não aqueles fixados pela autoridade monetária, como a idoneidade do proponente e dos demais intervenientes, a capacidade técnico-administrativa do proponente, impondo, assim, restrições não previstas na lei.
(...)
3.2.1.2.4. Cabe destacar que esses normativos próprios fixavam taxas de juros para renegociação superiores àquelas estabelecidas pelo CMN para as operações de crédito originalmente acordadas, contrariando, assim, o Manual de Codificação de Instruções Circulares - Operações de Crédito (CIC) daquela instituição financeira, que dispõe no seu capítulo 4, de acordo com a Circular Operações de Crédito nº 97, de 06.05.92, que 'Nas composições de dívidas do crédito rural e do crédito em geral, serão pactuados encargos financeiros iguais aos em vigor - inclusive quanto às condições de cálculo, débito, exigibilidade, mora e sanções por inadimplemento - na data da formalização, para novas operações da mesma finalidade e recursos orçamentários, ponderadas eventuais reclassificações a serem efetivadas.'
3.2.1.2.5. Essas taxas chegaram a 18,2% a.a., para empréstimos financiados pela caderneta de poupança rural, enquanto que, nos termos das Resoluções CMN de nºs 1.954, de 23.09.93, e 2.000, de 23.06.93, as taxas de juros aplicáveis aos minis, pequenos e demais produtores rurais deveriam ser de 6% a.a., 9% a.a., e 12,5% a.a., respectivamente".

Na verdade, bem lembrado pelo *TCU*, a adoção de tal procedimento pelo banco é forma justamente de mascarar a cobrança de ilegalidades existentes na operação *"matada" ou "confessada"*, posto que para a solução dos débitos que não puderam ser atendidos nas safras anteriores, apresenta a lei solução adequada que deveria ter sido utilizada pelo Banco, qual seja, a simples prorrogação de vencimento, como determina o parágrafo único do *artigo 4º da Lei nº 7843/89* e no *Manual de Crédito Rural - MCR 269*.

Como dito, não é o que se verifica na prática.

No entanto, o Judiciário vem reconhecendo o direito de revisão das confissões de dívidas, bem como das cédulas caracterizadas com o mata-mata, sob o argumento de que estas contratações formam com as operações que lhes deram origem uma *relação jurídica continuativa*.

Sobre o tema em questão, traz-se à colação recente decisão publicada em 23.08.99 do Egrégio *STJ - Superior Tribunal de Justiça*, tendo como relator o *Eminente Ministro Ruy Rosado de Aguiar*, com a seguinte redação:

> "Cédula Rural. Juros. Limitação. Súmula 596/STF. Revisão judicial dos contratos bancários renegociados (possibilidade). Capitalização permitida, quando pactuada. Comissão de permanência não prevista na legislação do crédito rural. TR permitida para a correção (com ressalva do relator).
> Recurso, conhecido em parte e provido.
> (...)
> 5. Admite-se a *revisão dos contratos bancários elaborados um em substituição ao outro, como a renegociação da dívida através de termos aditivos, retificações ou confissões de dívida. Não existe no ordenamento jurídico nacional regra que determine a extinção do direito de promover a revisão judicial de cláusulas de contrato parcial ou integralmente cumprido, o que significaria limitar o exercício da defesa em juízo.* O cumprimento de uma obrigação não é causa impeditiva de sua revisão judicial, pois o obrigado pode muito bem submeter-se à exigência extrajudicial para discutir em juízo os termos que lhe foram impostos. Tratando-se de uma relação negocial que se prolonga no tempo, em que a formação do débito finalmente apurado decorre de renovações de prazos e condições, a partir de um contrato básico, parece bem evidente que a revisão do débito depende do reexame dos fatores anteriores que determinaram a última negociação, quando ela é a expressão dessa relação continuativa. Em se tratando de contratos bancários, com aditivos de retificação e de ratificação, todos os seus termos podem ser reexaminados em juízo, assim como nos contratos de abertura de crédito, com periódica apuração de saldo devedor e composição de dívida.
> (...)"
> RECURSO ESPECIAL Nº 205.532 RIO GRANDE DO SUL (99/0017602-2)
> MINISTRO RELATOR RUY ROSADO DE AGUIAR
> QUARTA TURMA DO SUPERIOR TRIBUNAL DE JUSTIÇA
> *Publicado no Diário Oficial de 23/08/1999*

Neste sentido também, os inúmeros acórdãos do Egrégio Tribunal de Alçada do RS, nos termos das decisões abaixo transcritas:

> "Ação revisional de contratos bancários e repetição do indébito e/ou compensação.
> *Possibilidade de revisão: relação jurídica continuativa.*

Impossibilidade de validar-se por novação obrigações nulas ou ilegais. Exegese do art. 1007 do Código Civil.
(...) (ementa)
A Câmara tem posição firme sobre a possibilidade de revisão de contratos bancários que caracterizam uma relação jurídica continuativa. É evidente nos autos que o relacionamento Banco-mutuária desenvolveu-se num plano continuado, consolidados os débitos sempre em nova renegociação. Assim o débito final; foi composto exatamente pelas taxas ilegais que a sentença buscou expurgar. Tais renegociações podem ser reexaminadas porque, na forma do art. 1007 do Código Civil, não se podem validar por novação obrigações nulas ou extintas. Veja-se a sucessão de cédulas em renovação um dia após o vencimento da anterior.
Nesse sentido as seguintes decisões, relator o signatário:
Contratos bancários - Revisão.
É cabível a revisão de todos os contratos, mesmo consolidados em renegociação de débito. Relações negociais que constituem uma situação jurídica continuativa que deve ser encarada como uma unidade. Limitação legal dos juros e sua capitalização. Juros moratórios. Sucumbência.
Provimento apenas do apelo adesivo (AC 196104160)
Ementa
Revisão contratual - Cabimento.
Cabe a revisão dos contratos bancários para a adequação de suas cláusulas à ordem jurídica, em especial no tocante à taxa de juros e sua capitalização. Precedentes da Câmara e do Superior Tribunal de Justiça. Extensão da revisão: relação jurídica continuativa.
Apelo do autor provido, improvido o do réu.
Voto vencido (196089858)"

"*Revisão de contrato - Confissão de dívida.*
A confissão de dívida não impede a revisão do débito nas relações jurídicas continuativas, adequando-se à ordem jurídica. Limite de juros e sua capitalização. Juros de mora e multa. Correção monetária e comissão de permanência. Substituição da TR pelo INPC: jurisprudência do STJ.
Sucumbência proporcional.
Apelo parcialmente provido (AC 196088041)"
APELAÇÃO CÍVEL Nº 196191811
QUARTA CÂMARA CÍVEL DO TARGS
REL. DR. MOACIR LEOPOLDO HAESER

"Negócio jurídico bancário. Revisão de cláusulas contratuais. Abusividade na cobrança dos juros. Aplicação do CODECON aos contratos bancários.
A possibilidade da revisão ante o princípio da relatividade do contrato, prevalecente sobre o princípio do *pacta sunt servanda*, a fim de assegurar a real concretização dos conceitos norteadores do equilíbrio da relação contratual, como da *liberdade* e da *igualdade* entre as partes.
Revisão dos contratos findos.
Viável apenas quando demonstrado que o *quantum* executado resulta de contratos anteriores, evidenciando continuidade negocial. (ementa)
(...)
Quanto à questão dos contratos findos, venho admitindo, na esteira da farta jurisprudência deste Tribunal, que sejam revisados os contratos já quitados desde que se possa reconhecer que a unidade da situação jurídica a envolver diversos negócios jurídicos existentes entre as partes permita a análise conjunta de todos os contratos, tendo uns sido causa dos outros e todos envolvendo a mesma relação de mutuante-mutuário que envolveu as partes. *In casu*, no contrato de abertura de crédito em conta corrente subscrito por José Nábul, objeto da execução 21196001016 (fls. 0609 dos autos em apenso da apelação nº 198058448), ficou demonstrada a continuidade negocial de outro contrato da mesma natureza, circunstância que, inclusive, não é negada pelo Banco. Neste caso deverão ser revistos, conforme os encargos redefinidos neste *decisum*, os dois contratos. Pelos mesmos critérios abaixo delineados, deverá ser revisado o contrato acostado nos autos da execução nº 22196001024 (fl. 6 dos autos da apelação nº 198070807)."
APELAÇÃO CÍVEL Nº 198072183
DÉCIMA QUARTA CÂMARA CÍVEL DO TJRGS
REL. DES. HENRIQUE OSVALDO POETA ROENICK
JULGADO EM 25 DE JUNHO DE 1998.

"Negócio jurídico bancário. Revisão de contratos findos.
Viável porque o *quantum* executado resulta de contratos anteriores, descaracterizando o contrato de renegociação (ementa)
(...)
Primeiramente, cumpre referir a possibilidade de revisão de contrato dos contratos findos.

Venho admitindo, na esteira de farta jurisprudência deste Tribunal, que sejam revisados os contratos já quitados desde que se possa reconhecer que a unidade da situação jurídica a envolver diversos negócios jurídicos existentes entre as partes permita a análise conjunta de todos os contratos, tendo uns sido a causa dos outros e todos envolvendo a mesma relação de mutuante-mutuário que envolveu as partes.

No julgamento da apelação nº 196151464, da lavra do eminente colega Dr. Vicente Barrôco de Vasconcellos, caso semelhante foi enfrentado, transcrevendo-se trechos do acórdão, que se ajusta ao caso ora analisado:

'*No mérito, o feito mostra a ocorrência de uma sucessiva pactuação de contratos bancários celebrados entre as partes que, inadimplidos, ensejaram uma composição de pagamento instrumentalizada numa Nota de Crédito Comercial, emitida pelos autores, encampando as (04) dívidas (CCDA. C/ Caução de Duplicatas nº 213.51.0000847-7; CCDA C/ Caução de Duplicatas nº 213.85.0017657-3 e Cheque Especial - Paulo E. Ergang) nº 213.06.0016793-7), conforme é expressamente reconhecido pela própria instituição bancária à fl. 45.*'

O simples fato enunciado dessa ocorrência, que é admitida expressamente pelas partes litigantes, está a revelar um franco e irremediável desvirtuamento da normatização legal que disciplina a criação e o uso dos títulos de dívida especial, tais como cédulas e notas de crédito industrial, comercial e rural e a nota promissória rural (Dec.-Lei 413, de 9.01.69; Dec.-Lei 167, de 14.02.67, e Lei 6.840, de 3.11.80). Esses títulos, como se sabe e está expresso na legislação referida, devem ser criados na conformidade das prescrições de utilização e finalidade, de modo que sua concessão e aplicação sejam realizadas tal como legislativamente concebidas. Assim, deve ser porque tais operações, por serem destinadas ao incremento das atividades produtivas, estão contempladas com especificações técnicas e privilégios que não são dados às operações bancárias comuns. O descumprimento das finalidades e o desvio de suas aplicações correspondem, como é evidente, à fraude a lei.

Ora, condensar várias operações de abertura de crédito em conta corrente, tais como CCDA c/caução de duplicatas, Conta Especial e Cheque Especial, que são as conhecidas operações de cheque forte ou cheque especial, em um título de dívida especial, concebido pelo legislador, como se disse, finalisticamente, é, desde logo, frustrar o cumprimento da lei.

Afinal, a Nota de Crédito Comercial, é a resultante da referida negociação, substituindo ou seguindo-se aos outros, em franco desvirtuamento da sua natureza.

Esta circunstância, comprometedora da validade do contrato, tal como formalizado, leva a considerar o contrato de composição da dívida como apenas mais um contrato que vinha sendo feita entre as partes. Perde, portanto, qualquer conteúdo ou funcionalidade de novação."
APELAÇÃO CÍVEL Nº 198091340 (grifei)
DÉCIMA QUARTA CÂMARA CÍVEL DO TARGS
REL. DES. HENRIQUE OSVALDO POETA ROENICK
Julgamento dia 25 de junho de 1998.

No entanto, não são estes os únicos fundamentos a justificar a revisão dos títulos. Passamos então a demonstrar as demais razões que nos levam a concluir pela possibilidade de revisão.

6.1. A REVISÃO DA CÉDULA IDENTIFICADA COMO OPERAÇÃO MATA-MATA PARTINDO DA ORIGEM DE SUAS CONTRATAÇÕES

Por tudo o que se expôs no Tópico V denominado *"Breves considerações sobre a operação 'mata-mata' - sua ilegal utilização à prorrogação de débitos no âmbito do crédito rural"*, embora flagrante a nulidade do título que tem seus recursos desviados pelo Banco para pagamento de dívidas anteriores, assim não entendido, não pode prestar-se tal prorrogação a consagrar ilegalidades embutidas no cálculo do saldo das operações que lhe deram origem.

Por outro lado, se antes alguma dúvida havia quanto ao direito desta busca a origem do débito, isto deixou de ocorrer a partir da edição das Resoluções Bacen nºs 2.220/95 e 2.238/96 que regulamentaram a Lei nº 9.138/95, nas quais de forma expressa e insofismável está plasmado o direito à busca da origem do débito a partir da cédula primeira da *relação continuativa* até aquela que se encontra em aberto.

Tais normativos estabeleceram que, em *se tratando de operações cujos recursos tenham sido utilizados para pagamento de débitos anteriores, a revisão deve retroceder a contratação original.*

Neste sentido, o artigo 1º, IV, "b", da Resolução Bacen nº 2.220/95, que foi reiterado pelo artigo 1º, VIII, "b", da Resolução Bacen nº 2.238/96, esta última *in verbis*:

"Resolução Bacen nº 2.238, de 31.01.96
(...)

Art. 1º. Estabelecer as seguintes condições e procedimentos a serem observados na formalização das operações de alongamento de dívidas originárias de crédito rural, de que trata a lei nº 9.138, de 29.11.95:
(...)
VIII - fica assegurada a revisão dos cálculo dos encargos financeiros, (...):
(...)
b) *a revisão deve retroceder à operação original quando os saldos devedores passíveis de alongamento forem resultantes de operações cujos recursos tenham sido empregados na liquidação de dívidas anteriores;"*

Desta feita, admitindo-se que não seja entendida nula a operação *mata-mata*, necessariamente deverá buscar-se a origem do débito, pois aquela a operação em aberto nada mais é do que uma prorrogação das anteriores.

O fundamento de tal revisão reside na caracterização de uma *relação jurídica continuativa* entre as cédulas "pagas" e a caracterizada como mata-mata, razão pela qual as resoluções supracitadas terminaram por não deixar dúvidas quanto a este direito, tendo por finalidade exatamente enxugar as contas dos ilícitos apurados na CPMI do Endividamento Agrícola, nos relatórios do Tribunal de Contas, do Banco Central, bem como nas inúmeras perícias judiciais realizadas nos processos individuais dos produtores.

Temos ainda que caso não declarada a nulidade da contratação nem mesmo a revisão desta partindo dos títulos que lhe deram origem, haveriam de ser, através da repetição do indébito, restituídos aos produtores todos os valores ilegais que foram obrigados a consolidar através do *mata-mata*, com vistas à compensação destes com o débito em aberto da cédula caracterizada com o desvio de destinação.

Os fundamentos à restituição do indébito encontram-se no tópico abaixo denominado *"A repetição do indébito e a reparação de dano fundada na vedação ao enriquecimento ilícito".*

6.2. A REVISÃO DAS CONFISSÕES DE DÍVIDAS A PARTIR DA ORIGEM DO DÉBITO

6.2.1. A causa das confissões de dívida

Situação semelhante à operação *mata-mata* é encontrada nas composições de dívidas através de Instrumentos de Confissão.

A utilização da *"confissão de dívida"* se dava em substituição do *"mata-mata"*, normalmente em função da eventual ausência de verbas à realização destes supostos "novos" financiamentos (mata-matas).

Em tais situações, também na falta de outra solução, e para não se tornarem inadimplentes, eram obrigados os produtores a firmar composição das dívidas, cujos saldos devedores incorporavam rubricas a título de correção monetária e juros, que já na época a própria Instituição temia, com razão, viessem ser decretados ilegais pelo Judiciário, a exemplo de situações análogas em anos anteriores.

Na verdade, tal temor veio a se confirmar, razão pela qual agarram-se os bancos em uma inexistente "autonomia e abstração" da confissão de dívidas, assim como na ocorrência de novação, como forma de locupletar-se com tais ilegalidades.

Tal fato mostra-se evidente, se observarmos a época em que foi firmada a grande maioria das confissões com os Bancos, bem como as operações que foram incorporadas às mesmas.

Neste sentido, não é por nada que a generalidade das operações que integram as Confissões de Dívidas foram formalizadas entre 1988 e 1991, exatamente quando houve a principal incidência de juros elevados, tanto remuneratórios como moratórios, assim como as questões relativas ao *"Plano Verão"* (janeiro/89), *"Plano Collor I"* (março/90) e *"Plano Collor II"* (fevereiro/91).[2]

Com isto, as *confissões* tiveram como objetivo principal a incorporação ao débito de índices de correção monetária e juros indevidos de forma dolosa, que portanto não pode prosperar.

Face a isto temos motivo suficiente a concluir pelo *vício de consentimento* dos produtores decorrente do *dolo* e que se reveste a atitude do banco, ao impor tais contratações.

Mas, na verdade, esta não seria a única razão a admitir a revisão da malsinada *confissão*, como se exporá a seguir.

6.2.2. O teor do contrato no que tange à novação

Em primeiro lugar, há que se observar que as operações bancárias, em geral, são celebradas através de *contratos de adesão*, onde a manifestação de vontade do mutuário se restringe a *aderir* ou não com os termos propostos pelo banco.

---

[2] Sobre alguns dos descasamentos decorrentes de planos econômicos embutidos nas confissões de dívida, vide tópicos *"Plano Verão - o indexador de fevereiro a maio de 1989"*; *"Plano Collor I - O reajuste dos contratos nos meses de março/abril/90"*.

Assim, *todas* as cláusulas e condições constantes de tais documentos são fruto de imposição pela Instituição Financeira, que no caso, por se tratar de escritura pública, encaminha ao tabelião de sua preferência *minuta* do documento definitivo, onde tal escritura é lavrada como fiel cópia daquela minuta.

Por isto, é de se observar e adotar como premissa indispensável à correta exegese do contrato, o fato de que tudo o que consta estipulado na escritura é fruto da vontade e arbítrio do banco, já que ao mutuário não é possível discutir as condições do ajuste.

E neste passo, é de se observar que as Confissões celebradas com o Banco do Brasil S/A., por exemplo, onde a maioria da incidência deste problema, temos invariavelmente a inclusão das seguintes disposições:

"Então, pelos comparecentes, falando cada um por sua vez, me foi uniforme e sucessivamente dito que, *sem intuito de novação*, têm justo e acordado a presente confissão de dívida com estipulação de garantias e forma de pagamento, nos termos das seguintes cláusulas:
(...) As dívidas ora confessadas, no valor total de *"R$ 0,00"*, *serão registradas em uma só conta, meramente gráfica,* apenas e tão somente para facilitar o cálculo e possibilitar o esquema de liquidação adiante estabelecido, *sem nenhuma novação.*" (grifamos)

Desta feita, verifica-se que o próprio documento resultado da vontade *do Banco* afirma que não se operaria através do mesmo a novação.

Temos então que tal escritura nada mais é do que uma *renegociação* das operações anteriores, através da qual se lhes prorroga os vencimentos, alterando, ainda, normalmente, os encargos a título de juros.

Vejamos então qual a repercussão jurídica da menção expressa no documento quanto ao fato de não operar-se a novação.

6.2.3. O instituto da novação e a constatação da sua não-ocorrência

Como se sabe, a novação é obrigatoriamente resultado da *vontade das partes*, eis que é expresso o art. 1.000 do CCB, quanto à necessidade de *animus de novandi* a que se opere a hipótese.

"Art. 1.000. *Não havendo ânimo de novar, a segunda obrigação confirma simplesmente a primeira.*"

Neste sentido, já de longa data têm proliferado decisões nos Tribunais do País, das quais citam-se nada menos de três, cujas ementas se transcrevem:

"Novação - Descaracterização - *Animus novandi* não comprovado - Presunção inadmissível - Extinção da primeira não operada - Aplicação do art. 1.000 do CC - Declaração de votos.
Não havendo intenção de novar, não chega a se operar a extinção da primitiva obrigação, e, em tal caso, a outra obrigação que se constitua tem o efeito de confirmar a primeira.
1º TACivSP - Ap. 376.861 (EInfrs) - 6ª C. - j. 7.6.88 - rel Juiz Augusto Marin" (*RT 636/106*)

"Novação - Inocorrência - Falta de assentimento de credor e de *animus novandi* - Embargos de declaração rejeitados.
Inexistindo *animus novandi* e assentimento do credor, não há que se falar em novação.
1º TACivSP - AI 320.377 (EDecl) - Capital - 1ª C. - j. 27.3.84 - rel. Juiz Guimarães e Souza - v.u." (*RT 594/139*)

"Novação - Descaracterização - *Animus novandi* inexistente - Novo contrato celebrado apenas com o intuito de confirmar o anterior - Realização quando já em vigor o 'Plano Cruzado' - Inobservância das regras de conversão - Vício de consentimento decorrente de conhecimento vago e geral do novo sistema monetário - Conversão do débito determinada - Aplicação dos arts. 1.000 do CC e 8º do Dec.-lei 2.284/86.
O *animus novandi* é imprescindível para que se tenha a novação, haja vista que o art. 1.000 do CC dispõe que, 'não havendo o ânimo de novar, a segunda obrigação confirma simplesmente a primeira'. Aplicável, portanto, a conversão prevista pelo Dec.-Lei 2.284/86 em contrato de trato sucessivo firmado novamente pelas partes logo após o surgimento do 'Plano Cruzado' com inobservância de suas regras, restando tal conversão devida em razão da ausência de ânimo de novar e de vício de consentimento da parte, que até então desconhecia as regras do novo sistema monetário.
1º TACivSP - Ap. 370.658-0 - 3ª C. - j. 4.5.87 - rel. Juiz Araújo Cintra." (*RT 621/134*)

"Embargos à execução. Instrumento público de confissão de dívida. Contratos de empréstimo comuns e rurais. (...)
Cálculo da dívida exeqüenda.

O cálculo da totalidade do débito dos executados deverá partir das contratações originárias, considerando que o instrumento público de confissão de dívida, embasador da execução, não importou em novação, mas simples confirmação das obrigações anteriores. (ementa)
(...)
2.5 - Do cálculo do débito exeqüendo
Sem qualquer dúvida, o cálculo da totalidade do débito, com o comando traçado na sentença (fls. 431/432), deverá partir das contratações originais. E isso porque inocorreu novação da dívida, representado por instrumento público embasador da execução, simples confirmação dos negócios, das obrigações anteriores, prova está que no mesmo encontra-se consignado o desinteresse das partes de novar (fl. 8 - execução). Impõe-se calcular o débito dos embargantes, como observou a julgadora, por cada contrato, desde a sua emissão até a data da escritura pública de confissão de dívida, seguindo-se a partir de então atualização até a data do efetivo pagamento."
(...)
APELAÇÃO CÍVEL Nº 196063507
SEGUNDA CÂMARA CÍVEL DO TARGS
REL. DR. ROBERTO LAUX

"(...)
Tocante ao mérito, assiste parcial razão aos embargantes.
Por primeiro, cumpre esclarecer a possibilidade de revisão das cláusulas das avenças estabelecidas entre as partes desde o primeiro instrumento, ou seja, desde a cédula de crédito comercial firmada em 12/04/88, pois todos os ajustes anteriores, conforme o laudo pericial (fl. 93), tiveram a finalidade de apenas fazer alterações no vencimento ou nos encargos fixados inicialmente, sem ocorrer novação da dívida.
Os instrumentos firmados entre as partes demonstram a supremacia da vontade da instituição financeira sobre interesses da outra parte, à qual só resta aceitar as cláusulas impostas, sob pena de ficar sem o financiamento. Nestas circunstâncias, passa o banco, na qualidade de detentor do dinheiro, a possuir a condição de parte mais forte na relação, em detrimento ao tomador do empréstimo, que passa a ser a parte mais fraca. E, quando se está frente a essas condições gerais previamente impostas pela parte mais forte, já não mais se autoriza a solução do eventual conflito com a remissão à regra *pacta sunt servanda*, que consubs-

tancia o primado absoluto da vontade do contrato. Daí a conseqüência de que o controle das condições gerais dos negócios pelo Judiciário continua sendo, sob qualquer hipótese, importante e irrenunciável."
APELAÇÃO CÍVEL Nº 196001598
PRIMEIRA CÂMARA CÍVEL DO TARGS
REL. DR. JORGE LUÍS DALL'AGNOL
"(...)
No mérito, procede, em parte, o apelo.
O instrumento de Confissão de Dívida que embasa a execução tem sua origem em três Cédulas de Crédito Rural:
a) nº 87/00059-8 (...)
b) 90/00002-1(...)
c) 91/00324-5 (...)
O instrumento de Confissão de Dívida é expresso no sentido de que não houve novação em 15.07.92 (fls. 5 dos autos da execução e cláusula Décima Quarta do Instrumento, fls. 19 dos mesmos autos). Portanto, para efeito de cálculo, quando do lançamento dos mesmos, devem ser tomados por base os valores originais constantes das Cédulas Rurais, discriminados nas letras 'a', 'b' e 'c'."
APELAÇÃO CÍVEL Nº 194250494
SEGUNDA CÂMARA CÍVEL DO TARGS
REL. DR. MARCO AURÉLIO DOS S. CAMINHA

Note-se que todas as decisões acima abordam a necessidade de *ânimo de novar* para que se possa admitir a extinção da operação anterior. Aplicando tal conclusão às Confissões, temos desde logo a constatação expressa da intenção no sentido de que *NÃO ocorresse a novação*, como se demonstrou no item anterior.

Conclusão em contrário seria então simplesmente invalidar a regra contida do referido art. 1.000 do CCB, isto porque se estariam ignorando cláusulas contratuais expressas, entendendo-se que operou-se a novação, com a extinção das obrigações que deram causa à *confissão de dívida*.

Nesse passo, em que pese o disposto no art. 85 do CCB, segundo o qual, na interpretação dos contratos se atenderá mais à intenção que ao sentido literal da linguagem, não se pode admitir que sejam ignoradas por completo as cláusulas contratuais, ainda mais para concluir em sentido exatamente oposto daquilo que estabelecem, em benefício justamente de quem arbitrariamente as estabeleceu.

Não por outra razão, dentro do que há de mais moderno em termos de legislação contratual (Código de Defesa do Consumidor,

Lei nº 8.078/90), especialmente no que respeita aos contratos de adesão, dentre os quais se enquadram os bancários,[3] temos ainda regras mais restritas à sua interpretação, conquanto o art. 47 desta lei estabeleça que:

"Art. 47. As cláusulas contratuais serão interpretadas de maneira mais favorável ao consumidor."

Especificamente quanto à *intenção de novar*, temos ainda necessário, segundo lições já consagradas na doutrina: que haja sua expressa referência no instrumento; ou, na ausência de menção específica, deve ser apurado se o conjunto de circunstâncias autoriza afirmar se configura a mesma implicitamente, porém de maneira inequívoca.

Assim, se de modo geral só se autoriza a interpretação da vontade contratual quando esta não se apresentar clara no instrumento, muito mais no caso da novação, quando a regra é de que só *se opera a mesma quando expressamente prevista no contrato*.

Outrossim, a mais autorizada doutrina, *v.g.* Caio Mário da Silva Pereira afirma:

"Comecemos por estabelecer que a novação importa em uma obrigação que, ao nascer, extingue outra preexistente, vale dizer, *não há, aqui, mera alteração ou modificação dos seus elementos secundários. É mister a sua profundidade, e o seu impacto sobre os essenciais, a ponto de operar a extinção dela e terminação de vínculo existente*" (in Teoria Geral das Obrigações, vol. II, 5ª ed., Forense, RJ, 1978, p. 199).

Não se podendo cogitar de novação subjetiva, também Orlando Gomes aponta o *aliquid novi* como requisito à novação objetiva:

"*Novação objetiva.* Das espécies de novação, a mais comum é a que produz mudança da obrigação.
O *aliquid novi* constitui requisito indispensável à *novação objetiva*. A nova obrigação há de ser diferente, não bastando, como parece a alguns, o ânimo de novar. Necessário, em suma, que a subseqüente obrigação seja algo novo.

---

[3] Quanto à sua aplicabilidade aos contratos de financiamento, decisão prolatada na Apelação Cível nº 192188076 da Segunda Câmara Cível do Egrégio Tribunal de Alçada do RS, relator o eminente Dr. Paulo Heerdt: *"Ainda que não incidam todas as normas do CDC nas relações entre Banco e empresa, em contrato de crédito rotativo, aplicam-se os capítulos V e VI, por força do artigo 29 do CDC, que amplia o conceito de consumidor, possibilitando ao Judiciário o controle das cláusulas contratuais abusivas, imposta em contratos de adesão."*. Observe-se, neste passo, que o entendimento é hoje pacífico no Superior Tribunal de Justiça, RECURSO ESPECIAL nº 163.616-RS, J. 21.05.98, DJ 03.08.98, e RECURSO ESPECIAL nº 57.974-0-RS, J. 25.04.95, DJ 29.05.95, ambos da Quarta Turma, Rel. Min. Ruy Rosado de Aguiar, no tópico *"V.E. a abusividade das taxas de juros exigidas face a lei nº 8.078/90 (CDC)"*.

A mudança deve ocorrer *a) no objeto principal da obrigação; b) em sua natureza; c) na causa jurídica.*
Nova-se uma obrigação pela mudança do seu objeto quando a prestação passa a ser outra, como por exemplo, se em vez de entregar certa coisa devida, o devedor se obriga a prestar determinado serviço.
Dá-se igualmente novação objetiva se as partes acordam na modificação da espécie obrigacional, substituindo, por exemplo, uma obrigação pura por obrigação condicional. Neste caso, muda a *natureza* da obrigação.
Por fim, a mudança pode ser na *causa jurídica* da obrigação. Nesta hipótese, a prestação continua a ser a da primeira obrigação, mas o devedor continua responsável por outra causa. Verifica-se, em síntese, a substituição do título de que deriva a obrigação, como quando alguém que deve *ex empto vendite*, passa a dever a título de mutuário. Há mudança na *causa jurídica* da atribuição patrimonial." (*Obrigações*, 4ª ed., Forense, RJ, pág. 169, nº. 107)

Citando Carvalho de Mendonça, Darcy Arruda Miranda também aponta a *incompatibilidade* de uma e outra obrigação como requisito da caracterização da novação:

"O *animus novandi*, como salienta Carvalho de Mendonça (*Doutrina e prática*, cit., n. 346), não depende de palavras expressas, podendo ser deduzido dos termos do contrato, admitindo, assim, a novação *expressa* e *tácita*. O essencial é a mudança da obrigação primitiva. E prossegue: 'A novação tácita, portanto, dá-se todas as vezes que, sem declarar por termos precisos que a efetua, o devedor é exonerado da primeira obrigação e assume outra diversa, na substância e na forma, da primeira, de modo a não ser uma simples modificação dela. É preciso, em suma, que a primeira e a segunda sejam incompatíveis'." (*Anotações ao CCB*, 3º vol., Saraiva, 1986, pág. 78, nº 5).

Todavia, não se verificam nas Confissões quaisquer dos elementos citados pelos juristas mencionados acima. Não há, assim, o *aquid novi*, com a mudança *no objeto principal da obrigação*, nem *em sua natureza*, nem *na causa jurídica*, eis que a prestação continua sendo a mesma, seja com relação à natureza da obrigação (de pagar), seja com relação à espécie, o mesmo no que tange à *causa jurídica* (mútuo).

Neste sentido, é de se observar que *não houve* o necessário *impacto sobre elementos essenciais* das obrigações originárias, senão mera confirmação das mesmas, com repactuação de novo prazo de pagamento, e novos encargos remuneratórios e moratórios.

As obrigações, na sua essencialidade, se mantêm exatamente as mesmas, sendo idênticos os contratantes, os valores dos débitos originários como ponto de partida e, portanto, objeto da suposta *nova* obrigação, mais do que isto, consta expressamente do contrato, não só a ratificação das obrigações anteriores, como até mesmo a causa ensejadora da manutenção das mesmas.

Assim, deveriam ser revisados os financiamentos que compõem à confissão de dívidas, com a exclusão de todas as ilegalidades nela embutidas, em especial quanto às taxas de juros aplicados, contrários à própria contratação, às normas de crédito rural e à maciça jurisprudência sobre a matéria.

Outrossim, mesmo que para mero desenvolvimento de raciocínio se pudesse admitir a possibilidade da ocorrência de novação, seria de qualquer forma ineficaz a tentativa de, através desta forma, convalidar obrigações nulas (porque ilegais), pois não podem ser novadas *(art. 1.007 do CCB)*.

Assim, não há como deixar de se admitir a revisão das Confissões de Dívidas a partir das contratações que lhes deram origem, não só porque fazem as mesmas parte de uma *relação jurídica continuativa*, mas também porque através destas renegociações efetivamente *não se opera a novação*.[4]

De qualquer modo, mesmo se pudesse concluir pela novação, tal fato não obstaria a que os financiamentos *"liquidados"* fossem revisados para que, através da repetição do indébito, viessem a ser restituídos aos produtores os valores ilegais que foram obrigados a *confessar*. *Mutatis mutandis*, da compensação do valor destas repetições, resultaria, de qualquer forma, o acertamento do valor efetivamente devido.

Sobre o tema, especialmente no tocante aos fundamentos a restituição do indébito em operações liquidadas, abordando a questão do pagamento da novação e prova do erro, maiores subsídios são encontrados no tópico infra *"A repetição do indébito e a reparação de dano fundada na vedação ao enriquecimento ilícito"*.

---

[4] Quanto à aplicação do art. 1.007 do CCB, para concluir pela inocorrência de novação nas confissões de dívidas e *mata-matas* firmados com o Banco do Brasil, reportamo-nos, dentre outros, ao acórdão proferido na Apelação Cível nº 196191811, tópico *"VII. A revisão das operações contratadas no âmbito do crédito agrícola"*.

6.3. SECURITIZAÇÃO - A SUA INEXIGIBILIDADE DIANTE DA ILIQUIDEZ DA OBRIGAÇÃO FACE AO RECONHECIMENTO EXPRESSO DA NECESSIDADE DE REVISÃO PELA RESOLUÇÃO BACEN Nº 2.433/97

Notadamente, para que se possa entender o presente tópico com maior clareza, necessário se faz reatroagir à época em que foram assinados os instrumentos de alongamento de débito, face ao processo de *securitização*.

Naquela ocasião, eram noticiadas pela mídia as declarações do *Coordenador da Comissão Nacional de Avaliação da Securitização*, Carlos Esperotto, também *dirigente da CNA* que: *"Mesmo que o produtor não concorde com os cálculos apresentados pelo banco, agora tem assegurado a tranqüilidade de poder rever os cálculos."* Tal declaração decorria da previsão normativa quanto ao recurso ao COMAV.

Além disso, declarou o dirigente que o agricultor teria *prazo de 60 dias*, contados da *assinatura do contrato* de alongamento, para recorrer referida Comissão de Avaliação.

Anunciava-se também que o *prazo para a assinatura* dos instrumentos esgotava-se no dia *22.07.96 (segunda-feira)*, e que as agências do Banco do Brasil, com vistas a agilizar o processo de securitização, estariam abertas até as 20h.

O superintendente do BB no estado do Rio Grande do Sul, por sua vez, anunciava que "(...) *o banco será rigoroso com os produtores que não aderirem ao processo e a partir de terça-feira retomará todas as ações na justiça*".

Ocorre que o prazo para assinatura dos instrumentos foi posteriormente prorrogado para *15.10.96* através do artigo 2º, I, da Resolução Bacen nº 2.315, de 11.09.96, e após para *30.11.96* através do artigo 1º, I, da Resolução Bacen nº 2.332, de 05.11.96, para os produtores que recorreram ao COMAV sem ter assinado o alongamento.

No entanto, *a grande maioria dos produtores assinou em julho de 1996 os instrumentos de alongamento antes de obter a revisão de cálculo*, com vistas ao expurgo das irregularidades determinadas na apuração do saldo alongado.

Tudo isso foi amplamente divulgado pela imprensa e foi neste clima que centenas de produtores dirigiram-se aos bancos e assinaram os instrumentos de securitização - mesmo sem concordar com o valor constante do título, cujos montantes possuíam embutidas diversas irregularidades -, com vistas a ser revisados posteriormente.

Por outro lado, a grande maioria de produtores que recorreram ao COMAV, procurou na verdade, que a referida comissão determinasse a adequação do recálculo às normas da securitização, procedimento este que, conforme a Resolução Bacen nº 2.315/96, não era da sua competência. Desta forma, a assegurada revisão de valores não ocorreu. Tal revisão somente veio a ser viabilizada através da edição de novo normativo.

Tal normativo foi editado em 16 de outubro de 1997, através da *Resolução Bacen nº 2.433/97*, portanto mais de um ano após a assinatura pelos produtores dos instrumentos de securitização e às vésperas do vencimento da primeira parcela do débito (final de outubro de 1997).

Através desta Resolução, foi expressamente reconhecida a necessidade da revisão dos valores renegociados no *processo de securitização*, ficando as instituições financeiras *obrigadas a proceder não só à revisão* dos valores consubstanciados nos instrumentos.

Neste sentido, dispõem, os normativos em epígrafe:

"Art. 1º Em relação às operações alongadas nos termos da Lei nº 9.138, de 29.11.95, a instituição financeira deve fornecer 1 (um) extrato de cada conta gráfica das operações originais e 1 (um) extrato do saldo consolidado em 30.11.95, ao mutuário que os requererem, observando:

I - extrato relativo à conta gráfica da operação original contendo todos os lançamentos com os respectivos valores, datas e identificações, onde fique claramente demonstrado:

a) os encargos devidos para situação de normalidade da operação, até a data de vencimento;

b) os encargos de inadimplemento e datas de suas respectivas aplicações, incluídos juros de mora, multas e comissão de permanência;

c) os honorários advocatícios devidos ao profissional contratado pela instituição financeira;

d) o adicional do Programa de Garantia da Atividade Agropecuária (PROAGRO), discriminando as respectivas bases de cálculo, valores e datas de cobrança;

e) que foi observada a aplicação do rebate de 1% (um por cento) de que trata o inciso II do art. 5º da Resolução nº 2.164, de 19.06.95, desde que a operação tenha sido renegociada com base nesse normativo;

II - extrato relativo ao saldo devedor apurado em 30.11.95, onde fique claramante demonstrados:

a) que foi observado o disposto nos incisos V, VI e VII do art. 1º da Resolução nº 2.238/96;

b) que foram eliminados, quando for o caso, os efeitos da aplicação do critério de atualização das taxas de juros diferentemente do estabelecido no contrato original."

Tal normativo, ao determinar imperativamente o recálculo deste débito, restou por *reconhecer expressamente que os produtores assinaram instrumentos de securitização que consubstanciavam valores apurados em desacordo com as regras determinadas para a renegociação das dívidas agropecuárias.*

Sendo assim, a edição da Resolução Bacen nº 2.433/97 tornou *ilíquida e inexigível a obrigação daí decorrente*, bem como ilíquido e inexigível todo o saldo devedor que envolva as contratações que tiveram parte de seu débito securitizado, pelo menos até que se esgote o processo administrativo criado na própria resolução para apuração do real saldo devedor.

Ficou aqui também assegurada, caso o produtor discorde do cálculo apresentado, a possibilidade de negociação através da CNA, bem como de recurso administrativo ao BACEN, nos termos do artigo abaixo:

"Art. 2º Devem ser observados os seguintes procedimentos quando o mutuário discordar dos valores que lhe foram apresentados pela instituição financeira, a qual lhe deverá prestar os esclarecimentos devidos com relação ao processo de alongamento:
I - o mutuário disporá de 60 (sessenta) dias, a contar do recebimento dos extratos, para tentar solucionar suas divergências junto à respectiva agência;
II - não havendo entendimento nesse prazo, o mutuário disporá de 30 (trinta) dias para solicitar a intermediação da Confederação Nacional da Agricultura (CNA), por meio de suas Federações Estaduais;
III - A CNA disporá de 60 (sessenta) dias para buscar solucionar a pendência entre as partes;
IV - persistindo o impasse, o mutuário disporá de 60 (sessenta) dias para recorrer ao Banco Central do Brasil, via Delegacias Regionais."

Sobre o tema, o eminente Desembargador do TJRGS, Dr. MOACIR ADIERS, em palestra sobre "Contrato e Revisão Contratual", proferida no dia 16.08.96, na cidade de Palmeira das Missões/RS, a convite do Instituto de Estudos Jurídicos da Atividade Rural - IEJUR, esclarece:

"(...)

6. Questão do alongamento dos débitos e securitização do crédito agrícola.

(...)

Embora estabelecido o termo final, para a instrumentalização dos créditos alongados, para o dia 30 de junho do corrente ano (art. 3º, da Resolução nº 2.238, de 31.01.96), tornou-se necessária a expedição de novas normas regulamentadoras dispondo a respeito da forma de apuração do saldo devedor, o que apenas se deu quando faltavam pouco mais de trinta dias para o encerramento do prazo concedido (Resolução nº 2.279 de 22.05.96). Pública e notória a situação extremamente difícil em que se encontra a atividade rural. *Experimentando um endividamento nunca antes ocorrido no setor* e ainda carentes de recursos para manterem suas atividades, os devedores ainda se viram postos diante de uma situação inusitada: *vêem-se na situação de obrigados a contratar para não se verem reduzidos à falência e isso sem que lhes seja possível um perfeito esclarecimento quanto ao conteúdo da contratação e verificação do montante do débito que estavam alongando.* A situação equivale àquilo que se poderia chamar de um verdadeiro *estado de necessidade*, em que outra conduta não poderia se esperar e exigir do devedor senão aquela de contratar, ainda que se submetendo, eventualmente, ao interesse da parte credora. Até mesmo se noticia que a contratação poderia ocorrer sem que o devedor tivesse a exata dimensão de seu débito, e nem a possibilidade de avaliar, de uma forma *efetiva e real*, da regularidade do débito apurado, facultando, em vista disso, o posterior uso de um recurso administrativo (Correio do Povo, edição de 20.07.96, p.16). *Está-se, aí, diante da subversão de uma teoria contratual e obrigacional, que supõe prévio ou concomitante conhecimento do conteúdo do contrato e do valor da obrigação assumida.* Aliás, a norma é clara quanto a ser obrigação do agente financeiro fornecer ao mutuários '*o extrato consolidado de sua conta gráfica, com a respectiva memória de cálculo, de forma a demonstrar discriminadamente os parâmetros utilizados para a apuração do saldo devedor*' (art. 5º, § 11, da Lei nº 9.138, de 29.11.95). Esta disposição normativa, observados os princípios vetores do contrato, impunha que esse extrato da conta gráfica fosse dado ao conhecimento do mutuário em momento anterior àquele de encerramento do prazo de renegociação da dívida, e em tempo suficiente para que ele pudesse proceder a um exame adequado dela, até valendo-se de técnico, dado não serem cálculos de fácil intelecção, notadamente por aquelas camadas mais simples de produtores rurais.

Daí ser irrecusável a possibilidade de serem revisados, discordando posteriormente o devedor do valor, não só os contratos alongados como também aqueles que deram origem ao alongamento."

Reportamo-nos, outrossim, mais uma vez, ao entendimento firmado no Superior Tribunal de Justiça de que as normas da *securitização* possuem conteúdo imperativo, que não pode ser derrogado pela simples adesão a condições ilegalmente impostas nos contratos pelos bancos.

Ademais, a questão não apresenta qualquer controvérsia, na medida em que a própria Lei estabelece a possibilidade de revisão *administrativa* do cálculo do débito, a partir de uma Comissão que seria instaurada a este fim, não é da omissão na implantação desta Comissão pelos Órgãos encarregados de implementar o processo de securitização que resultaria prejudicado o direito do devedor de revisar as ilegalidades constantes de suas contratações.

7. A aplicabilidade do Código de Defesa do Consumidor - Lei nº 8.078/90 - nas relações bancárias

Como se sabe, em apertada síntese, a atividade precípua dos bancos consiste, de um lado, em captar recursos pagando uma determinada remuneração ao investidor, emprestando-os aos mutuários mediante recebimento de uma taxa um pouco maior que aquela paga na ponta da captação. Neste *serviço* de captação e empréstimo de dinheiro, consiste, então, a função econômica das instituições financeiras.

E neste passo, a aplicabilidade do *Código de Defesa do Consumidor (Lei nº 8.078/90)*, às relações entre bancos e mutuários, decorre da própria leitura da Lei, quando define quem seja consumidor e fornecedor para efeito de sua aplicação:

"Art. 2º. Consumidor é toda pessoa física ou jurídica que adquire ou utiliza produto ou serviço, como destinatário final.
Art. 3º. Fornecedor é toda pessoa física ou jurídica, pública ou privada, nacional ou estrangeira, bem como entes que desenvolvam *atividades de (...) prestações de serviços*.
§ 2º Serviço é qualquer atividade fornecida ao mercado de consumo, mediante remuneração, *inclusive as de natureza bancária, financeira, de crédito* e securitária, salvo as decorrentes das relações de caráter trabalhista."

Sobre o tema, decisão da Nona Câmara Cível do TARGS:

"No atual estágio das relações de consumo, mesmo que não se possa, eventualmente, aplicar a lei nova, por terem sido efetivados os contratos anteriormente à sua edição, evidentemente que os elevados princípios de direito geradores da mesma o podem, ainda mais em face do trato sucessivo. E nem se diga que os Bancos estão excluídos, ainda hoje, da incidência do *CODECON*,

como se pode apurar das conclusões do recente Congresso realizado em Brasília, em 03/94."
APELAÇÃO CÍVEL Nº 195159538
NONA CÂMARA CÍVEL DO TARGS
REL. DR. BRENO MOREIRA MUSSI

E no sentido da imposição à aplicação do Código de Defesa do Consumidor, também decisão da Egrégia 9ª Câmara do TARGS, confirmando posicionamento já firmado em outra anterior no mesmo sentido (Apelação 193169802):

"(...)
Nos termos do art. 1º do Dec. 22.626/33, combinado com o art. 1.062 do CCB, mais os incisos VI do art. 3º e IX do art. 4º da Lei 4.595/64, onde a autorização para 'limitar' os juros pelo Conselho Monetário Nacional não significa desrespeitar as leis vigentes sobre a matéria, reforçados todos por uma norma constitucional limitadora (art. 192, § 3º CF), embora pendente de regulamentação, os juros não podem ultrapassar a barreira dos 12% a.a., sob pena de haver o desequilíbrio das partes, o consumidor e o fornecedor (art. 3º, § 2º da Lei 8.078/90). As cláusulas que admitem a variação dos juros além dos legais são nulas de pleno direito, com base nos arts. 115 do CCB e 51, IV e X, e inciso III do § 1º do CDC e já mencionada súmula do STJ."
APELAÇÃO CÍVEL 193199577
NONA CÂMARA CÍVEL DO TARGS
REL. BRENO MOREIRA MUSSI
(J. 07/12/93)

Ora, se fornecedor é aquele que presta serviços, incluindo-se nestes os de natureza bancária, financeira e de crédito, não há como se negar sejam o bancos, enquanto prestadores de *serviço de crédito*, fornecedores.

Com efetivo peso doutrinário, de nada menos de treze juristas, co-autores da obra *Comentário ao Código de Defesa do Consumidor*, coordenados por José Cretella Júnior e René Ariel Dotti, Forense, 1992, pág. 16, transcreve-se o seguinte:

"36. *Serviço de natureza bancária*
Toda *atividade de natureza bancária*, fornecida ao mercado de consumo é classificada como *serviço*, suscetível, assim, de ser objeto de *relação de consumo*, desde que remunerada. *Fornecedor* é o estabelecimento bancário; *consumidor* é o que se beneficia com este fornecimento, como *destinatário final*, os clientes do banco pagam

direta ou indiretamente pelos serviços prestados, já que deles se utilizam. O banco é o fornecedor, o cliente é o destinatário final do serviço prestado.(...)
37. *Atividades financeiras, de crédito e securitárias*
Do mesmo modo que a atividade de natureza bancária, a lei inclui os serviços, objeto de relações de consumo, as atividades financeiras, a de crédito e as securitárias, sempre que remuneradas. As empresas, públicas ou privadas, ao lado das pessoas físicas, classificam-se como fornecedoras, sendo consumidores os que se utilizam desses serviços."

Inequivocamente, não há como se negar a aplicação do CDC às contratações também em face do que dispõe o *art. 29 da Lei 8.078/90:*

"Art. 29. Para os fins deste Capítulo e do seguinte,[5] equiparam-se aos consumidores todas as pessoas determináveis ou não, expostas às práticas nele previstas."

A propósito disso, esclarece Arruda Alvim, reportando-se a denúncia do processo legislativo realizada por Antônio Herman de Vasconcellos e Benjamin (co-autor do anteprojeto do Código), que a disposição contida no art. 29 integrava a redação original do próprio art. 2º, que terminou modificada unicamente em razão do *lobby* empresarial que pretendia eliminá-lo por completo, razão pela qual foi transportada ao capítulo V, *sem qualquer prejuízo à abrangência originalmente pretendida pelo legislador*, ainda respaldada pelo art. 29:

"Extensão conceitual dos arts. 17 e 29 do CDC.
(...)
Ainda com relação aos problemas cusados pela conceituação de 'consumidor', note-se que em outras oportunidades o legislador modifica a extensão do conceito deste art. 2º, como no art. 29, em que para efeito do capítulo que trata das práticas comerciais (que engloba as formas de oferta de produto, arts. 30 a 35, a publicidade, arts. 36 a 38, as práticas abusivas, arts. 39 a 41, incluindo a cobrança de dívidas e os bancos de dados e cadastros de consumidores, arts. 42 a 44), 'equiparam-se a consumidores todas as pessoas determináveis ou não, expostas às práticas nele previstas'.
(...)
Cuidou, o Código do Consumidor, de conceituar o 'consumidor' no seu artigo 2º, como toda pessoa física ou jurídica que adquire ou utiliza o produto ou serviço como destinatário final.

---

[5] Cap. V - Das práticas comerciais e Cap. VI - Da proteção contratual.

Entretanto, essa conceituação fudamental pareceu, ao legislador, insuficiente para todos os fins e objetivos dos Capítulos V e VI, eis que nem todas as pessoas, físicas e jurídicas, encartar-se-iam nesse conceito de consumidor (ver comentários aos artigos 2º e 17), apesar de poderem vir a ser prejudicados por práticas comericiais, por exemplo.[6]

Sendo essa matéria de relevante interesse social e, para evitar interpretações obstativas de suas finalidades, no parágrafo único do arttigo 2º, estabelece, a lei, a equiparação da coletividade de pessoas a consumidor, ainda que indetermináveis aquelas, desde que hajam intervindo nas relações de consumo.[7]

(...)

Para que se alargasse, ainda mais, a abrangência do termo 'consumidor', o artigo 29 determinou a equiparação a consumidor de todas as pessoas, determináveis ou não, expostas às práticas comerciais,[8] para os fins de que tratam os Capítulos V e VI, ou seja, desde a oferta até o contrato, inclusive.

Em ficando explícito que essas pessoas são, para esses efeitos, consideradas consumidores, podem elas, individualmente ou coletivamente usar dos meios, previstos neste Código do Consumidor, para se voltar contra os que, por sua vez, são considerados fornecedores e, conseqüentemente, responsáveis pelas práticas comerciais." (Arruda Alvim, Tereza; Eduardo Arruda Alvim e James Martins, *Código do Consumidor Comentado*, RT, 2ª ed.1995, págs. 26, 188/189)

Não é por nada que, logo após a promulgação do CDC, já dispunha a FEBRABAN (Federação Brasileira dos Bancos) de parecer encomendado a Arnold Wald, e a ABEL (Associação Brasileira das

---

[6]. Cf. Antônio Herman de Vasconcellos e Benjamin, "Das Práticas Comerciais", *in Código Brasileiro de Defesa do Consumidor*, Forente Universitária, 1991, p. 134.

[7] Assim, por exemplo, se a prática se caracterizou por simples oferta – sem o acréscimo de qualquer elemento publicitário – a responsabilidade se cinge aos critérios de avaliação próprios do oferecimento, em sentido estrito, cujo público alvo é necessariamente nenor do que o alcançado pelas formas usuais de publicidade.
A mesma regra vale para a oferta, a práticas abusivas, a cobrança de dívidas, os bancos de dados e cadastro de consumidores e as cláusulas contratuais abusivas (Walter Ceneviva, *Publicidade e Direito do Consumidor*, Editora Revista dos Tribunais, 1991, p. 109).

[8] O conceito do art. 29 integrava, a princípio, o corpo do art. 2º. Como conseqüência do *lobby* empresarial que queria eliminá-lo por completo foi transportado, por sugestão minha, para o Capítulo V.
Não houve qualquer prejuízo. Mantém-se, não obstante a fragmentação do conceito, a abrangência da redação primitiva. O consumidor é, então, não apenas aquele que adquire ou utiliza o produto ou serviço (art. 2º), mas igualmente as pessoas expostas às práticas previstas no Código (art. 29) (Antônio Herman de Vasconcellos e Benjamin, "Das Práticas Comerciais", *in Código Brasileiro de Defesa do Consumidor*, Forente Universitária, 1991, p. 146).

Empresas de *Leasing*) de parecer encomendado a Athos Gusmão Carneiro, propugnando a limitação da abrangência do Código, justamente com base em interpretação obstativa do conceito do consumidor extraída da modificação do texto original do art. 2º, resultante do *lobby* empresarial exercido sobre o Congresso Nacional.

A bem da realidade, a razão de toda esta proteção não está unicamente no fato da *destinação* do serviço, da natureza do contrato ou de seu objeto, mas sim na *vulnerabilidade* de um dos contratantes, princípio que se insere no conceito de *hipossuficiência*, e que independente da condição social, cultural ou econômica do consumidor, consistindo é qualidade *"intrínseca, ingênita, peculiar, e indissociável"* do mesmo, como ensina a melhor doutrina:

> "A vulnerabilidade do consumidor é incindível do contexto das relações de consumo e independe de seu grau cultural ou econômico, não admitindo prova em contrário, por não se tratar de mera presunção legal. *É, a vulnerabilidade, qualidade intrínseca, ingênita, peculiar, e indissociável de todos que se colocam na posição de consumidor*, em face do conceito legal, pouco importando sua condição social, cultural ou econômica, quer se trate de consumidor-pessoa jurídica ou consumidor-pessoa física."[9]

Como se extrai da citação doutrinária acima, a vulnerabilidade não decorre sequer de presunção legal, tratar-se de qualidade intrínseca da condição de consumidor. Por esta razão, sequer se admite prova em contrário.

Mais do que isso, a razão desta ampla proteção de que se cogita está basicamente calcada na preservação da boa-fé subtraída da contratação pela parte especializada na contratação, que se utiliza desta condição privilegiada para obter vantagem do contratante mais vulnerável, o que impunemente ocorre no mercado de consumo brasileiro, como destaca Arruda Alvim:

> "Por fim, como elemento sociológico a ser considerado, ainda que com parcimônia, porque informador do legislador, há que se ter em consideração as características peculiares do mercado de consumo brasileiro, para o qual a norma jurídica está dirigida, que dificilmente encontra termo válido de comparação com os

---

[9] "... a vulnerabilidade é um traço universal de todos os consumidores, ricos ou pobres, educadores ou ignorantes, crédulos ou espertos. ..." Arruda Alvim e outros, *Código do consumidor comentado*, RT, 2ª ed., 1995, pág. 45.

evoluídos mercados europeu e americano, berços do Direito de Consumo. Assim devemos lembrar que no Brasil, a par da situação de vulnerabilidade dos consumidores, quer pessoas físicas ou jurídicas, soma-se a conduta nem sempre ética de fornecedores de produtos e serviços, motivados pela inegável impunidade de que gozam à responsabilização de seus atos negociais realizados em desconformidade com o ético e com o jurídico, levando-nos em função de suas gravosas peculiaridades, à adoção, como imperativo de segurança social, de um microssistema jurídico muito mais rigoroso no conteúdo e mais abrangente quanto a gama de relações jurídicas tuteladas." (Arruda Alvim e outros, *Código do consumidor comentado*, RT, 2ª ed., 1995, pág. 24)

Por todas estas razões, a imperatividade da observância da contratação também pela ótica do Código de Defesa do Consumidor, sob pena de, mais uma vez, ficarem os bancos imunes da aplicação da lei, em desrespeito até mesmo ao mais primário direito constitucional - o da eqüidade -, como a tantos anos vem ocorrendo em nosso País.

De outro lado, em se aplicando as normas de consumo à relação em questão, sob esta ótica devem ser encaradas as obrigações assumidas pelo mutuário, especialmente no que tange aos encargos financeiros que se lhe impõe o banco demandado.

Neste passo, tentam as instituições financeiras justificar que os juros cobrados são elevados em face de circunstâncias de mercado, dos elevados custos de captação do dinheiro.

Todavia, observadas as taxas de remuneração a investimentos hoje praticadas no mercado (custo de captação), não se vislumbra nenhuma que ultrapasse a marca dos 2% ao mês, neste percentual embutida já a inflação.

Entretanto, nos cheques especiais, no crédito direto ao consumidor, verifica-se a cobrança de encargos mínimos de 8% ao mês, o que, notadamente, não se justifica.

A diferença entre os juros pagos ao investidor e os recebidos do mutuário constitui-se no lucro da instituição, também denominado *spread* da operação. No mundo todo, este *spread* não passa jamais de 3% a 4% ao ano; no Brasil, as instituições financeiras obtêm este lucro em menos de mês!

Olvidam, entretanto, os bancos, de que tal lucro excessivo, tanto mais quando praticado contra consumidores deste serviço bancário, é legalmente vedado pela Lei. Neste sentido, diversos dispositivos do

Código do Consumidor (Lei nº 8.078/90) proíbem o fornecedor de obter vantagem excessiva da relação de consumo:

"Art. 39. É vedado ao fornecedor de produtos ou serviços, dentre outras práticas abusivas:
(...)
V - exigir do consumidor vantagem manifestadamente excessiva;"

"Art. 51. São nulas de pleno direito, entre outras, as cláusulas contratuais relativas ao fornecimento de produtos e serviços que:
(...)
IV - estabeleçam obrigações consideradas iníquas, abusivas, que coloquem o consumidor em desvantagem exagerada, ou sejam incompatíveis com a boa-fé ou a eqüidade.
(...)
§ 1º. Presume-se exagerada, entre outros casos, a vantagem que:
(...)
II - restringe direito ou obrigações fundamentais inerentes à natureza do contrato, de tal modo a ameaçar seu objeto ou equilíbrio contratual;
III - se mostra excessivamente onerosa para o consumidor, considerando a natureza e conteúdo do contrato, o interesse das partes e outras circunstâncias peculiares ao caso."

E neste passo, constitui-se direito do consumidor a modificação de cláusulas contratuais em face da desproporcionalidade da obrigação ou sua revisão em razão de fatos supervenientes que as tornem excessivamente onerosas:

"Art. 6º. São direitos básicos do consumidor:
(...)
III - a modificação das cláusulas contratuais que estabeleçam prestações desproporcionais ou sua revisão em razão de fatos supervenientes que as tornem excessivamente onerosas."

Notadamente, a exigência de juros sobre empréstimo de capital dezenas de vezes acima da rentabilidade de qualquer outra atividade produtiva se constitui *vantagem manifestadamente excessiva*. Ademais, considerando a *natureza e o conteúdo do contrato*, onde os recursos captados pelos bancos são repassados ao consumidor com encargos várias vezes acima daqueles custos de captação, resulta esta cobrança em *prática iníqua, abusiva, incompatível com a boa-fé e a eqüidade*, como tal, que pode ser objeto da revisão e modificação ora pretendida.

Na verdade, já de longa data tal lucro excessivo se constitui em prática ilegal não só do ponto de vista comercial, como também se constitui crime contra a economia popular, nos termos da *Lei nº 1.521, de 26/12/51*:

"Art. 1º. Serão punidos, na forma desta Lei, os crimes e as contravenções contra a economia popular. Esta Lei regulará o seu julgamento.
(...)
Art. 4º. Constitui *crime da mesma natureza a usura pecuniária ou real*, assim se considerando:
a) cobrar juros, comissões ou descontos percentuais, sobre dívidas em dinheiro, *superiores à taxa permitida por lei*; (...)
b) obter ou estipular, em qualquer contrato, abusando da premente necessidade, inexperiência ou leviandade de outra parte, lucro patrimonial que exceda o quinto do valor corrente ou justo da prestação feita ou prometida.
Pena - detenção, de 6 (seis) meses a 2 (dois) anos, e multa, de Cr$ 5,00 (cinco cruzeiros) a Cr$ 20,00 (vinte cruzeiros).
(...)
§ 2º. *São circunstâncias agravantes do crime de usura*:
I - se cometido em época de grave crise econômica;
II - ocasionar grave dano individual;
III - dissimular-se a natureza usurária do contrato;
IV - quando cometido:
a) por militar, funcionário público, ministro de culto religioso; *por pessoa cuja condição econômica seja manifestadamente superior à da vítima;*
b) em detrimento de operário ou de agricultor; de menor de 18 (dezoito) anos ou de deficiente mental, interditado ou não."

E a gravidade de tais tipos de delitos, na medida em que determina a Lei, em caso de absolvição ou arquivamento de inquérito policial, o recurso de ofício:

"Art. 7º. Os Juízes recorrerão de ofício sempre que absolverem os acusados em processo por crime contra a economia popular ou contra a saúde pública, ou quando determinarem o arquivamento dos autos do respectivo inquérito policial."

Observe-se, outrossim, que também como Crime Contra o Sistema Financeiro Nacional - Lei nº 7.492, de 16/07/86, do *"Colarinho Branco"* -, se encontra tipificada a cobrança de juros ilegais:

"Art. 8º. Exigir, em desacordo com a legislação juro, comissão ou qualquer tipo de remuneração sobre operação de crédito ou de seguro, administração de fundo mútuo ou fiscal ou de consórcio, serviço de corretagem ou distribuição de títulos ou valores imobiliários:
Pena - Reclusão, de 1 (um) a 4 (quatro) anos, e multa."

Por todas estas razões, são de fato inconcebíveis as taxas de juros que são praticadas nos financiamentos concedidos aos financiados, prática que de longa data é proibida através de leis imperativas e que, hoje, resta inquestionavelmente vedada também pelo Código de Defesa do Consumidor

Não só com vistas à demonstração da aplicabilidade da presente lei, mas como também para verificação de sua utilização pelos Tribunais, temos a decisão da *Egrégia Décima Quarta Câmara Cível do TJRGS*, que entedeu por declarar nula a cláusula contratual que fixa a cobrança de juros acima da taxa legal, face à abusividade manifesta da mesma, conforme art. 51, IV, do CDC e de regras legais sobre juros:

"Negócio jurídico bancário. Revisão de cláusulas contratuais. Abusividade na cobrança dos juros. Aplicação do Codecon aos contratos bancários.
Possibilidade da revisão ante o princípio da relatividade do contrato, prevalecente sobre o princípio do *pacta sunt servanda*, a fim de assegurar a rela concretização dos conceitos norteadores do equilíbrio da relação contratual, como da *liberdade* e da *igualdade* entre as partes.
Revisão de contratos findos.
Viável apenas quando demonstrado que o *quantum* executado resulta de contratos anteriores, evidenciando continuidade negocial.
Limitação dos juros.
Reconhecida a abusividade na cláusula que estabelece juros, em verdadeiro contrato de adesão, frente a uma realidade econômica de relativa estabilidade da moeda, é de ser declarada sua nulidade. Inteligência do art. 51, IV, do CDC e de regras legais sobre juros.
(...)
2. (...)
Não raras vezes, as instituições financeiras invocam o princípio da *pacta sunt servada* para verem cumpridas as disposições contratuais e, assim, pretenderam inviabilizar revisão dos pactos.

O princípio do *pacta sunt servanda*, indiscutivelmente, deve ser encarado apenas como um princípio, jamais como um dogma imutável. Este princípio da força obrigatória dos contratos desenvolveu-se como conseqüência natural do princípio da liberdade contratual, naquela concepção de que todos são livres e iguais em direitos. A liberdade natural do homem, portanto, só teria limites na sua própria vontade. Assim, com absoluta igualdade e liberdade, toda e qualquer pactuação só poderia representar uma livre negociação e um absoluto equilíbrio contratual. Sabe-se que esta teoria geral clássica dos contratos vem dos séculos XVIII e XIX, onde vigorava o individualismo de base Kantiana, onde a verdadeira fonte do direito reside na vontade humana, pois o homem, como ente de razão, é posto no centro do universo. Na economia, explodindo o liberalismo, com a teoria do *laissez-faire*, origem do capitalismo - livres forças do mercado a regular a economia. Na política, a crescente idéia do abstencionismo do Estado, a não se imiscuir nas relações privadas. Assim que, no direito contratual, em face dessas idéias, consagrou-se o princípio do 'voluntarismo jurídico', como base de todo o direito obrigacional - toda a construção jurídica residia na autonomia da vontade e na liberdade contratual. Por isso, características desse princípio, são a coercibilidade do que foi avençado e a irrevogabilidade unilateral das cláusulas contratuais. Somente o caso fortuito ou a força maior poderia liberar a parte contratante de cumprir com o pacto. Por isso que ao Poder Judiciário só cumpria o controle formal do contrato, sendo vedada toda e qualquer ingerência em suas cláusulas, muito menos posicionamento a respeito da justiça contratual.

A respeito do tema, convém a lição de Enzo Roppo, em sua obra 'O Contrato', Almeida, Coimbra, 1988, p. 35:

'Nesse sistema, fundado na mais ampla liberdade de contratar, não havia lugar para a questão da intrínseca igualdade, da justiça substancial das operações econômicas (...)

Considerava-se e afirmava-se, de fato, que a justiça da relação era automaticamente assegurada pelo fato de que o conteúdo deste corresponder à vontade livre dos contraentes, que espontânea e conscientemente, o determinavam em conformidade com os seus interesses, e, sobretudo, o determinavam num plano de recíproca igualdade jurídica (dado que as revoluções burguesas, e as sociedades liberais nascidas destas, tinham abolido os privilégios e as discriminações legais que caracterizavam os ordenamentos em muitos aspectos semifeudais do 'antigo regime',

afirmando a paridade de todos os cidadãos perante a lei): justamente nesta igualdade posições jurídicos-formais entre os contraentes consistia a garantia de que as trocas, não viciadas na origem pela presença de disparidades nos poderes, nas prerrogativas, nas capacidades legais atribuídas a cada um deles, respeitavam plenamente os cânones da justiça comutativa.
Liberdade de contratar e igualdade formal das partes eram portanto os pilares - que se completavam reciprocamente - sobre os quais se formava a asserção peremptória, segundo a qual dizer *contratual eqüivale a dizer justo.*'
O apogeu desta concepção jurídica foi no século passado, por influência do Código Civil francês. No presente século, contudo, entrou em declínio, pois verificou-se que a tão decantada igualdade entre as partes contratantes dava-se apenas no plano da teoria. Era apenas formal. A desigualdade material entre os indivíduos era gritante. E qual a conseqüência lógica da pactuação entre partes materialmente desiguais: por evidente que será a exploração por aquela que se apresenta economicamente mais avantajada sobre a mais necessitada. A ausência de uma efetiva vontade contratual, diante destas circunstâncias, põe à mostra toda a insuficiência do liberalismo contratual.
Nos dias de hoje, com a complexidade de nosso sistema social, bem assim das relações econômicas, surgem os chamados contratos de massa, com cláusulas contratuais já prontas e previamente impressas, elaboradas por uma das partes contratantes e submetidas, ou melhor, impostas à aceitação da outra. A alternativa é aceitar em bloco tais cláusulas, pois não há espaço para a discussão isolada de cada uma delas. A liberdade contratual, com isso, torna-se apenas um ideal, pois não há espaço para a discussão do pacto.
E não se alegue, de forma simplista, que bastaria a não contratação. Não há escolha. Ou contrata em bloco todas as cláusulas, ou deixa de usufruir do bem que necessita. Desde que capitalista é a sociedade em que vivemos, por bem ou por mal, somos obrigados a dispor de pecúnia.
Então, todos aqueles postulados que inspiravam e informavam o liberalismo contratual do século passado, não mais podem ser aceitos nos dias de hoje, pois a realidade é absolutamente diversa. As razões que informavam o princípio da força obrigatória do contrato - *pacta sunt servanda* - pertencem a outra realidade histórica. Se esta realidade está alterada, por evidente que os

outros devem ser os princípios norteadores da construção jurídica.
Louis Josserand, *in Derecho Civil*, tomo II, vol. I, p. 449, Buenos Aires, EJEA, 1950, a respeito, assevera com muita propriedade:
'(...) los juristas, por fieles que sean a la tradición, deben, en las horas en que vivimos, mirar en su derredor más bien que hacia atrás; deben vivir con su época, si no quieren que ésta viva sin ellos'.
É o princípio da relatividade do contrato.
'O contrato muda a sua disciplina, as suas funções, a sua própria estrutura, segundo o contexto econômico-social em que está inserido.' (Enzo Roppo, na obra acima citada, p. 24).
Desmistificando-se os conceitos de liberdade e igualdade no contratar, e assim encarando de frente a realidade social, à qual o direito não pode olvidar, pois é fruto dela, tem-se como resultado a própria eficácia da ciência jurídica, retirada do abstracionismo a que anteriormente fora alçada. Com isto, na prática, tem-se a preocupação com a igualdade efetiva das partes e suas legítimas expectativas, possibilitando ao Judiciário o efetivo resguardo da comutatividade contratual, desbancando o dogma do *pacta sunt servanda*. A conseqüência natural, pois, é a revisão das cláusulas do contrato, sempre que estas, pela desigualdade das partes no momento de contratar, possam causar o aniquilamento daquela outra mais necessitada.
Improcedem, assim, eventuais alegações de impossibilidade do pedido de carência de ação, sendo possível a revisão das cláusulas contratuais, a fim de se verificar se ocorreram abusos no contrato.
No que respeita à aplicação do Código de Defesa do Consumidor aos negócios jurídicos bancários, breve consideração deve ser expendida. A jurisprudência desta Corte, inclusive desta Câmara, é unânime em afirmar que aos contratos bancários se aplicam as regras do CDC.
Por vezes o Código de Defesa do Consumidor amplia o conceito de consumidor para proteger quem é a ele equiparado. É o caso do art. 29. Para o efeito das práticas comerciais e da proteção contratual *'equiparam-se aos consumidores todas as pessoas, determináveis ou não, expostas a práticas nele previstas'*.
Sendo assim, o CDC rege as operações bancárias, inclusive as de mútuo e abertura de crédito, pois se tratam de relações de consumo.

O produto do Banco é o dinheiro ou o crédito, que são bens juridicamente consumíveis, sendo ele, portanto, fornecedor; desta forma, os mutuários ou creditados, não passam de consumidores. Assim, estamos diante de uma relação de consumo, podendo ser decretada até de ofício a nulidade de cláusulas abusivas consoante dispõe o art. 51 do CDC.
Neste sentido, decisão do STJ, no REsp nº 57974 - 4ª Turma, Relator o Ministro Ruy Rosado de Aguiar Jr., publicado no DJ de 29.05.95:
'Código de Defesa do Consumidor. Bancos. Cláusula penal. Limitação em 10%.
1. Os Bancos, como prestadores de serviços especialmente contemplados no art. 3º, parágrafo segundo, estão submetidos às disposições do Código de Defesa do Consumidor. A circunstância de o usuário dispor do bem recebido através da operação bancária, transferindo-o a terceiros, em pagamento de outros bens e serviços, não o descaracteriza como consumidor final dos serviços prestados pelo Banco.
2. A limitação da cláusula penal em 10% já era do nosso sistema (Dec. 22.626/33), e tem sido usada pela jurisprudência quando da aplicação da regra do art. 924 do CC, o que mostra o acerto da regra do art. 52, § 1º, do Codecon, que se aplica aos casos de mora, nos contratos bancários.
Recurso não conhecido.'
Cumpre verificar, pois, à luz destas considerações e assentes estas premissas, se ocorreram abusos no contrato.
De pronto, analisa-se a questão dos juros.
Alega a apelante, para sustentar a tese da não limitação dos juros ao patamar constitucional, a circunstância de não ser auto-aplicável a regra do § 3º, do art. 192, da CF88 e ainda, o fato de não estar ela atrelada à regra do art. 1062 do Código Civil, por se tratar de instituição financeira.
Ressalto, aqui, já que a matéria vem debatida nos autos, meu entendimento pessoal a respeito da auto-aplicabilidade do art. 192, § 3º, da CF e a incidência da Lei de Usura às instituições integrantes do sistema financeiro.
Contudo, são várias as decisões do STF em sentido contrário, razão pela qual não serão tais argumentos os decisivos para impor glosa ao *quantum* pretendido pelo credor, senão pelo exame específico da cláusula que estipula os juros, pois dentro de uma realidade econômica hoje vivida, com relativa estabilidade da moeda, sem dúvida que os juros praticados, na espécie, se mostram abusivos.

O disposto no Decreto nº 22.626/33 é claro ao vedar a prática da usura, e seu art. 1º ainda regula a matéria pertinente à limitação dos juros em contratos, estabelecendo ser proibida a estipulação de taxas superiores ao dobro da legal, que é de 6% ao ano, conforme regra do art. 1.062 do Código Civil.

A alegação de que estas taxas de juros, utilizadas pelos Bancos e instituições financeiras, estariam liberadas pelo Conselho Monetário Nacional, é absolutamente equivocada. Conforme disposições da Lei nº 4.595/64, compete ao CMN formular a política de crédito no País, *limitando*, sempre que necessário, as taxas de juros e qualquer outra forma de remuneração de operações e serviços bancários e financeiros. Desta forma, já resta absolutamente clara a impossibilidade de o CMN *liberar* taxas de juros. Sua função específica é limitar tais incidências. Assim, ficam os juros limitados entre os 6% da taxa legal prevista no art. 1.062 do Código Civil e os 12% previstos no Decreto nº 22.626/33.

Continua, pois, em vigor, a Súmula 121 do pretório excelso, não tendo sido revogada pela de nº 596.

Especificamente no que respeita à Súmula nº 596, há que se atentar para uma peculiaridade que explica a razão de sua edição. Estava o Sistema Financeiro impedido de utilizar o mecanismo da correção monetária dos valores. Por isso, a título de compensação, como única possibilidade de reposição do valor da moeda, foi permitida a taxação dos juros acima do limite legal permitido. Contudo, após a possibilidade ampla de aplicação da correção monetária, utilizada pelo Sistema Financeiro, à toda evidência que dita Súmula se apresenta desatualizada, como o que se impõe sua revisão.

Mas mesmo que se admita, a título de argumentação, que as taxas de juros estariam liberadas pelo CMN, não se pode perder de vista que assim está ele agindo exclusivamente de acordo com as circunstâncias e interresses próprios do sistema e da atividade bancária. Desimporta, para este órgão, por óbvio, a questão do equilíbrio e da comutatividade dos contratos. Contudo, para o Poder Judiciário, quando provocado, tal questão não pode escapar do necessário e detido exame e consideração, pois é na busca do equilíbrio e na pacificação das relações jurídicas que o Judiciário exaure sua função precípua.

Especificamente sobre o tema, pois, a questão está em descobrir o ponto a partir do qual se pode considerar como abusivos os juros contratados, tendo em vista, como já se disse, a realidade econômica hoje vivida, com relativa estabilidade da moeda.

Por evidente que o mercado financeiro não pode servir de referencial ou parâmetro, pois, se assim fosse, estar-se-ia recorrente às taxas praticadas pelos próprios Bancos. Em última análise, fosse assim os próprios Bancos é que estariam a decidir quais as taxas aplicáveis.
Desta forma, outra alternativa não resta que não a de tomar como referencial ordenamentos legais sobre a matéria, ou seja, a própria lei civil (art. 1062 do CC e Decreto nº 22.626/33), além do contido na própria Carta Política. Daí que não se pode desprezar, como este referencial, a taxa de 12% ao ano.
E na espécie dos autos, a taxa de juros estabelecida, através de contrato de adesão, no qual o mutuário necessitado do numerário não tem outra alternativa a não ser aceitar o que lhe foi imposto, sem qualquer possibilidade de escolher taxas mais favoráveis, já que praticamente uniformes em face da política monetária vigorante, em muito supera os 12% a.a., mostrando-se, por isso mesmo abusiva frente a uma realidade que hoje se vive de relativa estabilidade da moeda.
Ora, então, frente a ampla possibilidade de revisão da cláusula, como de início se viu, porque quebrada a base comutativa do contrato, e diante do que dispõe o CDC a respeito da abusividade das cláusulas (sendo nulas de pleno direito quanto estabeleçam obrigações iníquas, abusivas e que coloquem o consumidor em desvantagem exagerada ou ainda incompatíveis com a boa-fé ou a equidade - art. 51, IV), por certo que a fixação dos juros em patamar superior aos 12% ao ano, importou em nulidade da respectiva cláusula contratual, por evidente abuso de direito.
Assim, impõe-se o afastamento da cláusula em exame, a fim de estabelecer que os juros, na espécie, sejam praticados no percentual de 12% ao ano.
Com isto, ressalto, a decisão se dá pela constatação, no caso concreto, de abusividade da cláusula contratual que estabeleceu os juros."
APELAÇÃO CÍVEL Nº 198 072 183
DÉCIMA QUARTA CÂMARA CÍVEL DO TJRGS
REL. HENRIQUE OSVALDO POETA ROENIK
(J. 25.06.98)
Com ementa idêntica:
APELAÇÃO CÍVEL Nº 198 091 340
DÉCIMA QUARTA CÂMARA CÍVEL DO TJRGS
REL. HENRIQUE OSVALDO POETA ROENIK
(J. 25.06.98)

Por fim, cumpre esclarecer que já de longa data vem o *Superior Tribunal de Justiça* decidindo a respeito da aplicabilidade das normas contidas na Lei nº 8.078/90 - Código de Defesa do Consumidor - às instituições financeiras, nos termos das decisões que abaixo se transcrevem:

"Código de Defesa do Consumidor. Bancos. Cláusula penal. Limitação em 10%.
1. Os bancos, como prestadores de serviço especialmente contemplados no art. 3º, parágrafo segundo, estão submetidos às disposições do Código de Defesa do Consumdor. A circunstância de o ususário dispor do bem recebido através de operação bancária, transferindo-o a terceiros, empagamento de outros bens e serviços, não o descaracteriza como consumidor final dos serviços prestados pelo Banco.
2. A limitação da cláusula penal em 10% já era do nosso sistema (DEC. 22.626/33), e tem sido usada pela jusrisprudência quando da aplicação da regra do artigo 924 do CC, o que mostra o acerto da regra do artigo 52, § 1º, do CODECON, que se aplica aos casos de mora, nos contratos bancários.
Recurso não conhecido.
VOTO
(...)
O recorrente, como instituição bancária, está submetido às disposições do Código de Defesa do Consumidor, não porque ele seja fornecedor de um produto, mas porque presta um serviço consumido pelo cliente, que é o consumidor final desses serviços, e seus direitos devem ser igualmente protegidos como o de qualquer outro, especialmente porque nas relações bancárias há difusa utilização de contratos de massa e onde, com mais evidência, surge a desigualdade de forças e a vulnerabilidade."
RECURSO ESPECIAL Nº 57.974 - 0 - RS
QUARTA TURMA DO STJ
REL. EXMO. SR. MIN. RUY ROSADO DE AGUIAR
D. julgamento 25.04.95 - D. publicação 29.05.95

"Juros. Limite. Súmula 596/STF. Aplicação, de acordo com precedentes deste Tribunal. *As instituições financeiras estão sujeitas ao CDC.*
Recurso conhecido em parte e provido.
VOTO
(...)

4. Quanto ao tema da incidência do CDC, tenho que nessa parte o recurso não pode ser conhecido porque a instituição financeira está sujeita aos princípios e regras do Código de Defesa do consumidor, conforme está na lei e tem sido admitido nesta Turma: *Código de Defesa do Consumidor. Bancos. Cláusula penal. Limitação em 10%.*
1. Os bancos, como prestadores de serviço especialmente contemplados no art. 3º, parágrafo segundo, estão submetidos às disposições do Código de Defesa do Consumidor. A circunstância de o ususário dispor do bem recebido através de operação bancária, transferindo-o a terceiros, em pagamento de outros bens e serviços, não o descaracteriza como consumidor final dos serviços prestados pelo Banco.
2. A limitação da cláusula penal em 10% já era do nosso sistema (DEC. 22.626/33), e tem sido usada pela jurisprudência quando da aplicação da regra do artigo 924 do CC, o que mostra o acerto da regra do artigo 52, § 1º, do CODECON, que se aplica aos casos de mora, nos contratos bancários." (REsp nº 57974-RS - 4ª Turma, de minha relatoria, DJ 29.05.95)"
RECURSO ESPECIAL Nº 163.616 - RS
QUARTA TURMA DO STJ
REL. EXMO. SR. MIN. RUY ROSADO DE AGUIAR
D. julgamento 21.05.98 - D.publicação 03.08.98

8. Repetição do indébito e a reparação de dano fundada na vedação ao enriquecimento ilícito - desnecessidade de prova de vício de consentimento - obrigação com objeto ilícito - nulidade da obrigação que atinge seus efeitos (pagamento e novação) - renegociações a partir de forma não prescrita em lei

Além da referida revisão dos títulos, partindo-se das contratações que lhes deram origem em operações continuativas, com base nos fundamentos acima, impõe-se a repetição do indébito de todos os valores pagos a maior nos títulos quitados, independente da forma de liquidação, tendo em vista as ilegalidades praticadas pelo banco no decorrer da contratação.

E, neste passo, a importância da restituição dos pagamentos a maior realizados pelo mutuário tem como primeira base legal o *art. 964 do CCB*:

"Art. 964. Todo aquele que recebeu o que lhe não era devido fica obrigado a restituir".

Reportamo-nos à situação do débito tributário, onde a ação de repetição do indébito é ferramenta usual à reparação de ilegalidades praticadas pelo fisco, mesmo após já quitado o tributo pago a maior.

E no caso da relação dos mutuários e instituições financeiras, a situação guarda enorme similitude àquela relação contribuinte-Estado. Desde logo, a unilateralidade no lançamento do tributo em tudo se assemelha à unilateralidade já na contratação da operação, através de contrato de adesão, no qual limita-se a vontade do mutuante a "aderir" ou não à forma imposta pelo Banco, sob pena de não ser-lhe concedido o financiamento.

É de se observar, ainda, que em muitas vezes, quando do pagamento, a rubrica cobrada tinha aparência de legalidade, fato este que veio a evidenciar-se ilegal no decorrer do tempo pelo pronunciamento do Judiciário sobre o tema. Exemplo, em março de 1990, dizia o banco ser legal o índice de correção nos financiamentos rurais de 84,32%. Entretanto, *a posteriori* consagrado no Judiciário sua ilegalidade, restringir estas declarações judiciais de ilegalidade da cobrança unicamente às operações em aberto, seria menosprezar todo o trabalho realizado pelo Judiciário na aplicação da lei, e premiar a prática ilícita.

Pior do que isso, quando do pagamento, acrescido o débito de inúmeras ilicitudes, por vezes já constantes do próprio contrato, é apresentado ao devedor um montante devido sem qualquer discriminação ou justificativa, sendo ao mutuário dada a opção unicamente de pagar ou não pagar.

Não por outra razão, a corroborar a ausência de informações aos mutuários acerca dos encargos cobrados em operações de financiamento, tem sido comum nos Tribunais a procedência de ações de prestação de contas visando à obtenção destas informações. Neste sentido, acórdão da Egrégia Sétima Câmara Cível do TARGS, em julgamento de ação de prestação de contas proposta por mutuário contra instituição financeira, determinando que esta apresente ao correntista as contas gráficas de evolução dos débitos, bem como critérios de correção, encargos que incidem sobre os débitos e lançamentos efetuados:

> "Ação de prestação de contas. Dever da instituição financeira de prestá-las ao correntista, para que tome conhecimento dos critérios e dos lançamentos efetivados. Precedentes. (ementa).
> O Dr. Roberto Expedito da Cunha Madrid (Relator) - Quanto ao mérito, o tema já foi enfrentado pelo STJ, como se pode ver das RSTJ 60/219 e RF 328/161, citadas na AC 196115398, pelo Relator, o e. Dr. Perciano de Castilhos Bertoluci, na sessão de 11 de setembro, p.p., desta Câmara, quando referiu '(...) *a jurisprudência tem conferido ao correntista legitimidade para exigir da instituição bancária prestação de contas, quando discorda dos lançamentos realizados na sua conta. É sem dúvida, direito daquele que confia ao banco o seu dinheiro e utiliza os recursos financeiros que são colocados à sua disposição, além dos valores por ele depositados, de saber com precisão e certeza, exatamente o que lhe está sendo cobrado, quais são os critérios de correção, que encargos incidem sobre o débito e quais são as origens dos lançamentos realizados, de modo a conhecer a evolução do débito que lhe está sendo exigido.*'

Isto posto, mantenho a decisão. Rejeito as preliminares e nego provimento ao apelo."
APELAÇÃO CÍVEL Nº 196093306
SÉTIMA CÂMARA CÍVEL DO TARGS
REL. DR. ROBERTO EXPEDITO DA CUNHA MADRID

Na verdade, não há na qualquer voluntariedade na atitude do devedor que paga ou renegocia um débito com uma instituição financeira, muito menos no aspecto do conhecimento do que efetivamente está sendo pago, até mesmo porque normalmente as liquidações se dão por débito em conta-corrente.

A opção do devedor resume-se a pagar o valor apresentado pelo credor ou aderir às condições de sua renegociação, impostas pelo banco. Não se pode olvidar dos diversos meios e práticas retaliatórias utilizadas pelas instituições financeiras à imposição da cobrança de créditos iníquos, àqueles que em um dado momento se rebelam contra estas imposições ilegais, tais como lançamento em cadastros nacionais de restrição ao crédito (SERASA, SPC, CADIN, etc.), e a execução do título.

Assim, a prova do erro, que por vezes se entende necessária à admissão da repetição do indébito, deve ser temperada com estas evidências inequívocas de sonegação de informações e coação pelos bancos aos seus mutuários, mas, principalmente, a desigualdade entre as partes desta relação jurídica.

Além dos diversos meios de *coação* de que se utilizam os bancos a impor o cumprimento de obrigações consabidamente ilícitas, deve-se ter em conta a quase sempre ausência de conhecimento, pelo mutuário, quanto a qual seja o valor efetivamente devido. Por isso, o *erro* no pagamento, que por vezes ainda se cogita seja demonstrado, é também fato implícito, público, notório e inquestionável.

Ademais, as instituições financeiras têm o dever profissional de agir dentro das normas creditícias, pois operam por concessão governamental, exercendo verdadeiro serviço público, principalmente quando se tratam de instituições oficiais de crédito como o Banco do Brasil, o BNDES e a CEF, que, em face do caráter público de sua atuação no mercado financeiro, deveriam primar pelo respeito aos princípios da legalidade, resultando disso uma presunção, pelo usuário, de que o concessionário do serviço estará agindo de boa-fé e dentro da lei.

Observe-se que tal princípio não se aplica apenas a instituições oficiais de crédito, mas a todas as instituições bancárias, na medida em que a atividade financeira possui inequívoco caráter público. Basta verificar que para sua instalação ou funcionamento se exige aprovação prévia do Banco Central do Brasil, através do que se denomina *"carta patente"*.

A partir desta presunção, obviamente não se pode exigir que o usuário do serviço comprove ter sido induzido em erro, para somente a partir desta prova, admitir-se a revisão das legalidades praticadas pelo concessionário público.

Ademais, não se pode deixar de observar a natureza de adesão dos contratos de bancários, em face do que o pressuposto liberal contido no Código Civil de 1916, que embasa o princípio do *"consensualismo"*, justificativa da necessidade de prova de vício de consentimento à admissão da revisão da manifestação de vontade, não tem mais lugar neste tipo de operações.

A necessidade de prova do erro, ou seja, a prova de *"exceção à 'livre' manifestação da vontade"*, só se pode aplicar a contratos onde prepondera a efetiva liberdade de contratar, não nos de adesão, nos quais a repetição do indébito é regida por normas próprias, que derrogaram aquelas estabelecidas no Código liberal de 1916. Dentre estas, por exemplo, o *parágrafo único do art. 42 do Código de Defesa do Consumidor, Lei nº 8.078/90:*

"Art. 42. (...)
Parágrafo único. O consumidor cobrado em quantia indevida tem direito a repetição do indébito, por valor igual ao dobro do que pagou em excesso, acrescido de correção monetária e juros legais, salvo hipótese de engano justificável."

Como se pode ver deste dispositivo, não consta qualquer obrigatoriedade à demonstração do vício de consentimento de que cogitava o Código liberal. E nem poderia, posto que é princípio nas relações de consumo e nos contratos de adesão a inversão do ônus da prova *(art. 6º, VIII, CODECON)*.

Neste passo, ao banco que impôs a cobrança de crédito ilícito é que se impõe a prova da licitude de seu ato. Mais do que isso, ao mesmo deve ser oportunizada a demonstração de que não o fez de má-fé (mas por *"engano justificável"*), posto que, se tiver agido com dolo ou culpa, estará obrigado, ainda, à repetição pelo valor em dobro.

Enfrentando esta questão da *prova do erro*, justamente sob este prisma da *desigualdade entre as partes da relação*, cumpre reportarmos aos fundamentos de decisões da Egrégia Sétima Câmara Cível do TARGS:

"Repetição do indébito.
Em se cuidando de figurantes desiguais, a só voluntariedade do pagamento não é suficiente para afastar a pretensão à repetição

do indébito. Se o erro advém daquele que apresenta o cálculo, no caso um estabelecimento bancário, procede a pretensão à restituição da pessoa física devedora.
(...)
O Dr. Antonio Janyr Dall'Agnol Junior (Relator) - Eminentes Colegas.
A tese tradicional, adotada pela r. sentença, no que respeita à pretensão de repetição do indébito, merece ser interpretada, hoje, à luz dos negócios que se realizam não mais entre iguais, mas, decididamente, entre figurantes desiguais, as mais das vezes.
No caso, um estabelecimento de crédito, de um lado, e uma pessoa física, de outro (fl.08).
Nessas questões, a só voluntariedade no pagamento não é suficiente para afastar a pretensão à repetição (RJTJRS - 147/401). Quem vai a estabelecimento bancário para efetuar pagamento de empréstimo, quando o mais em mora, há de supor a boa-fé por parte do credor - até porque não é fácil a qualquer um o exame das (conscientemente) complexas operações aritméticas não raro levadas a efeito. Exibido o cálculo e precipuamente o resultado, paga o devedor fundado na boa-fé. O erro, nesses casos, há de se reputar por conta de quem cobra, pois é quem, necessariamente, realiza os cálculos. Verdadeiro contra-senso seria, nessas circunstâncias - aqui, enriquecidas pelo fato de que foi terceiro quem, por conta do devedor, fez o pagamento - concluir ter ocorrido, quanto ao *plus*, doação (pois essa conclusão a que chega a doutrina tradicional: se houve voluntário pagamento, o excesso fica por conta de mera liberalidade!).
Em resumo, a mim se afigura inaplicável em casos como o dos autos a teoria tradicional. Havendo excesso, viável ao devedor postular a restituição."
APELAÇÃO CÍVEL Nº 193126018
SÉTIMA CÂMARA CÍVEL DO TARGS
REL. DR. ANTONIO JANYR DALL'AGNOL JUNIOR
J. 23.02.94

Não havendo mais dúvida quanto à aplicação do CDC nas relações bancárias justamente pela desigualdade entre as partes, a questão da prova do erro toma contornos absolutamente diferenciados da teoria tradicional, transferindo-se o ônus ao credor de provar que o devedor não pagou com erro, devendo-se tomar como presunção de veracidade a irresignação em juízo para buscar o indevidamente pago.

De outro lado, deve-se também ter presente que diversas das ilegalidades que são impostas aos produtores nas operações de crédito rural têm origem em *obrigações nulas*, porquanto expressamente vedadas por lei.

Neste passo, são nulas as obrigações quando ilícito seu objeto, ou quando inobservada a forma prescrita em lei, nos termos dos *arts. 82, 130 e 145, III, do Código Civil Brasileiro*.

"Art. 82. A validade do ato jurídico requer agente capaz (art. 145, n. I), objeto lícito e forma prescrita ou não defesa em lei (arts. 129, 130 e 145)."

"Art. 130. Não vale o ato, que deixar de revestir a forma especial determinada em lei (art. 82), salvo quando esta comine sanção diferente contra a preterição da forma exigida."

"Art. 145. É nulo o ato jurídico:
(...)
II - Quando for ilícito, ou impossível, o seu objeto.
III - Quando não revestir a forma prescrita em lei (arts. 82 e 130)."

No que tange à ilicitude do objeto das obrigações que normalmente se pretende revisar para o fim de obter a repetição do indébito, temos por absolutamente pacífica no Judiciário a ilegalidade, por exemplo, da cobrança de juros acima de 12% ao ano, conquanto não estipuladas taxas acima deste limite pelo CMN, como exige o *art. 5º do Decreto-Lei nº 167/67* e o *art. 14 da Lei nº 4.829/65*, juros moratórios acima de 1% ao ano, limite expressamente estabelecido no *parágrafo único do art. 5º do Decreto-Lei nº 167/67*, o índice de 84,32% em março de 1990, dentre outras imposições comumente encontradas nos contratos de crédito rural ou execução destes pelos bancos.

Notadamente, a cláusula contratual que estabelece *obrigações ilícitas*, vedadas por lei, é *disposição nula de pleno direito (arts. 82 e 145, I, do CCB)*. Em se tratando de defeito que atinge o ato em face de seu *objeto*, a declaração de nulidade obviamente independe da prova de meros vícios de consentimento (erro, por exemplo), hipótese de mera anulabilidade.

Ora, nos termos do Título II do Livro III da Parte Especial do Código Civil Brasileiro, o pagamento, por todas as suas formas, a novação, a compensação, a transação, o compromisso, a confusão, e a remissão, são todos *efeitos* das obrigações.

Nulo o ato, nulos todos os seus efeitos e, para declaração de *nulidade*, independe a indagação da existência de qualquer vício de consentimento, porquanto o objeto ilícito é defeito que atinge a própria essência do ato jurídico, consentido ou não. Por esta razão, como dito, mostra-se também desnecessária a cogitada *prova do erro* à admissão da repetição do indébito decorrente de obrigações ilícitas, decorrentes da cobrança de juros acima da taxa legal, índices de correção monetária indevidos, etc.

Além disso, pouco importa, também, que tal obrigação *nula* tenha sido cumprida (paga ou novada), porquanto, insista-se, por qualquer de suas formas, a *extinção* é mero *efeito* da obrigação. Mostra-se então juridicamente inadmissível cogitar de impossibilidade de repetição do indébito de operações de crédito rural *"liquidadas"*, como alegam os bancos, em face do *pagamento* ou da *novação*, na medida em que, sendo nulas as obrigações desde suas origens, nenhum efeito poderia surtir (nem o *pagamento* nem a *novação*), ou se estes efeitos por ventura se operaram, são também nulos, de pleno direito.

Com efeito, não bastasse o princípio de que a nulidade do ato atinge seus efeitos, especialmente no que tange à inocorrência de novação, não se pode deixar de observar a existência de disposição expressa vedando sua ocorrência quando a obrigação novada for nula:

"*Código Civil Brasileiro:*
Art. 1007. Não se podem validar por novação obrigações nulas ou extintas."

Tal dispositivo guarda enorme coerência com a natureza atribuída em lei à novação, como simples *efeito* da obrigação. Notadamente, se a obrigação é nula, o deve ser também seu efeito, a concluir que tal disposição, por analogia, deve se aplicar também às hipóteses de pagamento.

Além disso, como já se expôs no tópico *"VII. A revisão das operações contratadas no âmbito do crédito agrícola"*, estabelecem a *Lei nº 7.843/89, artigo 4º, parágrafo único*, e o *Manual de Crédito Rural - MCR 2-6-9*, que *"fica assegurada a prorrogação dos vencimentos de operações rurais, obedecidos os encargos vigentes, quando o rendimento propiciado pela atividade objeto de financiamento for insuficiente para o resgate da dívida"*.

Mais do que isto, os *arts. 12, 13 e 62 do Decreto-Lei nº 167/67*, estabelecem também a *forma* legal de *prorrogação* da operação de crédito rural, a saber:

"Art. 12. A cédula de crédito rural poderá ser aditada, ratificada e retificada por meio de *menções adicionais* e de *aditivos*, datados e assinados pelo emitente e pelo credor."

"Art. 13. A cédula de crédito rural admite amortizações periódicas e *prorrogações de vencimento que serão ajustadas mediante a inclusão de cláusulas, na forma prevista neste Decreto-lei.*"

"Art. 62. *As prorrogações de vencimento de que trata o art. 13 deste Decreto-lei serão anotadas na cédula pelo próprio credor*, devendo ser averbadas à margem das respectivas inscrições, e seu processamento, quando cumpridas regularmente todas as obrigações, cedulares e legais, far-se-á por simples requerimento do credor ao Oficial do Registro de Imóveis competente.
Parágrafo único. Somente exigirão lavratura de *aditivo as prorrogações que tiverem de ser concedidas sem o cumprimento das condições a que se subordinarem ou após o término do período estabelecido na cédula.*"

Como se pode claramente ver, operações de crédito rural que não puderam ser pagas em seus vencimentos devem ser *prorrogadas*, através da *forma prevista em lei*, qual seja, a mera *anotação* na cédula, se ocorrida a renegociação ou prorrogação dentro de seu vencimento, ou através de *aditivos*, se a recomposição tenha se dado fora do termo previsto no instrumento original.

Assim, a *"confissão de dívida"*, o *mata-mata*, ou em qualquer modalidade de ajuste que venha a renegociar operações anteriores, ou são consideradas como meras *prorrogações* (irregulares), ou então se constituem em atos nulos, por não observarem a *forma prescrita em lei (artigos 82, 130, e 145, III, do CCB).*

O que não se pode admitir é que, como querem os bancos, que da realização de uma renegociação absolutamente irregular, que ao invés de mera *prorrogação* de vencimento se dá a partir da contratação de suposta *"nova"* operação, como tal, realizada também sem observância da forma prescrita em lei (*anotação* na própria cédula ou *aditivo*), decorra a impossibilidade de se revisar a operação original, em face da ocorrência da novação.

Desta forma, seja porque nulas, seja porque meras prorrogações da operação original, não há porque de não se admitir a revisão da efetiva *causa debendi*, da origem da dívida, consubstanciada na operação prorrogada, renegociada ou inadequadamente tida por novada. E, para isto, independe, mais uma vez, da prova de qualquer vício de consentimento, na medida em que meras prorrogações não convalidam absolutamente nada, como também não se pode cogitar de convalidação de obrigações nulas por meio do pagamento ou da novação (art. 1.007 do CCB), porquanto, insista-se mais uma vez, nula a obrigação, nulos também os seus efeitos. Como já dissemos, desimporta indagar do *vício de consentimento*, porquanto o defeito não está na manifestatação de vontade, mas no próprio objeto e forma da obrigação.

Corroborando este raciocínio, pelo enfrentamento da questão da *prova do erro* sob o prisma da *ilicitude da prática do ato e sua nulidade*, reportamos-nos aos fundamentos de decisões da Egrégia Sétima Câmara Cível do TARGS:

"2. Possibilidade de Repetição.

Na verdade, trata-se de mera pretensão de repetição do indébito por pagamento indevido de juros onzenários. Logo, verdadeiramente, não há necessidade de prova, nem investigar-se todo o contrato. Basta simples confrontação entre o que foi expressamente previsto como taxa de juros e a lei.

Como os pagamentos se deram com inclusão de juros onzenários, quer a compensação dos juros pagos indevidamente. A sentença entendeu pela procedência da ação, mas negou a compensação.

Ao primeiro, vale a pena salientar, que esta Câmara, tem posição uniforme quanto aos juros. Seja pela auto-aplicabilidade do parágrafo terceiro do artigo 192 da Constituição Federal, seja pela não recepção da lei de mercado de capitais pela Carta vigente, os juros estão limitados a 12% ano. Fora disto, há uma afronta à lei e à Carta Magna.

Mais. Entendemos que a questão de juros desata interesse público. Logo, é lícito pensar nos efeitos do interesse público em relação ao tempo. Como exemplo, em algumas oportunidades, tem-se determinado de ofício o limite legal.

Certo, o artigo 965 do Código Civil diz que 'ao que voluntariamente pagou o indevido incumbe a prova de tê-lo feito por erro'. E isto tem sido o motivo do indeferimento de pedido como o autor desta ação.

Ocorre, contudo, na teoria do atos jurídicos *o erro é menos*, pois *é ato anulável*. É o que diz o artigo 86 do Código Civil: 'São *anuláveis* os atos jurídicos, quando as declarações de vontade emanarem de erro substancial'. Por sem dúvida, a decretação de nulidade de um ato anulável depende de prova.

No presente caso, contudo, não estamos diante de ato anulável, mas de *ato nulo (inválido)*. Trata-se de ato que - pela orientação

da Câmara - afronta a lei, direito expresso, *por isto é ato ilícito*. No caso incide o artigo 82 do Código Civil: 'A validade do ato jurídico requer agente capaz (art. 145, I), objeto lícito e forma prescrita ou não defesa em lei (art. 129, 130 e 145)'.
Em síntese, cobrar juros acima de 12% ao ano, é mais do que erro. Logo, é mais do que ato anulável.
Cobrar juros acima de 12% é ato com objeto ilícito, pois afronta texto expresso de lei. Logo, é *ato nulo (inválido)*. Como diz o artigo 145 do Código Civil: É nulo o ato jurídico I..., II - *quando for ilícito*, ou impossível, *o seu objeto*.
Gostaria de lembrar que esta Câmara tem aceitado, sem qualquer dissonância, a revisão (e por conseqüência o abatimento de valores pagos a maior) em casos de continuidade negocial em que os contratos subseqüentes quitam os conseqüentes. Aqui o pagamento é e foi feito em dinheiro. A lei não restringe forma de pagamento, para imposição de repetição do indébito. Renovada vênia, não cabe ao julgador, restringir, quando não se trata de norma de direito e interpretação restrita."
APELAÇÃO CÍVEL Nº 197292691
QUINTA CÂMARA CÍVEL DO TARGS
REL. DR. RUI PORTANOVA

Ainda, sobre nulidade das obrigações por ilícitas e abusivas, a seguinte decisão, da Egrégia Décima Quarta Câmara Cível do TJRGS:

"(...)
E na espécie dos autos, a taxa de juros estabelecida, através de contrato de adesão, no qual o mutuário necessitado do numerário não tem outra alternativa a não ser aceitar o que lhe foi imposto, sem qualquer possibilidade de escolher taxas mais favoráveis, já que praticamente uniformes em face da política monetária vigorante, em muito supera os 12% a.a., mostrando-se, por isso mesmo abusiva frente a uma realidade que hoje se vive de relativa estabilidade da moeda.
Ora, então, frente a ampla possibilidade de revisão da cláusula, como de início se viu, porque quebrada a base comutativa do contrato, e diante do que dispõe o CDC a respeito da abusividade das cláusulas (sendo nulas de pleno direito quanto estabeleçam obrigações iníquas, abusivas e que coloquem o consumidor em desvantagem exagerada ou ainda incompatíveis com a boa-fé ou a equidade - art. 51, IV), por certo que a fixação dos juros em patamar superior aos 12% ao ano, importou em nulidade da respectiva cláusula contratual, por evidente abuso de direito.

Assim, impõe-se o afastamento da cláusula em exame, a fim de estabelecer que os juros, na espécie, sejam praticados no percentual de 12% ao ano.

Com isto, ressalto, a decisão se dá pela constatação, no caso concreto, de abusividade da cláusula contratual que estabeleceu os juros."
APELAÇÃO CÍVEL Nº 198 072 183
DÉCIMA QUARTA CÂMARA CÍVEL DO TJRGS
REL. HENRIQUE OSVALDO POETA ROENIK
(J. 25.06.98)

Finalmente, temos ainda que os princípios de direito que vedam o *locupletamento ilícito* preponderam, também, sobre a imposição de prova do erro, que inquestionavelmente se presume por quem, lidando com instituição financeira especializada no assunto, só pode imaginar estejam seus cálculos corretos, mas que, posteriormente, pela unanimidade do Judiciário, têm sido apontados como ilegais e abusivos.

E neste fundamento reside mais uma causa à restituição do indébito, qual seja, o *princípio universal de direito que veda o enriquecimento ilícito*, o qual encontra-se previsto na legislação pátria no Capítulo II, Título VIII, Livro II, da Parte Geral do Código Civil Brasileiro, que trata de forma exemplificativa, da *Liquidação das obrigações por atos ilícitos* (o art.1.553 dá definitivamente a conotação exemplificativa dos casos enumerados nos artigos. 1.537 a 1.538). No mesmo sentido, o art. 159 do CCB deve o mesmo reparar os danos causados ao devedor:

"Art. 159. Aquele que, por ação ou omissão voluntária, negligência, ou imprudência, violar direito, ou causar prejuízo a outrem, fica obrigado a reparar o dano."

Com isso, se a partir de que se tem declarado ilícito o ato praticado pelo credor quando da cobrança de percentuais de correção monetária ou juros indevidos, deve o responsável por esta ilicitude responder com *perdas e danos*.

E nem se diga da necessidade da ocorrência de *culpa* na cobrança destes encargos indevidos, na medida em que, estabelecendo o *art. 3º da Lei de Introdução ao Código Civil Brasileiro*, "*ninguém se escusa de cumprir a lei, alegando que não a conhece*".

Notadamente, sendo os bancos conglomerados especializados no exercício da atividade financeira, é muito mais inadmissível cogitar de que desconhecem as proibições de contratação dos encargos de que se cogita. Mesmo houvesse de se cogitar de *culpa* para obtenção da reparação, a *presunção* da existência desta é manifesta e, ademais, por força do *art. 6º, VIII, do CODECON*, é ao credor que compete derrubar esta presunção.

Neste sentido, da *repetição do indébito como forma de vedação ao enriquecimento ilícito*, é entendimento jurisprudencial que tem sido reiteradamente adotado no Alçada gaúcho, como forma alternativa a concluir pela desnecessidade da prova de qualquer vício de consentimento pelo produtor:

"Repetição de indébito. Cédulas rurais. Carência de ação rejeitada. Correção monetária no mês de março de 1990 na ordem de 41,28%. Precedentes do STJ.
Recurso improvido.
(...)
O Dr. Cláudio Caldeira Antunes (Relator) - No que diz respeito à preliminar de carência de ação, desassiste razão ao recorrente, pois não se cuida de pagamento voluntário, mas de cobrança efetuada pela instituição financeira com base em contrato de adesão, de modo que não se aplica à espécie o art. 965 do CCB, como quer o apelante.
A causa tem como fundamento matéria que se encontra pacificada neste Tribunal, inclusive pelo colendo STJ, onde já firmou entendimento no sentido de ser aplicado o índice de 41,28% para a correção monetária de financiamento rural no mês de março de 1990, razão por que o autor não é carecedor de ação.
Rejeito a preliminar."
APELAÇÃO CÍVEL Nº 195177340
SÉTIMA CÂMARA CÍVEL DO TARGS
REL. DR. CLÁUDIO CALDEIRA ANTUNES
J.14.02.96

"2.3. No pertinente à revisão dos valores pagos a maior, em empréstimos já quitados, pretendendo a compensação, embora, a princípio esboce a sua impossibilidade, na verdade, os esteios de *'o seu a cada um' e do 'enriquecimento indevido'*, *são alavancas para possibilitar a repetição do indébito. Assim, aquelas obrigações honradas em desajuste com as especificações da correção monetária, juros constitucionais, capitalização, taxa ANBID e PROAGRO devem, no momento do cálculo, serem revisadas e compensadas com os parâmetros deste julgado*".
APELAÇÃO CÍVEL Nº 193068525
OITAVA CÂMARA CÍVEL DO TARGS
Rel. Dr. Cláudio Caldeira Antunes

"SFH. Pagamento indevido. Ação de repetição do indébito. Liquidação antecipada.
1. Impõe-se distinção entre a ação de repetição do indébito, resultante do pagamento indevido previsto nos arts. 964 e 971 do CC, e a demanda advinda do *enriquecimento sem causa ou enriquecimento ilícito*, pois que a primeira pressupõe pagamento entendido como forma extintiva de uma obrigação emergente de negócio jurídico ou diretamente da lei. Quem pagou em liquidação antecipada perante agente financeiro do SFH, o fez em fundamento em contrato, com o que, se quer receber restituição, se está adiante de repetição de indébito. *Porém, descabe rigor na exigência da prova do erro, constante no art. 965 do CC, em respeito ao princípio universal de direito que veda o locupletamento ilícito.* Quando se reclama que o solvens prove por erro é porque se está presumindo que pagou por liberalidade, o que não se admite suceda no tocante a instituição financeira ou um banco. *Outrossim, é fácil presumir o erro de quem, lidando com instituição financeira especializada no assunto, só pode imaginar cálculos corretos.* 2. Caso em que o agente financeiro não respeitou o CES invariável de 1.15. Situação, no entanto, de procedência parcial, porque o acionante não pagou com o valor certo da prestação do mês da liquidação antecipada". (Julgados do TARGS 76/286).

"As amortizações de empréstimo rural eram lançadas em conta corrente do devedor de forma arbitrária pelo banco apelante, desconhecendo o apelado 'qual a importância que corresponde a reajuste monetário, juros capitalizados e juros acima da taxa legalmente permitida', como já afirmado na inicial (fl.5) e não contraditado expressamente na contestação (fl. 20/28)
Impõe-se concluir pela necessidade e cabimento da condenação do réu-apelante a devolver os valores efetivamente cobrados por ele e pagos em excesso, para evitar *locupletamento indevido e ilícito*."
APELAÇÃO CÍVEL Nº 192216455
SEGUNDA CÂMARA CÍVEL DO TARGS

Ainda, quanto à repetição do indébito, por diversos fundamentos, transcrevemos as seguintes decisões do Egrégio Tribunal de Alçada do RS:

"Ação de repetição de indébito. Empréstimo rural. Dívida atualizada pelo IPC. Previsão contratual.
Merece acolhimento a pretensão do mutuário de ver adotado índice mais favorável (BTN), se estipulação contratual foi derrogada por norma superveniente (Lei nº 8.088/90, Art. 5º).

Apelação provida.
APELAÇÃO CÍVEL Nº 192117372
SÉTIMA CÂMARA CÍVEL DO TARGS
Pres. Rel. FLÁVIO PÂNCARO DA SILVA

"Civil. Repetição de indébito.
1. Cabe repetir indébito se, comprovadamente, o obrigado pagou ao banco quantia superior à devida segundo cálculo do contador judiciário.
2. Apelação provida."
APELAÇÃO CÍVEL Nº 192256287
SÉTIMA CÂMARA CÍVEL DO TARGS
REL. DR. ARAKEN DE ASSIS
J. 13/10/93

"Sustentou o embargante, no decorrer do processo, que os acertos anteriores foram feitos mediante cálculos realizados que continham taxas de juros superiores a 12% a.a., por força de cláusula constante da cédula, que estabelece 4% ao mês, em caso de inadimplência. Pediu, assim, a compensação dessas importâncias pagas indevidamente, no cálculo a ser feito na execução. O banco embargado insurgiu-se, sustentando que trata-se de repetição de indébito e lembrou os dispositivos 1.010, 965 e 1.263 do Código Civil.
É de entender-se procedente a pretensão do embargante, pois o artigo 964 do Código Civil, que trata do pagamento indevido, diz que todo aquele que recebeu o que não lhe era devido fica obrigado a restituir. Não cabe lembrar a disposição do artigo 1.263, por não se aplicar à espécie. Ao comentar o citado dispositivo, Carvalho Santos ensinou que 'a lei quer considerar o caso em que os juros não sejam objeto da estipulação expressa, a que, em outro artigo, se refere: quando, por exemplo, as partes convencionam simples e verbalmente que o mutuário reconhecerá, por uma indenização, o serviço que o mutuante lhe presta. Na ausência de uma obrigação civil há ainda uma obrigação natural. E é em respeito a ela que se consigna a proibição (conforme Pont., obra citada, nº 253) da mesma forma porque não se poderia repetir o pagamento de uma dívida de jogo. Em contrário a doutrina exposta por vários autores, notadamente Aubry Et Rau, obra citada, página 602, nota 6; Troplong, nº 412; Delvincourt, 111, 200, nota 3, ensina Paul Pont que se não inclui na referência o caso em que, não tenha havido nenhuma estipulação, nem

mesmo verbal, haja o mutuário, todavia, pago, por escrúpulo de consciência ou não para precisar ficar reconhecido ao mutuante. O que não importa em dizer que a repetição seja possível. Mas a proibição tem aqui outro motivo que é a existência de uma doação manual; e é a título de dinheiro dado, e não de juros, que o mutuante conserva as quantias recebidas. Não é sem conseqüência a distinção; pois, se o pagamento não é válido como tal mas como doação, será submetido às regras a esta relativa (Ob. citada nº 254)'. *Mais adiante, prosseguindo nos mesmos comentários ao dispositivo que o Banco credor quer ver aplicada na solução do conflito, o grande jurista faz uma indagação: 'se, em excesso da taxa estabelecida no Decreto nº 22.626 (Lei da Usura), o mutuário pagou juros não estipulados terá o direito de repetí-los?' em seguinda responde: 'parece-nos que sim, tendo em vista o art. 251 do Código Comercial que permite a restituição dos juros pagos em excesso da taxa legal'.*
Dessa forma, vê-se que a pretensão do embargante é perfeitamente justa, estando em consonância com a Lei civil e alicerçada na melhor doutrina, pelo que, deve ser dado provimento ao seu apelo, também neste aspecto." (grifei)
APELAÇÃO CÍVEL Nº 193136553
TERCEIRA CÂMARA CÍVEL DO TARGS
REL. DR. GASPAR MARQUES BATISTA

"Ações ordinárias de revisão contratual e incidentais de embargos à execução. Julgamento conjunto. Cédulas rurais pignoratícias. O BTN é o indexador oficial para o mês de março de 1990, sendo vedada a aplicação de qualquer outro. O percentual a ser observado para o mês em questão é de 41,28%. O cálculo da correção monetária deve considerar a data da liberação dos empréstimos, calculada *pro rata tempore,* tendo como parâmetro a OTNF/BTNF, do dia da liberação, do pagamento e do vencimento. Conflita com os objetivos do crédito rural, marcado por sua especificidade e destinação própria, vincular a sua atualização aos índices de caderneta de poupança. A cobrança do valor do Seguro do Proagro deve ser feita em uma única oportunidade, a não ser que o mesmo venha a ser desdobrado em pagamentos parcelados. A norma do art. 192, § 3º, da CF é de aplicação imediata e de eficácia plena, não podendo a taxa de juros, a partir de sua vigência, ser superior a 12% ao ano. A capitalização mensal de juros é vedada. Súmula 121, do STF, que ainda continua em vigor, não tendo sido revogada pela de nº 596. Com base no art. 5º, do Decreto-lei nº 167/67, ela deve ser calculada semestral-

mente. *Os financiamentos concedidos devem ser aplicados aos fins ajustados dentro dos objetivos traçados pela lei que os regula. Cédulas emitidas para pagamento de outras, com evidente desvio de finalidade, caracterizando o desvirtuamento do empréstimo. Invalidade. Compensação do débito com os valores recebidos ou debitados a maior, que deverão ser apurados. Prosseguimento da execução pelo saldo encontrado em favor do credor. Sentença mantida por seus próprios fundamentos. Apelação desprovida, por maioria."* (grifei)
APELAÇÃO CÍVEL Nº 192098465
SEXTA CÂMARA CÍVEL DO TARGS
REL. DR. TAEL JOÃO SELISTRE

Indiscutível então, o cabimento da repetição do indébito em operações pagas ou ditas novadas, quando destas formas se operou a liquidação de obrigação ilícita, na medida em que a nulidade da obrigação atinge, obviamente, seus efeitos (pagamento e novação).

Igualmente, determinando a lei forma espressa à renegociação de operações de crédito rural, através de *prorrogações, anotadas na própria cédula* ou por meio de *aditivos,* a adoção de forma não prevista em lei não pode jamais ser tida como meio a obstar a repetição do indébito, porquanto nulos também estes atos posteriores em razão da inobservância da forma prescrita em lei.

Em sendo hipóteses de nulidade do ato jurídico, independe, então, a prova de qualquer *vício de consentimento* (erro, por exemplo), para obtenção da repetição. Ademais, na medida em que por formas diversas das legalmente previstas tenta o banco convalidar e dissimular a nulidade das obrigações ilícitas, utilizando-se, ainda, de ameaças de execução e restrição ao crédito do devedor perante todo o sistema financeiro e comercial (SERASA, CADIN, SPC), é evidente que muito mais do que mera indução em *erro* do devedor, nestes atos jurídicos se encontram presentes o *dolo* e a *coação* por parte da instituição financeira.

Por tudo que já se pode ver no Judiciário acerca da contratação de encargos absulamente ilegais em operações de crédito rural, assim como a cobrança e renegociação irregulares e ilegais destas obrigações, fica evidente a presunção deste *dolo* pelos Bancos, megacorporações especializadas no trato das questões financeiras, às quais, obviamente, incumbiria a prova de que não tenham agido ilegalmente. Não provada a legalidade destes atos pela instituição financeira, resulta inequívoco o direito à repetição do indébito, até em preservação dos princípios que vedam o enriquecimento ilícito.

9. O Finame agrícola

9.1. CONSIDERAÇÃO SOBRE AS OPERAÇÕES DE "ABERTURA DE CRÉDITO FIXO COM GARANTIA REAL" CONTRATADAS NO ÂMBITO DO FINAME AGRÍCOLA

Notadamente, os financiamentos contratados no âmbito do programa FINAME Agrícola, na grande maioria das vezes se dá sob a forma de "Contratos de Abertura de Crédito Fixo". No entanto, poucas vezes estas contratações são instituídas através de Cédula Rural Pignoratícia.

Em razão deste fato, por vezes comete-se o equívoco de ignorar que se tratam os Contratos de Abertura de Crédito Fixo para aquisição de máquinas e implementos agrícolas *operações de crédito rural*, seja pela natureza e finalidade do empréstimo, seja pela natureza do próprio BNDES, gestor do programa FINAME, que se constitui em órgão vinculado ao Sistema Nacional de Crédito Rural - SNCR.

Neste sentido, não bastasse serem operações contratadas no âmbito do programa de "FINAME agrícola", em seu objeto, verificam-se tratar de financiamentos destinados à aquisição de máquinas agrícolas, o que, por si só, já caracterizaria a natureza do financiamento como crédito rural.

Inobstante, tal conclusão fica ainda mais evidente, como dito, observadas as normas constantes do Manual de Crédito Rural (MCR 1.2), que incluem o BNDES, gestor do programa FINAME, como órgão integrante do SNCR:

"Título: Crédito Rural
Capítulo: Disposições Preliminares - 1
Seção: Sistema Nacional de Crédito Rural - 2
1 - Cabe ao Sistema Nacional de Crédito Rural (SNCR) conduzir os financiamentos, sob as diretrizes da política creditícia formulada pelo Conselho Monetário Nacional, em consonância com a política de desenvolvimento agropecuário.

2 - O SNCR é constituído de órgãos básicos, vinculados e articulados.
3 - São órgãos básicos o Banco Central do Brasil, Banco do Brasil S.A., Banco da Amazônia S.A., Banco Nacional de Crédito Cooperativo S.A., Banco do Nordeste do Brasil S.A., Banco Meridional do Brasil S.A., e Banco de Roraima S.A.
4 - São órgãos vinculados:
a) *para os fins da Lei nº 4.504, de 30.11.64*: Banco Nacional do Desenvolvimento Social (BNDES);" (destaques no original)

Como se pode ver, não só o BNDES, gestor do FINAME, é instituição integrante do SNCR, como órgão vinculado, mas seus próprios agentes constituem órgão básico deste Sistema, como, por exemplo, o Banco do Brasil S/A.

A Lei 4.504/64 a que se refere o normativo não é nada menos nada mais que o próprio Estatuto da Terra, norma basilar da proteção à atividade agropecuária e ao desenvolvimento da nação, da qual deriva o crédito rural, como, por exemplo:

"Capítulo III - Assistência e Proteção à Economia Rural
Art. 73. Dentro das diretrizes fixadas para a Política de Desenvolvimento Rural, com o fim de prestar assistência social, técnica e fomentista, e de estimular a produção agro-pecuária, de forma a que ela atenda não só ao consumo nacional, mas também a possibilidade de obtenção de excedentes-exportáveis, serão mobilizados, dentre outros, os seguintes meios:
(...)
VI - assistência financeira e creditícia;
(...)
Seção VI - Da assistência financeira e creditícia
Art. 83. O Instituto Brasileiro de Reforma Agrária, em colaboração com o Ministério da Agricultura, a Superintendência da Moeda e do Crédito (SUMOC) e a Coordenação Nacional do Crédito Rural, promoverá as medidas legais necessárias para institucionalização do crédito rural, tecnificado."

Em desdobramento deste Estatuto, sobrevieram, então, as diversas normas que, atualmente, regem o crédito rural, de forma específica, dentre as quais a *Lei nº 4.829/65* e o *Decreto-Lei nº 167/67*, inclusive em regulamentação à própria Lei nº 4.595/64, a qual não deixa também de contemplar a especialidade deste crédito e constituir benefícios à sua concessão, como nos seu art. 4º, incisos IX e XIV, "b".

Verifica-se, então, que, uma vez vinculada diretamente ao Estatuto da Terra, a participação do BNDES na atividade agropecuária se mostra ainda mais ampla que simplesmente o fornecimento de crédito, conquanto deva responder esta instituição por todo um conjunto de medidas de incentivo financeiro, econômico e técnico à atividade agropecuária, dentre os quais se incluem programa de FINAME AGRÍCOLA.

Na verdade, em função justamente disso (e também de incentivo à indústria) é que foi criado o BNDES, através do Decreto nº 88.101, de 10/02/83 (Estatuto do BNDES).

Por esta razão, mostra-se um completo absurdo considerar excluídas do crédito rural as operações realizadas pelo BNDES/Banco do Brasil, dentro de um programa (FINAME AGRÍCOLA) que tem por finalidade justamente o incentivo à aquisição de equipamentos agrícolas.

Inobstante os Contratos de Abertura de Crédito Fixo não se tratem de Cédulas Rurais, encontram-se aqueles protegidos por disposição cogente similar e até mais abrangente àquela contida no art. 5º do Decreto-Lei nº 167/67, qual seja o art. 14 da Lei nº 4.829/65, o qual, dentro dos princípios basilares do Estatuto da Terra, sistematizou o crédito rural na reforma bancária de 1964:

"Lei 4.829/65
Art. 14. *Os termos, prazos, juros e demais condições das operações de crédito rural, sob quaisquer de suas modalidades, serão estabelecidos pelo Conselho Monetário Nacional*, observadas as disposições legais específicas, não expressamente revogadas pela presente Lei, *inclusive o favorecimento previsto no art. 4º, inciso IX, da Lei nº 4.595, de 31 de dezembro de 1964*, ficando revogado o art. 4º do decreto-lei nº 2.611, de 20 de setembro de 1940."

Observe-se que ao criar as cédulas e notas rurais, através do Decreto-Lei nº 167/67, o legislador nada mais fez do que especializar ainda mais o princípio de dirigismo contratual já existente nesta Lei geral do crédito rural.

Não por outra razão, o próprio Superior Tribunal de Justiça não tem feito distinção à forma de contratação, estendendo a imposição da limitação dos juros a 12% ao ano, indistintamente, a todas as operações de crédito rural, e não só às cédulas e notas rurais.

Assim, as mesmas razões que se impõem a limitação dos juros nas "cédulas", devem também ser adotadas aos "contratos de abertura de crédito fixo" celebrados no âmbito do Finame Agrícola.

9.2. A CORREÇÃO MONETÁRIA *PRO RATA*

Só para que se tenha uma idéia do problema em que se constituem estas operações de Finame, bem como as irregularidades nelas embutidas, citamos declaração na CPMI do Endividamento Agrícola do Sr. Alcir Calliari, ex-Presidente do Banco do Brasil, referindo ao problema da cobrança da *TR cheia no mês da liberação dos recursos*, quando desde logo é incorporado ao valor do débito correção monetária anterior ao próprio empréstimo:

"FINAME é um processo complicado também; o Banco do Brasil tentou agilizar criando o FINAME-balcão, que é para dar condições de reciclagem do parque de máquinas brasileiro; é uma linha do BNDES. Acontece que ela vem eivada de um processo complicadíssimo, que se chama TR cheia. Ele, quando liberado ao final do mês, onera violentamente o tomador de recursos. Negociamos com o BNDES e conseguimos que, de agora para frente, não se onere. Existe um resíduo, um estoque do passado que está sendo duramente negociado, para saber quem fica com o prejuízo. Estão discutindo isso entre o BNDES e o Banco do Brasil; trata-se de um processo morto na origem, mas ainda teremos problemas para a frente." (*Relatório Final*, Secretaria Legislativa, Subsecretaria de Comissões, Serviço de Comissões Especiais e de Inquérito, CPMI criada através do Requerimento do Congresso Nacional nº 92/93, 3ª Sessão Legislativa Ordinária da 49ª Legislatura, Brasília, 1993, pág. 91)

Com tal nefasto critério de atualização do débito, o que termina ocorrendo é que, já na *largada do contrato*, é imposto ao devedor correção monetária por período no qual não esteve o recurso mutuado à sua disposição, o que se afigura absolutamente ilegal.

Desta forma, recebem os bancos correção monetária por dinheiro ainda não emprestado, *locupletando-se na cobrança de correção monetária pelo índice cheio do mês da liberação dos recursos*.

Em razão das conclusões apostas no Relatório Final da Comissão Parlamentar Mista de Inquérito (CPMI) do Endividamento do Setor Agrícola, foi então elaborado um *Memorando de Entendimento*, firmado em 08/06/94 por representantes do Banco do Brasil, do Banco Central do Brasil, dos Ministérios da Agricultura e Fazenda e da Comissão de Agricultura e Política Rural da Câmara dos Deputados, confirmando a ilegalidade reconhecida pelo Presidente do BB, principal agente do Finame no país, cogitando da busca de uma solução ao problema:

"4 - Os ministérios envolvidos solicitarão ao BNDES os acertos necessários, no prazo máximo de 30 dias, para estornar ou devolver os prejuízos que tenham decorrido da diferença entre a utilização da TR plena em vez da aplicação do critério *pro rata tempore*, nos empréstimos ao amparo do FINAME/RURAL."

Inobstante, com vistas a suprimir definitivamente tal ilegalidade cometida no cálculo dos financiamentos, foi editada a *Carta-Circular nº 08/95, de 17/07/95, do BNDES e Aviso Interministerial nº 581/95, de 13/07/95*, determinando a *reversão, em favor dos mutuários, dos efeitos financeiros decorrentes do critério de aplicação da Taxa Referencial - TR na atualização dos saldos devedores dos contratos celebrados no âmbito do Programa Agrícola.*

Como dispõe esta *Carta-Circular 08/95, item "1"*, enquadram-se na hipótese de revisão do saldo devedor os:

"(...) contratos celebrados no âmbito do Programa Agrícola da FINAME, cujas liberações ocorreram no período compreendido entre 09.10.91 e 30.04.93."

Dispõe ainda esta *Carta-Circular 08/95*, em seu *item 1.2.* que:

"(...)
para os contratos em que forem apurados efeitos financeiros favoráveis aos mutuários, decorrentes da adoção dos novos critérios, estes serão abatidos dos saldos devedores respectivos."

Ocorre que tal necessário abatimento não tem sido efetuado nas contas das operações de FINAME, nos termos do que determina a Carta-Circular expedida pelo órgão normativo do FINAME - BNDES.

Frise-se, neste passo, nos termos da *cláusula primeira* dos contratos padrões de FINAME, que as instituições financeiras são *agentes financeiros* do *FINAME*, ficando obrigada à observação das normas operacionais da mesma:

"1ª) A *instituição financeira* qualificada no item I do preâmbulo, *credenciada como Agente Financeiro da Agência Especial de Financiamento Industrial - FINAME*, daqui por diante denominada AGENTE, *aderiu expressa e incondicionalmente às Condições Gerais Reguladoras das Operações a serem realizadas* de acordo com o Decreto nº 59.170, de 02.09.66, microfilmados sob o nº 399.674, averbadas na coluna de anotações do Registro 4.879, do Livro H-9, no 2º Ofício do Estado do Rio de Janeiro."

Desta feita, a *Carta-Circular nº 08/95 do BNDES* tem força cogente em relação aos bancos, na medida em que, aderindo ao sistema *FINA-*

ME, como *agente financeiro* do mesmo, aceita expressamente a autoridade normativa do *BNDES*.

Por esta razão, a imposição normativa de que sejam estornados do débito os efeitos decorrentes da cobrança de índice cheio de correção no mês de liberação dos recursos. Contata-se em verdade ante o descumprimento desta norma a *mora creditoris do BANCO*, a relevar a mora do devedor.

O *Superior Tribunal de Justiça* já teve a oportunidade de analisar a cobrança do índice cheio de atualização monetária no mês de liberação dos recursos e concluiu pela ilegalidade de tal prática, determinando a aplicação da correção monetária *pro rata temporis*, nos termos das decisões abaixo:

> "Listisconsórcio necessário. FINAME - BNDES. CPC, Art. 47. Correção monetária *pro rata temporis*.
> (...)
> Não contraria a Lei 2284 a incidência de correção monetária *pro rata temporis*, com relação as obrigações contratuais ajustadas a época do Plano Cruzado I."
> RECURSO ESPECIAL 36.576-SC
> TERCEIRA TURMA DO S.T.J.
> REL. MIN. EDUARDO RIBEIRO
> D.J. 06.09.93 - pg. 18033

9.3. AS HIPÓTESES DE NULIDADE DAS GARANTIAS PRESTADAS

Notadamente, as garantias às contratações de FINAME agrícola se dão mediante a alienação fiduciária dos bens adquiridos com tal financiamento. Muitas vezes, no entanto, verifica-se ser a constituição desta garantia nula, nos termos do que passamos a demonstrar

9.3.1. Bens imóveis por acessão física imprestáveis à constituição de alienação fiduciária

Estabelece o Decreto-Lei nº 911/69, que deu a redação em vigor ao art. 66 da Lei nº 4.728/65, que rege a alienação fiduciária:

> "Art. 66. A alienação fiduciária em garantia transfere ao credor o domínio resolúvel e a posse indireta da *coisa móvel* alienada, (...)"

Com isto, é expresso na lei o fato de que *só podem ser objeto de alienação fiduciária bens móveis*.

Portanto, quando os bens objeto de alienação fiduciária se tratarem do *"próprio parque produtivo"* do mutuário, quais sejam, aqueles *construídos e/ou instalados sobre imóvel de propriedade do devedor*, e que são intencionalmente empregados na sua exploração agrícola, e que se dele forem destacados haverão de destruir o *parque produtivo* que mantém produção não há que se falar em alienação fiduciária sobre os mesmos.

Notadamente, *tais garantias possuem natureza de bens imóveis*, nos termos de sua definição legal, contida no Código Civil Brasileiro:

"Art. 43. São bens imóveis:
(...)
II - Tudo quanto o homem incorporar permanentemente ao solo, como a semente lançada à terra, os edifícios e construções, de modo *que se não possa retirar sem destruição, modificação, fratura, ou dano*.
III - Tudo quanto no imóvel *o proprietário mantiver intencionalmente empregado em sua exploração industrial*, aformoseamento, ou comodidade".

Neste sentido, leciona a mais respeitada doutrina sobre o que seja a categoria de *imóvel por acessão física* de que trata este dispositivo legal:

"O Código Civil conhece quatro categorias de imóveis: 1º) por natureza; 2º) por acessão física; 3º) por acessão intelectual; 4º) por determinação legal.
(...)
Em segundo lugar estão os *imóveis por acessão física*, compreendendo tudo quanto o homem incorpora *permanentemente* ao solo. Aí estão as construções, os edifícios definitivos, que não podem ser removidos sem dano, as pontes, viadutos, obras pesadas aderentes à terra, bem como seus acessórios, tais sejam pára-raios, balcões, platibandas, etc.
(...)
Dessa classe (imóveis por acessão física) são, contudo os pavilhões construídos para *exposição*, porque se identificam com as demais edificações que se incorporam permanentemente ao solo, muito embora tenham de ser demolidos. É que a permanência não significa perpetuidade, mas duração, não importando que esta seja definida ou indefinida. Não tem significado também a qualidade do material de que seja feita a construção: pedra, tijo-

los, concreto armado, madeira, matéria plástica. O que revela é a sua aderência ao solo, por escavações, alicerces, colunas, pilastras ou qualquer outro modo que traduza permanência, o que não exclui a simples justaposição, quando a massa colocada na superfície impõe uma adesão permanente sem necessidade de amarração ou outros meios de fixação". (Caio Mario da Silva Pereira, *Instituição de Direito Civil*, pág. 359, vol. I, Forense, 5ª ed., 1978)

Como se pode ver, um dos elementos caracterizadores da *acessão* reside justamente no aspecto da *impossibilidade de remoção sem dano*.

Veja-se então que, muitas vezes, o próprio Judiciário reconhece tal impossibilidade de remoção e determina a lacração do bem.

Tais fatos, denotam perfeitamente que a remoção dos bens é inviável, seja porque aderiram ao solo em caráter definitivo, seja porque possuem nenhum ou mínimo valor econômico, isoladamente considerados, sem aqueles que aderiram ao solo.

Não há, assim, como cogitar da condição de bem móvel quando já concluída a edificação ou instalados os equipamentos que lhe são indispensáveis ao funcionamento, indiscutivelmente, incorporaram-se os mesmos ao solo sobre o qual foram instalados, não se podendo cogitar de sua remoção sem *"destruição, modificação, fratura, ou dano"* (art. 43, II, CCB), ou seja, a completa perda de função do bem.

Por outro lado, sabe-se que o fim último do instituto da *busca e apreensão* é a venda dos bens para satisfação do crédito. No entanto, sem o solo que compõe o principal do *parque industrial* que nele se assenta perderia a garantia não só a sua integridade, mas também o seu próprio valor econômico.

A destinação destes bens imóveis, os fins do próprio financiamento litigioso e, ainda, o nosso próprio sistema legal, exigem a *unidade do terreno e suas benfeitorias*, como constitutivos de um só bem imóvel, corporificado pelo referido *parque produtivo*.

A remoção de qualquer dos componentes do bem imóvel, mesmo não fosse fisicamente e economicamente inviável, destruiria a impositiva unidade legal, aviltaria seus valores, vindo isto também a justificar a integração do principal e de acessão como um só bem, nos termos do art. 43, incisos II e III, do CCB. Fácil fica entender a impossibilidade de bens imóveis servirem de objeto da alienação fiduciária que nulificadamente muitas vezes são impostas aos produtores pelos bancos.

9.3.2. Pela impossibilidade de alienação ou oneração do acessório destacadamente do principal

Como já exposto, os bens móveis, quando incorporados ao solo (art. 43, II, CCB), ou quando intencionalmente empregados em sua exploração industrial, aformoseamento, ou comodidade (art. 43, III, CCB), passam a *imóveis por acessão física*.

Tal conclusão também se verifica sob a ótica da relação do bem acessório com o principal, assim como pela revogação do *direito de superfície* pelo Código Civil Brasileiro:

"Art. 58. Principal é a coisa que existe sobre si abstrata ou concretamente. Acessório, aquela cuja existência supõe a da principal."

"Art. 59. Salvo disposição especial em contrário, a coisa acessória segue a principal."

"Art. 61. São acessórios do solo:
(...)
III - As obras de aderência permanente, feitas acima ou abaixo da superfície."

"Art. 526. A propriedade do solo abrange a do que lhe está superior e inferior em toda a altura e em toda a profundidade, úteis ao seu exercício, não podendo, todavia, o proprietário opor-se a trabalhos que sejam empreendidos a uma altura ou profundidade tais, que não tenha ele interesse algum em impedi-los."

Da mesma forma, se considerarmos também o fato de que muitas vezes o imóvel sobre o qual se assentam os bens alienados fiduciariamente encontra-se hipotecado por conta da mesma dívida, vem esta hipoteca a abranger, também, os bens em questão, por força do que dispõe o art. 811 do Código Civil Brasileiro, face à permissão do art. 810 do mesmo Código:

"Art. 811. A hipoteca abrange todas as acessões, melhoramentos ou construções do imóvel."

"Art. 810. Podem ser objeto de hipoteca:
I - (...)
II - os acessórios dos imóveis conjuntamente com eles."

No mesmo sentido, dispõe o Decreto-Lei nº 167/67 no *caput* do artigo 21, *in verbis*:

"Art. 21. São abrangidos pelo hipoteca constituída as construções, respectivos terrenos, maquinismos, instalações e benfeitorias".

Como não poderia deixar de ser, há notável coerência nestas disposições legais que, banindo do nosso sistema jurídico o direito de superfície, estabelecem que os bens móveis que componham como acessórios, edificações ou instalações industriais sobre um mesmo solo sejam bens imóveis, pois ficam na integrados ao próprio solo.

Além disso, na grande maioria das vezes, a própria avaliação dos bens hipotecados para efeito do art. 818 do CCB (Cláusula Vigésima Segunda), leva em consideração estas benfeitorias (bens imóveis por acessão física)

Observe-se, neste passo, que a *anterior* incorporação dos bens móveis aos imóveis, em função da finalidade produtiva a que os mesmos se destinam, se dá, ainda, por vontade do próprio banco, ao incluí-los como objeto da hipoteca, constituída do terreno e suas benfeitorias.

A questão, então, está justamente neste fato de que o imóvel se constitui do próprio *parque produtivo*, ou seja, solo, construções e instalações.

Inexistindo o *direito de superfície* em nosso ordenamento jurídico, e tendo o banco imposto a constituição da hipoteca, como não poderia deixar de ser, com o solo e suas acessões, verifica-se que a alienação fiduciária se deu, então, sobre bens imóveis em razão do que também dispõem os arts. 810 e 811 do CCB.

Como então admitir-se ter havido transferência de domínio ao banco tão-somente das benfeitorias, via alienação fiduciária, quando para tanto o pressuposto seria necessária a existência do direito de superfície, separando o solo (não alienado) de suas acessões (alienadas)?

Tal construção hipotética se traduziria em admitir a possibilidade de, por exemplo, se vender uma casa independentemente da venda do terreno sobre o qual a mesma se assenta.

A constituição de alienação fiduciária sobre estes bens imóveis e hipotecados viola, assim, os dispositivos legais antes citados, que banem do ordenamento jurídico pátrio o direito de superfície, abeberado no princípio romanístico de que o acessório (benfeitorias) segue o principal (solo), para qualquer efeito que importe em sua alienação ou oneração.

10. Os financiamentos rurais indexados à variação da moeda estrangeira (*63 caipira*) e o regime cambial brasileiro

A indexação de obrigações em moeda estrangeira sempre se constituiu uma exceção na legislação brasileira, como em regra, na maioria dos países. Como a língua e a cultura, a moeda se constitui num dos patrimônios nacionais, mais do que um símbolo, constitui-se numa referência de valor fundamental à troca de riquezas dentro de um país, sendo, por isso, essencial a manutenção deste balisamento à economia interna de uma Nação.

De outro lado, uma vez que a troca de riquezas se dá também entre países, com moedas diferentes, impõe-se também o estabelecimento de uma referência entre as diversas expressões monetárias (moedas) utilizadas no comércio internacional. Para tanto, atribuem-se cotações entre as moedas para o fim de realização de trocas entre as mesmas, o que se denomina de *câmbio*, ou seja, a relação de troca (ou compra e venda) de moedas.

Antes mesmo da reforma bancária implementada no Brasil em 1964, as operações de câmbio (compra e venda ou troca de moedas) como também as aplicações de capital estrangeiro e as remessas de valores para o exterior sempre contou com forte controle e fiscalização estatal. Neste passo, a Lei nº 4.131, de 03.09.62, já definia mecanismos de proteção à moeda nacional, e às reservas de moeda estrangeira.

Com a reforma bancária, iniciada através da Lei nº 4.595, de 31.12.64, as operações com moeda estrangeira passaram a ser ainda mais restritas, criando-se uma forte intervenção estatal neste mercado, seja através de ação normativa (pelo Conselho Monetário Nacional, com base nas diretrizes do Presidente da República), seja através da ação executória realizada pelo Banco Central do Brasil.

Seguiu-se, então, o Decreto-Lei nº 857, de 11.09.69, expressamente proibindo e taxando de nulos de pleno direito os contratos, títulos ou quaisquer documentos e obrigações que, exeqüíveis no Brasil, estipulem pagamentos em ouro, em moeda estrangeira ou, por alguma forma, restrinjam ou recusem, nos seus efeitos, o curso legal da moeda nacional (na época, o cruzeiro).

As hipóteses em que é possível a contratação em moeda estrangeira foram exaustivamente arroladas no artigo 2º do Decreto-Lei nº 857/69 a título de *exceções*, em três modalidades básicas de contratos, a saber:

a) contratos de importação e exportação ou de financiamento ou prestação de garantias relativos a bens de produção nacional vendidos a crédito para o exterior;

b) obrigações cujo credor ou devedor seja domiciliado no exterior (excetuadas as locações de imóveis em território nacional), suas cessões, transferências, delegação, assunção ou modificação, mesmo entre pessoas domiciliadas no país;

c) os contratos de compra e venda de moeda (câmbio).

Mesmo nestas exceções, quando o pagamento houvesse de ocorrer em moeda estrangeira (como no caso das importações), impunha-se, como ainda hoje se impõe, a contratação de um *câmbio*, ou seja, a compra e venda de moeda estrangeira.

E neste sentido, quanto às taxas cambiais, estas foram fixadas durante muito tempo pelo Banco Central do Brasil, era o que se denominava de *Mercado Cambial de Taxas Administradas*. Através deste *Mercado de Taxas Administradas*, o Banco Central do Brasil fixava expressamente as taxas de compra e de venda de moeda estrangeira.

Um primeiro passo com vistas à flexibilização do regime cambial e das taxas cambiais se deu com a Resolução Bacen nº 1.552, de 22.12.88, através da qual foi criado o *Mercado Cambial de Taxas Flutuantes*, em face do que se permitiu que algumas operações fossem realizadas com taxas livremente pactuadas (despesas de viagens, cartões de crédito, encomendas internacionais, câmbio manual, etc.).

A edição da Resolução Bacen nº 1.552, de 22.12.88, que criou o *Mercado Cambial de Taxas Flutuantes*, foi uma tentativa do Governo de reduzir as operações no âmbito do câmbio negro.

Posteriormente à edição da mesma, foi editada a Resolução Bacen nº 1.690, de 18.03.90, que criou o *Mercado Cambial de Taxas Livres*, em face do qual passaram a ser conduzidas pela mesmo todas as demais operações que não se encontravam no âmbito do *Mercado de Taxas Flutuantes*, tais quais as operações de importação e exportação, fretes e seguros, empréstimos com captação externa, amortizações, juros, *royalties*, etc.

Em face disto, o Mercado Cambial de Taxas Administradas foi extinto, passando a vigorar paralelamente o *Mercado Cambial de Taxas Flutuantes* (Resolução Bacen nº 1.552/88) e o *Mercado Cambial de Taxas Livres* (Resolução Bacen nº 1.690/90).

Inobstante, seja no *Mercado Cambial de Taxas Flutuantes* ou no *Mercado Cambial de Taxas Livres*, o Banco Central do Brasil sempre pode intervir, na medida em que é o grande detentor de divisas. A tal intervenção (comprando ou vendendo moeda) denomina-se de *dirty floating*.

No entanto, a partir de 1995, através da edição da Resolução Bacen nº 2.234/96, foi implantado o *Regime de Bandas Cambias*, através do qual houve uma retomada do *Mercado de Taxas Adminitradas*, na medida em que, inobstante o Banco Central do Brasil não fixasse uma taxa única para a compra e para a venda, era o mesmo obrigado à fixação de faixas de flutuação para o dólar, quais sejam, limites mínimos e máximos em que a moeda poderia ser comprada e vendida.

Esta retomada de controle rígido do câmbio a partir da implantação do Plano Real decorre de Lei, conforme se depreende do artigo 3º, § 2º, da Lei nº 9.069/95 (que teve origem na Medida Provisória nº 542, de 30/06/94), que instituiu a paridade do câmbio de um Real para cada Dólar americano, e que fixou ao Banco Central do Brasil a competência de meramente executar esta decisão legislativa nos termos do artigo 4º da Lei nº 9.069/95.

E neste sentido, dentro destas faixas de flutuação, deveriam operar-se as taxas cambiais de compra e de venda de moeda estrangeira no âmbito do *Mercado Cambial de Taxas Flutuantes* e do *Mercado Cambial de Taxas Livres*, conforme estabelece expressamente o artigo 1º da Resolução Bacen nº 2.234/96..

Além disto, através deste *Regime de Bandas Cambiais*, sempre que o mercado de taxas flutuantes ou de taxas livres pressionava os limites máximos e mínimos, era o Banco Central do Brasil obrigado a intervir, comprando ou vendendo moeda, conforme estabelece o artigo 2º da Resolução Bacen nº 2.234/96.

Da mesma forma, ficavam as instituições financeiras autorizadas a operar com câmbio, sujeitas a penalidades e demais sanções da legislação vigente, se efetuassem operações de câmbio a taxas que se situassem em patamares distantes daqueles que foram previamente estabelecidos pelas faixas de flutuação.

Contudo, através dos Comunicados nºs 6.563/99 e 6.565/99, inobstante não revogado o Regime de Bandas Cambiais instituído pela Resolução Bacen nº 2.234/96, o Banco Central do Brasil simplesmente abandonou o regime, omitindo-se na intervenção da definição de taxas cambiais, violando expressamente o diposto na Resolução Bacen nº 2.234/96.

Através dos Comunicados em referência, o Banco Central do Brasil delegou a fixação da taxa cambial ao mercado interbancário, vale dizer, os bancos. Trata-se de ato ilegal, emanado de autoridade incompetente, conforme demonstraremos abaixo com maior minudêcia no tópico denominado *"A ilegalidade da liberação das taxas cambiais e o direito à revisão da indexação do contrato vinculado à variação da moeda estrangeira"*.

Inobstante isto, é de se observar que o regime cambial adotado no Brasil sempre contou com um rígido controle das autoridades monetárias brasileiras, sendo que, em determinados momentos, este controle foi flexibilizado, tornando-se mais ameno ou mais rigoroso, conforme as condições econômicas do momento ou mentalidade dos governantes, sempre com vistas à preservação do meio circulante nacional e da própria economia da Nação.

Assim sendo, os câmbios para importações ou exportações, ou para liquidação de direitos e obrigações decorrentes de contratos celebrados com pessoas domiciliadas fora do País, continuaram e continuam se operando de forma "oficial", ou seja, sob o controle do Conselho Monetário Nacional e fiscalização do Banco Central do Brasil.

Tal regime de controle do câmbio foi reafirmado quando da implantação do Plano Real, através da Lei 8.880, de 27.05.95, artigo 6º, e da Medida Provisória nº 1.750-45, de 14.12.98, artigo 1º, parágrafo único, inciso I, quando mais uma vez foi declarada nula de pleno direito obrigação contraída em moeda estrangeira, à exceção daquelas autorizadas por lei e nos contratos de *leasing* cujos recursos de aquisição do bem tiverem sido captados no exterior.

Resulta disso, que as operações de câmbio sempre foram fortemente controladas pelo Estado, jamais se admitindo no País um regime de total liberdade de contratação em moeda estrangeira. Tal imposição, como dito, decorre da necessidade de preservação do meio circulante nacional e da própria economia da Nação.

Dentro deste leque de contratações vinculadas direta ou indiretamente em moeda estrangeira e no que importa ao presente estudo, destacamos as operações de repasse a empresas nacionais de financiamentos captados no exterior, autorizados através de decisão do Conselho Monetário Nacional, divulgada por seu executor (Banco Central do Brasil) através da Resolução Bacen nº 63, 21.08.67, e, especialmente, a subespécie *rural* destas operações de repasse, autorizadas pela Resolução Bacen nº 1.872, de 25.09.91, a denominada *"63 Caipira"*.

Tais resoluções baixadas com base na prerrogativa atribuída ao Conselho Monetário Nacional pelos artigos 4º, V, e 9º da Lei nº 4.595/64, e 29 da Lei nº 4.728/65, possibilitou que os bancos captassem recursos no exterior, a custos inferiores aos disponíveis nos mercados internos, com vistas ao incremento das atividades produtivas nacionais.

Sob estes únicos enfoques a partir dos quais podem ser analisadas as operações vinculadas direta ou indiretamente a moeda estrangeira, ou seja, sob o forte *dirigismo estatal*, bem como a partir dos fins a que se destinam estes repasses de recursos externos, de propiciar recursos mais baratos à atividade produtiva, passamos a desenvolver nosso estudo.

10.1. O FINANCIAMENTO DA ATIVIDADE AGROPECUÁRIA COM FONTE DE RECURSOS EM EMPRÉSTIMOS EXTERNOS E ENCARGOS EXIGIDOS

A possibilidade de financiamento da atividade agrícola com fonte de recursos na captação externa surgiu com a Resolução Bacen nº 1.872, publicada em 25 de setembro de 1991, visando a criar uma nova fonte de custeio à atividade agrícola, cujos recursos seriam utilizados, unicamente, ao custeio e comercialização da produção agrícola destinada à exportação, a saber:

"Resolução nº 1.872
O Banco Central do Brasil, na forma do art. 9º da Lei nº 4.595, de 31.12.64, torna público que o CONSELHO MONETÁRIO NACIONAL, em sessão realizada em 25.09.91, tendo em vista as disposições do art. 4º, incisos V e XXXI, da mencionada lei,
Resolveu:
Art. 1º. Facultar as instituições financeiras do Sistema Nacional de Crédito Rural a captação de recursos no mercado externo para repasses, no país, a produtores rurais, pessoas físicas e jurídicas, e as cooperativas.
(...)
§ 2º. A totalidade dos recursos captados será aplicada no financiamento de custeio e de comercialização da produção agrícola destinada a exportação."

A *Circular Bacen nº 2.067, de 24 de outubro de 1991*, estabeleceu normas complementares à Resolução Bacen nº 1.872/91, fixando os encargos passíveis de cobrança nestas operações de repasse, a saber:

"Art. 2º. Nos instrumentos contratuais de repasse deverão constar cláusulas segundo as quais:

I – o mutuário se compromete a utilizar os recursos exclusivamente no custeio e na comercialização de produtos agrícolas destinados a exportação;

II – fiquem estabelecidas, *com clareza*, todas as responsabilidades do mutuário, inclusive a *assunção do risco* decorrente da variação cambial ocorrida durante o prazo do contrato de repasse.

Parágrafo único. Além do montante em moeda nacional correspondente a cobertura da dívida em moeda estrangeira (principal de acessórios) acrescido da pertinente comissão e, quando for o caso, da importância correspondente a eventual repasse do imposto de renda, *a instituição repassadora não poderá cobrar do mutuário qualquer outro encargo, a qualquer título.*"

Como visto, nos termos dos normativos acima, estes recursos externos repassados a produtores rurais (pessoa físicas e jurídicas), bem como as suas cooperativas, deveriam ser utilizados, unicamente, a financiamento de *custeio ou comercialização* da *produção agrícola destinada à exportação*, sendo que nos mesmos não poderia ser cobrado qualquer outro encargo que não a variação cambial e juros devidos ao credor no exterior, uma comissão ao banco repassador da moeda, e o imposto de renda quando incidente.

Diante da crescente escassez de recursos para a agricultura e com a necessidade de captação de moeda não especulativa, o Governo estendeu esta fonte de recursos, em razão do que se passou a permitir financiamentos de operações de investimento (além das contratações de custeio e comercialização), incluindo-se dentre seus tomadores a agroindústria e os exportadores (além dos produtores rurais pessoas físicas e jurídicas e suas cooperativas), bem como foi possibilitado que a atividade pecuária se utilizasse desta fonte de recursos e ainda toda a produção agrícola (destinada ou não à exportação).

Foi o que ocorreu com a edição da *Resolução Bacen nº 2.148 publicada em 16 de março de 1995*, através da qual foram revogadas a Resolução Bacen nº 1.872/91 e a Circular Bacen nº 2.067/91, determinado-se o que segue:

"Resolução nº 2.148

O Banco Central do Brasil, na forma do art. 9º da Lei nº 4.595, de 31.12.64, torna público que o Presidente do Conselho Monetário

Nacional, por ato de 15.03.95, com base no artigo 8º, § 1º da Medida Provisória nº 911, de 21.02.95, *ad referendum* daquele Conselho, e tendo em vista as disposições do art. 4, incisos VI e XXXI, da mencionada lei,
Resolveu:
Art. 1º. Facultar as instituições financeiras do Sistema Nacional de Crédito Rural a captação de recursos no mercado externo, destinados:
I – ao financiamento, a produtores rurais (pessoas físicas e jurídicas) e suas cooperativas, de custeio, investimento e comercialização da produção agropecuária.
II – ao financiamento, a agroindústrias e exportadores, para aquisição de produtos agropecuários, desde que vinculados a quitação de débitos relativos a operações de crédito rural de responsabilidade de produtores e suas cooperativas, pelo correspondente valor."

Esta mesma Resolução Bacen nº 2.148/95 fixou os encargos passíveis de cobrança, a saber:

" Art. 3º. Os recursos captados no exterior devem ser aplicados:
(...)
III – com cláusula de transferência obrigatória ao mutuário final da responsabilidade pela variação cambial.
Art. 4º. Além do montante em moeda nacional correspondente a cobertura da dívida em moeda estrangeira (principal e acessórios) acrescido da pertinente comissão e, quando for o caso, da importância correspondente a eventual repasse do Imposto de Renda, a instituição repassadora não pode cobrar do mutuário qualquer outro encargo a qualquer título."

Posteriormente, a redação do artigo 1º da Resolução Bacen nº 2.148, de 16.03.95, foi modificada, tendo sido seu conteúdo especificado e alterado. Tal modificação se deu através da *Resolução Bacen nº 2.378, de 24 de abril de 1997*, passando o mencionado artigo 1º da Resolução Bacen nº 2.148/95 a ter a seguinte redação:

"Resolução nº 2.378
O Banco Central do Brasil, na forma do art. 9º da Lei nº 4.595, de 31.12.64, torna público que o Conselho Monetário Nacional, em sessão realizada em 24.04.97, tendo em vista as disposições do art. 4, incisos VI e XXXI, da citada lei,
Resolveu:

Art. 1º. Facultar as instituições financeiras a captação de recursos no mercado externo, destinados a empréstimos ou financiamentos:

I – de custeio, investimento e comercialização da produção agropecuária, a produtores rurais (pessoas físicas e jurídicas) e suas cooperativas;

II – a empresas, agroindústrias e exportadores, para a aquisição de:

a) produtos agropecuários, desde que diretamente de produtores rurais, suas associações ou cooperativas;

b) Cédulas de Produto Rural (CPR), desde que registrada em sistema de registro e de liquidação financeira administrado pela Central de Custódia e de Liquidação Financeira de Títulos (CETIP);

III - aos complexos industriais de fertilizantes e defensivos utilizados na agropecuária, sendo admitida:

a) a concessão de crédito aos distribuidores e revendedores de fertilizantes e defensivos, desde que destinado a aquisição desses produtos diretamente dos complexos industriais e mediante pagamento direto ao fornecedor;

b) a celebração de instrumento de assunção de obrigações entre os tomadores e os adquirentes de seus produtos, mediante concordância da instituição financeira."

Inequivocamente, pelo disposto no artigo 1º, inciso I, da Resolução Bacen nº 2.378/97, foi autorizado que as instituições financeiras captassem recursos no mercado externo para repasse direto aos produtores rurais (pessoas físicas e jurídicas) e suas cooperativas, para financiamento de operações de custeio, investimento e comercialização.

Admitiu-se também, conforme artigo 1º, inciso II, alínea "a", da Resolução Bacen nº 2.378/97, que as instituições financeiras captassem recursos externos, com vistas ao seu repasse direito para as empresas agroindustriais e/ou exportadoras, desde que estes empréstimos concedidos às mesmas fossem destinados à aquisição, diretamente de produtores rurais, suas associações e cooperativas, de produtos agropecuários. Ou seja, as empresas agroindustriais e/ou exportadoras poderiam ser financiadas, através de empréstimos vinculados a repasse de recursos externos, para a aquisição de produtos agropecuários dos produtores rurais, suas associações e cooperativas.

Da mesma forma, através do artigo 1º, inciso II, alínea "b", da Resolução Bacen nº 2.378/97, foi permitido que as empresas agroindustriais e/ou exportadoras adquirissem Cédulas de Produto Rural, desde que registradas em sistema de registro e de liquidação financeira administrado pela Central de Custódia e de Liquidação Financeira de Títulos (CETIP) através destes financiamentos com recursos captados no exterior.

Permitiu, ainda, o artigo 1º, inciso III, alínea "a", da Resolução Bacen nº 2.378/97, que as instituições financeiras concedessem empréstimos aos complexos industriais de fertilizantes e defensivos mediante repasse de recursos externos. Ques estes complexos industriais de fertilizantes e defensivos concedessem crédito (financiamento) ao seus distribuidores e revendedores vinculados a estes repasses externos, desde que (1) os produtos fossem adquiridos diretamente dos mesmos e (2) que os pagamentos fosses efetuados diretamente aos mesmos. Observe-se aqui que este crédito concedido pelos complexos industriais de fertilizantes e defensivos aos seus distribuidores e revendedores independe da anuência da instituição financeira repassadora.

Além disso, conforme artigo 1º, inciso III, alínea "b", da Resolução Bacen nº 2.378/97, estes complexos industriais de fertilizantes e defensivos poderiam, com anuência da instituição financeira repassadora, celebrar contrato de assunção de obrigações com os adquirentes de seus produtos (assuntores) e a instituição financeira que repassou os recursos. Ou seja, poderiam repassar o financiamento concedido às mesmas aos adquirentes de seus produtos mediante celebração de contrato de assunção, entre estes (adquirentes) e o banco repassador, para o que, obviamente, necessária se faz a concordância da insituição financeira repassadora.

Observe-se aqui que para a concessão destes financiamentos vinculados a repasses externos, independentemente de quem sejam seus financiados conforme modalidades definidas nos incisos I, II e III do artigo 1º da Resolução Bacen nº 2.378/97, necessária se faz a comprovação da captação dos recursos no exterior.

Tal necessária comprovação decorre do fato de que estes financiamentos internos possuem pactuada como correção monetária a variação cambial, ajuste este que adquire validade se comprovado que os recursos repassados provêm do exterior, conforme estabelece o artigo 2º do Decreto-Lei nº 857/69 c/c artigo 1º da Resolução Bacen nº 2.378/97.

Por fim, foi editada a Resolução Bacen nº 2.483, de 26 de março de 1998, que consolidou a regulamentação acerca da captação de recursos no mercado externo para a concessão de empréstimos ou financiamentos a atividades rurais e agroindustriais, unificando o disposto na Resolução Bacen nº 2.148/95 e na Resolução Bacen nº 2.378/97, revogando-as.

Através da Resolução Bacen nº 2.483, de 26 de março de 1998, foram alterados e consolidados os normativos sobre a captação externa de recursos, assim dispondo:

"Resolução nº 2.483

O Banco Central do Brasil, na forma do art. 9º da Lei nº 4.595, de 31.12.64, torna público que o Conselho Monetário Nacional, em sessão realizada em 26.03.98, tendo em vista as disposições do art. 4, incisos VI e XXXI, da citada lei,

Resolveu:

Art. 1º. Facultar as instituições financeiras a captação de recursos no mercado externo, destinados a empréstimos ou financiamentos:

I – de custeio, investimento e comercialização da produção agropecuária, a produtores rurais (pessoas físicas e jurídicas) e suas cooperativas;

II – a empresas, agroindústrias e exportadores, para a aquisição de:

c) produtos agropecuários, desde que diretamente de produtores rurais, suas associações ou cooperativas;

d) Cédulas de Produto Rural (CPR), desde que registrada em sistema de registro e de liquidação financeira administrado pela Central de Custódia e de Liquidação Financeira de Títulos (CETIP);

III - aos complexos industriais de fertilizantes e defensivos utilizados na agropecuária, sendo admitida:

a) a concessão de crédito aos distribuidores e revendedores de fertilizantes e defensivos, desde que destinado a aquisição desses produtos diretamente dos complexos industriais e mediante pagamento direto ao fornecedor;

b) a celebração de instrumento de assunção de obrigações entre os tomadores e os adquirentes de seus produtos, mediante concordância da instituição financeira."

Esta mesma Resolução Bacen nº 2.483/98 também estabeleceu os encargos passíveis de cobrança, a saber:

"Art. 3º. Os recursos captados no exterior devem ser aplicados:
(...)
III – com cláusula de transferência obrigatória ao mutuário final da responsabilidade pela variação cambial.

Art. 4º. Além do montante em moeda nacional correspondente a cobertura da dívida em moeda estrangeira (principal e acessórios) acrescido da pertinente comissão e, quando for o caso, da importância correspondente a eventual repasse do Imposto de Renda, a instituição repassadora não pode cobrar do mutuário qualquer outro encargo a qualquer título."

Passamos então à análise das ilegalidades que comumente são verificadas nestes contratos emitidos no âmbito das normas acima.

10.2. A PROIBIÇÃO NA CONTRATAÇÃO DE JUROS OU ENCARGOS A QUALQUER TÍTULO NAS OPERAÇÕES AMPARADAS PELAS RESOLUÇÕES BACEN nºˢ 63 e 1.872 (*63 caipira*)

Como dito, dentro dos fins a que se destinam estas operações de repasse e em face do *dirigismo estatal* preponderante nestas operações, impõe a *Resolução Bacen nº 63, de 21.08.67*, que deve o Banco repassador da moeda *"comprovar junto ao Banco Central do Brasil a taxa de juros de captação dos recursos no exterior"*, nos termos a saber:

"(...)
IV – Os bancos deverão preencher formulário próprio, apresentando-se ao Banco Central, para fins de verificação da compatibilidade da taxa de juros declarada com a vigorante no mercado financeiro de onde procede o empréstimo."

Tal disposição, dentre outras, denota o forte controle sobre as operações de repasse de financiamentos externos, e objetiva dar conhecimento ao Banco Central do Brasil dos custos reais destas operações, com vistas a que sejam os mesmos repassados tais quais efetivamente contratados, e compativelmente com as taxas vigentes nos mercados de onde procedem os recursos.

Tal controle, na verdade, tem dois propósitos principais: o primeiro, evitar a remessa ilegal de divisas, com a declaração de encargos financeiros superiores aos contratados, como forma de dissimular a remessa de capital nacional para o exterior; e o segundo, permitir o registro de dados que possibilitem verificar se os encargos repassados ao mutuário final são compatíveis com aqueles cobrados na operação original.

Este segundo objetivo do controle dos encargos no financiamento original (repassado) tem sua razão de ser especialmente na manutenção da natureza destas operações – de *repasse*, e não de financiamento –, preservada pela *Circular Bacen nº 700, de 09.06.82, e Circular Bacen nº 708, de 24.06.82,* que dentro deste fim estabelecem exaustivamente os encargos passíveis de cobrança pelos bancos nestas operações de repasse, a saber:

"Circular nº 700
1. Comunicamos que a Diretoria do Banco Central, em reunião de 07.06.82, decidiu admitir, nas condições abaixo definidas, a cobrança de encargos prefixados nas operações de repasse de recursos externos de que trata a Resolução nº 63, de 21.08.67.
2. Os encargos a que se refere o item anterior deverão englobar:
a) o custo da operação externa que deu origem ao repasse;
b) a comissão do banco repassador;
c) o imposto de renda estimado, incidente sobre as remessas de juros ao exterior, relativas à parcela repassada;
d) a correção cambial estimada pelo banco repassador para o período de vigência da operação."

"Circular nº 708
Comunicamos que a Diretoria do Banco Central, em reunião de 23.06.82, decidiu admitir, sob as condições abaixo, a efetivação de repasses interbancários de recursos tomados no exterior nos termos da Resolução nº 63, de 21.08.67.
(...)
5. Tanto nas operações interbancárias quanto aos repasses a clientes, o banco repassador não poderá cobrar do beneficiário qualquer outro ônus além do montante em moeda nacional, correspondente à cobertura da dívida em moeda estrangeira (principal e acessórios) e uma comissão pelo repasse.
6. Será admitida, tanto no interbancário como na respectiva aplicação dos recursos junto a clientes, a prefixação de encargos na forma da Circular nº 700, de 09.06.82, sujeitas tais operações às condições ali estabelecidas."

Posteriormente revogadas estas Circulares pela Resolução Bacen nº 2.848, de 11.11.98, manteve-se a restrição dos encargos cuja cobrança é possível neste tipo de operações, a saber:

"(...)
Art. 3º. A instituição repassadora, tanto nas operações interbancárias quanto nos de repasses a clientes, somente pode cobrar do beneficiário comissão de repasse e o valor correspondente, em moeda nacional, ao montante do principal e acessórios da dívida em moeda estrangeira."

Tais restrições, como não poderia deixar de ser, passaram então a integrar a Consolidação de Normas Cambiais (CNC), Capítulo 13 – Transferências Financeiras, Título 4 – Empréstimos amparados nas Resoluções nºs 63 e 64, de 21 e 23.08.67, item 6, bem como o próprio Manual de Normas e Instruções do Banco Central do Brasil – MNI 2.3.7.6, que a seguir se transcreve:

> "Consolidação de Normas Cambiais
> Capítulo:Transferências Financeiras – 13
> Título:Empréstimos amparados nas Resoluções nºs 63 e 64, de 21 e 23.08.67 - 4
> (...)
> *Encargos*
> 6. *Limitação. Comissão de Repasse* - Além do montante em moeda nacional correspondente à cobertura da dívida em moeda estrangeira (principal, juros e acessórios), o banco repassador não pode cobrar do beneficiário da operação, pelos seus serviços, qualquer outro ônus, a qualquer título, além de uma comissão de repasse."

> "Manual de Normas e Instruções
> Título: Normas operacionais de instituições financeiras e assemelhados – 2
> Capítulo: Empréstimos e Financiamentos Diversos – 3
> Seção: Repasses de Recursos Externos - 7
> (...)
> 6 - Tanto nas operações interbancárias quanto nos repasses, a instituição repassadora não pode cobrar do beneficiário da operação, pelos seus serviços, qualquer outro ônus, a qualquer título, além do montante em moeda nacional correspondente à cobertura da dívida em moeda estrangeira (principal e acessórios), do imposto sobre operações financeiras e uma comissão pelo repasse. (Circ. 180 VI, Circ. 708 5)"

Da mesma forma, nas Resoluções que autorizam a captação de recursos estrangeiros especificamente ao financiamento de custeio e comercialização, consta a limitação dos encargos que podem ser cobrados pela instituição financeira repassadora a uma comissão.

Neste passo, o parágrafo único ao artigo 1º da Circular Bacen nº 2.067, de 24.10.91, que estabelece e divulga normas complementares à Resolução Bacen nº 1.872, de 25.09.91 (*63 Caipira*), assim dispõe:

> "Art. 1º (...)
> Parágrafo único. Além do montante em moeda nacional correspondente à cobertura da dívida em moeda estrangeira (principal,

juros e acessórios), acrescido da pertinente comissão e, quando for o caso, da importância correspondente a eventual repasse do imposto de renda, a instituição repassadora não poderá cobrar do mutuário qualquer outro encargo, a qualquer título"

Posteriormente revogada esta Resolução e Circular, a norma acima transcrita foi literalmente reproduzida nos artigos 4º da Resolução Bacen nº 2.148, de 16.03.95, e da Resolução Bacen nº 2.483, de 26.03.98.

Entretanto, observados os contratos de repasse de financiamentos externos contratados com amparo nestas resoluções, verifica-se a inclusão de taxas de juros anuais e/ou diversos outros encargos financeiros, cumulados ou não, cláusulas que, violando proibição expressa contida nestes normativos, afiguram-se nulas de pleno direito, nos termos da legislação ordinária civil:

"Art. 145. É nulo o ato jurídico:
(...)
II – Quando for ilícito, ou impossível o seu objeto."

De outro lado, deve-se também observar que mesmo permitida a cobrança de uma comissão de repasse, há que se impor um limite a esta cobrança, segundo os princípios da boa-fé contratual, da vedação ao enriquecimento sem causa e da própria natureza deste encargo.

Notadamente, a se tratar de uma operação de mero repasse, a comissão pela intermediação do negócio deve guardar uma relação e eqüidade com a natureza deste encargo. Entretanto, também se observar na maioria dos contratos de repasse com base na Resolução Bacen nº 63/67 ou Resolução Bacen nº 1.872/91 que muitas vezes o valor desta comissão supera, em muito, a própria remuneração do empréstimo ao banco internacional. Empréstimos com taxas de juros devidas ao banco internacional na ordem de 6% ao ano são acrescidos de "comissão" de repasse de mais de 20% "ao ano".

Evidentemente, a natureza de simples "comissão" torna impeditiva a cobrança continuada deste encargo, mensalmente, semestralmente ou anualmente. As cláusulas que assim dispõem, na verdade, não estão a tratar de "comissão", mas verdadeiramente de "juros", incidente sobre o valor repassado ao longo do período do empréstimo.

Tal forma de cobrança da comissão, na medida em que visa, claramente, a dissimular a cobrança de juros, também há de ser entendida como ilícita, porquanto represente tentativa inequívoca de burlar a disciplina e proibição legal.

Da mesma forma, conquanto muito acima do valor da própria remuneração à fonte fornecedora dos recursos, também abusiva se mostra a cobrança desta comissão de repasse, porquanto proporcione vantagem exagerada ao atravessador, àquele que meramente promove o repasse dos recursos, valendo-se da prerrogativa de instituição financeira que detém o monopólio na exploração desta atividade.

Este, aliás, um ponto interessante na definição dos critérios de interpretação destes contratos. Na medida em que somente as instituições financeiras estão autorizadas a realizar operações de câmbio, como tais, indispensáveis ao repasse de empréstimos externos a empresas e produtores nacionais, resulta disso um verdadeiro *monopólio* a colocar os destinatários finais destes recursos em posição manifestamente desvantajosa, verdadeira condição de hipossuficiência no negocial. Por esta razão, jamais se poderia cogitar de ser este mercado monopolizado o referencial ao estabelecimento das comissões devidas a título destes repasses, como alegam os bancos, a justificar a *"livre contratação"* destes encargos.

Neste passo, haviam tais comissões de ser fixadas pelo Conselho Monetário Nacional (o que é de sua competência nos termos dos artigos 4º, V e XXXI, da Lei nº 4.595/64, e 29 da Lei 4.728/65), sendo que da omissão neste regramento do "mercado", deve-se não ficar relevada a cobrança de qualquer valor, limitadas que estarão estas comissões pelos princípios que vedam o enriquecimento sem causa e a abusividade do contrato, como já referidos em tópicos supra, com base nos artigos 39 e 51, IV, da Lei nº 8.078/90.

Por estas razões, deve ser entendida nula a cobrança de juros remuneratórios, moratórios ou de quaisquer outros encargos nas operações de repasse de financiamentos externos, eis que proibido pelas normas retro. Também nula há de ser a estipulação de cobrança de comissão de repasse em valores superiores aos juros que remuneram o próprio empréstimo, especialmente levando-se em conta que a atividade da instituição financeira nacional se resume em repassar os recursos fornecidos pela instituição internacional.

10.3. A ILEGALIDADE DA LIBERAÇÃO DAS TAXAS CAMBIAIS E O DIREITO À REVISÃO DA INDEXAÇÃO DO CONTRATO VINCULADO À VARIAÇÃO DA MOEDA ESTRANGEIRA

Como já dito, a contratação vinculada à moeda estrangeira é exceção no direito brasileiro, sendo admitidas, especialmente as de repasse de financiamentos externos, como meio de possibilitar o incremento da produção através do barateamento de seus custos, mormente os financeiros (conforme artigo 2º do Decreto-lei nº 857/69).

Na verdade, os financiamentos à produção não passam de atividades de "meios", não se justificando em si mesmas, senão unicamente em razão do que podem vir a proporcionar no âmbito da produção de bens e riquezas. Assim sendo, não seria crível, por exemplo, que um financiamento destinado exclusivamente ao incremento da produção viesse a se tornar, por si mesmo, causa da inviabilidade da atividade-fim.

Entretanto, justamente isso terminou ocorrendo em meio ao mês de janeiro de 1999, em face de ataques especulativos realizados à moeda nacional por instituições financeiras nacionais e internacionais que, previamente adquirindo imensos ativos em moeda estrangeira, iniciaram um processo de fuga de divisas sem precedentes na história do País, visando, com isso, a forçar a alta da cotação do Dólar e o aumento de seus ativos.

Inobstante tendo o Banco Central do Brasil o dever de conter esta fuga de dólares, dispondo, para isso, de diversos mecanismos fiscais e monetários a evitar esta especulação desenfreada, preferiu aquela autarquia omitir-se no exercício de seu dever e entregar o mercado cambial aos especuladores, liberando a quotação do dólar à fixação pelo mercado interbancário.

Neste passo, como já dito acima, até mesmo por razões de soberania nacional, o mercado de câmbio sempre foi e continua sendo fortemente controlado pelo Estado, nos termos das decisões do Conselho Monetário Nacional (que são tornadas públicas pelo Banco Central do Brasil através da edição de Resoluções). Contudo, jamais houve uma omissão de intervenção do Banco Central do Brasil como a verificada a partir do mês de janeiro de 1999.

Observe-se que este controle do mercado cambial já era previsto em lei desde a reforma bancária de 1964, tendo sido ainda mais intensificado a partir da implantação do Plano Real, que como se sabe baseou o controle da inflação precipuamente nas denominadas "âncoras" cambial (paridade controlada do câmbio) e verde (alimento barato).

Desta forma, o controle rígido do câmbio a partir da implantação do Plano Real não decorre de uma mera decisão política ou administrativa de Governo, mas de Lei. É o que se depreende do artigo 3º, § 2º, da Medida Provisória nº 542, de 30/06/94, posteriormente convertida na Lei 9.069/95, que instituiu a paridade do câmbio de um Real para cada Dólar dos EUA, competindo ao Banco Central do Brasil meramente executar esta decisão legislativa (artigo 4º da MP nº 542/94, atual Lei nº 9.069/95).

Neste sentido, o conteúdo dos artigos 3º, § 2º, e 4º da Lei nº 9.069/95 (com origem na MP nº 542/94), *in verbis*:

"Art. 3º. O Banco Central do Brasil emitirá o Real mediante a prévia vinculação de reservas internacionais em valor equivalente, observado o disposto no art. 4º desta Lei.
(...)
§ 2º. A paridade a ser obedecida, para fins de equivalência a que se refere o *caput* deste artigo, será de um dólar dos Estados Unidos da América para cada Real emitido.
(...)
Art. 4º. Observado o disposto nos artigos anteriores, o Banco Central do Brasil deverá obedecer, no tocante às emissões de Real, o seguinte:
(...)."

Os dispositivos acima citados, no que se refere à atuação do Banco Central do Brasil, vieram somente a reiterar, o já disposto no artigo 9º e artigo 11, III, da Lei nº 4.595/64, que atribui a esta autarquia a mera função executora das normas editadas pelo Conselho Monetário Nacional, eis que é este último o órgão que detém competência à fixação das diretrizes cambiais desde a Lei 4.595/64 (artigo 4º, V e XXXI), hoje, corroborado pela Lei 9.069/95, artigo 3º, § 4º, III.

Observe-se também que a Lei 9.069/95 – cumprindo preceito constitucional que atribui ao Congresso Nacional a competência *exclusiva* para legislar acerca de matéria financeira, cambial e monetária (artigo 48, XIII, CF/88) - estabeleceu um rígido processo administrativo-legal, impondo ao Poder Executivo submeter a cada trimestre ao Congresso Nacional, uma programação monetária onde constassem, no mínimo, *"as estimativas das faixas de variação dos principais agregados monetários compatíveis com o objetivo de assegurar a estabilidade de moeda"*, assim, então, também a perspectiva da influência do câmbio na política monetária, até porque nesta "âncora" cambial se baseou a estabilidade da moeda no Plano Real.

Com isso, deve-se destacar primeiramente que a intervenção no mercado de câmbio não é mera faculdade, mas *obrigação* do Banco Central do Brasil (artigos 9º e 11 da Lei 4.595/64, artigo 3º, § 2º, da Lei 9.069/95), nos limites a cumprir as determinações do Conselho Monetário Nacional.

Além disso, somente por decisão do Conselho Monetário Nacional (artigo 3º, § 4º, III, Lei 9.069/95), aprovada pelo Congresso Nacional (artigo 6º, §§ 1º e 2º, Lei 9.069/95), poder-se-ia cogitar de qualquer alteração nas diretrizes cambiais (princípio da anterioridade das decisões econômicas), e no caso da paridade cambial ainda exige aprovação do Presidente da República.

Desta feita, fazendo valer a paridade do câmbio estabelecida na Lei nº 9.069/95 (com origem na Medida Provisória nº 542, de 30/06/94), na mesma data, por decisão do Conselho Monetário Nacional, foi expedida a Resolução Bacen nº 2.087/91, fixando a taxa de câmbio a ser praticada pelo Banco Central do Brasil, de um Real para cada Dólar dos EUA, estabelecendo, ainda, com vistas à manutenção desta paridade, a intervenção no mercado, caso necessário, mediante a compra e venda de moeda.

Tal norma do Conselho Monetário Nacional vigeu até a edição da Resolução Bacen nº 2.110, de 20/09/94, onde a alteração nas diretrizes cambiais foi apenas para reduzir ainda mais a paridade, admitindo a venda de Dólares dos EUA a taxas inferiores à paridade legal.

Em 30/01/96, por decisão do Conselho Monetário Nacional, materializada na Resolução Bacen nº 2.234/96, foi extinta a paridade do real com o dólar americano, instaurando-se o regime de *"bandas cambiais"*, através do qual se passou a ter um controle rígido do câmbio, eis que somente se poderia comprar e vender dólar dentro da "faixa de flutuação" preestabelecida. Este sistema iniciou o desrespeito à legislação de proteção da moeda, pois nesse episódio já não houve a aprovação do Presidente da República nem do Congresso Nacional como exigia a Lei nº 9.069/95.

E neste passo, melhor esclarecendo o funcionamento do sistema de "bandas cambiais", trata-se de um regime de liberdade controlada do mercado interbancário, através da definição de limites mínimos e máximos à flutuação da cotação da moeda americana, a serem expressamente estabelecidos, de forma periódica (artigo 1º, parágrafo único, da Resolução nº 2.234/96). Quando o mercado pressiona a extrapolação destes limites predefinidos, fica o Banco Central do Brasil *obrigado* a intervir neste mercado (artigo 2º, Resolução nº 2.234/96), através de leilões eletrônicos, para compra ou venda da moeda, como forma de manter a taxa cambial dentro dos limites da banda anteriormente fixada.

Foi então, a partir destas bases legais e normativas, que o Banco Central do Brasil, através de Comunicados, fixava as faixas de flutuação periodicamente, a saber:

Data	Comunicado	Cotação Mínima	Cotação máxima	Variação cotação máxima
30/01/96	4987	0,97	1,06	
18/02/97	5505	1,05	1,14	7,55%
20/01/98	6002	1,12	1,22	7,02%
13/01/99	6360	1,20	1,32	8,2%

Este o limite legal e normativo da competência do Banco Central do Brasil: *fixar* as bandas de flutuação e *intervir* no mercado para manutenção dos limites estabelecidos.

Entretanto, extrapolando a sua competência e obrigações, através dos Comunicados nºs 6.563, de 15.01.99, e 6.565, de 18.01.99, o mero executor das políticas cambiais – Banco Central do Brasil por seu Diretor de Assuntos Internacionais, pretendeu, por decisão própria, extinguir todo o sistema de proteção à moeda implantado pelo Conselho Monetário Nacional através do Regime de Bandas Cambiais, bem como a sistemática legislativa de proteção à moeda implantado pela Lei nº 9.069/95, na medida em que estabeleceu que não interviria no mercado de câmbio com vistas à manutenção das taxas cambiais e tampouco fixaria faixas de flutuação da taxa cambial.

Inequivocamente, o Banco Central do Brasil permitiu que o mercado interbancário definisse os seus próprios limites de flutuação, o que vem ocorrendo desde a edição dos Comunicados 6.563/99 e 6.565/99. Contudo, este procedimento contraria expressa determinação do Conselho Monetário Nacional (Resolução 2.234/96, artigo 1º, parágrafo único), de que sejam estes limites das faixas de flutuação *definidos* pelo Banco Central do Brasil, e não pelo mercado.

O Banco Central do Brasil, ao deixar definir as faixas de flutuação das taxas cambiais, e liberar a fixação das mesmas ao mercado interbancário, restou, efetivamente, por criar uma *indefinição*, contrariando, assim, o referido normativo do Conselho Monetário Nacional.

Portanto, é inolvidável a existência de *limites* fixos à flutuação cambial, que *serão definidos* (e não *poderão* ser definidos) pelo Banco Central do Brasil; e a *obrigação* (e não mera *faculdade*) desta autarquia de intervir no mercado de câmbio, não por opção própria, mas por imposição legal.

Além disso, ilegais também as medidas adotadas, supostamente com vistas à proteção das reservas cambiais, uma vez que para tal fim constam, previstos em lei, mecanismos específicos, tais como o do artigo 29 da Lei 4.131, de 03/06/92, que limita a sobretaxação nas importações em 10%, como forma de evitar o colapso que hoje se verifica nestes contratos internacionais, *verbis*:

"Art. 29. Sempre que se tornar aconselhável economizar a utilização das reservas de câmbio, é o Poder Executivo autorizado a exigir temporariamente, mediante instrução do Conselho de Superintendência da Moeda e do Crédito, um encargo financeiro, de caráter estritamente monetário, que recairá sobre as importações de mercadorias e sobre as transferências financeiras, até o máximo de 10% (dez por cento) sobre o valor dos produtos importados e até 50% (cinqüenta por cento) sobre o valor de qualquer transferência financeira, inclusive para despesas com 'Viagens Internacionais'".

A megadesvalorização do real proporcionada pela omissão ilegal do Banco Central do Brasil no controle do câmbio representa, na verdade, forma indireta e dissimulada de burlar os limites legais de sobretaxação das importações, estabelecidos no dispositivo supra-referido.

Por estas razões, não resta a menor dúvida da ilegalidade do Comunicado nº 6.563, de 15.01.99, e do Comunicado nº 6.565, de 18.01.99, diante da absoluta incompetência da autoridade que os expediu, uma vez que o regime de bandas cambiais e, principalmente, a obrigação do Banco Central do Brasil de intervir no mercado, determinados por voto do Conselho Monetário Nacional, só por este Conselho poderiam ser revogados, e não por mero comunicado emanado de um diretor do Banco Central do Brasil, nem mesmo por Circulares do Colegiado Diretor desta autarquia.

Assim, conforme artigos 9º e 11, III, da Lei 4.595/64 e, especialmente no tocante à alteração da paridade cambial a partir do Plano Real, artigo 3º, § 4º, III, da Lei 9.069/95, a competência para fixação das diretrizes cambiais é do Conselho Monetário Nacional, e não do Banco Central do Brasil, mero executor das medidas determinadas por aquele órgão normativo.

Resta então evidenciada a ilegalidade dos Comunicados nºs 6.563/99 e 6.565/99, eis que violam o disposto nos artigos 4º, XVIII, 9º e 11, III, da Lei nº 4595/64, bem como artigos 3º, § 4º, III c/c, 6º, §§ 1º e 2º da Lei nº 9.069/95 e artigos 1º, parágrafo único, e 2º da Resolução Bacen nº 2.234/96.

Aliás, permanece em pleno vigor a Resolução Bacen nº 2.234/96, que criou o Regime de Bandas Cambiais, conquanto até a presente data não foi editado normativo com vistas a sua revogação.

10.4. O DIREITO DE REVISÃO DA OBRIGAÇÃO COM BASE NOS PRINCÍPIOS GERAIS DO DIREITO CLÁSSICO E NO CÓDIGO DE DEFESA DO CONSUMIDOR

Às operações de repasse ou quaisquer outras contratadas em moeda estrangeira inequivocamente se aplicam todas as regras relativas ao direito contratual, a começar pela boa-fé de que deveria se revestir a conduta das partes, especialmente daquela que possui o monopólio no fornecimento do produto (moeda) e da estipulação de seu preço.

Além disso, não se pode negar também a caracterização de uma relação de consumo, seja em face do próprio desequilíbrio resultante do monopólio exercido pelas instituições financeiras na contratação destas operações, a gerar inequívoca hipossuficiência do outro contratante, seja porque se trata de uma contratação massificada, de mera adesão a condições impostas pelo fornecedor.

Assim, os fatos recentemente ocorridos na economia nacional, acima expostos, conduzem também ao claro surgimento do direito à revisão da obrigação da autora, nos termos do *artigo 6º, V, da Lei 8.078/90, Código de Defesa do Consumidor – CODECON* que, segundo a remansosa doutrina e jurisprudência, não havendo hoje mais qualquer dúvida, se aplica a relações com o Sistema Financeiro, ou mesmo entre pessoas jurídicas:

"Art. 6º. São direitos básicos do consumidor:
(...)
V - a modificação das cláusulas contratuais que estabeleçam prestações desproporcionais ou sua revisão em razão de fatos supervenientes que as tornem excessivamente onerosas"

Fazendo a exegese deste dispositivo, Voltaire de Lima Moraes, in *Comentários ao Código do Consumidor*, Forense, 1992, pg. 44 (obra com artigos de diversos autores coordenada por José Cretella Júnior e René Ariel Dotti), afirma a origem deste instituto na cláusula *rebus sic stantibus*:

"O inc. V do art. 6º, do CDC prevê, como direito básico do consumidor, a possibilidade deste requerer a revisão de cláusulas contratuais em razão de fatos supervenientes que as tornem excessivamente onerosas.
Acolheu aqui o legislador a Teoria da Imprevisão ou Superveniência, resultante da cláusula *rebus sic stantibus*.
(...)
Durante os trabalhos legislativos ocorreram várias tentativas, como as dos Senadores Roberto Campos e Odacir Soares, e dos

Deputados Mendes Thame, Arnaldo Prieto, Samir Achôa e Sandra Cavalcante, para suprimir o inc. V do art. 6º em análise. No entanto, o relator do Projeto, Deputado Joaci Goes, rejeitou todas essas emendas supressivas, argumentando que 'a adoção do princípio *rebus sic stantibus* nos contratos de consumo é necessidade inadiável. Já reconhecido no Direito Administrativo (para favorecer os fornecedores) com muito mais razão deve ser adotado no Direito do Consumidor (para favorecer o consumidor). Sua adoção não implica a criação de insegurança no comércio jurídico, já que sua imposição é 'sempre judicial', estando limitada a duas hipóteses apenas: prestações desproporcionais e excessiva onerosidade superveniente. O conceito de desproporcionalidade é similar ao de vantagem exagerada, claramente definido no art. 50, § 1º."

De outro lado, Cláudia Lima Marques, *in Contratos no Código de Defesa do Consumidor*, 2ª ed., destaca que este dispositivo atribui um direito ao consumidor, apontando sua diferenciação em relação à teoria tradicional que fundamenta a cláusula *rebus sic stantibus*, na medida em que a revisão independe da imprevisibilidade, mas simples *quebra da base do negócio* jurídico:

"Cabe frisar, igualmente, que o art. 6º, inciso V, do CDC institui, como direito do consumidor, a modificação das cláusulas contratuais, fazendo pensar que não só a nulidade absoluta serviria como sanção, mas também que seria possível ao juiz modificar o conteúdo negocial" (pág. 297)

"A norma do art. 6º do CDC avança ao não exigir que o fato superveniente seja imprevisível ou irresistível, apenas exige a quebra da base objetiva do negócio, a quebra de seu equilíbrio intrínseco, a destruição da relação de equivalência entre prestações, ao desaparecimento do fim essencial do contrato. Em outras palavras, o elemento autorizador da ação modificadora do Judiciário é o resultado objetivo da engenharia contratual que agora apresenta a mencionada onerosidade excessiva para o consumidor, resultado de simples fato superveniente, fato que não necessita ser extraordinário, resultado de simples fato superveniente, fato que podia ser previsto e não foi" (pág. 299)

Considerando o brutal acréscimo no valor da obrigação, na ordem de 65% em apenas um mês (100% ao longo do ano de 1999), quando a inflação (e até mesmo a própria TR – taxa básica de juros do mercado financeiro) no mesmo período foi de menos de 1% (IGPM

1,45%, TR 0,51%, no ano: IGPM 1,79%, TR 7,79%), resulta inequívoco que o fato superveniente de que ora se cogita tornou excessivamente onerosa a cláusula contratual que estabelece a obrigação de pagamento em moeda estrangeira pela cotação do dia do vencimento da prestação.

Observe-se, outrossim, a também justificar a revisão, a abusividade da condição tácita a que se obriga o consumidor a aderir, que permite ao fornecedor (banco repassador dos recursos), direta ou indiretamente, a variação do preço de maneira unilateral. Disposições contratuais desta natureza já são tidas por ilegais e absolutamente nulas não só pelo próprio *Código Civil, artigo 115*, como também pelo *artigo 51, XI e XIII, do CODECON* como se analisará no tópico que se segue *"o controle da abusividade no código do consumidor – ilegalidade do repasse ao consumidor do risco da transação primária de captação e empréstimo exercida profissionalmente pela instituição financeira"*.

Importante também destacar que na mesma proporção da onerosidade excessiva proporcionada ao consumidor pelo fato superveniente originário de ato do próprio fornecedor, temos a vantagem direta deste, como se demonstrará em tópico que se segue *"Irrelavância da previsibilidade do fato superveniente ao exercício do direito de revisão – efetiva imprevisibilidade quanto à modificação das regras do câmbio"*.

Mais grave ainda esta má-fé quando, extrapolando os limites do contrato, é praticado por ente do Poder Público, sem observância dos princípios administrativos e do *devido processo legal substantivo (razoabilidade)*, em prejuízo do administrado e em proveito direto da autarquia contratante.

10.5. O CONTROLE DA ABUSIVIDADE NO CÓDIGO DO CONSUMIDOR – ILEGALIDADE DO REPASSE AO CONSUMIDOR DO RISCO DA TRANSAÇÃO PRIMÁRIA DE CAPTAÇÃO E EMPRÉSTIMO EXERCIDA PROFISSIONALMENTE PELA INSTITUIÇÃO FINANCEIRA

Sob o pressuposto equivocado de analisar o *risco* de uma suposta e não comprovada operação de captação de recursos à aquisição do bem, tentam os bancos fazer crer pela imposição de assunção deste *risco* pelos mutuários, ou da imposição de uma *proporcionalidade* entre á contraprestação do repasse com os custos da captação, inclusive sob o infactível e indemonstrável pretexto de que teriam os mutuários livremente optado pela indexação cambial e se beneficiado com esta forma de indexação.

Na verdade, são diversos os instrumentos de financiamento à atividade rural, todos eles contando com custos diferenciados, face à natureza e importância desta atividade-fim.

Ao produtor, como a qualquer adquirente de um bem ou de um serviço, efetivamente não importa a origem deste bem ou serviço, os custos e riscos de sua aquisição pelo fornecedor, tanto mais quando não pode efetivamente optar pelas fontes de captação, que são determinadas segundo as disponibilidades e/ou interesses dos bancos.

Como não poderia o produtor justificar o não-pagamento do empréstimo em face de riscos inerentes à sua atividade produtiva (frustração de safra, por exemplo), claro está que os riscos da captação e empréstimo ou mesmo de repasse, compete unicamente ao banco que se dedica profissionalmente a esta atividade.

A eventual captação de recursos no exterior pelo banco, para repasse ou empréstimo ao produtor, se constitui, no dizer da doutrina, um *risco da transação primária*, inerente ao empreendimento explorado pelo *fornecedor*, que sob a ótica da natureza da relação jurídica em questão não pode em hipótese alguma ser repassado do fornecedor ao consumidor.

Na verdade, a simples imposição de um indexador que estaria sujeito a variações tão bruscas, expondo o consumidor a risco de onerosidade excessiva, já constitui, independentemente de qualquer outro fato, superveniente ou não, previsto ou imprevisto, abusividade da obrigação, sujeitando a cláusula respectiva, mais do que a uma simples revisão, mas à própria declaração de nulidade, nos termos dos *artigos 39, V, e 51, IV, § 1º, incisos II e III, do CODECON*:

"Art. 39. É vedado ao fornecedor de produtos ou serviços, dentre outras práticas abusivas:
(...)
V - exigir do consumidor vantagem manifestadamente excessiva;"
"Art. 51. São nulas de pleno direito, entre outras, as cláusulas contratuais relativas ao fornecimento de produtos e serviços que:
(...)
IV - estabeleçam obrigações consideradas iníquas, abusivas, que coloquem o consumidor em desvantagem exagerada, ou sejam incompatíveis com a boa-fé ou a eqüidade.
(...)
§ 1º. Presume-se exagerada, entre outros casos, a vantagem que:
(...)
II - restringe direito ou obrigações fundamentais inerentes à natureza do contrato, de tal modo a ameaçar seu objeto ou equilíbrio contratual;

III - se mostra excessivamente onerosa para o consumidor, considerando a natureza e conteúdo do contrato, o interesse das partes e outras circunstâncias peculiares ao caso."

Neste sentido, demonstrando a nulidade da cláusula que estabeleça o repasse dos riscos da atividade primária ao consumidor, reportamo-nos a artigo de Luiz Antonio Rizzatto Nunes, Mestre e Doutor em Direito pela PUC/SP, professor de Direito do Consumidor na graduação, pós-graduação e especialização da mesma Universidade e Juiz do 1º Tribunal de Alçada Cível do Estado de São Paulo, publicado na Revista *Saraiva-Bis* (cópia anexa), intitulado *"O leasing e a variação cambial"*:

> "Uma das mais marcantes características da legislação protecionista do consumo é ter reconhecido e trazido até nós a responsabilidade objetiva do fornecedor (arts. 12, 13, 14, 18, 19, 20, etc.). Tal ônus tem como fundamento a Teoria do Risco do Negócio, ou seja, *o empresário é livre para explorar o mercado, mas o risco desse empreendimento é totalmente seu.*
> O mercado de consumo não pertence ao fornecedor, mas sim à sociedade, e por isso, ao explorá-lo, tem ele de respeitar os limites legais e assumir o risco de sua pretensão. Não pode ele, por exemplo, através de cláusula contratual, repassar tal risco para o consumidor. Se da exploração decorrer lucro, é legítimo que o fornecedor fique com ele; mas, se vier prejuízo, este também é seu. Não é permitido que, de nenhuma forma, o risco de perda seja passado ao consumidor, nem sequer repartido com este.
> (...)
> Seguindo, então, o que está estabelecido no sistema da Lei nº 8.078, é de se colocar claramente que as cláusulas contratuais que previam que todo o ônus da variação cambial seria suportado pelos consumidores que assinaram contratos de *leasing* são nulas de pleno direito. Em primeiro lugar porque, como já dissemos, não pode o fornecedor transferir o risco de sua atividade para o consumidor. Além disso, e como decorrência, em parte, da teoria do risco da atividade, o CDC estabeleceu normas de garantia contra os abusos que eventualmente se pretendessem praticar contra o consumidor, conforme se verá a seguir. Mas, antes, consigne-se uma situação concreta insustentável: a 'flutuação' do dólar é também fruto de especulação[10] e os agentes financeiros fixam unilateralmente quando querem ganhar (as taxas va-

---

[10] Aliás, reconhecida pelo próprio Governo Federal!

riam de agente para agente). Não havendo indicador oficial seguro do valor da moeda corrente, deixou nas mãos de credor dizer quanto o devedor pagará.[11]

Mas o CDC tem previsão expressa exatamente para evitar esse estado de coisas. Além da nulidade já apontada da cláusula contratual que pretende que o consumidor assuma o risco da transação primária (tomada de dólares com repasse pela responsabilização pela variação cambial), a lei expressamente declara nulas as cláusulas contratuais que acarretem em concreto situação de exagero e desequilíbrio, tachando-as de abusivas.

Assim, também por essa disposição normativa, a cláusula contratual que permite o uso da variação cambial é nula, pois estabelece obrigação iníqua, abusiva e que coloca o consumidor em desvantagem exagerada (art. 51, IV e § 1º, I a III), incompatível com o princípio da eqüidade (art. 51, IV) e viola o sistema da Lei nº 8.078 (art. 51, XV)."[12]

Como bem coloca o Juiz de Alçada, mestre e doutor em direito, *"a 'flutuação' do dólar é também fruto de especulação e os agentes financeiros fixam unilateralmente quanto querem ganhar (as taxas variam de agente para agente). Não havendo indicador oficial seguro do valor da moeda corrente, deixou nas mãos de credor dizer quanto o devedor pagará."*

Neste passo, em face da unilateralidade na fixação das taxas pelo mercado de atuação exclusiva de uma das partes da relação resulta a também inequívoca abusividade da cláusula de variação cambial, nos termos do *Código Civil, artigo 115*, como também pelo *artigo 51, XI e XIII, do CODECON*:

"São nulas de pleno direito, entre outras, as cláusulas contratuais relativas ao fornecimento de produtos e serviços que:
(...)
XI – autorizem ao fornecedor cancelar o contrato unilateralmente, sem que igual direito seja conferido ao consumidor.
(...)

---

[11] A situação aqui narrada vale ainda que os fornecedores venham a alegar que os fundos para efetivação do financiamento são tomados em dólar no exterior. Não só porque, como se disse, o financiador tinha, como tem, modo de se garantir contra oscilações bruscas, como essa atividade comercial primária é sua responsabilidade e risco. E essa argumentação não serve mesmo que respaldada em normas do Banco Central permitindo a operação. É que tais normas são hierarquicamente inferiores à lei ordinária e, obviamente, não produzem efeito no que com ela colidirem.

[12] É de lembrar que o CDC deixa expresso que a nulidade de uma cláusula contratual não invalida necessariamente o contrato (§ 2º do art. 51).

XIII - autorizem ao fornecedor a modificar unilateralmente o conteúdo ou a qualidade do contrato, após a sua celebração."

Tal fenômeno da estipulação da cotação do dólar pelo mercado, praticamente sem nenhuma intervenção estatal, fato que jamais se teve notícia na história do País, por certo autoriza concluir pela abusividade da cláusula que estipula esta modalidade de indexação, pondo o consumidor à mercê da ganância especulativa das instituições financeiras e afins, que pela impotência e omissão governamental se apossaram do mercado cambial.

As próprias cotações do dólar atualmente divulgadas pelo SISBACEN, que antes se constituíam referência ao mercado, hoje não passam de boletins informativos das cotações médias praticadas pelas instituições que operam com câmbio, posto que praticamente nenhuma intervenção ou controle tem esta autarquia realizado neste mercado desde a sua liberação, em 15 de janeiro de 1999.

Resulta disso, também, que a onerosidade tem origem não só em uma especulação generalizada no mercado financeiro, mas especialmente no fato da incerteza na fixação da taxa de câmbio, com base na ganância e nas pretensões de lucros dos especuladores, na medida em que, a partir de janeiro, deixou de existir uma cotação *oficial* a balisar o reajuste das prestações.

Como se pode extrair desta excelente análise do problema realizada pelo insigne magistrado e mestre em direito paulista, os riscos inerentes aos contratos indexados em dólar só podem se referir, por óbvio, ao agente que profissionalmente se dedica à atividade de captação e empréstimo, jamais se admitindo o repasse destes riscos ao produtor-consumidor destes serviços.

Equivaleria isso, por exemplo, pretender que o locatário corresse o risco do aumento das prestações do imóvel locado devidas em razão de financiamento tomado pelo locador junto ao SFH.

Tal conclusão decorre até mesmo dos princípios capitalistas segundo os quais o lucro é a contrapartida do risco. Sob a ótica da operação de repasse ou de empréstimo, a atividade capitalista é do banco, que se utiliza da contratação em questão com vistas ao lucro patrimonial ou real.

O mutuário, que se utiliza do capital como meio de realização de suas atividades, não busca nesta contratação qualquer lucro, razão pela qual não se lhe podem repassar os riscos desta ou de qualquer outra atividade profissional exercida pela instituição bancária.

10.6. A MANUTENÇÃO DA BASE DO CONTRATO

Como leciona a melhor doutrina, a disposição contida no artigo 6º do CODECON, acima referido, tem como fundamento originário a teoria do *rebus sic stantibus*, que na sua melhor versão, idealizada por Larenz, é conhecida como a *"teoria da alteração da base contratual"* (*"A Base do Negócio Jurídico e o Cumprimento das Obrigações"*).

Nos termos deste princípio contratual preexistente já no direito civil clássico, mas que se consagrou definitivamente no direito objetivo através do referido artigo 6º do CODECON, a modificação drástica das circunstâncias fáticas (ambiente objetivo) encontradas à data da celebração do contrato em relação àquelas verificadas à data de seu adimplemento, quando acarretem onerosidade excessiva às obrigações de uma das partes, autoriza a revisão, com vistas ao restabelecimento da vontade contratual original.

Neste passo, impõe-se distinguir a *teoria da alteração da base do negócio jurídico* daquela que se convencionou denominar de *"Teoria da Imprevisão"*, segundo a qual, à revisão do contrato far-se-ia necessária uma alteração *imprevisível* na ordem econômica, ou quiçá, na ordem macroeconômica.

Para a implementação das condições que tipificam a *teoria da alteração da base contratual*, basta a verificação da alteração em si, desimportando sua *previsibilidade*, conforme acentua o eminente Ministro do STJ, Ruy Rosado de Aguiar Jr., enquanto ainda Desembargador do Egrégio TJRS:

"... não cabe perquirir da previsibilidade do fenômeno inflacionário, porque não me atenho a teoria da imprevisão, mas sim ao preceituado pela teoria da base do negócio jurídico, perfeitamente compatível com o nosso sistema jurídico, onde a imprevisibilidade do fato futuro não é requisito para a revisão do contrato ..." (Apelação Cível nº 588059113, Quinta Câmara Cível TJRS)

Neste passo, o entendimento do Superior Tribunal de Justiça, inclusive em acórdão da lavra do Eminente jurista gaúcho, Ruy Rosado de Aguiar Jr., nas mais diversas situações onde se constata a onerosidade excessiva da prestação contratual em razão de fato superveniente, admitindo a revisão para restabelecimento do ambiente objetivo à época da contratação, não só com base no Código de Defesa do Consumidor como na própria teoria tradicional da base do negócio jurídico:

"Promessa de compra e venda. Resolução. Fatos supervenientes. Inflação. Restituição.

"A modificação superveniente da base do negócio, com aplicação de índices diversos para a atualização da renda do devedor e para a elevação do preço contratado, inviabilizando a continuidade do pagamento, pode justificar a revisão ou a resolução judicial do contrato, sem ofensa ao artigo 6. da LICC." (REsp 73370/AM, Rel. Ministro Ruy Rosado de Aguiar)"

"REsp - Comercial - Contrato - A prestação contratual, em havendo expressão econômica, deve mantê-la durante a avença. Caso contrário, haverá enriquecimento ilícito para uma das partes. Leis subseqüentes a avença, visando a conservar o valor, devem ser levadas em consideração. O *pacta sunt servanda* deve ser compatibilizado com a cláusula *rebus sic stantibus*. (REsp 128307/MG, Ministro Luiz Vicente Cernicchiaro, 23/03/98)

"REsp - Civil - Locação - Revisional - Acordo das partes - O princípio – *pacta sunt servanda* - deve ser interpretado de acordo com a realidade sócio-econômica. A interpretação literal da lei cede espaço a realização do justo. O magistrado deve ser o crítico da lei e do fato social. A cláusula *rebus sic stantibus* cumpre ser considerada para o preço não acarretar prejuízo para um dos contratantes. A lei de locação fixou prazo para a revisão do valor do aluguel. Todavia, se o período, mercê da instabilidade econômica, provocar dano a uma das partes, deve ser desconsiderado. No caso dos autos, restara comprovado que o último reajuste do preço ficara bem abaixo do valor real. Cabível, por isso, revisá-lo judicialmente." (REsp 97565/SP, DATA:16/12/1996, Ministro Luiz Vicente Cernicchiaro)

Inobstante, no caso concreto em questão, até mesmo com base na *imprevisão* verificar-se-ia plausível a revisão, na medida em que, como dito, o fato macroeconômico que a justifica surpreendeu a tudo e a todos, especialistas ou não, contrariando, como visto, bases legais rígidas e princípios econômicos que vinham sendo pregados como dogmas imutáveis pelas autoridades governamentais desde a implantação do Plano Real, até poucas horas antes da inusitada e errante decisão de liberar o câmbio.

De qualquer forma, desnecessário cogitar-se da imprevisão, mostra-se indiscutível o direito do consumidor em ver revista obrigação que lhe torna excessivamente onerosa a prestação contratual.

10.7. IRRELEVÂNCIA DA *PREVISIBILIDADE* DO FATO SUPERVENIENTE AO EXERCÍCIO DO DIREITO DE REVISÃO – EFETIVA *IMPREVISIBILIDADE* QUANTO À MODIFICAÇÃO DAS REGRAS DO CÂMBIO

Como já exposto acima (*"A manutenção da base do contrato"*), à revisão do contrato em face da alteração de sua base não se impõe a condição da imprevisibilidade do fato que tornou a obrigação excessivamente onerosa.

Estes fundamentos, como se pode ver, independem de qualquer previsão legal, posto que mesmo na doutrina geral civilista, a cláusula *rebus sic stantibus* é condição implícita de qualquer contrato, fundada na preservação do pressuposto de validade da própria contratação – a vontade das partes de concluir o contrato segundo as expectativas que levaram a sua contratação. E para invocação desta cláusula, segundo a teoria usualmente adotada para tanto – *da alteração da base do negócio jurídico* – mostra-se desnecessária a imprevisibilidade do fato superveniente.

Com muito mais razão esta conclusão, quando ao estabelecer este direito à revisão o legislador intencionalmente omite a necessidade da imprevisão do fato superveniente, como se extrai do *artigo 6º, V, do CODECON*, acima já referido.

Inobstante isso, não se pode de qualquer forma negar que a megadesvalorização era efetivamente imprevisível, não passando da concretização de um mero desejo de especuladores que às vésperas do fato remeteram mais de US$ 1 bi às suas filiais/matrizes no Exterior, com vistas a forçar a megadesvalorização e obter lucros jamais imaginados por qualquer atividade.

Isto se retrata claramente nas declarações das autoridades monetárias, que vinham até o último momento negando qualquer possibilidade de alteração na política cambial, muito menos, o que para uns poucos era tão desejado, a liberação completa do câmbio. Neste passo, reportamo-nos às declarações públicas do Ministro da Fazenda (matéria de capa do *Jornal do Comércio* de Porto Alegre-RS, em 01/12/98) e do então Presidente do Banco Central do Brasil (Jornal *Folha de S. Paulo*, dia 15/01/99, fls. 2-3):

"Política de bandas continua e vai alargar o teto e piso
Malan não vai mudar câmbio
(...)
A política cambial brasileira permanecerá exatamente como está.
O governo brasileiro é contra câmbio fixo e maxidesvalorizações

que, conforme mostrou a experiência recente de países asiáticos, têm efeitos desastrosos sobre a economia. Esta foi a resposta do ministro da Fazenda, Pedro Malan, ontem, à defesa de mudanças na política cambial na América Latina feita pelo economista chefe do Banco Interamericano de Desenvolvimento (BID), Ricardo Hausmann."

"... Vamos manter nossa política cambial de bandas largas e prosseguiremos no alargamento do teto e do piso da minibanda ..." (pág. 14 do mesmo jornal)

"Lopes nega adotar flutuação de câmbio
O novo presidente do Banco Central, Francisco Lopes, negou ontem especulações do mercado de que seria adotado um sistema de flutuação do câmbio. Ele também disse que a instituição está disposta a usar reservas e taxas de juros para defender a política cambial.
'São absolutamente improcedentes e inverídicas as especulações sobre a possibilidade de adoção de um regime de flutuação do câmbio', destacou o Presidente do BC por meio de nota"

A bem da verdade, estas próprias autoridades federais hoje denunciam que a megadesvalorização se deu, não por vontade própria do Governo, mas por imposição dos ataques especulativos que puseram em risco as reservas de moeda estrangeira do Tesouro Nacional, especialmente a inusitada e volumosa fuga de capitais ditos "estrangeiros" que antecederam a megadesvalorização.

E a prova cabal disso foi a pressa com a qual o Banco Central do Brasil (ilegalmente) liberou o câmbio (Comunicado 6.563, de 15/01/99), dois dias depois de divulgar os limites de suas "bandas" de flutuação, entre R$ 1,20 e R$ 1,32 (Comunicado nº 6.560, de 13/01/99), como vinha fazendo, anualmente, nos últimos três anos (Comunicados 4.987, de 30/01/96, 5.505, de 18/02/97, 6.002, de 20/01/98), não por deliberação própria, mas por determinação do Conselho Monetário Nacional, através da Resolução Bacen nº 2.234, de 30/01/96, que instituiu o referido regime de "bandas cambiais", e que, a rigor, até hoje ainda não foi juridicamente revogado.

A razão da liberação do câmbio pelo Banco Central do Brasil (na verdade, sem base legal, porque ainda vigente o regime de "bandas cambiais" instituído pelo Conselho Monetário Nacional através da Resolução Bacen nº 2.234/96), se deu unicamente em face de ataques especulativos de *"última hora"*, e pelo risco de esgotamento das reservas do Tesouro utilizadas pelo Banco Central do Brasil à obrigatória intervenção no mercado, com vistas à manutenção dos referidos limites de flutuação.

Não resistindo ao ataque especultivo, sobreveio a inequivocamente imprevista liberação do câmbio pelo Banco Central do Brasil, violando, inclusive, competência normativa exclusiva do Conselho Monetário Nacional (Lei 4.595/64, artigo 4º, V, XXXI, e Lei 9.069/95, art. 3º, § 4º, III), o devido processo legal (Lei 9.069/95, artigo 6º, I e II, §§ 1º e 2º) e a obrigação de intervenção no mercado para manutenção da estabilidade da moeda (Lei 4.595/64, artigo 11, III).

Em face até mesmo desta garantia legal de controle do câmbio, não é lícito presumir que alguém pudesse prever o descumprimento da Lei pelo Estado.

Ao contrário de previsão, o que havia eram *apostas* na megadesvalorização cambial, feitas pelas instituições financeiras que já haviam se precavido com a aquisição de elevados ativos indexados em dólares.

10.8. INEXISTÊNCIA DE QUALQUER VANTAGEM ECONÔMICA AOS MUTUÁRIOS – INEXISTÊNCIA DA (IRRELEVANTE) OCORRÊNCIA DE PREJUÍZOS AO AGENTE FINANCEIRO

Como já se anunciam as demandas envolvendo discussão de indexador cambial com instituições financeiras, tentando estas justificar o já visto ilegal repasse dos riscos de sua atividade ao mutuário, sob o argumento de que teria este obtido vantagens decorrentes da captação de recursos no exterior, não podendo, em face disso exonerar-se dos prejuízos eventualmente dela decorrentes. Argumentam, ainda, que caso não adotado o indexador ajustado, resultariam graves prejuízos ao credor.

Em que pese a irrelevância destes argumentos, porquanto a abusividade e onerosidade que se proíbe em relações de consumo ou destinadas ao crédito rural são exclusivamente em prol do produtor tomador dos recursos, não nos é difícil demonstrar que a contratação em dólar não trouxe qualquer vantagem ao mutuário e, ao contrário, acarretou em fantásticos lucros ao mutuante.

Nesse passo, não é verdadeira a afirmação de que a indexação em dólar tenha resultado em vantagem ao mutuário. Comparando-se a variação de alguns índices econômicos (inflacionários e taxas de juros) nos dois anos que antecederam a liberação do câmbio, constata-se pouca diferença entre estes indicadores:

Índice	01/01/97 a 01/01/98	01/01/98 a 01/01/99	Variação acumulada
IGPM	7,74%	1,79%	9,66%
INPC	4,34%	2,49%	6,93%
TR	9,78%	7,79%	18,33%
US$	7,41%	8,18%	16,19%

Como se pode ver, a variação do dólar no período muito próximo do indexador da maioria dos financiamentos bancários, atrelados à TR, e muito acima da inflação, medida pelo IGPM e pelo INPC, não havendo, assim, como cogitar de qualquer vantagem anterior que justifique a assunção de um acréscimo no custo do empréstimo de até 75% em apenas um mês, e 100% ao longo do ano.

De outro lado, também não se justifica o repasse dos riscos do empreendimento ao mutuário, porquanto ao contrário deste, dispõem os bancos de meios para prevenir os eventuais prejuízos de sua própria atividade, no caso da captação de recursos em moeda estrangeira, por exemplo, através da contratação *hedges*.

Justamente sobre esta ótica do lucro e da prevenção dos riscos com a desvalorização cambial, impõe-se lembrar que foram as instituições financeiras que, em ataques especulativos ao mercado de câmbio, impuseram a decretação da megadesvalorização, abocanhando lucros, só no mês de janeiro, de R$ 3,3 bilhões (considerando uma desvalorização de apenas 39,05%, ocorrida naquele mês); ou seja, quase o dobro de todo o lucro do sistema financeiro durante todo o ano de 1998. Neste sentido, as denúncias através de manchetes nos jornais que ensejaram até mesmo a abertura de uma CPI no Congresso Nacional, a saber:

"Superlucro dos bancos com a desvalorização
Ganho em janeiro chegou a superar o de 98 inteiro
Janeiro foi um grande mês para os bancos. A desvalorização de 39,05% do real garantiu a algumas instituições financeiras um lucro no mês muito superior ao obtido em todo o ano passado.
O topo da lista dos grandes ganhadores é ocupado por bancos estrangeiros ou com participação relevante de capital externo. As próprias matrizes os orientaram a proteger o patrimônio das variações cambiais porque os resultados são consolidados em dólares.
Mas, em alguns casos, o ganho surpreendeu. O Morgan Guaranty Trust, banco comercial filial do norte-americano JP Morgan, lucrou R$ 275,959 milhões em janeiro, oito vezes o resultado de

1988. O banco múltiplo do grupo JP Morgan, teve em janeiro o dobro do lucro do ano passado, com R$ 193,492 milhões, segundo balancete divulgado pelo Sistema de Informações do Banco Central (Sisbacen). Os resultados foram equivalentes a 172,4% e 295% do patrimônio líquido do final de dezembro.
Outros bancos ganharam quatro vezes o lucro de 1998 inteiro: o Chase Manhattan; o Citibank, sem contar o seu banco comercial, o Citibank NA que saiu do prejuízo em 1998 para um lucro de R$ 135,442 milhões; o Multi Banco (do BakAmerica). Não foram raros os casos em que o ganho de janeiro foi quase o dobro de 1998: além do JP Morgan, o Matrix e o BBA Creditanstalt." (Jornal *Gazeta Mercantil*, 03/03/99, capa e pág. B-1)

"Ganho dos bancos explode em janeiro
Os bancos registraram lucros extraordinários em janeiro, quando o governo desvalorizou o real, segundo levantamento a partir de balancetes divulgados pelo Banco Central.
A soma dos resultados registrados por 181 bancos resulta em lucro de R$ 3,342 bilhões, valor superior aos resultados acumulados ao longo de 98, quando o sistema bancário lucrou R$ 1,871 bilhão." (Jornal *Folha de S.Paulo*, 04/03/99, caderno *dinheiro*, págs. 2-9)

Passados três meses da megadesvalorização, mantêm-se ainda os lucros dos bancos com a especulação em moeda estrangeira, como se verifica do ativo e incansável trabalho de busca de informações e esclarecimentos, desenvolvido pelo Deputado Aloizio Mercadante, que recentemente divulgando os resultados do setor bancário, denuncia o vazamento de informações, os ataques especulativos e a remessa de capital para matrizes e filiais no Exterior, inclusive com sonegação de impostos, como causa de tão estrondosos lucros:

"Bancos ganham R$ 10 bi com desvalorização
Mercadante mostra lucros obtidos com a mudança do câmbio e reforça a suspeita de vazamento de informações
A aposta na desvalorização do real proporcionou a 24 bancos um lucro de R$ 10,1 bilhões no período de três semanas (entre 12 de janeiro e 2 de fevereiro) em operações no mercado futuro de dólar na Bolsa de Mercadorias & Futuros (BM&F).
(...)
Mercadante disse que sua convicção de que houve vazamento de informação está baseada no fato de que apenas 23 vezes houve oscilação maior do que a do dia 12 de janeiro, no mercado à vista

de câmbio. O fluxo de saída de capitais no início de janeiro vinha se mantendo na faixa entre US$ 100 milhões e US$ 200 milhões diários. No dia 12, a saída foi de 1,215 bilhão. Ele chamou atenção também para o fato de que o mercado de câmbio à vista estava se mantendo 'vendido' (apostava na manutenção do câmbio) até o dia 11 de janeiro. No dia 12, houve uma grande inversão para 'comprado' (as instituições passaram a comprar dólares). A inversão de um dia para o outro foi da ordem de US$ 1 bilhão.
(...)
O mistério dos fundos sem dono
O levantamento do deputado Aloizio Mercadante revela que muitos bancos não tiveram grandes lucros em janeiro, mas os fundos de investimento que administram, a maioria de capital estrangeiro e isenta de Imposto de renda, registraram ganhos extraordinários. Há indícios de que os cotistas desses fundos são os controladores dos bancos ou suas matrizes no Exterior, segundo o deputado. Dessa forma, o lucro teria sido remetido para o Exterior sem que o banco pagasse imposto."
(Jornal *Zero Hora*, 06/05/99, caderno economia, pág. 30)

Tal assombroso resultado, como se pode ver, decorreu justamente da especulação em moeda estrangeira, por instituições financeiras que às vésperas da liberação do câmbio remeteram a bagatela de US$ 1,215 bi para fora do País (de 6 a 12 vezes o volume de remessas nos dias imediatamente anteriores) pondo em risco as reservas nacionais e forçando a alta do dólar com vistas à obtenção dos imorais lucros que obtiveram.

Resulta disso, que efetivamente dispõem as empresas ligadas ao sistema financeiro de meios de se proteger (e até ganhar, e muito) contra os riscos de suas atividades, o mesmo não se podendo dizer dos tomadores de seus serviços. Por esta razão é inadmissível cogitar-se do repasse dos riscos da atividade empresarial financeira ao produtor, ou pretender uma proporcionalidade entre as obrigações, somente quando das operações do fornecedor resultem prejuízo (o que aliás vem desmentido pelos fatos públicos e notórios).

Por mais esta razão, não constitui *risco* do produtor a *desproporcionalidade* entre os custos do eventual financiamento repassado e a contraprestação paga pelo destinatário final destes recursos.

11. A antecipação de tutela para sustação da inscrição do nome dos produtores em cadastros de restrição ao crédito (SERASA/CADIN/SPC)

Inicialmente, é imprescindível observar a natureza destes cadastros de inadimplência, dos tantos e inúmeros hoje existentes, especialmente aqueles criados e mantidos pelos Bancos. Inolvidavelmente, refletem mais uma forma das instituições financeiras coagir o devedor à aceitação das tantas ilicitudes que lhe são impostas.

Tais cadastros, denominados de *"proteção ao crédito"* se constituem, em verdade, em cadastros de *coação ao pagamento*, já que, em face da abrangência, resultam em restrição ao devedor.

Através destes cadastros, os bancos atribuem às vítimas de suas práticas usurárias pecha de devedores inadimplentes perante todos os estabelecimentos de crédito do país. Exercem, assim, sem qualquer respaldo legal, ato de caráter público, pois estes órgãos (SPC/CADIN/SERASA) possuem abrangência nacional, constituindo-se em uma rede de informações de livre acesso a todas as casas financeiras e comerciais do País.

A inscrição de devedores nestes cadastros de inadimplentes, tanto mais quando em discussão o montante e até mesmo a existência do débito, se mostra conduta abusiva e antijurídica, conquanto do risco de *abalo de crédito* generalizado que advém desta inscrição resulta uma *coação irresistível* ao pagamento do indevido, meio indireto, nefasto e maquiavélico de coibir a obtenção da prestação jurisdicional quanto à legalidade desta cobrança.

Especialmente no caso do SERASA, criado e mantido pelos próprios bancos, a ilegalidade desta restrição de crédito se mostra ainda mais presente. Trata-se este serviço, isto sim, de uma verdadeira *"lista negra"* de cidadãos, que passam a ser perseguidos por terem ousado discordar das taxas de juros e outras inúmeras ilegalidades já citadas anteriormente, praticadas pelas instituições financeiras.

É flagrante o *abuso de direito* na utilização destes cadastros pelos bancos.

Não por outra razão, a partir do *Código de Defesa do Consumidor (Lei nº 8.078/90)* passou a ser expressamente vedada a utilização de tais cadastros de restrição ao crédito, utilizados como meio de constrangimento ou ameaça à cobrança de débitos:

> "Art. 42. Na cobrança de débitos, o consumidor inadimplente não será exposto a ridículo, nem será submetido a qualquer tipo de constrangimento ou ameaça."

Notadamente, em sociedades e economias capitalistas como a nossa, nada mais constrangedor ou ameaçador que a impossibilidade de acesso ao crédito, meio indispensável de subsistência do cidadão. Por isso, tais inclusões em cadastros de proteção ao crédito - SPC, SERASA, CADIN -, a partir do advento do CDC, passaram a ser proibidas por lei.

E justamente em face disso, no caso do SPC, por decisão desta própria entidade cadastral, a baixa na inscrição pode ser providenciada administrativamente, bastando o devedor comprovar estar discutindo judicialmente o débito.

No mesmo sentido a medida provisória que dispõe sobre o CADIN – Cadastro Informativo dos Créditos não Quitados de órgãos e entidades federais, editada originalmente sob o número 1.110, posteriormente reeditada através das numerações 1.142, 1.175, 1.209, 1.244, 1.281, 1.320, 1.360, 1.402, 1.422, 1.490, 1.621, 1.699, 1.770, e atualmente pelo número *1.863-54, de 25.10.99*, dispõe no seu *artigo 7º, I e II*, que será supenso o registro no CADIN quando o devedor comprovar que tenha ajuizado ação ou que a exigibilidade do crédito esteja suspenso por lei, nos termos *in verbis*:

> "Art. 7º. Será suspenso o registro no CADIN quando o devedor comprove que:
> I – tenha ajuizado ação, com o objetivo de discutir a natureza da obrigação ou seu valor, com o oferecimento de garantia idônea e suficiente ao Juízo, na forma da lei;
> II – esteja suspensa a exigibilidade do crédito objeto do registro, nos termos da lei."

Cumpre informar também aqui que a Corregedoria-Geral de Justiça do Rio Grande do Sul, através do *Ofício-Circular nº 062/99*, de 13 de agosto de 1999, decidiu revogar os Ofícios-Circulares nºs 08/93 31/99, que autorizavam aos distribuidores de justiça fossem prestadas informações a respeito de processos de execução e de busca e apreensão ajuizados, nos termos *in verbis*:

"Ofício-Circular nº 062/99 – CGJPorto Alegre, 13 de agosto de 1999.
Processo nº 22477/98-7
Revoga o Ofício-Circular nº 08/93 e a alteração introduzida no Similar de nº 31/99
Senhor(a) distribuidor(a):
Acolhendo o parecer do Grupo de Estudos, consoante do Expediente nº 22477/98-7, *REVOGO* os Ofícios-Circulares nº 08/93-CGJ e 31/99-CGJ e conseqüente autorização de fornecimento de relação de processos de execução e de busca e apreensão a associações comerciais e estabelecimentos bancários, instituições finaceiras, estabelecimentos comerciais ou industriais, entidades de proteção ao crédito e congêneres, mesmo em caráter sigiloso. Por outro lado, *DETERMINO* aos distribuidores judiciais quando do fornecimento de certidões relativas aos feitos mencionados, informem a existência, quando houver, de ação ordinária entre os mesmas partes.
Atenciosas saudações.
Des. Aristides Pedroso de Albuquerque Neto
Corregedor-Geral da Justiça"

No caso do SERASA, todavia, criado e mantido pelos Bancos, eminências pardas da economia brasileira, instituições que se autoconferem poder acima do próprio Estado e da Lei, somente através de decisão judicial se consegue a exclusão da inscrição.

Por todas estas razões, tem sido reiteradamente admitida a exclusão da inscrição de devedores em cadastros desta natureza, através de *antecipação de tutela* em ações que visam à revisão dos débitos respectivos, enquanto pendentes estas demandas judiciais, o que se extrai das inúmeras decisões proferidas em nosso TARGS, como nas da instância judiciária máxima na matéria, o *Superior Tribunal de Justiça*, a seguir transcritas:

"Vistos, etc.
Cuida-se de recurso especial manifestado contra acórdão do Tribunal de Alçada do Rio Grande do Sul, assim ementado:
'*Contrato bancário. Tutela antecipatória. Revisão. Protesto. SPC. SERASA. CADIN.*
Discutindo-se o serviço da dívida de vários contratos, mostra-se razoável determinar a evitação do protesto de cambiais e proibição de inscrição no SPC, SERASA, CADIN e outros.

A inscrição nos cadastros de maus pagadores, no período em que se debate justamente o *quantum*, assume *caráter aflitivo e perfeitamente dispensável, o mesmo acontecendo com o protesto, em face da nódoa que representa a negativação'*
Sustenta o recorrente violação dos artigos 42 e 43 do Código de Defesa do Consumidor e 160 do Código Civil, alegando, em síntese, que a inscrição do devedor no cadastro do SERASA não representa constrangimento e tampouco ameaça, tratando-se apenas de prestação de informação para cadastramento em banco de dados.
Inadmitindo o recurso, manifestou-se o agravo em exame, que não merece guarida.
Primeiro, porque o tema versado no dispositivo do Código Civil tido como violado não foi cogitado pelo acórdão recorrido. O recorrente, por sua vez, não provocou a manifestação do Tribunal sobre a matéria.
Asunse, assim no ponto, o prequestionamento da matéria, pressuposto específico do cabimento do recurso especial, impedindo, destarte, a análise da insurgência do recorrente, consoante o enunciado n. 282 da súmula/STF.
Segundo, porque *estando o valor da dívida em litígio, inadequada a inscrição do devedor nos órgãos controladores de crédito*. Ademais, necessário seria adentrar no campo probatório para acolher a pretensão do recorrente, procedimento defeso no âmbito desta Corte a teor do enunciado n. 7 de sua súmula.
Isto posto, desprovejo o agravo.
P.I.
Brasília, 29 de abril de 1997."
AGRAVO DE INSTRUMENTO 139.278 (97/0011024-9)-RS
QUARTA TURMA DO STJ
REL. MIN. SÁLVIO DE FIGUEIREDO TEIXEIRA
J. 29/04/97, DJU 14/05/97, P. 19.414 - destacamos

"Vistos, etc.
Recebidos no dia 25 de abril do corrente ano.
O recurso especial obstado na origem enfrenta acórdão da egrégia Sexta Câmara Cível Tribunal de Alçada do estado do Rio Grande do Sul que restou assim ementado:
'*Ação revisional. Proibição de registro no SPC. Cabimento.*
É razoável decisão que obsta o credor de anotar o nome do devedor em cadastro de inadimplentes enquanto a ação tramita,

pois a proibição repõe a igualdade processual, afastando da parte mecanismo de pressão que pode levar à injustiça.
Agravo desprovido.' (fls. 11)
O recorrente sustenta ter o v. aresto violado o disposto nos artigos 42 e 43 do Código do Consumidor e art. 160 do Código Civil. O decidido pelo v. acórdão não encontra reprimenda nas normas apontadas como violadas que não obrigam a inscrição do devedor no SERASA por não pagamento de dívida litigiosa.
Ademais, os temas insertos nos respectivos dispositivos carecem do prequestionamento viabilizador do acesso ao especial.
Ante o exposto, nego provimento ao agravo.
Publique-se
Brasília, 28 de maio de 1997."
AGRAVO DE INSTRUMENTO 139.285-RS(97/0011064-8)
QUARTA TURMA DO STJ
REL. MIN. CESAR ASFOR ROCHA
J. 28/05/97, DJU 09/06/97, p. 25.760

"Vistos, etc.
Trata-se de agravo de instrumento interposto contra decisão do Tribunal de Alçada do Rio Grande do Sul, que negou provimento ao recurso especial manifestado contra acórdão assim ementado:
'Ação de revisão contratual. Contratos de conta corrente. Cautela liminar. É possível, em nosso sistema processual, a cumulação de pedido cautelar com ação principal. Quanto mais que, *para a cautela liminar atípica encontram-se, de certo modo, satisfeitas as respectivas condições, quais sejam, o interesse na solução eficaz da lide (fumus boni iuris) e o fundado receito de dano grave e de difícil reparação (periculum in mora). Sistema de proteção ao crédito e protesto de título.* Todavia, à luz do art. 6º, do CPC, a liminar não deve ser estendida ao avalista. Agravo provido em parte.'
Alega o recorrente que o aresto recorrido contrariou os arts. 160, CC, 42 e 43 do Código de Defesa do Consumidor.
Desacolho o inconformismo.
Quanto ao tema versado no artigo 160, CC, porque ausente o indispensável prequestionamento.
No que se refere às demais normas legais, porque, *estando o valor da dívida em litígio, inadequada a inscrição do devedor nos órgãos controladores de crédito.*
Pelo exposto, desprovejo o agravo.
P.I.
Brasília, 30 de maio de 1997."

AGRAVO DE INSTRUMENTO 139.001(97/0009494-4)-RS
QUARTA TURMA DO STJ
REL. MIN. SÁLVIO DE FIGUEIREDO TEIXEIRA
J. 30/05/97, DJU 13/06/97, p. 26.858 - grifamos

"Vistos.
Companhia Itauleasing de Arrendamento mercantil - Grupo Itaú interpõe agravo de instrumento contra despacho que não admitiu recurso especial assentado em alegada violação aos artigos 42 e 43 do Código de Defesa do Consumidor e 160 do Código Civil.
Insurge-se, no apelo extremo, contra Acórdão proferido pela 6ª Câmara do Tribunal de Alçada do Estado do Rio Grande do Sul, assim ementado:
'Contrato bancário. Arrendamento mercantil. Ação revisional. Cadastros de serviços de proteção ao crédito.
Discutindo em juízo o contrato, inclusive com oferta de prestações segundo o valor tido como correto pela arrendatária, não tem sentido franquear a inscrição do seu nome nos cadastros dos serviços de proteção ao crédito.
Agravo improvido.' (fls. 10)
Decido.
Do exame dos autos verifico que o Acórdão decorreu de convicção formada pela douta Câmara ante análise das circunstâncias fáticas contidas nos autos, concluindo não estar evidenciada justa razão para inscrição do nome dos agravados no cadastro SERASA.
Inviável o reexame deste aspecto, nos termos da Súmula nº 07/STJ.
Ante o exposto, nego provimento ao agravo.
Intime-se
Brasília, 06 de junho de 1997."
AGRAVO DE INSTRUMENTO Nº 145.956-RS(97.28851-0)
TERCEIRA TURMA DO STJ
REL. MIN. CARLOS ALBERTO MENEZES DIREITO
J. 06/06/97, DJU 17/06/97, p. 27.827

"Consumidor. Inscrição de seu nome em cadastros de proteção ao crédito. Montante da dívida objeto de controvérsia em juízo. Inadmissibilidade.
Constitui contrangimento e ameaça vedados pela Lei nº 8.078, de 11.09.90, o registro do nome do consumidor em cadastros de

proteção ao crédito, quando o montante da dívida é ainda objeto de discussão em juízo."
RECURSO ESPECIAL Nº 170.281-SC (98.24559-6)
QUARTA TURMA STJ
REL. MIN. BARROS MONTEIRO
Recte(s): Malhasoft S/A Enobrecimento Têxtil e outros
Redo(s):Banco Safra S/A
J. 24/06/98, DJ 21/09/98, pág. 207/208

"O recurso especial obstado na origem enfrenta acórdão do egrégio Tribunal de Alçada do Estado do Rio Grande do Sul assim ementado:
'Agravo de instrumento. Decisão que impediu o cadastramento da devedora na SERASA. Evidências de que grande parte da dívida já foi paga no caso concreto, estando as partes a discutir em ação revisional a existência e o valor do saldo exigido pelo credor. Circunstâncias que revelam boa-fé processual autorizando a medida concedida em primeiro grau
Agravo improvido (fls. 72)'
Sustenta o recorrente, com fundamento nas alíneas 'a' e 'c' do permissivo constitucional, ofensa aos arts. 160 do Código Civil e 43, § 4º, da Lei n. 8.078/90, bem como dissídio pretoriano.
Não merece prosperar o inconformismo.
Consoante bem anotado pelo juízo primeiro negativo de admissibilidade, o acolhimento da pretensão recursal depende necessariamente do reexame das circunstâncias fáticas da causa, o que não se viabiliza em sede de recurso especial, a teor do verbete n. 7 desta Corte.
Demais disso, o recorrente não encontra amparo na jurisprudência desta Corte que, em hipóteses semelhantes já se posicionou no mesmo sentido do acórdão recorrido, conforme se verifica dos seguintes julgados:
'Ação revisional. Dívida em juízo. Cadastramento de inadimplentes. SERASA. SPC. CADIN. Inscrição. Inadequação. Precedentes do Tribunal. Antecipação de tutela e processo cautelar. Recurso especial. Prequestionamento. Súmula/STF. Enunciado n. 282. Matéria fática. Reexame. Inviabilidade da instância especial. Recurso desacolhido.
I - Nos termos da jurisprudência desta Corte, estando a dívida em juízo, inadequada em princípio a inscrição do devedor nos órgãos controladores de crédito.
II - (...).

III - (...) (REsp 180.665-PE, relator o eminente Ministro *Sálvio de Figueiredo Teixeira, DJ de 03.11.98)*
'SPC. SERASA. Proibição do registro. Medida cautelar. Ação Consignatória. 'Leasing'.
Pendente ação consignatória, onde se discute a caracterização da inadimplência, não pode ser permitida a inscrição do nome da devedora e seus garantes nos serviços privados de proteção ao crédito.
Recurso conhecido em parte, pela divergência e, nesta parte, provido' (REsp 172.854-SC, relator o eminente Ministro *Ruy Rosado de Aguiar,* DJU de 08.09.98)
Processual civil – Cautelar – Suspensão de medida determinativa de inscrição do nome do devedor no SPC ou SERASA.
I - Não demonstrado o perigo de dano para o credor, não há como deferir seja *determinada a inscrição do nome do devedor no SPC ou SERASA, mormente quando este discute em ações aparelhadas os valores sub judice, com eventual depósito ou caução do quantum. Precedente do STJ.*
II - Recurso conhecido e provido' (REsp nº 161.151/SC, 3ª Turma, Relator o Ministro *Waldemar Zveiter, DJ de 29.06.98)*
A sugerida divergência jurisprudencial, por seu turno, não restou demonstrada de acordo com os regramentos legais pertinentes, não ensejando, destarte, a admissibilidade perseguida.
Por isso, nego provimento ao agravo."
AGRAVO DE INSTRUMENTO Nº 212.759-RS (98/0085906-3)
REL. MIN. CESAR ASFOR ROCHA (4ª Turma STJ)
Agrte: Banco Regional de Desenvolvimento do Extremo Sul – BRDE
Agrda: Companhia Volta Grande de Papel – CVG
J. 23/02/99, DJ 10/03/99, págs. 99/100 (grifos no original)

Abaixo se transcreve decisão do Superior Tribunal de Justiça sobre a necessária comprovação pelas instituições financeiras do dano irreparável que sofrem face ao não-cadastramento dos devedores, nos termos *in verbis*:

"Processual civil - Cautelar - Suspensão de medida determinativa de inscrição do nome do devedor no SPC ou SERASA.
I - Não demonstrado o perigo de dano para o credor, não há como deferir seja determinada a inscrição do nome do devedor no SPC ou SERASA, mormente quando este discute em ação aparelhada os valores *sub judice,* com eventual depósito ou caução do *quantum.* Precendetes do STJ.

II - Recurso conhecido e provido.
Relatório
O Exmo. Sr. Ministro Waldemar Zveiter:
Cuida-se de Medida Cautelar Inominada Incidental, aforada por *Super Cortes Serras e Facas Ltda*, em face de *Companhia Itauleasing de Arrendamento Mercatil*, visando impedir o desapossamento do bem arrendado, a inscrição da Requerente e de seus garantidores nos *órgãos de proteção ao crédito* (SPC), o protesto dos títulos vinculados e a continuação de débitos automáticos na conta corrente.
Tal medida cautelar foi requerida nos autos de Ação de Revisão Contratual movida ainda pela *requerente Super Serras e Facas Ltda* e Antecipação de Tutela Jurisdicional também postulada pela autora.
Deferida a liminar, contra esta agravou de instrumento a ré *Companhia Itauleasing de Arrendamento Mercantil* e o acórdão que julgou o Agravo assim conclui *(fls.44):*
'No tocante à inscrição do nome da agravada nos órgãos de proteção ao crédito, legítima a pretensão da agravante.
Conforme reiterada jurisprudência deste Sodalício, 'O envio de informações aos cadastros mantidos por instituições financeiras como o SPC/SERASA não se mostra abusivo, mas exercício regular de um direito, decorrente de contrato firmado entre as partes. Não se pode impedir que o credor, a fim de resguardar seu crédito, inscreva o nome do devedor inadimplente nos organismos de proteção ao crédito.' (AI nº 96.007200-4, Des. Wilson Guarany)'
Contra esse ponto, insurge-se *Super Cortes e Serras e Facas Ltda* apresentando o Especial *(a e c)* de *fls.50*, onde alega que o aresto teria violado o *art. 42* do *CDC* e dissentido de precedentes que colaciona.
(...)
Voto
O Exmo. Sr. Ministro Waldemar Zveiter (Relator):
(...)
Razão cabe à recorrente quando aponta a divergência interpretativa manifestada entre o acórdão recorrido e a jurisprudência. A deste STJ tem demonstrado que inexiste perigo de dano no fato de impedir-se que o credor, a fim de resguardar seu crédito, inscreve o nome do devedor no Serviço de Proteção ao Crédito *(SPC)* ou *SERASA*.
No aresto recorrido, não apontou o eminente Relator em que se constitui o prejuízo pela eventual ausência de registro do nome do devedor no Serviço de Proteção ao Crédito.

Todavia, a decisão agravada, ao impedir a inscrição dos autores da Cautelar Inominada o fez por não vislumbrar o perigo de dano e já que os devedores propondo as demandas estas teriam tramitação célere.
A jurisprudência da Corte não admite tal constrangimento, consistente nesse registro de proteção ao crédito, a menos se prove, para legitimar tais, os requisitos de *fumus boni iuris* e *periculum in mora*, o que não demonstrou o aresto."
RECURSO ESPECIAL Nº 161.151/SC (97/0093557-4)
TERCEIRA TURMA STJ
REL. MIN. WALDEMAR ZVEITER
Recte(s): Super Cortes Serras e Facas Ltda.
Redo(s): Companhia Itauleasing de Arrendamento Merxantil – Grupo Itaú
J. 24/05/98, DJU 29/06/98

"Processual Civil – Cautelar – Suspensão de Medida determinativa de inscrição do nome do devedor no SPC ou SERASA.
I - Não demonstrado o perigo de dano para o credor, não há como deferir seja determinada a inscrição do nome do devedor no SPC ou SERASA, mormente quando este discute em ações aparelhadas os valores *sub judice*, com eventual depósito ou caução do *quantum*. Precedente do STJ.
II - Recurso conhecido e provido' (REsp nº 161.151/SC, 3ª Turma, Relator o Ministro *Waldemar Zveiter*, DJ de 29.06.98)
'Arrendamento mercantil. Ação revisional de contrato. Antecipação de tutela. Inscrição do nome da arrendatária nos órgãos de proteção ao crédito. Posse do bem arrendado. Prequestionamento.
O cenário dos autos, assim o ajuizamento pela arrendatária de ação revisional de contrato, com tutela antecipada deferida e depósito para descaracterizar a mora, ressalvado o direito de ação do credor, autoriza que seja obstada a inscrição do nome do devedor em banco de dados de consumo, bem como a manutenção na posse do bem. Confinada a questão nestes termos, fica o especial baldio de prequestionamento e desprotegido o dissídio jurisprudencial.
Recurso especial não conhecido' (REsp nº 140.144/SC, 3ª Turma, Relator o Ministro *Carlos Alberto Menezes Direito*, DJ de 26.10.98)
No mais, a pretensão recursal enseja a análise de cláusulas contratuais, o que não se admite a teor da Súmula nº 05/STJ.
Do exposto, nego provimento ao agravo.
Intime-se.

Brasília, 24 de março de 1999."
AGRAVO DE INSTRUMENTO Nº 219.516-RS (98.99340-1) (7.647)
TERCEIRA TURMA DO STJ
REL. MIN. CARLOS ALBERTO MENEZES DIREITO
Agrte: Banco do Brasil S/A
Agrdo: Supermercado Mombach Ltda.
J. 24/03/99, DJ 06/04/99, p. 64 (grifos no original)

Observe-se também que tem decidido o Superior Tribunal de Justiça que havendo ação que vise à revisão do contrato, *mesmo sem o depósito da quantia considerada devida*, é ilegal a inscrição dos nomes dos autores nos cadastros de restrição ao crédito, conforme decisão abaixo transcrita:

"Execução. Inscrição do nome do devedor em Serviço de Proteção ao Crédito. Ação revisional de contrato ajuizada. Código de Defesa do Consumidor, art. 42
1. Havendo ação de revisão de contrato em curso, *mesmo sem o depósito da quantia considerada devida*, a inscrição do nome autor em serviço de proteção ao crédito configura o constrangimento ou ameaça a que se refere o art. 42 do Código de Defesa do Consumidor.
2. Recurso especial conhecido e provido.
Voto
O Exmo. Sr. Ministro Carlos Alberto Menezes Direito:
O banco recorrido interpôs agravo de instrumento contra despacho que, nos autos da ação ordinária de revisão de contrato, deferiu liminar para impedir o agravante de promover inscrição do nome da agravada na SERASA. Para o acórdão recorrido não foi *apontado com clareza o montante da parte considerada indevida e não oferecida em depósito a parcela incontroversa.*
(...)
Na minha avaliação, porém, o ajuizamento de ação para rever o contrato é suficiente para impedir a inscrição de nome em cadastro de proteção ao crédito. *Havendo a dicussão judicial do contrato que originou o débito, a inscrição do nome dos autores da ação revisional configura o constrangimento ou ameaça, a que se refere o art. 42 do Código de Defesa do Consumidor.* Em precedente de que foi Relator o Ministro *Ruy Rosado de Aguiar,* a Corte aceitou a exclusão, acolhendo a antecipação de tutela, com a seguinte fundamentação:
Inegável a conseqüência danosa para aqueles cujos nomes são lançados em bancos de dados instiuídos para o fim de proteção

do crédito comercial ou bancário. Daí porque, existindo ação que ataque a invalidade do título, onde se impugna o valor débito cobrado pelo banco com fundamentos razoáveis, parece adequado que a utilização daqueles serviços, que serve para estigmatisar o devedor, aguarde o desfecho da ação.

Recolho do autos a fundamentação expendida pelo il. Dr. Quintino do Prado:

'Em curso existe uma ação ordinária declaratória de nulidade de documentos consubstanciada em instrumentos de confissões de dívidas, estando, portanto, em discussão a legitimidade do crédito reclamado. Não poderia o agravado comunicar a inadimplência antes da decisão final, sob pena de submeter a agravante a constrangimento a que alude o art. 42 do CDC (fls. 62).'

Por isso, a não utilização da possibilidade do diposto no art. 273 do CPC, em caso como o dos autos, causou ofensa àquela regra e ao disposto no artigo 42 do CPC.

Anote-se que *toda a jurisprudência da Corte* tem a mesma linha de interpretação no que concerne a evitar a inscrição quando há ação judicial em curso e quando não há prova do prejuízo para o credor. Com relatoria do Ministro *Waldemar Zveiter*, a Corte decidiu que sem tais pressupostos *'não há como deferir seja determinada a inscrição do nome do devedor no SPC ou SERASA'* (REsp nº 161.151/SC, DJ de 29/06/98).

Com essas razões, eu conheço do especial e lhe dou provimento para restabelecer decisão monocrática."

RECURSO ESPECIAL Nº 180.843-RS (98/49248-8)
TERCEIRA TURMA DO STJ
REL. MIN. CARLOS ALBERTO MENEZES DIREITO
Recorrente: Banco Itaú S.A.
Recorridos: João Faoro – Micro Empresa e outros
(J.29,06.99, v.u., DJU 30.08.99 - grifamos)

Além disso, tem decidido o STJ, nas ações indenizatórias face à indevida inscrição em cadastros de inadimplentes, que a prova do dano moral se satisfaz com a existência de inscrição irregular, nos termos da ementa abaixo transcrita:

"Responsabilidade Civil. SPC. Dano moral e dano material. Prova. - O banco que promove a indevida inscrição de devedor no SPC e em outros bancos de dados responde pela reparação do dano moral que decorre dessa inscrição. A exigência de prova de dano moral (extrapatrimonial) se satisfaz com a demonstração da existência da inscrição irregular.

- Já a indenização pelo dano material depende de prova de sua existência, a ser produzida ainda no processo de conhecimento."
RECURSO ESPECIAL Nº 51.158-ES
QUARTA TURMA DO STJ
REL. MIN. RUY ROSADO DE AGUIAR
J. 27.03.95, DJ 29.05.95

Como se pode ver das decisões acima, a Colenda Corte Superior de Justiça tem prestigiado o entendimento majoritário do Egrégio Tribunal de Alçada de nosso estado ao denegar agravos de instrumento de recursos especiais com vistas à manutenção de inscrições em cadastros de restrição ao crédito, acrescentando argumento de mérito, ao afirmar que "(...) *estando o valor da dívida em litígio, inadequada a inscrição do devedor nos órgãos controladores de crédito.*" (REsp nº 139.278), "*mesmo sem o depósito da quantia considerada devida*" (REsp nº 180.843-RS).

Notadamente, se *inadequada a inscrição*, assiste ao devedor o *direito* de *requerer seja determinado aos Bancos que se abstenham de inscrever os produtores nos referidos cadastros*, ao menos enquanto perdurar a discussão acerca do montante do débito - trânsito em julgado.

Desta forma, mostram-se perfeitamente presentes os requisitos ensejadores da *antecipação de tutela*, com base no *artigo. 273, I, do CPC*, quais sejam, a *plausibilidade* e a *verossimilhança* do direito invocado à revisão do débito; assim como o *fundado receio de dano irreparável ou de difícil reparação*, resultante do injustificado impedimento de acesso ao crédito pelos produtores, em todas as instituições comerciais e financeiras do País, por conta deste débito eivado da série de ilegalidades denunciadas.

Cumpre aqui ainda informar que a Corregedoria-Geral de Justiça do Rio Grande do Sul, através do *Ofício-Circular nº 062/99*, de 13 de agosto de 1999, decidiu revogar os Ofícios-Circulares nºs 08/93 e 31/99, que autorizavam aos distribuidores de justiça fossem prestadas informações a respeito de processos de execução e de busca e apreensão ajuizados, nos termos *in verbis*:

"Ofício-Circular nº 062/99 – CGJPorto Alegre, 13 de agosto de 1999.
Processo nº 22477/98-7
Revoga o Ofício-Circular nº 08/93 e a alteração introduzida no Similar de nº 31/99
Senhor(a) distribuidor(a):
Acolhendo o parecer do Grupo de Estudos, consoante do Expediente nº 22477/98-7, *REVOGO* os Ofícios-Circulares nº 08/93-

CGJ e 31/99-CGJ e conseqüente autorização de fornecimento de relação de processos de execução e de busca e apreensão a associações comerciais e estabelecimentos bancários, instituições finaceiras, estabelecimentos comerciais ou industriais, entidades de proteção ao crédito e congêneres, mesmo em caráter sigiloso. Por outro lado, *DETERMINO aos distribuidores judiciais quando do fornecimento de certidões realtivas aos feitos mencionados, informem a existência, quando houver, de ação ordinária entre os mesmas partes.* Atenciosas saudações.
Des. Aristides Pedroso de Albuquerque Neto
Corregedor-Geral da Justiça"

12. Legislação

12.1. Lei nº 4.595, de 31 de dezembro de 1964

Dispõe sobre a Política e as Instituições Monetárias, Bancárias e Creditícias, Cria o Conselho Monetário Nacional e dá outras Providências.

Capítulo I - Do Sistema Financeiro Nacional

Art. 1º O Sistema Financeiro Nacional, estruturado e regulado pela presente Lei, será constituído:
I - do Conselho Monetário Nacional;
II - do Banco Central do Brasil;
III - do Banco do Brasil S.A.;
IV - do Banco Nacional do Desenvolvimento Econômico;
V - das demais instituições financeiras públicas e privadas.

Capítulo II - Do Conselho Monetário Nacional

Art. 2º Fica extinto o Conselho da atual Superintendência da Moeda e do Crédito, e criado, em substituição, o Conselho Monetário Nacional, com a finalidade de formular a política da moeda e do crédito, como previsto nesta Lei, objetivando o progresso econômico e social do País.

Art. 3º A política do Conselho Monetário Nacional objetivará:
I - adaptar o volume dos meios de pagamento às reais necessidades da economia nacional e seu processo de desenvolvimento;
II - regular o valor interno da moeda, para tanto prevenindo ou corrigindo os surtos inflacionários ou deflacionários de origem interna ou externa, as depressões econômicas e outros desequilíbrios oriundos de fenômenos conjunturais;
III - regular o valor externo da moeda e o equilíbrio no balanço de pagamento do País, tendo em vista a melhor utilização dos recursos em moeda estrangeira;
IV - orientar a aplicação dos recursos das instituições financeiras, quer públicas, quer privadas; tendo em vista propiciar, nas diferentes regiões do País, condições favoráveis ao desenvolvimento harmônico da economia nacional;
V - propiciar o aperfeiçoamento das instituições e dos instrumentos financeiros, com vistas à maior eficiência do sistema de pagamentos e de mobilização de recursos;
VI - zelar pela liquidez e solvência das instituições financeiras;
VII - coordenar as políticas monetária, creditícia, orçamentária, fiscal e da dívida pública, interna e externa.

Art. 4º Compete ao Conselho Monetário Nacional, segundo diretrizes estabelecidas pelo Presidente da República:

I - Autorizar as emissões de papel-moeda (Vetado) as quais ficarão na prévia dependência de autorização legislativa, quando se destinarem ao financiamento direto, pelo Banco Central do Brasil, das operações de crédito com o Tesouro Nacional, nos termos do Art. 49 desta Lei:

O Conselho Monetário Nacional pode, ainda, autorizar o Banco Central do Brasil a emitir, anualmente, até o limite de 10% (dez por cento) dos meios de pagamento existentes a 31 de dezembro do ano anterior, para atender às exigências das atividades produtivas e da circulação da riqueza do País, devendo, porém, solicitar autorização do Poder Legislativo, mediante mensagem do Presidente da República, para as emissões que, justificadamente, se tornarem necessárias além daquele limite.

Quando necessidades urgentes e imprevistas para o financiamento dessas atividades o determinarem, pode o Conselho Monetário Nacional autorizar as emissões que se fizerem indispensáveis, solicitando imediatamente, através de mensagem do Presidente da República, homologação do Poder Legislativo para as emissões assim realizadas.

II - Estabelecer condições para que o Banco Central do Brasil emita papel-moeda (Vetado) de curso forçado, nos termos e limites decorrentes desta Lei, bem como as normas reguladoras do meio circulante.

III - Aprovar os orçamentos monetários, preparados pelo Banco Central do Brasil, por meio dos quais se estimarão as necessidades globais de moeda e crédito.

IV - Determinar as características gerais (Vetado) das cédulas e das moedas.

V - Fixar as diretrizes e normas da política cambial, inclusive quanto à compra e venda de ouro e quaisquer operações em Direitos Especiais de Saque e em moeda estrangeira.

VI - Disciplinar o crédito em todas as suas modalidades e as operações creditícias em todas as suas formas, inclusive aceites, avais e prestações de quaisquer garantias por parte das instituições financeiras.

VII - Coordenar a política de que trata o Art. 3º desta Lei com a de investimentos do Governo Federal.

VIII - Regular a constituição, funcionamento e fiscalização dos que exercerem atividades subordinadas a esta Lei, bem como a aplicação das penalidades previstas.

IX - Limitar, sempre que necessário, as taxas de juros, descontos, comissões e qualquer outra forma de remuneração de operações e serviços bancários ou financeiros, inclusive os prestados pelo Banco Central do Brasil, assegurando taxas favorecidas aos financiamentos que se destinem a promover.

X - Determinar a percentagem máxima dos recursos que as instituições financeiras poderão emprestar a um mesmo cliente ou grupo de empresas.

XI - Estipular índices e outras condições técnicas sobre encaixes, mobilizações e outras relações patrimoniais, a serem observadas pelas instituições financeiras.

XII - Expedir normas gerais de contabilidade e estatística a serem observadas pelas instituições financeiras.

XIII - Delimitar, com periodicidade não inferior a 2 (dois) anos, o capital mínimo das instituições financeiras privadas, levando em conta sua natureza, bem como a localização de suas sedes e agências ou filiais.

XIV - Determinar recolhimento de até 60% (sessenta por cento) do total dos depósitos e/ou outros títulos contábeis das instituições financeiras, seja na forma de subscrição de letras ou obrigações do Tesouro Nacional ou compra de títulos da Dívida Pública Federal, seja através de recolhimento em espécie, em ambos os casos entregues ao Banco Central do Brasil, na forma e condições que o Conselho Monetário Nacional determinar, podendo este:

a) adotar percentagens diferentes em função: - das regiões geo econômicas; - das prioridades que atribuir às aplicações; - da natureza das instituições financeiras;

b) determinar percentuais que não serão recolhidos, desde que tenham sido reaplicados em financiamentos à agricultura, sob juros favorecidos e outras condições fixadas pelo Conselho Monetário Nacional.

XV - Estabelecer para as instituições financeiras públicas a dedução dos depósitos de pessoas jurídicas de direito público que lhes detenham o controle acionário, bem como dos das respectivas autarquias e sociedades de economia mista, no cálculo a que se refere o inciso anterior.

XVI - Enviar obrigatoriamente ao Congresso Nacional, até o último dia do mês subseqüente, relatório e mapa demonstrativos da aplicação dos recolhimentos compulsórios (Vetado).

XVII - Regulamentar, fixando limites, prazos e outras condições, as operações de redescontos e de empréstimo, efetuadas com quaisquer instituições financeiras públicas e privadas de natureza bancária.

XVIII - Outorgar ao Banco Central do Brasil o monopólio das operações de câmbio quando ocorrer grave desequilíbrio no balanço de pagamentos ou houver sérias razões para prever a iminência de tal situação.

XIX - Estabelecer normas a serem observadas pelo Banco Central do Brasil em suas transações com títulos públicos e de entidades de que participe o Estado.

XX - Autorizar o Banco Central do Brasil e as instituições financeiras públicas federais a efetuar a subscrição, compra e venda de ações e outros papéis emitidos ou de responsabilidade das sociedades de economia mista e empresas do Estado.

XXI - Disciplinar as atividades das bolsas de valores e dos corretores de fundos públicos.

XXII - Estatuir normas para as operações das instituições financeiras públicas, para preservar sua solidez e adequar seu funcionamento aos objetivos desta Lei.

XXIII - Fixar, até 15 (quinze) vezes a soma do capital realizado e reservas livres, o limite além do qual os excedentes dos depósitos das instituições financeiras serão recolhidos ao Banco Central do Brasil ou aplicados de acordo com as normas que o Conselho estabelecer.

XXIV - Decidir de sua própria organização, elaborando seu regimento interno no prazo máximo de 30 (trinta) dias.

XXV - Decidir da estrutura técnica e administrativa do Banco Central do Brasil e fixar seu quadro de pessoal, bem como estabelecer os vencimentos e vantagens de seus funcionários, servidores e diretores, cabendo ao presidente deste apresentar as respectivas propostas.

XXVI - Conhecer dos recursos de decisões do Banco Central do Brasil.

XXVII - Aprovar o regimento interno e as contas do Banco Central do Brasil e decidir sobre seu orçamento e sobre seus sistemas de contabilidade, bem como sobre a forma e prazo de transferência de seus resultados para o Tesouro Nacional, sem prejuízo da competência do Tribunal de Contas da União.

XXVIII - Aplicar aos bancos estrangeiros que funcionem no País as mesmas vedações ou restrições equivalentes, que vigorem, nas praças de suas matrizes, em relação a bancos brasileiros ali instalados ou que nelas desejem estabelecer-se.

XXIV - Colaborar com o Senado Federal, na instrução dos processos de empréstimos externos dos Estados, do Distrito Federal e dos Municípios, para cumprimento do disposto no Art. 63, II, da Constituição Federal.

XXX - Expedir normas e regulamentação para as designações e demais efeitos do Art. 7º desta Lei.

XXXI - Baixar normas que regulem as operações de câmbio, inclusive *swaps*, fixando limites, taxas, prazos e outras condições.

XXXII - Regular os depósitos a prazo de instituições financeiras e demais sociedades autorizadas a funcionar pelo Banco Central do Brasil, inclusive entre aquelas sujeitas ao mesmo controle acionário ou coligadas.

§ 1º O Conselho Monetário Nacional, no exercício das atribuições previstas no inciso VIII deste artigo, poderá determinar que o Banco Central do Brasil recuse autorização para o funcionamento de novas instituições financeiras, em função de conveniências de ordem geral.

§ 2º Competirá ao Banco Central do Brasil acompanhar a execução dos orçamentos monetários e relatar a matéria ao Conselho Monetário Nacional, apresentando as sugestões que considerar convenientes.

§ 3º As emissões de moeda metálica serão feitas sempre contra recolhimento (Vetado) de igual montante em cédulas.

§ 4º O Conselho Monetário Nacional poderá convidar autoridades, pessoas ou entidades para prestar esclarecimentos considerados necessários.

§ 5º Nas hipóteses do Art. 4, I, e do § 6 do Art. 49 desta Lei, se o Congresso Nacional negar homologação à emissão extraordinária efetuada, as autoridades responsáveis serão responsabilizadas nos termos da Lei número 1.079, de 10 de abril de 1950.

§ 6º O Conselho Monetário Nacional encaminhará ao Congresso Nacional, até 31 de março de cada ano, relatório da evolução da situação monetária e creditícia do País no ano anterior, no qual descreverá, minudentemente, as providências adotadas para cumprimento dos objetivos estabelecidos nesta Lei, justificando, destacadamente, os montantes das emissões de papel-moeda que tenham sido feitas para atendimento das atividades produtivas.

§ 7º O Banco Nacional da Habitação é o principal instrumento de execução da política habitacional do Governo Federal e integra o sistema financeiro nacional, juntamente com as sociedades de crédito imobiliário, sob orientação, autorização, coordenação e fiscalização do Conselho Monetário Nacional e do Banco Central do Brasil, quanto à execução, nos termos desta Lei, revogadas as disposições especiais em contrário.

Art. 5º As deliberações do Conselho Monetário Nacional entendem-se de responsabilidade de seu presidente para os efeitos do Art. 104, I, b, da Constituição Federal e obrigarão também os órgãos oficiais, inclusive autarquias e sociedades de economia mista, nas atividades que afetem o mercado financeiro e o de capitais.

Art. 6º O Conselho Monetário Nacional será integrado pelos seguintes membros:
I - Ministro da Fazenda, que será o presidente;
II - presidente do Banco do Brasil S.A.;
III - presidente do Banco Nacional do Desenvolvimento Econômico;
IV - sete membros nomeados pelo Presidente da República, após aprovação do Senado Federal, escolhidos entre brasileiros de ilibada reputação e notória capacidade em assuntos econômicos-financeiros, com mandato de 7 (sete) anos, podendo ser reconduzidos.

§ 1º O Conselho Monetário Nacional deliberará por maioria de votos, com a presença, no mínimo, de seis membros, cabendo ao presidente também o voto de qualidade.

§ 2º Poderão participar das reuniões do Conselho Monetário Nacional (Vetado) o Ministro da Indústria e do Comércio e o Ministro para Assuntos de Planejamento e Economia, cujos pronunciamentos constarão obrigatoriamente da ata das reuniões.

§ 3º Em suas faltas ou impedimentos, o Ministro da Fazenda será substituído, na presidência do Conselho Monetário Nacional, pelo Ministro da Indústria e do Comércio, ou, na falta deste, pelo Ministro para Assuntos de Planejamento e Economia.

§ 4º Exclusivamente motivos relevantes, expostos em representação fundamentada do Conselho Monetário Nacional, poderão determinar a exoneração de seus membros referidos no inciso IV deste artigo.

§ 5º Vagando-se cargo com mandato o substituto será nomeado com observância do disposto no inciso IV deste artigo, para complementar o tempo do substituído.

§ 6º Os membros do Conselho Monetário Nacional, a que se refere o inciso IV deste artigo, devem ser escolhidos levando-se em atenção, o quanto possível, as diferentes regiões geo-econômicas do País.

Art. 7º Junto ao Conselho Monetário Nacional funcionarão as seguintes Comissões Consultivas:
I - bancária, constituída de representantes:
   1. do Conselho Nacional de Economia;
   2. do Banco Central do Brasil;
   3. do Banco do Brasil S.A.;
   4. do Banco Nacional do Desenvolvimento Econômico;

5. do Conselho Superior das Caixas Econômicas Federais;
6. do Banco Nacional de Crédito Cooperativo;
7. do Banco do Nordeste do Brasil S.A.;
8. do Banco de Crédito da Amazônia S.A.;
9. dos Bancos e Caixas Econômicas Estaduais;
10. dos bancos privados;
11. das sociedades de crédito, financiamento e investimentos;
12. das bolsas de valores;
13. do comércio;
14. da indústria;
15. da agropecuária;
16. das cooperativas que operam em crédito.

II - de mercado de capitais, constituída de representantes:
1. do Ministério da Indústria e do Comércio;
2. do Conselho Nacional de Economia;
3. do Banco Central do Brasil;
4. do Banco Nacional do Desenvolvimento Econômico;
5. dos bancos privados;
6. das sociedades de crédito, financiamento e investimentos;
7. das bolsas de valores;
8. das companhias de seguros privados e capitalização;
9. da Caixa de Amortização.

III - de crédito rural, constituída de representantes:
1. do Ministério da Agricultura;
2. da Superintendência da Reforma Agrária;
3. da Superintendência Nacional de Abastecimento;
4. do Banco Central do Brasil;
5. da Carteira de Crédito Agrícola e Industrial do Banco do Brasil S.A.;
6. da Carteira de Colonização do Banco do Brasil S.A.;
7. do Banco Nacional de Crédito Cooperativo;
8. do Banco do Nordeste do Brasil S.A.;
9. do Banco de Crédito da Amazônia S.A.;
10. do Instituto Brasileiro do café;
11. do Instituto do Açúcar e do Álcool;
12. dos bancos privados;
13. da Confederação Rural Brasileira;
14. das instituições financeiras públicas estaduais ou municipais, que operem em crédito rural;
15. das cooperativas de crédito agrícola.

IV - (Vetado.)
1 a 15. (Vetado.)

V - de crédito industrial, constituída de representantes:
1. do Ministério da Indústria e do Comércio;
2. do Ministério Extraordinário para os Assuntos de Planejamento e Economia;
3. do Banco Central do Brasil;
4. do Banco Nacional do Desenvolvimento Econômico;
5. da Carteira de Crédito Agrícola e Industrial do Banco do Brasil S.A.;
6. dos bancos privados;
7. das sociedades de crédito, financiamento e investimentos;
8. da indústria.

§ 1º A organização e o funcionamento das Comissões Consultivas serão regulados pelo Conselho Monetário Nacional, inclusive prescrevendo normas que:
a) lhes concedam iniciativa própria junto ao mesmo Conselho;
b) estabeleçam prazos para o obrigatório preenchimento dos cargos das referidas Comissões;
c) tornem obrigatória a audiência das Comissões Consultivas, pelo Conselho Monetário Nacional, no trato das matérias atinentes às finalidades específicas das referidas Comissões, ressalvados os casos em que se impuser sigilo.
§ 2º Os representantes a que se refere este artigo serão indicados pelas entidades nele referidas e designados pelo Conselho Monetário Nacional.
§ 3º O Conselho Monetário Nacional, pelo voto de dois terços de seus membros, poderá ampliar a competência das Comissões Consultivas, bem como admitir a participação de representantes de entidades não mencionadas neste artigo, desde que tenham funções diretamente relacionadas com suas atribuições.

Capítulo III - Do Banco Central do Brasil

Art. 8º A atual superintendência da Moeda e do Crédito é transformada em autarquia federal, tendo sede e foro na Capital da República, sob a denominação de Banco Central do Brasil, com personalidade jurídica e patrimônio próprios, este constituído dos bens, direitos e valores que lhe são transferidos na forma desta Lei e ainda da apropriação dos juros e rendas resultantes, na data da vigência desta Lei, do disposto no Art. 9º do Decreto-lei número 8.495, de 28 de dezembro de 1945, dispositivo que ora é expressamente revogado.
Parágrafo único. Os resultados obtidos pelo Banco Central do Brasil, consideradas as receitas e despesas de todas as suas operações, serão, a partir de 1 de janeiro de 1988, apurados pelo regime de competência e transferidos para o Tesouro Nacional, após compensados eventuais prejuízos de exercícios anteriores.

Art. 9º Compete ao Banco Central do Brasil cumprir e fazer cumprir as disposições que lhe são atribuídas pela legislação em vigor e as normas expedidas pelo Conselho Monetário Nacional.

Art. 10. Compete privativamente ao Banco Central do Brasil:
I - emitir moeda-papel e moeda metálica, nas condições e limites autorizados pelo Conselho Monetário Nacional (Vetado);
II - executar os serviços do meio circulante;
III - determinar o recolhimento de até 100% (cem por cento) do total dos depósitos à vista e de até 60% (sessenta por cento) de outros títulos contábeis das instituições financeiras, seja na forma de subscrição de Letras ou Obrigações do Tesouro Nacional ou compra de títulos da Dívida Pública Federal, seja através de recolhimento em espécie, em ambos os casos entregues ao Banco Central do Brasil, a forma e condições por ele determinadas, podendo:
a) adotar percentagens diferentes em função:
1. das regiões geoeconômicas;
2. das prioridades que atribuir às aplicações;
3. da natureza das instituições financeiras;
b) determinar percentuais que não serão recolhidos, desde que tenham sido reaplicados em financiamentos à agricultura, sob juros favorecidos e outras condições por ele fixadas;
IV - receber os recolhimentos compulsórios de que trata o inciso anterior e, ainda, os depósitos voluntários à vista das instituições financeiras, nos termos do inciso III e § 2º do Art. 19.
V - realizar operações de redesconto e empréstimo a instituições financeiras bancárias e as referidas no Art. 4, XIV, b no § 4º do Art. 49 desta Lei;
VI - exercer o controle do crédito sob todas as suas formas;
VII - efetuar o controle dos capitais estrangeiros, nos termos da lei;
VIII - ser depositário das reservas oficiais de ouro de moeda estrangeira e de Direitos Especiais de Saque e fazer com estas últimas todas e quaisquer operações previstas no Convênio Constitutivo do Fundo Monetário Internacional;

IX - exercer a fiscalização das instituições financeiras e aplicar as penalidades previstas;
X - conceder autorização às instituições financeiras, a fim de que possam:
a) funcionar no País;
b) instalar ou transferir suas sedes, ou dependências, inclusive no Exterior;
c) ser transformadas, fundidas, incorporadas ou encampadas; e
d) praticar operações de câmbio, crédito real e venda habitual de títulos da dívida pública federal, estadual ou municipal, ações, debêntures, letras hipotecárias e outros títulos de crédito ou imobiliários;
e) ter prorrogados os prazos concedidos para funcionamento;
f) alterar seus estatutos;
g) alienar ou, por qualquer outra forma, transferir o seu controle acionário;
XI - estabelecer condições para a posse e para o exercício de quaisquer cargos de administração de instituições financeiras privadas, assim como para o exercício de quaisquer funções em órgãos consultivos, fiscais e semelhantes, segundo normas que forem expedidas pelo Conselho Monetário Nacional;
XII - efetuar, como instrumento de política monetária, operações de compra e venda de títulos públicos federais;
XIII - determinar que as matrizes das instituições financeiras registrem os cadastros das firmas que operam com suas agências há mais de 1 (um) ano.
§ 1º No exercício das atribuições a que se refere o inciso IX deste artigo, com base nas normas estabelecidas pelo Conselho Monetário Nacional, o Banco Central do Brasil estudará os pedidos que lhe sejam formulados e resolverá conceder ou recusar a autorização pleiteada, podendo (Vetado) incluir as cláusulas que reputar convenientes ao interesse público.
§ 2º Observado o disposto no parágrafo anterior, as instituições financeiras estrangeiras dependem de autorização do Poder Executivo, mediante decreto, para que possam funcionar no País (Vetado).

Art. 11. Compete ao Banco Central do Brasil:
I - entender-se, em nome do Governo brasileiro, com as instituições financeiras estrangeiras e internacionais;
II - promover, como agente do Governo Federal, a colocação de empréstimos internos ou externos, podendo, também, encarregar-se dos respectivos serviços;
III - atuar no sentido de funcionamento regular do mercado cambial, da estabilidade relativa das taxas de câmbio e do equilíbrio no balanço de pagamentos, podendo para esse fim comprar e vender ouro e moeda estrangeira, bem como realizar operações de crédito no exterior, inclusive as referentes aos Direitos Especiais de Saque e separar os mercados de câmbio financeiro e comercial;
IV - efetuar compra venda de títulos de sociedades de economia mista e empresas do Estado;
V - emitir títulos de responsabilidade própria, de acordo com as condições estabelecidas pelo Conselho Monetário Nacional;
VI - regular a execução dos serviços de compensação de cheques e outros papéis;
VII - exercer permanente vigilância nos mercados financeiros e de capitais sobre empresas que, direta, ou indiretamente, interfiram nesses mercados e em relação às modalidades ou processos operacionais que utilizem;
VIII - prover, sob controle do Conselho Monetário Nacional, os serviços de sua Secretaria.
§ 1º No exercício das atribuições a que se refere o inciso VIII do Art. 10 desta Lei, o Banco Central do Brasil poderá examinar os livros e documentos das pessoas naturais ou jurídicas que detenham o controle acionário de instituição financeira, ficando essas pessoas sujeitas ao disposto no Art. 44, § 8, desta Lei.
§ 2º O Banco Central do Brasil instalará delegacias, com autorização do Conselho Monetário Nacional, nas diferentes regiões geoeconômicas do País, tendo em vista a descentralização administrativa para distribuição e recolhimento da moeda e o cumprimento das decisões adotadas pelo mesmo Conselho ou prescritas em lei.

Art. 12. O Banco Central do Brasil operará exclusivamente com instituições financeiras públicas e privadas, vedadas operações bancárias de qualquer natureza com outras pessoas de direito público ou privado, salvo as expressamente autorizadas por lei.

Art. 13. Os encargos e serviços de competência do Banco Central, quando por ele não executados diretamente, serão contratados de preferência com o Banco do Brasil S.A., exceto nos casos especialmente autorizados pelo Conselho Monetário Nacional.

Art. 14. O Banco Central do Brasil será administrado por uma diretoria de cinco membros, um dos quais será o presidente, escolhidos pelo Conselho Monetário Nacional dentre seus membros mencionados no inciso IV do Art. 6º desta Lei.

§ 1º O presidente do Banco Central do Brasil será substituído pelo diretor que o Conselho Monetário Nacional designar.

§ 2º O término do mandato, a renúncia ou a perda da qualidade de membro do Conselho Monetário Nacional determinam, igualmente, a perda da função de diretor do Banco Central do Brasil.

Art. 15. O Regimento Interno do Banco Central do Brasil, a que se refere o inciso XXVII do Art. 4º desta Lei, prescreverá as atribuições do presidente e dos diretores e especificará os casos que dependerão de deliberação da diretoria, a qual será tomada por maioria de votos, presentes no mínimo o presidente ou seu substituto eventual e dois outros diretores, cabendo ao presidente também o voto de qualidade.

Parágrafo único. A diretoria se reunirá, ordinariamente, uma vez por semana, e, extraordinariamente, sempre que necessário, por convocação do presidente ou a requerimento de, pelo menos, dois de seus membros.

Art. 16. Constituem receita do Banco Central do Brasil as rendas:

I - de operações financeiras e de outras aplicações de seus recursos;

II - das suas operações de câmbio, da compra e venda de ouro e de quaisquer outras operações em moeda estrangeira;

III - eventuais, inclusive as derivadas de multas e de juros de mora aplicados por força do disposto na legislação em vigor.

§ 1º Do resultado das operações de câmbio de que trata o inciso II deste artigo, ocorrido a partir da data de entrada em vigor desta Lei, 75% (setenta e cinco por cento) da parte referente ao lucro realizado na compra e venda de moeda estrangeira destinar-se-á à formação de reserva monetária do Banco Central do Brasil, que registrará esses recursos em conta específica, na forma que for estabelecida pelo Conselho Monetário Nacional.

§ 2º A critério do Conselho Monetário Nacional, poderão também ser destinados à reserva monetária de que trata o § 1º os recursos provenientes de rendimentos gerados por:

a) suprimentos específicos do Banco Central do Brasil ao Banco do Brasil S.A., concedidos nos termos do § 1º do Art. 19 desta Lei;

b) suprimentos especiais do Banco Central do Brasil aos fundos e programas que administra.

§ 3º O Conselho Monetário Nacional estabelecerá, observado o disposto no § 1º do Art. 19 desta Lei, a cada exercício, as bases da remuneração das operações referidas no § 2º e as condições para incorporação desses rendimentos à referida reserva monetária.

Capítulo IV - Das Instituições Financeiras

Seção I - Da Caracterização e Subordinação

Art. 17. Consideram-se instituições financeiras, para os efeitos da legislação em vigor, as pessoas jurídicas públicas ou privadas, que tenham como atividade principal ou acessória a coleta, intermediação ou aplicação de recursos financeiros próprios ou de terceiros, em moeda nacional ou estrangeira, e a custódia de valor de propriedade de terceiros.

Parágrafo único. Para os efeitos desta Lei e da legislação em vigor, equiparam-se às instituições financeiras as pessoas físicas que exerçam qualquer das atividades referidas neste artigo, de forma permanente ou eventual.

Art. 18. As instituições financeiras somente poderão funcionar no País mediante prévia autorização do Banco Central do Brasil ou decreto do Poder Executivo, quando forem estrangeiras.

§ 1º Além dos estabelecimentos bancários oficiais ou privados, das sociedades de crédito, financiamento e investimentos, das caixas econômicas e das cooperativas de crédito ou a seção de crédito das cooperativas que a tenham, também se subordinam às disposições e disciplinas desta Lei no que for aplicável, as bolsas de valores, companhias de seguros e de capitalização, as sociedades que efetuam distribuição de prêmios em imóveis, mercadoria ou dinheiro, mediante sorteio de títulos de sua emissão ou por qualquer forma, e as pessoas físicas ou jurídicas que exerçam, por conta própria ou de terceiros, atividade relacionada com a compra e venda de ações e outros quaisquer títulos, realizando, nos mercados financeiros e de capitais, operações ou serviços de natureza dos executados pelas instituições financeiras.

§ 2º O Banco Central do Brasil, no exercício da fiscalização que lhe compete, regulará as condições de concorrência entre instituições financeiras, coibindo-lhes os abusos com a aplicação da pena (Vetado) nos termos desta Lei.

§ 3º Dependerão de prévia autorização do Banco Central do Brasil as campanhas destinadas à coleta de recursos do público, praticadas por pessoas físicas ou jurídicas abrangidas neste artigo, salvo para subscrição pública de ações, nos termos da lei das sociedades por ações.

Seção II Do Banco do Brasil S.A.

Art. 19. Ao Banco do Brasil S.A. competirá, precipuamente, sob a supervisão do Conselho Monetário Nacional e como instrumento de execução da política creditícia e financeira do Governo Federal:

I - na qualidade de Agente Financeiro do Tesouro Nacional, sem prejuízo de outras funções que lhe venham a ser atribuídas e ressalvado o disposto no Art. 8º da Lei número 1.628, de 20 de junho de 1952:

a) receber, a crédito do Tesouro Nacional, as importâncias provenientes da arrecadação de tributos ou rendas federais e ainda o produto das operações de que trata o Art. 49 desta Lei;

b) realizar os pagamentos e suprimentos necessários à execução do Orçamento Geral da União e leis complementares que lhe forem transmitidas pelo Ministério da Fazenda, as quais não poderão exceder o montante global dos recursos a que se refere a letra anterior, vedada a concessão, pelo Banco, de créditos de qualquer natureza ao Tesouro Nacional;

c) conceder aval, fiança e outras garantias, consoante expressa autorização legal;

d) adquirir e financiar estoques de produção exportável;

e) executar a política de preços mínimos dos produtos agropastoris;

f) ser agente pagador e receber fora do País;

g) executar o serviço da dívida pública consolidada;

II - como principal executor dos serviços bancários de interesse do Governo Federal, inclusive suas autarquias, receber em depósito, com exclusividade, as disponibilidades de quaisquer entidades federais, compreendendo as repartições de todos os ministérios civis e militares, instituições de previdência e outras autarquias, comissões, departamentos, entidades em regime especial de administração e quaisquer pessoas físicas ou jurídicas responsáveis por adiantamentos, ressalvados o disposto no § 5º deste artigo, as exceções previstas em lei ou casos especiais, expressamente autorizadas pelo Conselho Monetário Nacional, por proposta do Banco Central do Brasil;

III - arrecadar os depósitos voluntários, à vista, das instituições de que trata o inciso III, do Art. 10, desta Lei, escriturando as respectivas contas;

IV - executar os serviços de compensação de cheques e outros papéis;

V - receber, com exclusividade, os depósitos de que tratam os artigos 38, item 3., do Decreto-lei número 2.627, de 26 de setembro de 1940, e 1 do Decreto-lei número 5.956, de 1 de novembro de 1943, ressalvado o disposto no Art. 27 desta Lei;

VI - realizar, por conta própria, operações de compra e venda de moeda estrangeira e, por conta do Banco Central do Brasil, nas condições estabelecidas pelo Conselho Monetário Nacional;

VII - realizar recebimento ou pagamentos e outros serviços de interesse do Banco Central do Brasil, mediante contratação na forma do Art. 13 desta Lei;

VIII - dar execução à política de comércio exterior (Vetado);

IX - financiar a aquisição e instalação da pequena e média propriedade rural, nos termos da legislação que regular a matéria;

X - financiar as atividades industriais e rurais, estas com o favorecimento referido no Art. 4, IX, e Art. 53 desta Lei;

XI - difundir e orientar o crédito, inclusive as atividades comerciais suplementando a ação da rede bancária:

a) no financiamento das atividades econômicas, atendendo às necessidades creditícias das diferentes regiões do País;

b) no financiamento, das exportações e importações.

§ 1º O Conselho Monetário Nacional assegurará recursos específicos que possibilitem ao Banco do Brasil S.A., sob adequada remuneração, o atendimento dos encargos previstos nesta Lei.

§ 2º Do montante global dos depósitos arrecadados, na forma do inciso III deste artigo, o Banco do Brasil S.A. colocará à disposição do Banco Central do Brasil, observadas as normas que forem estabelecidas pelo Conselho Monetário Nacional, a parcela que exceder as necessidades normais de movimentação das contas respectivas, em função dos serviços aludidos no inciso IV deste artigo.

§ 3º Os encargos referidos no inciso I deste artigo serão objeto de contratação entre o Banco do Brasil S.A. e a União Federal, esta representada pelo Ministro da Fazenda.

§ 4º O Banco do Brasil S.A. prestará ao Banco Central do Brasil todas as informações por este julgadas necessárias para a exata execução desta Lei.

§ 5º Os depósitos de que trata o inciso II deste artigo também poderão ser feitos nas Caixas Econômicas Federais, nos limites e condições fixados pelo Conselho Monetário Nacional.

Art. 20. O Banco do Brasil S.A. e o Banco Central do Brasil elaborarão, em conjunto, o programa global de aplicações e recursos do primeiro, para fins de inclusão nos orçamentos monetários de que trata o inciso III do Art. 4º desta Lei.

Art. 21. O presidente e os diretores do Banco do Brasil S.A. deverão ser pessoas de reputação ilibada e notória capacidade.

§ 1º A nomeação do presidente do Banco do Brasil S.A. será feita pelo Presidente da República, após aprovação do Senado Federal.

§ 2º As substituições eventuais do presidente do Banco do Brasil S.A. não poderão exceder o prazo de 30 (trinta) dias consecutivos, sem que o Presidente da República submeta ao Senado Federal o nome do substituto.

§ 3º (Vetado.)

§ 4º (Vetado.)

Seção III Das Instituições Financeiras Públicas

Art. 22. As instituições financeiras públicas são órgãos auxiliares da execução da política de crédito do Governo Federal.

§ 1º O Conselho Monetário Nacional regulará as atividades, capacidade e modalidade operacionais das instituições financeiras públicas federais, que deverão submeter à aprovação daquele órgão, com a prioridade por ele prescrita, seus programas de recursos e aplicações, de forma que se ajustem à política de crédito do Governo Federal.

§ 2º A escolha dos diretores ou administradores das instituições financeiras públicas federais e a nomeação dos respectivos presidentes e designação dos substitutos observarão o disposto no Art. 21, §§ 1º e 2, desta Lei.

§ 3º A atuação das instituições financeiras públicas será coordenada nos termos do Art. 4º desta Lei.

Art. 23. O Banco Nacional do Desenvolvimento Econômico é o principal instrumento de execução de política de investimentos do Governo Federal, nos termos das Leis números 1.628, de 20 de junho de 1952, e 2.973, de 26 de novembro de 1956.

Art. 24. As instituições financeiras públicas não federais ficam sujeitas às disposições relativas às instituições financeiras privadas, assegurada a forma de constituição das existentes na data da publicação desta Lei.

Parágrafo único. As Caixas Econômicas Estaduais equiparam-se, no que couber, às Caixas Econômicas Federais, para os efeitos da legislação em vigor, estando isentas do recolhimento a que se refere o Art. 4, XIV, e à taxa de fiscalização, mencionada no Art. 16 desta Lei.

Seção IV Das Instituições Financeiras Privadas

Art. 25. As instituições financeiras privadas, exceto as cooperativas de crédito, constituir-se-ão unicamente sob a forma de sociedade anônima, devendo a totalidade de seu capital com direito a voto ser representada por ações nominativas.

§ 1º Observadas as normas fixadas pelo Conselho Monetário Nacional as instituições a que se refere este artigo poderão emitir até o limite de 50% de seu capital social em ações preferenciais, nas formas nominativas e ao portador, sem direito a voto, às quais não se aplicará o disposto no parágrafo único do Art. 81 do Decreto-Lei número 2.627, de 26 de setembro de 1940.

§ 2º A emissão de ações preferenciais ao portador, que poderá ser feita em virtude de aumento de capital, conversão de ações ordinárias ou de ações preferenciais nominativas, ficará sujeita a alterações prévias dos Estatutos das Sociedades, a fim de que sejam neles incluídas as declarações sobre:

I - as vantagens, preferenciais e restrições atribuídas a cada classe de ações preferenciais, de acordo com o Decreto-Lei número 2.627, de 26 de setembro de 1940;

II - as formas e prazos em que poderá ser autorizada a conversão das ações, vedada a conversão das ações preferenciais em outro tipo de ações com direito a voto.

§ 3º Os títulos e cautelas representativas das ações preferenciais, emitidos nos termos dos parágrafos anteriores, deverão conter expressamente, as restrições ali especificadas.

Art. 26. O capital inicial das instituições financeiras públicas e privadas será sempre realizado em moeda corrente.

Art. 27. Na subscrição do capital inicial e na de seus aumentos em moeda corrente, será exigida no ato a realização de, pelo menos, 50% (cinquenta por cento) do montante subscrito.

§ 1º As quantias recebidas dos subscritores de ações serão recolhidas no prazo de 5 (cinco) dias, contados do recebimento, ao Banco Central do Brasil, permanecendo indisponíveis até a solução do respectivo processo.

§ 2º O remanescente do capital subscrito, inicial ou aumentado, em moeda corrente, deverá ser integralizado dentro de 1 (um) ano da data da solução do respectivo processo.

Art. 28. Os aumentos de capital, que não forem realizados, em moeda corrente, poderão decorrer da incorporação de reservas, segundo normas expedidas pelo Conselho Monetário Nacional, e da reavaliação da parcela dos bens do ativo imobilizado, representado por imóveis de uso e instalações, aplicados no caso, como limite máximo, os índices fixados pelo Conselho Nacional de Economia.

Art. 29. As instituições financeiras privadas deverão aplicar, de preferência, não menos de 50% (cinqüenta por cento) dos depósitos do público que recolherem, na respectiva Unidade Federada ou Território.

§ 1º O Conselho Monetário Nacional poderá, em casos especiais, admitir que o percentual referido neste artigo seja aplicado em cada Estado e Território isoladamente ou por grupos de Estados e Territórios componentes da mesma região geo-ecônomica.

§ 2º (Revogado pelo Decreto-lei número 48, de 18/11/1966).

Art. 30. As instituições financeiras de direito privado, exceto as de investimento, só poderão participar de capital de quaisquer sociedades com prévia autorização do Banco Central do Brasil, solicitada justificadamente e concedida expressamente, ressalvados os casos de garantia de subscrição, nas condições que forem estabelecidas, em caráter geral pelo Conselho Monetário Nacional.

Parágrafo único. (Vetado.)

Art. 31. As instituições financeiras levantarão balanços gerais a 30 de junho e 31 de dezembro de cada ano, obrigatoriamente, com observância das regras contábeis estabelecidas pelo Conselho Monetário Nacional.

Art. 32. As instituições financeiras públicas deverão comunicar ao Banco Central do Brasil a nomeação ou a eleição de diretores e membros de órgãos consultivos, fiscais e semelhantes, no prazo de 15 (quinze) dias da data de sua ocorrência.

Art. 33. As instituições financeiras privadas deverão comunicar ao Banco Central do Brasil os atos relativos à eleição de diretores e membros de órgãos consultivos, fiscais e semelhantes, no prazo de 15 (quinze) dias de sua ocorrência, de acordo com o estabelecido no Art. 10, X, desta Lei.

§ 1º O Banco Central do Brasil, no prazo máximo de 60 (sessenta) dias, decidirá aceitar ou recusar o nome do eleito, que não atender às condições a que se refere o Art. 10, X, desta Lei.

§ 2º A posse do eleito dependerá da aceitação a que se refere o parágrafo anterior.

§ 3º Oferecida integralmente a documentação prevista nas normas referidas no Art. 10, X, desta Lei, e decorrido, sem manifestações do Banco Central do Brasil, o prazo mencionado no § 1º deste artigo, entender-se-á não ter havido recusa à posse.

Art. 34. É vedado às instituições financeiras conceder empréstimos ou adiantamentos:

I - a seus diretores e membros dos conselhos consultivo ou administrativo, fiscais e semelhantes, bem como aos respectivos cônjuges;

II - aos parentes, até segundo grau, das pessoas a que se refere o inciso anterior;

III - às pessoas físicas ou jurídicas que participem de seu capital, com mais de 10% (dez por cento), salvo autorização específica do Banco Central do Brasil, em cada caso, quando se tratar de operações lastreadas por efeitos comerciais resultantes de transações de compra e venda ou penhor de mercadorias, em limites que forem fixados pelo Conselho Monetário Nacional, em caráter geral;

IV - às pessoas jurídicas de cujo capital participem, com mais de 10% (dez por cento);

V - às pessoas jurídicas de cujo capital participem com mais de 10% (dez por cento), quaisquer dos diretores ou administradores da própria instituição financeira, bem como seus cônjuges e respectivos parentes, até o segundo grau.

§ 1º A infração ao disposto no inciso I, deste artigo, constitui crime e sujeitará os responsáveis pela transgressão à pena de reclusão de 1 (um) a 4 (quatro) anos, aplicando-se, no que couber, o Código Penal e o Código de Processo Penal.

§ 2º O disposto no inciso IV deste artigo não se aplica às instituições financeiras públicas.

Art. 35. É vedado ainda às instituições financeiras:

I - emitir debêntures a partes beneficiárias;

II - adquirir bens imóveis não destinados ao próprio uso, salvo os recebidos em liquidação de empréstimos de difícil ou duvidosa solução, caso em que deverão vendê-los dentro do prazo de 1 (um) ano, a contar do recebimento, prorrogável até duas vezes, a critério do Banco Central do Brasil.

Parágrafo único. As instituições financeiras que não recebem depósitos do público poderão emitir debêntures, desde que previamente autorizadas pelo Banco Central do Brasil, em cada caso.

Art. 36. As instituições financeiras não poderão manter aplicações em imóveis de uso próprio, que, somadas ao seu ativo em instalações, excedam o valor de seu capital realizado e reservas livres.

Art. 37. As instituições financeiras, entidades e pessoas referidas nos artigos 17 e 18 desta Lei, bem como os corretores de fundos públicos, ficam obrigados a fornecer ao Banco Central do Brasil, na forma por ele determinada, os dados ou informes julgados necessários para o fiel desempenho de suas atribuições.

Art. 38. As instituições financeiras conservarão sigilo em suas operações ativas e passivas e serviços prestados.

§ 1º As informações e esclarecimentos ordenados pelo Poder Judiciário, prestados pelo Banco Central do Brasil ou pelas instituições financeiras, e a exibição de livros e documentos em juízo, se revestirão sempre do mesmo caráter sigiloso, só podendo a eles ter acesso as partes legítimas na causa, que deles não poderão servir-se para fins estranhos à mesma.

§ 2º O Banco Central do Brasil e as instituições financeiras públicas prestarão informações ao Poder Legislativo, podendo, havendo relevantes motivos, solicitar sejam mantidas em reserva ou sigilo.

§ 3º As Comissões Parlamentares de Inquérito, no exercício da competência constitucional e legal de ampla investigação (Art. 53 da Constituição Federal e Lei número 1.579, de 18 de março de 1952), obterão as informações que necessitarem das instituições financeiras, inclusive através do Banco Central do Brasil.

§ 4. Os pedidos de informações a que se referem os §§ 2º e 3 deste artigo deverão ser aprovados pelo plenário da Câmara dos Deputados ou do Senado Federal e, quando se tratar de Comissão Parlamentar de Inquérito, pela maioria absoluta de seus membros.

§ 5º Os agentes fiscais tributários do Ministério da Fazenda e dos Estados somente poderão proceder a exames de documentos, livros e registros de contas de depósitos, quando houver processo instaurado e os mesmos forem considerados indispensáveis pela autoridade competente.

§ 6º O disposto no parágrafo anterior se aplica igualmente à prestação de esclarecimentos e informes pelas instituições financeiras às autoridades fiscais, devendo sempre estas e os exames serem conservados em sigilo, não podendo ser utilizados senão reservadamente.

§ 7º A quebra do sigilo de que trata este artigo constitui crime e sujeita os responsáveis à pena de reclusão, de 1 (um) a 4 (quatro) anos, aplicando-se, no que couber, o Código Penal e o Código de Processo Penal, sem prejuízo de outras sanções cabíveis.

Art. 39. Aplicam-se às instituições financeiras estrangeiras, em funcionamento ou que venham a se instalar no País, as disposições da presente Lei, sem prejuízo das que se contêm na legislação vigente.

Art. 40. As cooperativas de crédito não poderão conceder empréstimos senão a seus cooperados com mais de 30 (trinta) dias de inscrição.

Parágrafo único. Aplica-se às seções de crédito das cooperativas de qualquer tipo o disposto neste artigo.

Art. 41. Não se consideram como sendo operações de seções de crédito as vendas a prazo realizadas pelas cooperativas agropastoris a seus associados, de bens e produtos destinados às suas atividades econômicas.

Capítulo V - Das Penalidades

Art. 42. O Art. 2º da Lei número 1.808, de 7 de janeiro de 1953, terá a seguinte redação:

Art. 43. O responsável pela instituição financeira que autorizar a concessão de empréstimo ou adiantamento vedado nesta Lei, se o fato não constituir crime, ficará sujeito, sem prejuízo das sanções administrativas ou civis cabíveis, à multa igual ao dobro do valor do empréstimo ou adiantamento concedido, cujo processamento obedecerá, no que couber, ao disposto no Art. 44, desta Lei.

Art. 44. As infrações aos dispositivos desta Lei sujeitam as instituições financeiras, seus diretores, membros de conselhos administrativos, fiscais e semelhantes, e gerentes, às seguintes penalidades, sem prejuízo de outras estabelecidas na legislação vigente:
I - advertência;
II - multa pecuniária variável;
III - suspensão do exercício de cargos;
IV - inabilitação temporária ou permanente para o exercício de cargos de direção na administração ou gerência em instituições financeiras;
V - cassação da autorização de funcionamento das instituições financeiras públicas, exceto as federais, ou privadas;
VI - detenção, nos termos do § 7º deste artigo;
VII - reclusão, nos termos dos artigos 34 e 38, desta Lei.

§ 1º A pena de advertência será aplicada pela inobservância das disposições constantes da legislação em vigor, ressalvadas as sanções nela previstas, sendo cabível também nos casos de fornecimento de informações inexatas, de escrituração mantida em atraso ou processada em desacordo com as normas expedidas de conformidade com o Art. 4, XII, desta Lei.

§ 2º As multas serão aplicadas até 200 (duzentas) vezes o maior salário mínimo vigente no País, sempre que as instituições financeiras, por negligência ou dolo:
a) advertidas por irregularidades que tenham sido praticadas, deixarem de saná-las no prazo que lhes for assinalado pelo Banco Central da República do Brasil;
b) infringirem as disposições desta Lei relativas ao capital, fundos de reserva, encaixe, recolhimentos compulsórios, taxa de fiscalização, serviços e operações, não-atendimento ao disposto nos artigos 27 e 33, inclusive as vedadas nos artigos 34 (incisos II a V), 35 a 40 desta Lei, e abusos de concorrência (Art. 18, § 2);
c) opuserem embaraço à fiscalização do Banco Central da República do Brasil.

§ 3º As multas cominadas neste artigo serão pagas mediante recolhimento ao Banco Central da República do Brasil, dentro do prazo de 15 (quinze) dias, contados do recebimento da respectiva notificação, ressalvado o disposto no § 5º deste artigo e serão cobradas judicialmente, com o acréscimo da mora de 1% (um por cento) ao mês, contada da data da aplicação da multa, quando não forem liquidadas naquele prazo.

§ 4º As penas referidas nos incisos III e IV, deste artigo, serão aplicadas quando forem verificadas infrações graves na condução dos interesses da instituição financeira ou quando da reincidência específica, devidamente caracterizada em transgressões anteriormente punidas com multa.

§ 5º As penas referidas nos incisos II, III e IV, deste artigo, serão aplicadas pelo Banco Central da República do Brasil admitido recurso, com efeito suspensivo, ao Conselho Monetário Nacional, interposto dentro de 15 (quinze) dias, contados do recebimento da notificação.

§ 6º É vedada qualquer participação em multas, as quais serão recolhidas integralmente ao Banco Central da República do Brasil.

§ 7º Quaisquer pessoas físicas ou jurídicas que atuem como instituição financeira, sem estar devidamente autorizadas pelo Banco Central da República do Brasil, ficam sujeitas à multa referida neste artigo e detenção de 1 (um) a 2 (dois) anos, ficando a esta sujeitos, quando pessoa jurídica, seus diretores e administradores.

§ 8º No exercício da fiscalização prevista no Art. 10, VIII, desta Lei, o Banco Central da República do Brasil poderá exigir das instituições financeiras ou das pessoas físicas ou jurídicas, inclusive as referidas no parágrafo anterior, a exibição a funcionários seus, expressamente credenciados, de documentos, papéis e livros de escrituração, considerando-se a negativa de atendimento como embaraço à fiscalização, sujeitos à pena de multa, prevista no § 2º deste artigo, sem prejuízo de outras medidas e sanções cabíveis.

§ 9º A pena de cassação, referida no inciso V, deste artigo, será aplicada pelo Conselho Monetário Nacional, por proposta do Banco Central da República do Brasil, nos casos de reincidência específica de infrações anteriormente punidas com as penas previstas nos incisos III e IV, deste artigo.

Art. 45. As instituições financeiras públicas não federais e as privadas estão sujeitas, nos termos da legislação vigente, à intervenção efetuada pelo Banco Central da República do Brasil ou à liquidação extrajudicial.

Parágrafo único. A partir da vigência desta Lei, as instituições de que trata este artigo não poderão impetrar concordata.

Capítulo VI - Disposições Gerais

Art. 46. Ficam transferidas as atribuições legais e regulamentares do Ministério da Fazenda relativamente ao meio circulante, inclusive as exercidas pela Caixa de Amortização para o Conselho Monetário Nacional, e (Vetado) para o Banco Central do Brasil.

Art. 47. Será transferido à responsabilidade do Tesouro Nacional, mediante encampação, sendo definitivamente incorporado ao meio circulante, o montante das emissões feitas por solicitação da Carteira de Redesconto do Banco do Brasil S.A., e da Caixa de Mobilização Bancária.

§ 1º O valor correspondente à encampação será destinado à liquidação das responsabilidades financeiras do Tesouro Nacional no Banco do Brasil S.A., inclusive as decorrentes de operações de câmbio concluídas até a data da vigência desta Lei, mediante aprovação específica do Poder Legislativo, ao qual será submetida a lista completa dos débitos assim amortizados.

§ 2º Para a liquidação do saldo remanescente das responsabilidades do Tesouro Nacional, após a encampação das emissões atuais por solicitação da Carteira de Redescontos do Banco do Brasil S.A., e da Caixa de Mobilização Bancária, o Poder Executivo submeterá ao Poder Legislativo proposta específica, indicando os recursos e os meios necessários a esse fim.

Art. 48. Concluídos os acertos financeiros previstos no artigo anterior, a responsabilidade da moeda em circulação passará a ser do Banco Central do Brasil.

Art. 49. As operações de crédito da União, por antecipação de receita orçamentária ou a qualquer outro título dentro dos limites legalmente autorizados, somente serão realizadas mediante colocação de obrigações, apólices ou letras do Tesouro Nacional.

§ 1º A lei de orçamento, nos termos do Art. 73, § 1, II, da Constituição Federal, determinará, quando for o caso, a parcela do *deficit* que poderá ser coberta pela venda de títulos do Tesouro Nacional diretamente ao Banco Central do Brasil.

§ 2º O Banco Central do Brasil, mediante autorização do Conselho Monetário Nacional baseada na lei orçamentária do exercício, poderá adquirir diretamente letras do Tesouro Nacional, com emissão de papel moeda.

§ 3º O Conselho Monetário Nacional decidirá, a seu exclusivo critério, a política de sustentação em bolsa da cotação dos títulos de emissão do Tesouro Nacional.

§ 4º No caso de despesas urgentes e inadiáveis do Governo Federal, a serem atendidas mediante critérios suplementares ou especiais, autorizados após a lei do orçamento, o Congresso Nacional determinará, especificamente, os recursos a serem utilizados na cobertura de tais despesas, estabelecendo, quando a situação do Tesouro Nacional for deficitária, a discriminação prevista neste artigo.

§ 5º Na ocorrência das hipóteses citadas no parágrafo único do Art. 75 da Constituição Federal, o Presidente da República poderá determinar que o Conselho Monetário Nacional, através do Banco Central do Brasil, faça aquisição de letras do Tesouro Nacional com a emissão de papel-moeda até o montante do crédito extraordinário que tiver sido decretado.

§ 6º O Presidente da República fará acompanhar a determinação ao Conselho Monetário Nacional, mencionada no parágrafo anterior, de cópia da mensagem que deverá dirigir ao Congresso Nacional, indicando os motivos que tornaram indispensável a emissão e solicitando a sua homologação.

§ 7º As letras do Tesouro Nacional, colocadas por antecipação de receita, não poderão ter vencimentos posteriores a 120 (cento e vinte) dias do encerramento do exercício respectivo.

§ 8º Até 15 de março do ano seguinte, o Poder Executivo enviará mensagem ao Poder Legislativo, propondo a forma de liquidação das letras do Tesouro Nacional emitidas no exercício anterior e não resgatadas.

§ 9º É vedada a aquisição dos títulos mencionados neste artigo pelo Banco do Brasil S.A., e pelas instituições bancárias de que a União detenha a maioria das ações.

Art. 50. O Conselho Monetário Nacional, o Banco Central do Brasil, o Banco Nacional do Desenvolvimento Econômico, o Banco do Brasil S.A., o Banco do Nordeste do Brasil S.A. e o Banco de Crédito da Amazônia S.A. gozarão dos favores, isenções e privilégios, inclusive fiscais, que são próprios da Fazenda Nacional, ressalvado quanto aos três últimos o regime especial de tributação do Imposto de Renda a que estão sujeitos na forma da legislação em vigor.

Parágrafo único. São mantidos os favores, isenções e privilégios de que atualmente gozam as instituições financeiras.

Art. 51. Ficam abolidas, após 3 (três) meses da data da vigência desta Lei, as exigências de "visto" em "pedidos de licença" para efeito de exportação, excetuadas as referentes às armas, munições, entorpecentes, materiais estratégicos, objetos e obras de valor artístico, cultural ou histórico.

Parágrafo único. Quando o interesse nacional exigir, o Conselho Monetário Nacional criará o "visto" ou exigência equivalente.

Art. 52. O quadro de pessoal do Banco Central do Brasil será constituído de:

I - pessoal próprio, admitido mediante concurso público de provas ou de títulos e provas, sujeita à pena de nulidade a admissão que se processar com inobservância destas exigências;

II - pessoal requisitado ao Banco do Brasil S.A. e a outras instituições financeiras federais, de comum acordo com as respectivas administrações;

III - pessoal requisitado a outras instituições e que venham prestando serviços à Superintendência da Moeda e do Crédito há mais de 1 (um) ano, contado da data da publicação desta Lei.

§ 1º O Banco Central do Brasil baixará, dentro de 90 (noventa) dias da vigência desta Lei, o estatuto de seus funcionários e servidores, no qual serão garantidos os direitos legalmente atribuídos a seus atuais servidores e mantidos deveres e obrigações que lhes são inerentes.

§ 2º Aos funcionários e servidores requisitados, na forma deste artigo, as instituições de origem lhes assegurarão os direitos e vantagens que lhes cabem ou lhes venham a ser atribuídos, como se em efetivo exercício nelas estivessem.

§ 3º Correrão por conta do Banco Central do Brasil todas as despesas decorrentes do cumprimento do disposto no parágrafo anterior, inclusive as de aposentadoria e pensão que sejam de responsabilidade das instituições de origem ali mencionadas, estas últimas rateadas proporcionalmente em função dos prazos de vigência da requisição.

§ 4º Os funcionários do quadro pessoal próprio permanecerão com seus direitos e garantias regidos pela legislação de proteção ao trabalho e de previdência social, incluídos na categoria profissional de bancários.

§ 5º Durante o prazo de 10 (dez) anos, contados da data da vigência desta Lei, é facultado aos funcionários de que tratam os incisos II e III deste artigo, manifestarem opção para transferência para o quadro do pessoal próprio do Banco Central do Brasil, desde que:

a) tenham sido admitidos nas respectivas instituições de origem, consoante determina o inciso I deste artigo;

b) estejam em exercício (Vetado) há mais de 2 (dois) anos;

c) seja a opção feita pela diretoria do Banco Central do Brasil, que sobre ela deverá pronunciar-se conclusivamente no prazo máximo de 3 (três) meses, contados da entrega do respectivo requerimento.

Art. 53. (Revogado pela Lei número 4.829, de 05/11/1965).

Capítulo VII - Disposições Transitórias

Art. 54. O Poder Executivo, com base em proposta do Conselho Monetário Nacional, que deverá ser apresentada dentro de 90 (noventa) dias de sua instalação, submeterá ao Poder Legislativo projeto de lei que institucionalize o crédito rural, regule seu campo específico e caracterize as modalidades de aplicação, indicando as respectivas fontes de recursos.

Parágrafo único. A Comissão consultiva do Crédito Rural dará assessoramento ao Conselho Monetário Nacional, na elaboração da proposta que estabelecerá a coordenação das instituições existentes ou que venham a ser criadas, com o objetivo de garantir sua melhor utilização e da rede bancária privada na difusão do crédito rural, inclusive com redução de seu custo.

Art. 55. Ficam transferidas ao Banco Central do Brasil as atribuições cometidas por lei ao Ministério da Agricultura, no que concerne à autorização de funcionamento e fiscalização de cooperativas de crédito de qualquer tipo, bem assim da seção de crédito das cooperativas que a tenham.

Art. 56. Ficam extintas a Carteira de Redescontos do Banco do Brasil S.A. e a Caixa de Mobilização Bancária, incorporando-se seus bens, direitos e obrigações ao Banco Central do Brasil.

Parágrafo único. As atribuições e prerrogativas legais da Caixa de Mobilização Bancária passam a ser exercidas pelo Banco Central do Brasil, sem solução de continuidade.

Art. 57. Passam à competência do Conselho Monetário Nacional as atribuições de caráter normativo da legislação cambial vigente e as executivas ao Banco Central do Brasil e ao Banco do Brasil S.A., nos termos desta Lei.

Parágrafo único. Fica extinta a Fiscalização Bancária do Banco do Brasil S.A., passando suas atribuições e prerrogativas legais ao Banco Central do Brasil.

Art. 58. Os prejuízos decorrentes das operações de câmbio concluídas e eventualmente não regularizadas nos termos desta Lei, bem como os das operações de câmbio contratadas e não concluídas até a data de vigência desta Lei, pelo Banco do Brasil S.A., como mandatário do Governo Federal, serão, na medida em que se efetivarem, transferidos ao Banco Central do Brasil, sendo neste registrados como responsabilidade do Tesouro Nacional.

§ 1º Os débitos do Tesouro Nacional perante o Banco Central do Brasil, provenientes das transferências de que trata este artigo, serão regularizados com recursos orçamentários da União.

§ 2º O disposto neste artigo se aplica também aos prejuízos decorrentes de operações de câmbio que outras instituições financeiras federais, de natureza bancária, tenham realizado como mandatária, do Governo Federal.

Art. 59. É mantida, no Banco do Brasil S.A., a Carteira de Comércio Exterior, criada nos termos da Lei número 2.145, de 29 de dezembro de 1953, e regulamentada pelo Decreto número 42.820, de 16 de dezembro de 1957, como o órgão executor da política de comércio exterior (Vetado).

Art. 60. O valor equivalente aos recursos financeiros que, nos termos desta lei, passarem à responsabilidade do Banco Central do Brasil, e estejam, na data de sua vigência, em poder do Banco do Brasil S.A., será neste escriturado em conta e em nome do primeiro, considerando-se como suprimento de recursos, nos termos, do § 1º do Art. 19 desta Lei.

Art. 61. Para cumprir as disposições desta Lei, o Banco do Brasil S.A. tomará providências no sentido de que seja remodelada sua estrutura administrativa, a fim de que possa eficazmente exercer os encargos e executar os serviços que lhe estão reservados, como principal instrumento de execução da política de crédito do Governo Federal.

Art. 62. O Conselho Monetário Nacional determinará providências no sentido de que a transferência de atribuições dos órgãos existentes para o Banco Central do Brasil se processe sem solução de continuidade dos serviços atingidos por esta Lei.

Art. 63. Os mandatos dos primeiros membros do Conselho Monetário Nacional, a que alude o inciso IV do Art. 6º desta Lei, serão respectivamente de 6 (seis), 5 (cinco), 4 (quatro), 3 (três), 2 (dois) e 1 (um) anos.

Art. 64. O Conselho Monetário Nacional fixará prazo de até 1 (um) ano de vigência desta Lei para a adaptação das instituições financeiras às disposições desta Lei.

§ 1º Em casos excepcionais o Conselho Monetário Nacional poderá prorrogar até mais de 1 (um) ano o prazo para que seja complementada a adaptação a que se refere este artigo.

§ 2º Será de 1 (um) ano, prorrogável, nos termos do parágrafo anterior, o prazo para cumprimento do estabelecido por força do Art. 30 desta Lei.

Art. 65. Esta Lei entrará em vigor 90 (noventa) dias após a data de sua publicação, revogadas as disposições em contrário.

DOU 31/12/1964

Presidência da República
Subchefia para Assuntos Jurídicos

12.2. Lei nº 4.829, de 5 de novembro de 1965

Institucionaliza o Crédito Rural.

O PRESIDENTE DA REPÚBLICA
Faço saber que o Congresso Nacional decreta e eu sanciono a seguinte Lei:

Capítulo I - Disposições Preliminares

Art. 1º O crédito rural, sistematizado nos termos desta Lei, será distribuído e aplicado de acordo com a política de desenvolvimento da produção rural do País e tendo em vista o bem-estar do povo.

Art. 2º Considera-se crédito rural o suprimento de recursos financeiros por entidades públicas e estabelecimentos de crédito particulares a produtores rurais ou a suas cooperativas para aplicação exclusiva em atividades que se enquadrem nos objetivos indicados na legislação em vigor.

Art. 3º São objetivos específicos do crédito rural:

I - estimular o incremento ordenado dos investimentos rurais, inclusive para armazenamento, beneficiamento e industrialização dos produtos agropecuários, quando efetuado por cooperativas ou pelo produtor na sua propriedade rural;

II - favorecer o custeio oportuno e adequado da produção e a comercialização de produtos agropecuários;

III - possibilitar o fortalecimento econômico dos produtores rurais, notadamente pequenos e médios;

IV - incentivar a introdução de métodos racionais de produção, visando ao aumento da produtividade e à melhoria do padrão de vida das populações rurais, e à adequada defesa do solo.

Art. 4º O Conselho Monetário Nacional, de acordo com as atribuições estabelecidas na Lei nº 4.595, de 31 de dezembro de 1964, disciplinará o crédito rural do País e estabelecerá, com exclusividade, normas operativas traduzidas nos seguintes tópicos:

I - avaliação, origem e dotação dos recursos a serem aplicados no crédito rural;
II - diretrizes e instruções relacionadas com a aplicação e controle do crédito rural;
III - critérios seletivos e de prioridade para a distribuição do crédito rural;
IV - fixação e ampliação dos programas de crédito rural, abrangendo todas as formas de suplementação de recursos, inclusive refinanciamento.

Art. 5º O cumprimento das deliberações do Conselho Monetário Nacional, aplicáveis ao crédito rural, será dirigido, coordenado e fiscalizado pelo Banco Central da República do Brasil.

Art. 6º Compete ao Banco Central da República do Brasil, como órgão de controle do sistema nacional do crédito rural:
I - sistematizar a ação dos órgãos financiadores e promover a sua coordenação com os que prestam assistência técnica e econômica ao produtor rural;
II - elaborar planos globais de aplicação do crédito rural e conhecer de sua execução, tendo em vista a avaliação dos resultados para introdução de correções cabíveis;
III - determinar os meios adequados de seleção e prioridade na distribuição do crédito rural e estabelecer medidas para o zoneamento dentro do qual devem atuar os diversos órgãos financiadores em função dos planos elaborados;
IV - incentivar a expansão da rede distribuidora do crédito rural, especialmente através de cooperativas;
V - estimular a ampliação dos programas de crédito rural, mediante financiamento aos órgãos participantes da rede distribuidora do crédito rural, especialmente aos bancos com sede nas áreas de produção e que destinem ao crédito rural mais de 50% (cinqüenta por cento) de suas aplicações.

Capítulo II - Do Sistema de Crédito Rural

Art. 7º Integrarão, basicamente, o sistema nacional de crédito rural:
I - o Banco Central da República do Brasil, com as funções indicadas no artigo anterior;
II - o Banco do Brasil S. A., através de suas carteiras especializadas;
III - o Banco de Crédito da Amazônia S. A. e o Banco do Nordeste do Brasil S. A., através de suas carteiras ou departamentos especializados, e
IV - o Banco Nacional de Crédito Cooperativo.
§ 1º Serão vinculados ao sistema:
I - de conformidade com o disposto na Lei nº 4.504, de 30 de novembro de 1964:
a) o Instituto Brasileiro de Reforma Agrária - IBRA;
b) o Instituto Nacional de Desenvolvimento Agrário - INDA;
c) o Banco Nacional do Desenvolvimento Econômico - BNDE;
II - como órgãos auxiliares, desde que operem em crédito rural dentro das diretrizes fixadas nesta Lei:
a) Bancos de que os Estados participem com a maioria de ações;
b) Caixas Econômicas;
c) Bancos privados;
d) Sociedades de crédito, financiamento e investimentos;
e) Cooperativas autorizadas a operar em crédito rural.
§ 2º Poderão articular-se no sistema, mediante convênios, órgãos oficiais de valorização regional e entidades de prestação de assistência técnica e econômica ao produtor rural, cujos serviços sejam passíveis de utilizar em conjugação com o crédito.
§ 3º Poderão incorporar-se ao sistema, além das entidades mencionadas neste artigo, outras que o Conselho Monetário Nacional venha a admitir.

Capítulo III - Da Estrutura do Crédito Rural

Art. 8º O crédito rural restringe-se ao campo específico do financiamento das atividades rurais e adotará, basicamente, as modalidades de operações indicadas nesta Lei, para suprir as necessidades financeiras do custeio e da comercialização da produção própria, como também as de capital para investimentos e industrialização de produtos agropecuários, quando efetuada por cooperativas ou pelo produtor na sua propriedade rural.

Art. 9º Para os efeitos desta Lei os financiamentos rurais caracterizam-se, segundo a finalidade, como de:

I - custeio, quando destinados a cobrir despesas normais de um ou mais períodos de produção agrícola ou pecuária;

II - investimento, quando se destinarem a inversões em bens e serviços cujos desfrutes se realizem no curso de vários períodos;

III - comercialização, quando destinados, isoladamente, ou como extensão do custeio, a cobrir despesas próprias da fase sucessiva à coleta da produção, sua estocagem, transporte ou à monetização de títulos oriundos da venda pelos produtores;

IV - industrialização de produtos agropecuários, quando efetuada por cooperativas ou pelo produtor na sua propriedade rural.

Art. 10. As operações de crédito rural subordinam-se às seguintes exigências essenciais:
I - idoneidade do proponente;
II - apresentação de orçamento de aplicação nas atividades específicas;
III - fiscalização pelo financiador.

Art. 11. Constituem modalidade de operações:

I - Crédito Rural Corrente a produtores rurais de capacidade técnica e substância econômica reconhecidas;

II - Crédito Rural Orientado, como forma de crédito tecnificado, com assistência técnica prestada pelo financiador, diretamente ou através de entidade especializada em extensão rural, com o objetivo de elevar os níveis de produtividade e melhorar o padrão de vida do produtor e sua família;

III - Crédito às cooperativas de produtores rurais, como antecipação de recursos para funcionamento e aparelhamento, inclusive para integralização de cotas-partes de capital social, destinado a programas de investimento e outras finalidades, prestação de serviços aos cooperados, bem como para financiar estes, nas mesmas condições estabelecidas para as operações diretas de crédito rural, os trabalhos de custeio, coleta, transportes, estocagem e a comercialização da produção respectiva e os gastos com melhoramento de suas propriedades. (Redação dada pelo Decreto-Lei nº 784, 25/08/69.)

IV - Crédito para Comercialização com o fim de garantir aos produtores agrícolas preços remuneradores para a colocação de suas safras e industrialização de produtos agropecuários, quando efetuada por cooperativas ou pelo produtor na sua propriedade rural;

V - Crédito aos programas de colonização e reforma agrária, para financiar projetos de colonização e reforma agrária como as definidas na Lei número 4.504, de 30 de novembro de 1964.

Art. 12. As operações de crédito rural que forem realizadas pelo Instituto Brasileiro de Reforma Agrária, pelo Instituto Nacional de Desenvolvimento Agrário e pelo Banco Nacional de Desenvolvimento Econômico, diretamente ou através de convênios, obedecerão às modalidades do crédito orientado, aplicadas às finalidades previstas na Lei nº 4.504, de 30 de novembro de 1964.

Art. 13. As entidades financiadoras participantes do sistema de crédito rural poderão designar representantes para acompanhar a execução de convênios relativos à aplicação de recursos por intermédio de órgãos intervenientes.

§ 1º Em caso de crédito a cooperativas, poderão os representantes mencionados neste artigo prestar assistência técnica e administrativa, como também orientar e fiscalizar a aplicação dos recursos.

§ 2º Quando se tratar de cooperativa integral de reforma agrária, aplicar-se-á o disposto no § 2º do art. 79 da Lei nº 4.504, de 30 de novembro de 1964.

Art. 14. Os termos, prazos, juros e demais condições das operações de crédito rural, sob quaisquer de suas modalidades, serão estabelecidos pelo Conselho Monetário Nacional, observadas as disposições legais específicas, não expressamente revogadas pela presente Lei, inclusive o favorecimento previsto no art. 4º, inciso IX, da Lei nº 4.595, de 31 de dezembro de 1964, ficando revogado o art. 4º do Decreto-Lei nº 2.611, de 20 de setembro de 1940.
Parágrafo único. (Revogado pelo Decreto-Lei nº 784, de 25/08/1969).

Capítulo IV - Dos Recursos para o Crédito Rural

Art. 15. O crédito rural contará com suprimentos provenientes das seguintes fontes:

I - internas:

a) recursos que são ou vierem a ser atribuídos ao Fundo Nacional de Refinanciamento Rural instituído pelo Decreto nº 54.019, de 14 de julho de 1964;

b) recursos que são ou vierem a ser atribuídos ao Fundo Nacional de Reforma Agrária, instituído pela Lei nº 4.504, de 30 de novembro de 1964;

c) recursos que são ou vierem a ser atribuídos ao Fundo Agroindustrial de Reconversão, instituído pela Lei nº 4.504, de 30 de novembro de 1964;

d) dotações orçamentárias atribuídas a órgãos que integrem ou venham a integrar o sistema de crédito rural, com destinação específica;

e) valores que o Conselho Monetário Nacional venha a isentar de recolhimento, na forma prevista na Lei nº 4.595, de 31 de dezembro de 1964, art. 4º, item XIV, letra "c", (Vetado);

f) recursos próprios dos órgãos participantes ou que venham a participar do sistema de crédito rural, na forma do art. 7º;

g) importâncias recolhidas ao Banco Central da República do Brasil pelo sistema bancário, na forma prevista no § 1º do art. 21;

h) produto da colocação de bônus de crédito rural, hipotecário ou títulos de natureza semelhante, que forem emitidos por entidades governamentais participantes do sistema, com características e sob condições que o Conselho Monetário Nacional autorize, obedecida a legislação referente à emissão e circulação de valores mobiliários;

i) produto das multas recolhidas nos termos do § 3º do art. 21;

j) resultado das operações de financiamento ou refinanciamento;

l) recursos outros de qualquer origem atribuídos exclusivamente para aplicações em crédito rural;

m) (Vetado);

n) recursos nunca inferiores a 10% (dez por cento) dos depósitos de qualquer natureza dos bancos privados e das sociedades de crédito, financiamento e investimentos.

II - externas:

a) recursos decorrentes de empréstimos ou acordos, especialmente reservados para aplicação em crédito rural;

b) recursos especificamente reservados para aplicação em programas de assistência financeira ao setor rural, através do Fundo Nacional de Reforma Agrária, criado pelo art. 27 da Lei nº 4.504, de 30 de novembro de 1964;

c) recursos especificamente reservados para aplicação em financiamentos de projetos de desenvolvimento agroindustrial, através do Fundo Agroindustrial de Reconversão, criado pelo art. 120 da Lei nº 4.504, de 30 de novembro de 1964;

d) produtos de acordos ou convênios celebrados com entidades estrangeiras ou internacionais, conforme normas que o Conselho Monetário Nacional traçar, desde que nelas sejam especificamente atribuídas parcelas para aplicação em programa de desenvolvimento de atividades rurais.

Art. 16. Os recursos destinados ao crédito rural, de origem externa ou interna, ficam sob o controle do Conselho Monetário Nacional, que fixará, anualmente, as normas de distribuição aos órgãos que participem do sistema de crédito rural, nos termos do art. 7º.

Parágrafo único. Todo e qualquer fundo, já existente ou que vier a ser criado, destinado especificamente a financiamento de programas de crédito rural, terá sua administração determinada pelo Conselho Monetário Nacional, respeitada a legislação específica, que estabelecerá as normas e diretrizes para a sua aplicação.

Art. 17. Ao Banco Central da República do Brasil, de acordo com as atribuições estabelecidas na Lei nº 4.595, de 31 de dezembro de 1964, caberá entender-se ou participar de entendimentos com as instituições financeiras estrangeiras e internacionais, em assuntos ligados à obtenção de empréstimos destinados a programas de financiamento às atividades rurais, estando presente na assinatura dos convênios e apresentando ao Conselho Monetário Nacional sugestões quanto às normas para sua utilização.

Art. 18. O Conselho Monetário Nacional poderá tomar medidas de incentivo que visem a aumentar a participação da rede bancária não oficial na aplicação de crédito rural.

Art. 19. A fixação de limite do valor dos empréstimos a que se refere o § 2º do art. 126 da Lei nº 4.504, de 30 de novembro de 1964, passa para a competência do Conselho Monetário Nacional, que levará em conta a proposta apresentada pela diretoria do Banco do Brasil S. A.

Art. 20. O Conselho Monetário Nacional, anualmente, na elaboração da proposta orçamentária pelo Poder Executivo, incluirá dotação destinada ao custeio de assistência técnica e educativa aos beneficiários do crédito rural.

Art. 21. As instituições de crédito e entidades referidas no art. 7º desta Lei manterão aplicada em operações típicas de crédito rural, contratadas diretamente com produtores ou suas cooperativas, percentagem, a ser fixada pelo Conselho Monetário Nacional, dos recursos com que operarem.

§ 1º Os estabelecimentos que não desejarem ou não puderem cumprir as obrigações estabelecidas no presente artigo, recolherão as somas correspondentes em depósito no Banco Central da República do Brasil, para aplicação nos fins previstos nesta Lei.

§ 2º As quantias recolhidas no Banco Central da República do Brasil, na forma deste artigo, vencerão juros à taxa que o Conselho Monetário Nacional fixar.

§ 3º A inobservância ao disposto neste artigo sujeitará o infrator à multa variável entre 10% (dez por cento) e 50% (cinqüenta por cento) sobre os valores não aplicados em crédito rural.

§ 4º O não recolhimento da multa mencionada no parágrafo anterior, no prazo de 15 (quinze) dias, sujeitará o infrator às penalidades previstas no Capítulo V da Lei nº 4.595, de 31 de dezembro de 1964.

Art. 22. O depósito que constitui o Fundo de Fomento à Produção, de que trata o art. 7º da Lei nº 1.184, de 30 de agosto de 1950, fica elevado para 20% (vinte por cento) das dotações anuais previstas no art. 199 da Constituição Federal, e será efetuado pelo Tesouro Nacional no Banco de Crédito da Amazônia S. A., que se incumbirá de sua aplicação, direta e exclusiva, dentro da área da Amazônia, observadas as normas estabelecidas pelo Conselho Monetário Nacional e outras disposições contidas nesta lei.

§ 1º O Banco de Crédito da Amazônia S. A., destinará, para aplicação em crédito rural, pelo menos 60% (sessenta por cento) do valor do Fundo, podendo o Conselho Monetário Nacional alterar essa percentagem, em fase da circunstância que assim recomende.

§ 2º Os juros das aplicações mencionadas neste artigo serão cobrados às taxas usuais para as operações de tal natureza, conforme o Conselho Monetário Nacional fixar, ficando abolido o limite previsto no art. 7º, parágrafos 2º e 3º, da Lei nº 1.184, de 30 de agosto de 1950.

Capítulo V - Dos Instrumentos de Crédito Rural

Art. 23. (Vetado).
§ 1º (Vetado).
§ 2º (Vetado).
Art. 24. (Vetado).

Capítulo VI - Das Garantias do Crédito Rural

Art. 25. Poderão constituir garantia dos empréstimos rurais, de conformidade com a natureza da operação creditícia em causa:
I - penhor agrícola;
II - penhor pecuário;
III - penhor mercantil;
IV - penhor industrial;
V - bilhete de mercadoria;
VI - "warrants";
VII - caução;
VIII - hipoteca;
IX - fidejussória;
X - outras que o Conselho Monetário venha a admitir.

Art. 26. A constituição das garantias previstas no artigo anterior, de livre convenção entre financiado e financiador, observará a legislação própria de cada tipo, bem como as normas complementares que o Conselho Monetário Nacional estabelecer ou aprovar.

Art. 27. As garantias reais serão sempre, preferentemente, outorgadas sem concorrência.

Art. 28. Exceto a hipoteca, as demais garantias reais oferecidas para segurança dos financiamentos rurais valerão entre as partes, independentemente de registro, com todos os direitos e privilégios.

Art. 29. A critério da entidade financiadora, os bens adquiridos e as culturas custeadas ou formadas por meio de crédito rural poderão ser vinculados ao respectivo instrumento contratual, inclusive título de crédito rural, como garantia especial. (Redação dada pelo Decreto-Lei nº 784, 25/08/69)

Parágrafo único. Em qualquer caso, os bens e culturas a que se refere este artigo somente poderão ser alienados ou gravados em favor de terceiros, mediante concordância expressa da entidade financiadora. (Redação dada pelo Decreto-Lei nº 784, 25/08/69)

Art. 30. O Conselho Monetário Nacional estabelecerá os termos e condições em que poderão ser contratados os seguros dos bens vinculados aos instrumentos de crédito rural.

Capítulo VII - Disposições Transitórias

Art. 31. O Banco Central da República do Brasil assumirá, até que o Conselho Monetário Nacional resolva em contrário, o encargo dos programas de treinamento de pessoal para administração do crédito rural, inclusive através de cooperativas, podendo, para tanto, firmar convênios que visem à realização de cursos e à obtenção de recursos para cobrir os gastos respectivos.

Parágrafo único. As unidades interessadas em treinar pessoal concorrerão para os gastos com a contribuição que for arbitrada pelo Banco Central da República do Brasil.

Capítulo VIII - Disposições Gerais

Art. 32. Os órgãos de orientação e coordenação de atividades rurais, criados no âmbito estadual, deverão elaborar seus programas de ação, no que respeita ao crédito especializado, observando as disposições desta Lei e normas complementares que o Conselho Monetário Nacional venha a baixar.

Art. 33. Estendem-se às instituições financeiras que integrem basicamente o sistema de crédito rural, nos termos do art. 7º, itens I a IV, desta Lei, as disposições constantes do art. 4º, da Lei nº 454, de 9 de julho de 1937, do art. 3º do Decreto-Lei nº 2.611, e do art. 3º do Decreto-Lei nº 2.612, ambos de 20 de setembro de 1940, e dos arts. 1º e 2º do Decreto-Lei nº 1.003, de 29 de dezembro de 1938.

Art. 34. As operações de crédito rural, sob quaisquer modalidades, de valor até 50 (cinqüenta) vezes o maior salário-mínimo vigente no País, pagarão somente as despesas indispensáveis, ficando isentas de taxas relativas aos serviços bancários e comissões.
§ 1º (Vetado).
§ 2º Fica revogado o art. 53 da Lei nº 4.595, de 31 de dezembro de 1964.

Art. 35. (Vetado).

Art. 36. Ficam transferidas para o Conselho Monetário Nacional, de acordo com o previsto nos artigos 3º e 4º da Lei nº 4.595, de 31 de dezembro de 1964, as atribuições conferidas à Comissão de Coordenação do Crédito Agropecuário pelo art. 15 da Lei Delegada nº 9, de 11 de outubro de 1962, artigo esse que fica revogado.

Art. 37. A concessão do crédito rural em todas as suas modalidades, bem como a constituição das suas garantias, pelas instituições de crédito, públicas e privadas, independerá da exibição de comprovante de cumprimento de obrigações fiscais ou da previdência social, ou declaração de bens ou certidão negativa de multas por infringência do Código Florestal.
Parágrafo único. A comunicação da repartição competente, de ajuizamento da dívida fiscal, de multa florestal ou previdenciária, impedirá a concessão do crédito rural ao devedor, a partir da data do recebimento da comunicação pela instituição de crédito, exceto se as garantias oferecidas assegurarem a solvabilidade do débito em litígio e da operação proposta pelo interessado.

Art. 38. As operações de crédito rural terão registro distinto na contabilidade dos financiadores e serão divulgadas com destaque nos balanços e balancetes.

Art. 39. Esta Lei entra em vigor na data de sua publicação.

Art. 40. Revogam-se as disposições em contrário.

Brasília, 5 de novembro de 1965; 144º da Independência e 77º da República.
H. CASTELLO BRANCO
Octavio Bulhões
Hugo de Almeida Leme

12.3. Lei nº 8.171, de 17 de janeiro de 1991

Dispõe sobre a política agrícola.

O PRESIDENTE DA REPÚBLICA, faço saber que o Congresso Nacional decreta e eu sanciono a seguinte Lei:

Capítulo I - Dos Princípios Fundamentais

Art. 1º Esta lei fixa os fundamentos, define os objetivos e as competências institucionais, prevê os recursos e estabelece as ações e instrumentos da política agrícola, relativamente às atividades agropecuárias, agroindustriais e de planejamento das atividades pesqueira e florestal.
Parágrafo único. Para os efeitos desta lei, entende-se por atividade agrícola a produção, o processamento e a comercialização dos produtos, subprodutos e derivados, serviços e insumos agrícolas, pecuários, pesqueiros e florestais.

Art. 2º A política fundamenta-se nos seguintes pressupostos:

I - a atividade agrícola compreende processos físicos, químicos e biológicos, onde os recursos naturais envolvidos devem ser utilizados e gerenciados, subordinando-se às normas e princípios de interesse público, de forma que seja cumprida a função social e econômica da propriedade;

II - o setor agrícola é constituído por segmentos como: produção, insumos, agroindústria, comércio, abastecimento e afins, os quais respondem diferenciadamente às políticas públicas e às forças de mercado;

III - como atividade econômica, a agricultura deve proporcionar, aos que a ela se dediquem, rentabilidade compatível com a de outros setores da economia;

IV - o adequado abastecimento alimentar é condição básica para garantir a tranqüilidade social, a ordem pública e o processo de desenvolvimento econômico-social;

V - a produção agrícola ocorre em estabelecimentos rurais heterogêneos quanto à estrutura fundiária, condições edafoclimáticas, disponibilidade de infra-estrutura, capacidade empresarial, níveis tecnológicos e condições sociais, econômicas e culturais;

VI - o processo de desenvolvimento agrícola deve proporcionar ao homem do campo o acesso aos serviços essenciais: saúde, educação, segurança pública, transporte, eletrificação, comunicação, habitação, saneamento, lazer e outros benefícios sociais.

Art. 3º São objetivos da política agrícola:

I - na forma como dispõe o art. 174 da Constituição, o Estado exercerá função de planejamento, que será determinante para o setor público e indicativo para o setor privado, destinado a promover, regular, fiscalizar, controlar, avaliar atividade e suprir necessidades, visando assegurar o incremento da produção e da produtividade agrícolas, a regularidade do abastecimento interno, especialmente alimentar, e a redução das disparidades regionais;

II - sistematizar a atuação do Estado para que os diversos segmentos intervenientes da agricultura possam planejar suas ações e investimentos numa perspectiva de médio e longo prazos, reduzindo as incertezas do setor;

III - eliminar as distorções que afetam o desempenho das funções econômica e social da agricultura;

IV - proteger o meio ambiente, garantir o seu uso racional e estimular a recuperação dos recursos naturais;

V - (Vetado);

VI - promover a descentralização da execução dos serviços públicos de apoio ao setor rural, visando a complementariedade de ações com Estados, Distrito Federal, Territórios e Municípios, cabendo a estes assumir suas responsabilidades na execução da política agrícola, adequando os diversos instrumentos às suas necessidades e realidades;

VII - compatibilizar as ações da política agrícola com as de reforma agrária, assegurando aos beneficiários o apoio à sua integração ao sistema produtivo;

VIII - promover e estimular o desenvolvimento da ciência e da tecnologia agrícola pública e privada, em especial aquelas voltadas para a utilização dos fatores de produção internos;

IX - possibilitar a participação efetiva de todos os segmentos atuantes no setor rural, na definição dos rumos da agricultura brasileira;

X - prestar apoio institucional ao produtor rural, com prioridade de atendimento ao pequeno produtor e sua família;

XI - estimular o processo de agroindustrialização junto às respectivas áreas de produção;

XII - (Vetado);

Art. 4º As ações e instrumentos de política agrícola referem-se a:

I - planejamento agrícola;
II - pesquisa agrícola tecnológica;
III - assistência técnica e extensão rural;
IV - proteção do meio ambiente, conservação e recuperação dos recursos naturais;
V - defesa da agropecuária;
VI - informação agrícola;

VII - produção, comercialização, abastecimento e armazenagem;
VIII - associativismo e cooperativismo;
IX - formação profissional e educação rural;
X - investimentos públicos e privados;
XI - crédito rural;
XII - garantia da atividade agropecuária;
XIII - seguro agrícola;
XIV - tributação e incentivos fiscais;
XV - irrigação e drenagem;
XVI - habitação rural;
XVII - eletrificação rural;
XVIII - mecanização agrícola;
XIX - crédito fundiário.

Capítulo II - Da Organização Institucional

Art. 5º É instituído o Conselho Nacional de Política Agrícola (CNPA), vinculado ao Ministério da Agricultura e Reforma Agrária (Mara), com as seguintes atribuições:
I - (Vetado);
II - (Vetado);
III - orientar a elaboração do Plano de Safra;
IV - propor ajustamentos ou alterações na política agrícola;
V - (Vetado);
VI - manter sistema de análise e informação sobre a conjuntura econômica e social da atividade agrícola.

§ 1º O Conselho Nacional da Política Agrícola (CNPA) será constituído pelos seguintes membros:
I - um do Ministério da Economia, Fazenda e Planejamento;
II - um do Banco do Brasil S.A.;
III - dois da Confederação Nacional da Agricultura;
IV - dois representantes da Confederação Nacional dos Trabalhadores na Agricultura (Contag);
V - dois da Organização das Cooperativas Brasileiras, ligados ao setor agropecuário;
VI - um do Departamento Nacional da Defesa do Consumidor;
VII - um da Secretaria do Meio Ambiente;
VIII - um da Secretaria do Desenvolvimento Regional;
IX - três do Ministério da Agricultura e Reforma Agrária (Mara);
X - um do Ministério da Infra-Estrutura;
XI - dois representantes de setores econômicos privados abrangidos pela Lei Agrícola, de livre nomeação do Ministério da Agricultura e Reforma Agrária (Mara);
XII - (Vetado);
§ 2º (Vetado).

§ 3º O Conselho Nacional da Política Agrícola (CNPA) contará com uma Secretaria Executiva e sua estrutura funcional será integrada por Câmaras Setoriais, especializadas em produtos, insumos, comercialização, armazenamento, transporte, crédito, seguro e demais componentes da atividade rural.

§ 4º As Câmaras Setoriais serão instaladas por ato e a critério do Ministro da Agricultura e Reforma Agrária, devendo o regimento interno do Conselho Nacional de Política Agrícola (CNPA) fixar o número de seus membros e respectivas atribuições .

§ 5º O regimento interno do Conselho Nacional de Política Agrícola (CNPA) será elaborado pelo Ministro da Agricultura e Reforma Agrária e submetido a aprovação do seu plenário.

§ 6º O Conselho Nacional de Política Agrícola (CNPA) coordenará a organização de Conselhos Estaduais e Municipais de Política Agrícola, com as mesmas finalidades, no âmbito de suas competências.

§ 7º (Vetado).
§ 8º (Vetado).

Art. 6º A ação governamental para o setor agrícola é organizada pela União, Estados, Distrito Federal, Territórios e Municípios, cabendo:
I - (Vetado);
II - às entidades de administração direta e indireta dos Estados, do Distrito Federal e dos Territórios o planejamento, a execução, o acompanhamento, o controle e a avaliação de atividades específicas.

Art. 7º A ação governamental para o setor agrícola desenvolvida pela União, pelos Estados, Distrito Federal, Territórios e Municípios, respeitada a autonomia constitucional, é exercida em sintonia, evitando-se superposições e paralelismos, conforme dispuser lei complementar prevista no parágrafo único do art. 23 da Constituição.

Capítulo III - Do Planejamento Agrícola

Art. 8º O planejamento agrícola será feito em consonância com o que dispõe o art. 174 da Constituição, de forma democrática e participativa, através de planos nacionais de desenvolvimento agrícola plurianuais, planos de safras e planos operativos anuais, observadas as definições constantes desta lei.
§ 1º (Vetado}.
§ 2º (Vetado).
§ 3º Os planos de safra e planos plurianuais considerarão as especificidades regionais e estaduais, de acordo com a vocação agrícola e as necessidades diferenciadas de abastecimento, formação de estoque e exportação.
§ 4º Os planos deverão prever a integração das atividades de produção e de transformação do setor agrícola, e deste com os demais setores da economia.

Art. 9º O Ministério da Agricultura e Reforma Agrária (Mara) coordenará, a nível nacional, as atividades de planejamento agrícola, em articulação com os Estados, o Distrito Federal, os Territórios e os Municípios.

Art. 10. O Poder Público deverá:
I - proporcionar a integração dos instrumentos de planejamento agrícola com os demais setores da economia;
II - desenvolver e manter atualizada uma base de indicadores sobre o desempenho do setor agrícola, a eficácia da ação governamental e os efeitos e impactos dos programas dos planos plurianuais.

Capítulo IV - Da Pesquisa Agrícola

Art. 11. (Vetado).
Parágrafo único. É o Ministério da Agricultura e Reforma Agrária (Mara) autorizado a instituir o Sistema Nacional de Pesquisa Agropecuária (SNPA), sob a coordenação da Empresa Brasileira de Pesquisa Agropecuária (Embrapa) e em convênio com os Estados, o Distrito Federal, os Territórios, os Municípios, entidades públicas e privadas, universidades, cooperativas, sindicatos, fundações e associações.

Art. 12. A pesquisa agrícola deverá:
I - estar integrada à assistência técnica e extensão rural, aos produtores, comunidades e agroindústrias, devendo ser gerada ou adaptada a partir do conhecimento biológico da integração dos diversos ecossistemas, observando as condições econômicas e culturais dos segmentos sociais do setor produtivo;

II - dar prioridade ao melhoramento dos materiais genéticos produzidos pelo ambiente natural dos ecossistemas, objetivando o aumento de sua produtividade, preservando ao máximo a heterogeneidade genética;

III - dar prioridade à geração e à adaptação de tecnologias agrícolas destinadas ao desenvolvimento dos pequenos agricultores, enfatizando os alimentos básicos, equipamentos e implementos agrícolas voltados para esse público;

IV - observar as características regionais e gerar tecnologias voltadas para a sanidade animal e vegetal, respeitando a preservação da saúde e do meio ambiente.

Art. 13. É autorizada a importação de material genético para a agricultura desde que não haja proibição legal.

Art. 14. Os programas de desenvolvimento científico e tecnológico, tendo em vista a geração de tecnologia de ponta, merecerão nível de prioridade que garanta a independência e os parâmetros de competitividade internacional à agricultura brasileira.

Capítulo V - Da Assistência Técnica e Extensão Rural

Art. 15. (Vetado).

Art. 16. A assistência técnica e extensão rural buscarão viabilizar, com o produtor rural, proprietário ou não, suas famílias e organizações, soluções adequadas a seus problemas de produção, gerência, beneficiamento, armazenamento, comercialização, industrialização, eletrificação, consumo, bem-estar e preservação do meio ambiente.

Art. 17. O Poder Público manterá serviço oficial de assistência técnica e extensão rural, sem paralelismo na área governamental ou privada, de caráter educativo, garantindo atendimento gratuito aos pequenos produtores e suas formas associativas, visando:

I - difundir tecnologias necessárias ao aprimoramento da economia agrícola, à conservação dos recursos naturais e à melhoria das condições de vida do meio rural;

II - estimular e apoiar a participação e a organização da população rural, respeitando a organização da unidade familiar bem como as entidades de representação dos produtores rurais;

III - identificar tecnologias alternativas juntamente com instituições de pesquisa e produtores rurais;

IV - disseminar informações conjunturais nas áreas de produção agrícola, comercialização, abastecimento e agroindústria.

Art. 18. A ação de assistência técnica e extensão rural deverá estar integrada à pesquisa agrícola, aos produtores rurais e suas entidades representativas e às comunidades rurais.

Capítulo VI - Da Proteção ao Meio Ambiente e da Conservação dos Recursos Naturais

Art. 19. O Poder Público deverá:

I - integrar, a nível de Governo Federal, os Estados, o Distrito Federal, os Territórios, os Municípios e as comunidades na preservação do meio ambiente e conservação dos recursos naturais;

II - disciplinar e fiscalizar o uso racional do solo, da água, da fauna e da flora;

III - realizar zoneamentos agroecológicos que permitam estabelecer critérios para o disciplinamento e o ordenamento da ocupação espacial pelas diversas atividades produtivas, bem como para a instalação de novas hidrelétricas;

IV - promover e/ou estimular a recuperação das áreas em processo de desertificação;

V - desenvolver programas de educação ambiental, a nível formal e informal, dirigidos à população;

VI - fomentar a produção de sementes e mudas de essências nativas;

VII - coordenar programas de estímulo e incentivo à preservação das nascentes dos cursos d'água e do meio ambiente, bem como o aproveitamento de dejetos animais para conversão em fertilizantes.

Parágrafo único. A fiscalização e o uso racional dos recursos naturais do meio ambiente é também de responsabilidade dos proprietários de direito, dos beneficiários da reforma agrária e dos ocupantes temporários dos imóveis rurais.

Art. 20. As bacias hidrográficas constituem-se em unidades básicas de planejamento do uso, da conservação e da recuperação dos recursos naturais.

Art. 21. (Vetado).

Art. 22. A prestação de serviços e aplicações de recursos pelo Poder Público em atividades agrícolas devem ter por premissa básica o uso tecnicamente indicado, o manejo racional dos recursos naturais e a preservação do meio ambiente.

Art. 23. As empresas que exploram economicamente águas represadas e as concessionárias de energia elétrica serão responsáveis pelas alterações ambientais por elas provocadas e obrigadas a recuperação do meio ambiente, na área de abrangência de suas respectivas bacias hidrográficas.

Art. 24. (Vetado).

Art. 25. O Poder Público implementará programas de estímulo às atividades criatórias de peixes e outros produtos de vida fluvial, lacustre e marinha de interesse econômico, visando ao incremento da oferta de alimentos e a preservação das espécies.

Art. 26. A proteção do meio ambiente e dos recursos naturais terá programas plurianuais e planos operativos anuais elaborados pelos órgãos competentes, mantidos ou não pelo Poder Público, sob a coordenação da União e das Unidades da Federação.

Capítulo VII - Da Defesa Agropecuária

Art. 27. (Vetado).

Art. 28. (Vetado).

Art. 29. (Vetado).

Capítulo VIII - Da Informação Agrícola

Art. 30. O Ministério da Agricultura e Reforma Agrária (Mara), integrado com os Estados, o Distrito Federal, os Territórios e os Municípios, manterá um sistema de informação agrícola ampla para divulgação de:

I - previsão de safras por Estado, Distrito Federal e Território, incluindo estimativas de área cultivada ou colhida, produção e produtividade;

II - preços recebidos e pagos pelo produtor, com a composição dos primeiros até os mercados atacadistas e varejistas, por Estado, Distrito Federal e Território;

III - valores e preços de exportação FOB, com a decomposição dos preços até o interior, a nível de produtor, destacando as taxas e impostos cobrados;

IV - valores e preços de importação CIF, com a decomposição dos preços dos mercados internacionais até a colocação do produto em portos brasileiros, destacando, taxas e impostos cobrados;

V - cadastro, cartografia e solo das propriedades rurais: (Redação dada pela Lei nº 9.272, de 03/05/96)

VI - volume dos estoques públicos e privados, reguladores e estratégicos, discriminados por produtos, tipos e localização; (Redação dada pela Lei nº 9.272, de 03/05/96)

VII - (Vetado);

VIII - (Vetado);

IX - dados de meteorologia e climatologia agrícolas;

X - (Vetado);
XI - (Vetado);
XII - (Vetado);
XIII - pesquisas em andamento e os resultados daquelas já concluídas.
XIV - informações sobre doenças e pragas; (Incluído pela Lei nº 9.272, de 03/05/96)
XV - indústria de produtos de origem vegetal e animal e de insumos; (Incluído pela Lei nº 9.272, de 03/05/96)
XVI - classificação de produtos agropecuários; (Incluído pela Lei nº 9.272, de 03/05/96)
XVII - inspeção de produtos e insumos; (Incluído pela Lei nº 9.272, de 03/05/96)
XVIII - infratores das várias legislações relativas à agropecuária. (Incluído pela Lei nº 9.272, de 03/05/96)
Parágrafo único. O Ministério da Agricultura e Reforma Agrária (Mara) coordenará a realização de estudos e análises detalhadas do comportamento dos mercados interno e externo dos produtos agrícolas e agroindustriais, informando sua apropriação e divulgação para o pleno e imediato conhecimento dos produtores rurais e demais agentes do mercado.

Capítulo IX - Da Produção, da Comercialização, do Abastecimento e da Armazenagem

Art. 31. O Poder Público formará, localizará adequadamente e manterá estoques reguladores e estratégicos, visando garantir a compra do produtor, na forma da lei, assegurar o abastecimento e regular o preço do mercado interno.

§ 1º Os estoques reguladores devem contemplar, prioritariamente, os produtos básicos.

§ 2º (Vetado).

§ 3º Os estoques reguladores devem ser adquiridos preferencialmente de organizações associativas de pequenos e médios produtores.

§ 4º (Vetado).

§ 5º A formação e a liberação destes estoques obedecerão regras pautadas no princípio da menor interferência na livre comercialização privada, observando-se prazos e procedimentos pré-estabelecidos e de amplo conhecimento público, sem ferir a margem mínima do ganho real do produtor rural, assentada em custos de produção atualizados e produtividades médias históricas.

Art. 32. (Vetado.

Art. 33. (Vetado).

§ 1º (Vetado).

§ 2º A garantia de preços mínimos far-se-á através de financiamento da comercialização e da aquisição dos produtos agrícolas amparados.

§ 3º Os alimentos considerados básicos terão tratamento privilegiado para efeito de preço mínimo.

Art. 34. (Vetado).

Art. 35. As vendas dos estoques públicos serão realizadas através de leilões em bolsas de mercadorias, ou diretamente, mediante licitação pública.

Art. 36. O Poder Público criará estímulos para a melhoria das condições de armazenagem, processamento, embalagem e redução de perdas em nível de estabelecimento rural, inclusive comunitário.

Art. 37. É mantida, no território nacional, a exigência de padronização, fiscalização e classificação de produtos vegetais e animais, subprodutos e derivados e seus resíduos de valores econômico, bem como dos produtos agrícolas destinados ao consumo e à industrialização para o mercado interno e externo.

Parágrafo único. (Vetado) .

Art. 38. (Vetado}.

Art. 39. (Vetado}.
Art. 40. (Vetado).
Art. 41. (Vetado).
Art. 42. É estabelecido, em caráter obrigatório, o cadastro nacional de unidades armazenadoras de produtos agrícolas.

Capítulo X - Do Produtor Rural, da Propriedade Rural e sua Função Social

Art. 43. (Vetado).
Art. 44. (Vetado).

Capítulo XI - Do Associativismo e do Cooperativismo

Art. 45. O Poder Público apoiará e estimulará os produtores rurais a se organizarem nas suas diferentes formas de associações, cooperativas, sindicatos, condomínios e outras, através de:
  I - inclusão, nos currículos de 1º e 2º graus, de matérias voltadas para o associativismo e cooperativismo;
  II - promoção de atividades relativas à motivação, organização, legislação e educação associativista e cooperativista para o público do meio rural;
  III - promoção das diversas formas de associativismo como alternativa e opção para ampliar a oferta de emprego e de integração do trabalhador rural com o trabalhador urbano;
  IV - integração entre os segmentos cooperativistas de produção, consumo, comercialização, crédito e de trabalho;
  V - a implantação de agroindústrias.
  Parágrafo único. O apoio do Poder Público será extensivo aos grupos indígenas, pescadores artesanais e àqueles que se dedicam às atividades de extrativismo vegetal não predatório.
Art. 46. (Vetado)

Capítulo XII - Dos Investimentos Públicos

Art. 47. O Poder Público deverá implantar obras que tenham como objetivo o bem-estar social de comunidades rurais, compreendendo, entre outras:
  a) barragens, açudes, perfuração de poços, diques e comportas para projetos de irrigação, retificação de cursos de água e drenagens de áreas alagadiças;
  b) armazéns comunitários;
  c) mercados de produtor;
  d) estradas;
  e) escolas e postos de saúde rurais;
  f) energia;
  g) comunicação;
  h) saneamento básico;
  i) lazer.

Capítulo XIII - Do Crédito Rural

Art. 48. O crédito rural, instrumento de financiamento da atividade rural, será suprido por todos os agentes financeiros sem discriminação entre eles, mediante aplicação compulsória, recursos próprios livres, dotações das operações oficiais de crédito, fundos e quaisquer outros recursos, com os seguintes objetivos:
  I - estimular os investimentos rurais para produção, extrativismo não predatório, armazenamento, beneficiamento e instalação de agroindústria, sendo esta quando realizada por produtor rural ou suas formas associativas;

II - favorecer o custeio oportuno e adequado da produção, do extrativismo não predatório e da comercialização de produtos agropecuários;
III - incentivar a introdução de métodos racionais no sistema de produção, visando ao aumento da produtividade, à melhoria do padrão de vida das populações rurais e à adequada conservação do solo e preservação do meio ambiente;
IV - (Vetado)
V - propiciar, através de modalidade de crédito fundiário, a aquisição e regularização de terras pelos pequenos produtores, posseiros e arrendatários e trabalhadores rurais;
VI - desenvolver atividades florestais e pesqueiras.

Art. 49. O crédito rural terá como beneficiários produtores rurais extrativistas não predatórios e indígenas, assistidos por instituições competentes, pessoas físicas ou jurídicas que, embora não conceituadas como produtores rurais, se dediquem às seguintes atividades vinculadas ao setor:
I - produção de mudas ou sementes básicas, fiscalizadas ou certificadas;
II - produção de sêmen para inseminação artificial e embriões;
III - atividades de pesca artesanal e aqüicultura para fins comerciais;
IV - atividades florestais e pesqueiras.

Art. 50. A concessão de crédito rural observará os seguintes preceitos básicos:
I - idoneidade do tomador;
II - fiscalização pelo financiador;
III - liberação do crédito diretamente aos agricultores ou por intermédio de suas associações formais ou informais, ou organizações cooperativas;
IV - liberação do crédito em função do ciclo da produção e da capacidade de ampliação do financiamento;
V - prazos e épocas de reembolso ajustados à natureza e especificidade das operações rurais, bem como à capacidade de pagamento e às épocas normais de comercialização dos bens produzidos pelas atividades financeiras.
§ 1º (Vetado)
§ 2º Poderá exigir-se dos demais produtores rurais contrapartida de recursos próprios, em percentuais diferenciados, tendo em conta a natureza e o interesse da exploração agrícola.
§ 3º A aprovação do crédito rural levará sempre em conta o zoneamento agroecológico.

Art. 51. (Vetado)

Art. 52. O Poder Público assegurará crédito rural especial e diferenciado aos produtores rurais assentados em áreas de reforma agrária.

Art. 53. (Vetado)

Art. 54. (Vetado)

Capítulo XIV - Do Crédito Fundiário

Art. 55. (Vetado)

Capítulo XV - Do Seguro Agrícola

Art. 56. É instituído o seguro agrícola destinado a:
I - cobrir prejuízos decorrentes de sinistros que atinjam bens fixos e semifixos ou semoventes;
II - cobrir prejuízos decorrentes de fenômenos naturais, pragas, doenças e outros que atinjam plantações.
Parágrafo único. As atividades florestais e pesqueiras serão amparadas pelo seguro agrícola previsto nesta lei.

Art. 57. (Vetado)

Art. 58. A apólice de seguro agrícola poderá constituir garantia nas operações de crédito rural.

Capítulo XVI - Da Garantia da Atividade Agropecuária

Art. 59. O Programa de Garantia da Atividade Agropecuária (Proagro), instrumento de política agrícola instituído pela Lei nº 5.969, de 11 de dezembro de 1973, será regido pelas disposições desta lei e assegurará ao produtor rural:

I - a exoneração de obrigações financeiras relativas a operação de crédito rural de custeio, cuja liquidação seja dificultada pela ocorrência de fenômenos naturais, pragas e doenças que atinjam bens, rebanhos e plantações;

II - a indenização de recursos próprios utilizados pelo produtor em custeio rural, quando ocorrer perdas em virtude dos eventos citados no inciso anterior.

Art. 60. O Programa de Garantia da Atividade Agropecuária (Proagro) será custeado:
I - por recursos provenientes da participação dos produtores rurais;
II - por outros recursos que vierem a ser alocados ao programa;
III - pelas receitas auferidas da aplicação dos recursos dos incisos anteriores.
Art. 61. (Vetado)
Art. 62. (Vetado)
Art. 63. (Vetado)
Art. 64. (Vetado)

Art. 65. O Programa de Garantia da Atividade Agropecuária (Proagro) cobrirá integral ou parcialmente:
I - os financiamentos de custeio rural;
II - os recursos próprios aplicados pelo produtor em custeio rural, vinculados ou não a financiamentos rurais.

Parágrafo único. Não serão cobertos os prejuízos relativos a exploração rural conduzida sem a observância da legislação e normas do Programa de Garantia da Atividade Agropecuária (Proagro).

Art. 66. Competirá à Comissão Especial de Recursos (CER) decidir, em única instância administrativa, sobre recursos relativos à apuração de prejuízos e respectivas indenizações no âmbito do Programa de Garantia da Atividade Agropecuária (Proagro) .

Capítulo XVII - Da Tributação e dos Incentivos Fiscais

Art. 67. (Vetado)
Art. 68. (Vetado)
Art. 69. (Vetado)
Art. 70. (Vetado)
Art. 71. (Vetado)
Art. 72. (Vetado)
Art. 73. (Vetado)
Art. 74. (Vetado)
Art. 75. (Vetado)
Art. 76. (Vetado)

Capítulo XVIII - Do Fundo Nacional de Desenvolvimento Rural

Art. 77. (Vetado)
Art. 78. (Vetado)
Art. 79. (Vetado)
Art. 80. (Vetado)

Art. 81. São fontes de recursos financeiros para o crédito rural:
I - (Vetado)
II - programas oficiais de fomento;
III - caderneta de poupança rural operadas por instituições públicas e privadas;

IV - recursos financeiros de origem externa, decorrentes de empréstimos, acordos ou convênios, especialmente reservados para aplicações em crédito rural;
V - recursos captados pelas cooperativas de crédito rural;
VI - multas aplicadas a instituições do sistema financeiro pelo descumprimento de leis e normas de crédito rural;
VII - (Vetado)
VIII - recursos orçamentários da União;
IX - (Vetado)
X - outros recursos que venham a ser alocados pelo Poder Público.

Art. 82. São fontes de recursos financeiros para o seguro agrícola:
I - os recursos provenientes da participação dos produtores rurais, pessoa física e jurídica, de suas cooperativas e associações;
II - (Vetado)
III - (Vetado)
IV - multas aplicadas a instituições seguradoras pelo descumprimento de leis e normas do seguro rural;
V - os recursos previstos no art. 17 do Decreto-Lei nº 73, de 21 de novembro de 1966;
VI - dotações orçamentárias e outros recursos alocados pela União; e
VII - (Vetado)

Art. 83. (Vetado)
§ 1º (Vetado)
§ 2º (Vetado)

Capítulo XIX - Da Irrigação e Drenagem

Art. 84. A política de irrigação e drenagem será executada em todo o território nacional, de acordo com a Constituição e com prioridade para áreas de comprovada aptidão para irrigação, áreas de reforma agrária ou de colonização e projetos públicos de irrigação.

Art. 85. Compete ao Poder Público:
I - estabelecer as diretrizes da política nacional de irrigação e drenagem, ouvido o Conselho Nacional de Política Agrícola (CNPA);
II - coordenar e executar o programa nacional de irrigação;
III - baixar normas objetivando o aproveitamento racional dos recursos hídricos destinados à irrigação, promovendo a integração das ações dos órgãos federais, estaduais, municipais e entidades públicas, ouvido o Conselho Nacional de Política Agrícola (CNPA);
IV - apoiar estudos para a execução de obras de infra-estrutura e outras referentes ao aproveitamento das bacias hidrográficas, áreas de rios perenizados ou vales irrigáveis, com vistas a melhor e mais racional utilização das águas para irrigação;
V - instituir linhas de financiamento ou incentivos, prevendo encargos e prazos, bem como modalidades de garantia compatíveis com as características da agricultura irrigada, ouvido o Conselho Nacional de Política Agrícola (CNPA).

Art. 86. (Vetado)

Capítulo XX - Da Habitação Rural

Art. 87. É criada a política de habitação rural, cabendo à União destinar recursos financeiros para a construção e/ou recuperação da habitação rural.
§ 1º Parcela dos depósitos da Caderneta de Poupança Rural será destinada ao financiamento da habitação rural.
§ 2º (Vetado)

Art. 88. (Vetado)

Art. 89. O Poder Público estabelecerá incentivos fiscais para a empresa rural ou para o produtor rural, nos casos em que sejam aplicados recursos próprios na habitação para o produtor rural.
Art. 90. (Vetado)
Art. 91. (Vetado)
Art. 92. (Vetado)

Capítulo XXI - Da Eletrificação Rural

Art. 93. Compete ao Poder Público implementar a política de eletrificação rural, com a participação dos produtores rurais, cooperativas e outras entidades associativas.

§ 1º A política de energização rural e agroenergia engloba a eletrificação rural, qualquer que seja sua fonte de geração, o reflorestamento energético e a produção de combustíveis, a partir de culturas, da biomassa e dos resíduos agrícolas.

§ 2º Entende-se por energização rural e agroenergia a produção e utilização de insumos energéticos relevantes à produção e produtividade agrícola e ao bem-estar social dos agricultores e trabalhadores rurais.

Art. 94. O Poder Público incentivará prioritariamente:
I - atividades de eletrificação rural e cooperativas rurais, através de financiamentos das instituições de crédito oficiais, assistência técnica na implantação de projetos e tarifas de compra e venda de energia elétrica, compatíveis com os custos de prestação de serviços;
II - a construção de pequenas centrais hidrelétricas e termoelétricas de aproveitamento de resíduos agrícolas, que objetivem a eletrificação rural por cooperativas rurais e outras formas associativas;
III - os programas de florestamento energético e manejo florestal, em conformidade com a legislação ambiental, nas propriedades rurais;
IV - o estabelecimento de tarifas diferenciadas horozonais.

Art. 95. As empresas concessionárias de energia elétrica deverão promover a capacitação de mão-de-obra a ser empregada nas pequenas centrais referidas no inciso II do artigo anterior.

Capítulo XXII - Da Mecanização Agrícola

Art. 96. Compete ao Poder Público implementar um conjunto de ações no âmbito da mecanização agrícola, para que, com recursos humanos, materiais e financeiros, alcance:
I - preservar e incrementar o parque nacional de máquinas agrícolas, evitando-se o sucateamento e obsolescência, proporcionando sua evolução tecnológica;
II - incentivar a formação de empresas públicas ou privadas com o objetivo de prestação de serviços mecanizados à agricultura, diretamente aos produtores e através de associações ou cooperativas;
III - fortalecer a pesquisa nas universidades e institutos de pesquisa e desenvolvimento na área de máquinas agrícolas assim como os serviços de extensão rural e treinamento em mecanização;
IV - aprimorar os centros de ensaios e testes para o desenvolvimento de máquinas agrícolas;
V - (Vetado)
VI - divulgar e estimular as práticas de mecanização que promovam a conservação do solo e do meio ambiente.

Capítulo XXIII - Das Disposições Finais

Art. 97. No prazo de noventa dias da promulgação desta lei, o Poder Executivo encaminhará ao Congresso Nacional projeto de lei dispondo sobre: produção, comercialização e uso de produtos biológicos de uso em imunologia e de uso veterinário, corretivos, fertilizantes e inoculantes, sementes e mudas, alimentos de origem animal e vegetal, código e uso de solo e da água, e reformulando a legislação que regula as atividades dos armazéns gerais.

Art. 98. É o Poder Executivo autorizado a outorgar concessões remuneradas de uso pelo prazo máximo de até vinte e cinco anos, sobre as faixas de domínio das rodovias federais, para fins exclusivos de implantação de reflorestamentos.

Parágrafo único. As concessões de que trata este artigo deverão obedecer às normas específicas sobre a utilização de bens públicos e móveis, constantes da legislação pertinente.

Art. 99. A partir do ano seguinte ao de promulgação desta lei, obriga-se o proprietário rural, quando for o caso, a recompor em sua propriedade a Reserva Florestal Legal, prevista na Lei nº 4.771, de 1965, com a nova redação dada pela Lei nº 7.803, de 1989, mediante o plantio, em cada ano, de pelo menos um trinta avos da área total para complementar a referida Reserva Florestal Legal (RFL).

§ 1º (Vetado)
§ 2º O reflorestamento de que trata o *caput* deste artigo será efetuado mediante normas que serão aprovadas pelo órgão gestor da matéria.

Art. 100. (Vetado)
Art. 101. (Vetado)

Art. 102. O solo deve ser respeitado como patrimônio natural do País.

Parágrafo único. A erosão dos solos deve ser combatida pelo Poder Público e pelos proprietários rurais.

Art. 103. O Poder Público, através dos órgãos competentes, concederá incentivos especiais ao proprietário rural que:

I - preservar e conservar a cobertura florestal nativa existente na propriedade;
II - recuperar com espécies nativas ou ecologicamente adaptadas as áreas já devastadas de sua propriedade;
III - sofrer limitação ou restrição no uso de recursos naturais existentes na sua propriedade, para fins de proteção dos ecossistemas, mediante ato do órgão competente, federal ou estadual.

Parágrafo único. Para os efeitos desta lei, consideram-se incentivos:

I - a prioridade na obtenção de apoio financeiro oficial, através da concessão de crédito rural e outros tipos de financiamentos, bem como a cobertura do seguro agrícola concedidos pelo Poder Público.
II - a prioridade na concessão de benefícios associados a programas de infra-estrutura rural, notadamente de energização, irrigação, armazenagem, telefonia e habitação;
III - a preferência na prestação de serviços oficiais de assistência técnica e de fomento, através dos órgãos competentes;
IV - o fornecimento de mudas de espécies nativas e/ou ecologicamente adaptadas produzidas com a finalidade de recompor a cobertura florestal; e
V - o apoio técnico-educativo no desenvolvimento de projetos de preservação, conservação e recuperação ambiental.

Art. 104. São isentas de tributação e do pagamento do Imposto Territorial Rural as áreas dos imóveis rurais consideradas de preservação permanente e de reserva legal, previstas na Lei nº 4.771, de 1965, com a nova redação dada pela Lei nº 7.803, de 1989.

Parágrafo único. A isenção do Imposto Territorial Rural (ITR) estende-se às áreas da propriedade rural de interesse ecológico para a proteção dos ecossistemas, assim declarados por ato do órgão competente federal ou estadual e que ampliam as restrições de uso previstas no *caput* deste artigo.

Art. 105. (Vetado)

Art. 106. É o Ministério da Agricultura e Reforma Agrária (Mara) autorizado a firmar convênios ou ajustes com os Estados, o Distrito Federal, os Territórios, os Municípios, entidades e órgãos públicos e privados, cooperativas, sindicatos, universidades, fundações e associações, visando ao desenvolvimento das atividades agropecuárias, agroindustriais, pesqueiras e florestais, dentro de todas as ações, instrumentos, objetivos e atividades previstas nesta lei.

Art. 107. Esta lei entra em vigor na data de sua publicação.

Art. 108. Revogam-se as disposições em contrário.

Brasília, 17 de janeiro de 1991; 170º da Independência e 103º da República.

12.4. Lei nº 8.174, de 30 de janeiro de 1991

Dispõe sobre princípios de Política Agrícola, estabelecendo atribuições ao Conselho Nacional de Política Agrícola - CNPA, tributação compensatória de produtos agrícolas, amparo ao pequeno produtor e regras de fixação e liberação dos estoques públicos

Faço saber que o Presidente da República adotou a Medida Provisória nº 293, de 17 de janeiro de 1991, que o Congresso Nacional aprovou, e eu, Nelson Carneiro, Presidente do Senado Federal, para os efeitos do disposto no parágrafo único do artigo 62 da Constituição Federal, promulgo a seguinte Lei:

Art. 1º Além das atribuições do Conselho Nacional de Política Agrícola definidas em lei, compete ainda àquele Colegiado:

I - controlar a aplicação da Política Agrícola, especialmente no que concerne ao fiel cumprimento dos seus objetivos e a adequada aplicação dos recursos destinados ao Setor;

II - orientar na identificação das prioridades a serem estabelecidas no Plano de Diretrizes Agrícolas, tendo em vista o disposto no inciso anterior;

III - opinar sobre a pauta dos produtos amparados pela política de garantia dos preços mínimos estabelecidos pelo Ministério da Agricultura e Reforma Agrária, que deverão ser publicados, pelo menos, 60 dias antes do plantio, mantendo - se atualizados até a comercialização da respectiva safra, considerando as sazonalidades regionais; e

IV - assessorar o Ministério da Agricultura e Reforma Agrária na fixação, anualmente, dos volumes mínimos do estoque regulador e estratégico para cada produto, tipo e localização, levando-se em conta as necessárias informações do Governo e da iniciativa privada.

Parágrafo único. O Conselho Nacional de Política Agrícola será presidido pelo Ministro do Estado da Agricultura e Reforma Agrária.

Art. 2º Os produtos agrícolas que receberem vantagens, estímulos tributários ou subsídios diretos ou indiretos no país de origem, desde que os preços de internação no mercado nacional caracterizem-se em concorrência desleal ou predatória, terão tributação compensatória, ouvido o Conselho Nacional de Política Agrícola - CNPA.

Art. 3º Os estoques públicos serão liberados pelo Poder Público quando os preços de mercado se situarem acima de um preço de intervenção, atendidas as regras disciplinadoras da intervenção do governo no mercado.

Art. 4º Os preços de garantia dos produtos de consumo alimentar básico da população, nas operações de financiamento e garantia de compra pelo Governo Federal, realizadas com pequenos produtores, deverão guardar equivalência com os valores dos financiamentos de custeio de forma a evitar a defasagem entre o preço de garantia e o débito com o agente financeiro.

Art. 5º Esta Lei entra em vigor na data de sua publicação.

Art. 6º Revogam-se as disposições em contrário.

NELSON CARNEIRO
Presidente do Senado Federal

12.5. Lei nº 8.880, de 27 de maio de 1994

Dispõe sobre o Programa de Estabilização Econômica e o Sistema Monetário Nacional, institui a Unidade Real de Valor (URV) e dá outras providências.

O PRESIDENTE DA REPÚBLICA
Faço saber que o congresso Nacional decreta e eu sanciono a seguinte lei:

Art. 1º Fica instituída a Unidade Real de Valor - URV, dotada de curso legal para servir exclusivamente como padrão de valor monetário, de acordo com o disposto nesta Lei.

§ 1º A URV, juntamente com o Cruzeiro Real, integra o Sistema Monetário Nacional, continuando o Cruzeiro Real a ser utilizado como meio de pagamento dotado de poder liberatório, de conformidade com o disposto no art. 3º.

§ 2º A URV, no dia 1º de março de 1994, corresponde a CR$ 647,50 (seiscentos e quarenta e sete cruzeiros reais e cinqüenta centavos).

Art. 2º A URV será dotada de poder liberatório, a partir de sua emissão pelo Banco Central do Brasil, quando passará a denominar-se Real.

§ 1º As importâncias em dinheiro, expressas em Real, serão grafadas precedidas do símbolo R$.

§ 2º A centésima parte do Real, denominada centavo, será escrita sob a forma decimal, precedida da vírgula que segue a unidade.

Art. 3º Por ocasião da primeira emissão do Real tratada no *caput* do art. 2º, o Cruzeiro Real não mais integrará o Sistema Monetário Nacional, deixando de ter curso legal e poder liberatório.

§ 1º A primeira emissão do Real ocorrerá no dia 1º de julho de 1994.

§ 2º As regras e condições de emissão do Real serão estabelecidas em lei.

§ 3º A partir da primeira emissão do Real, as atuais cédulas e moedas representativas do Cruzeiro Real continuarão em circulação como meios de pagamento, até que sejam substituídas pela nova moeda no meio circulante, observada a paridade entre o Cruzeiro Real e o Real fixado pelo Banco Central do Brasil naquela data.

§ 4º O Banco Central do Brasil disciplinará a forma, prazo e condições da substituição prevista no parágrafo anterior.

Art. 4º O Banco Central do Brasil, até a emissão do Real, fixará a paridade diária entre o Cruzeiro Real e a URV, tomando por base a perda do poder aquisitivo do Cruzeiro Real.

§ 1º O Banco Central do Brasil poderá contratar, independentemente de processo licitatório, institutos de pesquisas, de preços, de reconhecida reputação, para auxiliá-lo em cálculos pertinentes ao disposto no *caput* deste artigo.

§ 2º A perda de poder aquisitivo do Cruzeiro Real, em relação à URV, poderá ser usada como índice de correção monetária.

§ 3º O Poder Executivo publicará a metodologia adotada para o cálculo da paridade diária entre o Cruzeiro Real e a URV.

Art. 5º O valor da URV, em cruzeiros reais, será utilizado pelo Banco Central do Brasil como parâmetro básico para negociação com moeda estrangeira.

Parágrafo único. O Conselho Monetário Nacional disciplinará o disposto neste artigo.

Art. 6º É nula de pleno direito a contratação de reajuste vinculado à variação cambial, exceto quando expressamente autorizado por lei federal e nos contratos de arrendamento mercantil celebrados entre pessoas residentes e domiciliadas no País, com base em captação de recursos provenientes do exterior.

Art. 7º Os valores das obrigações pecuniárias de qualquer natureza, a partir de 1º de março de 1994, inclusive, e desde que haja prévio acordo entre as partes, poderão ser convertidos em URV, ressalvado o disposto no art. 16.

Parágrafo único. As obrigações que não forem convertidas na forma do *caput* deste artigo, a partir da data da emissão do Real prevista no art. 3º, serão, obrigatoriamente, convertidas em Real, de acordo com critérios estabelecidos em lei, preservado o equilíbrio econômico e financeiro e observada a data de aniversário de cada obrigação.

Art. 8º Até a emissão do Real, será obrigatória a expressão de valores em Cruzeiro Real, facultada a concomitante expressão em URV, ressalvado o disposto no art. 38:
I - nos preços públicos e tarifas dos serviços públicos;
II - nas etiquetas e tabelas de preços;
III - em qualquer outra referência a preços nas atividades econômicas em geral, exceto em contratos, nos termos dos arts. 7º e 10;
IV - nas notas e recibos de compra e venda e prestação de serviços;
V - nas notas fiscais, faturas e duplicatas.

§ 1º Os cheques, notas promissórias, letras de câmbio e demais títulos de crédito e ordens de pagamento continuarão a ser expressos, exclusivamente, em cruzeiros reais, até a emissão do Real, ressalvado o disposto no art. 16 desta Lei.

§ 2º O Ministro de Estado da Fazenda poderá dispensar a obrigatoriedade prevista no *caput* deste artigo.

Art. 9º Até a emissão do Real, é facultado o uso da URV nos orçamentos públicos.

Art. 10. Os valores das obrigações pecuniárias de qualquer natureza, contraídas a partir de 15 de março de 1994, inclusive, para serem cumpridas ou liquidadas com prazo superior a trinta dias, serão, obrigatoriamente, expressos em URV, observado o disposto nos arts. 8º, 16, 19 e 22.

Art. 11. Nos contratos celebrados em URV, a partir de 1º de março de 1994, inclusive, é permitido estipular cláusula de reajuste de valor por índice de preços ou por índice que reflita a variação ponderada dos custos dos insumos utilizados, desde que a aplicação da mesma fique suspensa pelo prazo de um ano.

§ 1º Fica o Poder Executivo autorizado a reduzir os prazos de suspensão da aplicação do reajuste a que se refere o caput deste artigo e de atualização financeira ou monetária a que se refere o § 4º do art. 15.

§ 2º O disposto neste artigo não se aplica aos contratos e operações referidos no art. 16 desta Lei.

Art. 12. É nula de pleno direito e não surtirá nenhum efeito a estipulação de cláusula de revisão ou de reajuste de preços, nos contratos a que se refere o artigo anterior, que contrarie o disposto nesta Lei.

Art. 13. O disposto nos arts. 11 e 12 aplica-se igualmente à execução e aos efeitos dos contratos celebrados antes de 28 de fevereiro de 1994 e que venham a ser convertidos em URV.

Art. 14. Os contratos decorrentes de licitações ou de atos formais de suas dispensas ou inexigibilidades, promovidos pelos órgãos e entidades a que se refere o art. 15, instaurados após 15 de março de 1994, terão seus valores expressos em URV, observando-se as disposições constantes da Lei nº 8.666, de 21 de junho de 1993, e o disposto nos arts. 11 e 12 desta Lei.

Parágrafo único. Nos processos de contratação cujos atos convocatórios já tenham sido publicados ou expedidos e os contratos ainda não tenham sido firmados, o vencedor poderá optar por fazê-lo de conformidade com os referidos atos, desde que se comprometa, por escrito, a promover, em seguida, as alterações previstas no art. 15 desta Lei, podendo a Administração rescindi-lo, sem direito a indenização, caso esse termo aditivo não seja assinado.

Art. 15. Os contratos para aquisição ou produção de bens para entrega futura, execução de obras, prestação de serviços, locação, uso e arrendamento, vigentes em 1º de abril de 1994, em que forem contratantes órgãos e entidades da Administração Pública direta e indireta da União, dos Estados, do Distrito Federal e dos Municípios, seus fundos especiais, autarquias, inclusive as especiais, fundações públicas, empresas públicas, sociedades de economia mista e demais entidades por ela controladas direta ou indiretamente, serão repactuados e terão seus valores convertidos em URV, nos termos estabelecidos neste artigo, observado o disposto nos arts. 11, 12 e 16.

§ 1º Os contratos com reajustamento pré-fixado ou sem cláusula de reajuste terão seus preços mantidos em cruzeiros reais.

§ 2º Nos contratos que contenham cláusula de reajuste de preços por índices pós-fixados gerais, setoriais, regionais ou específicos, em que a periodicidade do reajuste seja igual à periodicidade do pagamento, serão feitas as seguintes alterações:

I - cláusula convertendo para URV de 1º de abril de 1994, os valores contratuais expressos em Cruzeiros Reais, reajustados *pro rata* até o dia 31 de março de 1994, segundo os critérios estabelecidos no contrato, aplicando-se aos valores referentes à mão-de-obra, quando discriminados, o disposto nos arts. 18 e 19 desta Lei.

II - cláusula estabelecendo que, a partir da conversão dos valores do contrato para URV, a variação de preços para efeito do reajuste será medida pelos índices previstos no contrato, calculados a partir de preços expressos em URV e em Real considerando-se como índices iniciais aqueles ajustados para o dia 31 de março de 1994, nos termos do inciso I.

§ 3º Nos contratos que contenham cláusula de reajuste de preços por índices pós-fixados, gerais, setoriais, regionais ou específicos, em que a periodicidade do reajuste seja diferente da periodicidade de pagamento, serão feitas as seguintes alterações:

I - cláusula convertendo para URV, a vigorar a partir de 1º de abril de 1994, os valores das parcelas expressos em cruzeiros reais, pelo seu valor médio, calculado com base nos preços unitários, nos termos das alíneas seguintes, aplicando-se aos valores referentes à mão-de-obra, quando discriminados, o disposto nos arts. 18 e 19 desta Lei:

a) dividindo-se os preços unitários, em cruzeiros reais, vigentes em cada um dos meses imediatamente anteriores, correspondentes ao período de reajuste, pelos valores em cruzeiros reais da URV dos dias dos respectivos pagamentos ou, quando estes não tenham ocorrido, dos dias das respectivas exigibilidades;

b) calculando-se a média aritmética dos valores em URV obtidos de acordo com a alínea "a";

c) multiplicando-se os preços unitários médios, em URV, assim obtidos, pelos respectivos quantitativos, para obter o valor da parcela;

II - cláusula estabelecendo que, a partir da conversão dos valores do contrato para URV, a variação de preços para efeito do reajuste será medida pelos índices previstos no contrato, calculados a partir de preços expressos em URV e em Real.

III - cláusula estabelecendo que, se o contrato estiver em vigor por um número de meses inferior ao da periodicidade do reajuste, o mesmo será mantido em cruzeiros reais até completar o primeiro período do reajuste, sendo então convertido em URV segundo o disposto neste artigo, devendo, caso o período do reajuste não se complete até a data da primeira emissão do Real, ser o contrato convertido em Reais nos termos do parágrafo único do art. 7º e do art. 38 desta Lei.

§ 4º Nos contratos que contiverem cláusula de atualização financeira ou monetária, seja por atraso ou por prazo concedido para pagamento, será suspensa por um ano a aplicação desta cláusula, quando da conversão para URV, mantendo-se a cláusula penal ou de juro de mora real, caso a mesma conste do contrato original, observado o disposto no § 1º do art. 11.

§ 5º Na conversão para URV dos contratos que não contiverem cláusula de atualização monetária entre a data final do período de adimplemento da obrigação e a data da exigibilidade do pagamento, adicionalmente ao previsto no § 2º deste artigo, será expurgada a expectativa de inflação considerada explícita ou implicitamente no contrato relativamente a este prazo, devendo, quando o contrato não mencionar explicitamente a expectativa inflacionária, ser adotada para o expurgo a variação do Índice Geral de Preços - Disponibilidade Interna - IGP/DI, da Fundação Getúlio Vargas - FGV, no mês de apresentação da proposta ou do orçamento a que esta se referir, aplicado *pro rata* relativamente ao prazo previsto para o pagamento.

§ 6º Nos casos em que houver cláusula de atualização monetária decorrente de atraso de pagamento, corrigido também o período decorrido entre a data do adimplemento da obrigação e de exigibilidade do pagamento, aplica-se a este período o expurgo referido no parágrafo anterior, segundo os critérios nele estabelecidos.

§ 7º É facultada ao contratado a não repactuação prevista neste artigo, podendo nesta hipótese, a Administração Pública rescindir ou modificar unilateralmente o contrato nos termos dos arts. 58, inciso I e § 2º, 78, inciso XII, e 79, inciso I e § 2º, da Lei nº 8.666, de 21 de junho de 1993.

§ 8º As alterações contratuais decorrentes da aplicação desta Lei serão formalizadas por intermédio de termo aditivo ao contrato original, retroagindo seus efeitos financeiros a 1º de abril de 1994, inclusive às parcelas não quitadas até aquela data relativas a março de 1994 e meses anteriores se, neste último caso, os contratos originais previrem cláusula de atualização monetária.

Art. 16. Continuam expressos em cruzeiros reais, até a emissão do Real, e regidos pela legislação específica:

I - as operações ativas e passivas realizadas no mercado financeiro, por instituições financeiras e entidades autorizadas a funcionar pelo Banco Central do Brasil;
II - os depósitos de poupança;
III - as operações do Sistema Financeiro da Habitação e do Saneamento (SFH e SFS);
IV - as operações de crédito rural, destinadas a custeio, comercialização e investimento, qualquer que seja a sua fonte;
V - as operações de arrendamento mercantil;
VI - as operações praticadas pelo sistema de seguros, previdência privada e capitalização;
VII - as operações dos fundos, públicos e privados, qualquer que seja sua origem ou sua destinação;
VIII - os títulos e valores mobiliários e quotas de fundos mútuos;
IX - as operações nos mercados de liquidação futura;
X - os consórcios; e
XI - as operações de que trata a Lei nº 8.727, de 5 de novembro de 1993.

§ 1º Observadas as diretrizes estabelecidas pelo Presidente da República, o Ministro de Estado da Fazenda, o Conselho Monetário Nacional, o Conselho de Gestão da Previdência Complementar e o Conselho Nacional de Seguros Privados, dentro de suas respectivas competências, poderão regular o disposto neste artigo, inclusive em relação à utilização da URV antes da emissão do Real, nos casos que especificarem, exceto no que diz respeito às operações de que trata o inciso XI.

§ 2º Nas operações referidas no inciso IV, a atualização monetária aplicada àqueles contratos será equivalente à dos preços mínimos em vigor para os produtores agrícolas.

Art. 17. A partir da primeira emissão do Real, o Instituto Brasileiro de Geografia e Estatística - IBGE calculará e divulgará, até o último dia útil de cada mês, o Índice de Preços ao Consumidor, série r - IPC-r, que refletirá a variação mensal do custo de vida em Real para uma população objeto composta por famílias com renda até oito salários mínimos.

§ 1º O Ministério da Fazenda e a Secretaria de Planejamento, Orçamento e Coordenação da Presidência da República regulamentarão o disposto neste artigo, observado que a abrangência geográfica do IPC-r não seja menor que a dos índices atualmente calculados pelo IBGE, e que o período de coleta seja compatível com a divulgação no prazo estabelecido no caput.

§ 2º Interrompida a apuração ou divulgação do IPC-r, caberá ao Ministro de Estado da Fazenda fixá-lo com base nos indicadores disponíveis, observada precedência em relação àqueles apurados por instituições oficiais de pesquisa.

§ 3º No caso do parágrafo anterior, o Ministro da Fazenda divulgará a metodologia adotada para a determinação do IPC-r.

§ 4º O IBGE calculará e divulgará o Índice de Reajuste do Salário Mínimo - IRSM, para os meses de março, abril, maio e junho de 1994, exclusivamente para os efeitos do disposto nos §§ 3º, 4º e 5º do art. 27.

§ 5º A partir de 1º de julho de 1994, o IBGE deixará de calcular e divulgar o IRSM.

Art. 18. O salário mínimo é convertido em URV em 1º de março de 1994, observado o seguinte:

I - dividindo-se o valor nominal, vigente nos meses de novembro e dezembro de 1993 e janeiro e fevereiro de 1994, pelo valor em cruzeiros reais do equivalente em URV do último dia desses meses, respectivamente, de acordo com o Anexo I desta Lei; e

II - extraindo-se a média aritmética dos valores resultantes do inciso anterior.

Parágrafo único. Da aplicação do disposto neste artigo não poderá resultar pagamento de salário inferior ao efetivamente pago ou devido, relativamente ao mês de fevereiro de 1994, em cruzeiros reais, de acordo com o art. 7º, inciso VI, da Constituição.

Art. 19. Os salários dos trabalhadores em geral são convertidos em URV no dia 1º de março de 1994, observado o seguinte:

I - dividindo-se o valor nominal, vigente nos meses de novembro e dezembro de 1993 e janeiro e fevereiro de 1994, pelo valor em cruzeiros reais do equivalente em URV na data do efetivo pagamento, de acordo com o Anexo I desta Lei; e

II - extraindo-se a média aritmética dos valores resultantes do inciso anterior.

§ 1º Sem prejuízo do direito do trabalhador à respectiva percepção, não serão computados para fins do disposto nos incisos I e II do *caput* deste artigo:

a) o décimo-terceiro salário ou gratificação equivalente;
b) as parcelas de natureza não habitual;
c) o abono de férias;
d) as parcelas percentuais incidentes sobre o salário;
e) as parcelas remuneratórias decorrentes de comissão, cuja base de cálculo não esteja convertida em URV.

§ 2º As parcelas percentuais referidas na alínea "d" do parágrafo anterior serão aplicadas após a conversão do salário em URV.

§ 3º As parcelas referidas na alínea "e" do § 1º serão apuradas de acordo com as normas aplicáveis e convertidas, mensalmente, em URV pelo valor desta na data do pagamento.

§ 4º Para os trabalhadores que receberam antecipação de parte do salário, à exceção de férias e décimo-terceiro salário, cada parcela será computada na data do seu efetivo pagamento.

§ 5º Para os trabalhadores contratados há menos de quatro meses da data da conversão, a média de que trata este artigo será feita de modo a ser observado o salário atribuído ao cargo ou emprego ocupado pelo trabalhador na empresa, inclusive nos meses anteriores à contratação.

§ 6º Na impossibilidade da aplicação do disposto no § 5º, a média de que trata este artigo levará em conta apenas os salários referentes aos meses a partir da contratação.

§ 7º Nas empresas onde houver plano de cargos e salários, as regras de conversão constantes deste artigo, no que couber, serão aplicadas ao salário do cargo.

§ 8º Da aplicação do disposto deste artigo não poderá resultar pagamento de salário inferior ao efetivamente pago ou devido, relativamente ao mês de fevereiro de 1994, em cruzeiros reais, de acordo com o art. 7º, inciso VI, da Constituição.

§ 9º Convertido o salário em URV, na forma deste artigo, e observado o disposto nos arts. 26 e 27 desta Lei, a periodicidade de correção ou reajuste passa a ser anual.

§ 10. O Poder Executivo reduzirá a periodicidade prevista no parágrafo anterior quando houver redução dos prazos de suspensão de que trata o art. 11 desta Lei.

Art. 20. Os benefícios mantidos pela Previdência Social são convertidos em URV em 1º de março de 1994, observado o seguinte:

I - dividindo-se o valor nominal, vigente nos meses de novembro e dezembro de 1993 e janeiro e fevereiro de 1994, pelo valor em cruzeiros reais do equivalente em URV do último dia desses meses, respectivamente, de acordo com o Anexo I desta Lei; e

II - extraindo-se a média aritmética dos valores resultantes do inciso anterior.

§ 1º Os valores expressos em cruzeiros nas Leis nºs 8.212 e 8.213, ambas de 24 de julho de 1991, com os reajustes posteriores, são convertidos em URV, a partir de 1º de março de 1994, nos termos dos incisos I e II do *caput* deste artigo.

§ 2º Os benefícios de que trata o caput deste artigo, com data de início posterior a 30 de novembro de 1993, são convertidos em URV em 1º de março de 1994, mantendo-se constante a relação verificada entre o seu valor no mês de competência de fevereiro de 1994 e o teto do salário de contribuição, de que trata o art. 20 da Lei nº 8.212, de 1991, no mesmo mês.

§ 3º Da aplicação do disposto neste artigo não poderá resultar pagamento de benefício inferior ao efetivamente pago, em cruzeiros reais, na competência de fevereiro de 1994.

§ 4º As contribuições para a Seguridade Social, de que tratam os arts. 20, 21, 22 e 24 da Lei nº 8.212 de 1991, serão calculadas em URV e convertidas em Unidade Fiscal de Referência - UFIR, nos termos do art. 53 da Lei nº 8.383, de 30 de dezembro de 1991, ou em cruzeiros reais na data do recolhimento, caso este ocorra antes do primeiro dia útil do mês subseqüente ao de competência.

§ 5º Os valores das parcelas referentes a benefícios pagos com atraso pela Previdência Social, por sua responsabilidade, serão corrigidos monetariamente pelos índices previstos no art. 41, § 7º da Lei nº 8.213, de 1991, com as alterações da Lei nº 8.542, de 23 de dezembro de 1992, até o mês de fevereiro de 1994, e convertidos em URV, pelo valor em cruzeiros reais do equivalente em URV no dia 28 de fevereiro de 1994.

§ 6º A partir da primeira emissão do Real, os valores mencionados no parágrafo anterior serão corrigidos monetariamente pela variação acumulada do IPC-r entre o mês da competência a que se refiram e o mês imediatamente anterior à competência em que for incluído o pagamento.

Art. 21. Nos benefícios concedidos com base na Lei nº 8.213, de 1991, com data de início a partir de 1º de março de 1994, o salário-de-benefício será calculado nos termos do art. 29 da referida Lei, tomando-se os salários-de-contribuição expressos em URV.

§ 1º Para os fins do disposto neste artigo, os salários-de- contribuição referentes às competências anteriores a março de 1994 serão corrigidos, monetariamente, até o mês de fevereiro de 1994, pelos índices previstos no art. 31 da Lei nº 8.213, de 1991, com as alterações da Lei nº 8.542, de 1992, e convertidos em URV, pelo valor em cruzeiros reais do equivalente em URV do dia 28 de fevereiro de 1994.

§ 2º A partir da primeira emissão do Real, os salários-de- contribuição computados no cálculo do salário-de-benefício, inclusive os convertidos nos termos do § 1º, serão corrigidos monetariamente mês a mês pela variação integral do IPC-r.

§ 3º Na hipótese da média apurada nos termos deste artigo resultar superior ao limite máximo do salário-de-contribuição vigente no mês de início do benefício, a diferença percentual entre esta média e o referido limite será incorporada ao valor do benefício juntamente com o primeiro reajuste do mesmo após a concessão, observado que nenhum benefício assim reajustado poderá superar o limite máximo do salário-de-contribuição vigente na competência em que ocorrer o reajuste.

Art. 22. Os valores das tabelas de vencimentos, soldos e salários e das tabelas de funções de confiança e gratificadas dos servidores públicos civis e militares, são convertidos em URV em 1º de março de 1994, considerando o que determinam os arts. 37, XII, e 39, § 1º, da Constituição, observado o seguinte:

I - dividindo-se o valor nominal, vigente nos meses de novembro e dezembro de 1993 e janeiro e fevereiro de 1994, pelo valor em cruzeiros reais do equivalente em URV do último dia desses meses, respectivamente, de acordo com o Anexo I desta Lei, independentemente da data do pagamento;

II - extraindo-se a média aritmética dos valores resultantes do inciso anterior.

§ 1º O abono especial a que se refere a Medida Provisória nº 433, de 26 de fevereiro de 1994, será pago em cruzeiros reais e integrará, em fevereiro de 1994, o cálculo da média de que trata este artigo.

§ 2º Da aplicação do disposto neste artigo não poderá resultar pagamento de vencimentos, soldos ou salários inferiores aos efetivamente pagos ou devidos, relativamente ao mês de fevereiro de 1994, em cruzeiros reais, em obediência ao disposto nos arts. 37, inciso XV, e 95, inciso III, da Constituição.

§ 3º O disposto nos incisos I e II aplica-se ao salário-família e às vantagens pessoais nominalmente identificadas, de valor certo e determinado, percebidas pelos servidores e que não são calculadas com base no vencimento, soldo ou salário.

§ 4º As vantagens remuneratórias que tenham por base estímulo à produtividade e ao desempenho, pagas conforme critérios específicos de apuração e cálculo estabelecidos em legislação específica, terão seus valores em cruzeiros reais convertidos em URV a cada mês com base no valor em URV do dia do pagamento.

§ 5º O disposto neste artigo aplica-se também aos servidores de todas as autarquias e fundações, qualquer que seja o regime jurídico de seu pessoal.

§ 6º Os servidores cuja remuneração não é fixada em tabela terão seus salários convertidos em URV, nos termos dos incisos I e II do *caput* deste artigo.

§ 7º Observados, estritamente, os critérios fixados neste artigo, as tabelas de vencimentos e soldos dos servidores públicos civis e militares expressas em URV serão publicadas:

a) pelos Ministros de Estado Chefes da Secretaria da Administração Federal e do Estado Maior das Forças Armadas, cada qual em conjunto com o Ministro de Estado da Fazenda, para os servidores do Poder Executivo;

b) pelos dirigentes máximos dos respectivos órgãos, para os servidores dos Poderes Legislativo e Judiciário e do Ministério Público da União.

Art. 23. O disposto no art. 22 aplica-se aos proventos da inatividade e às pensões decorrentes do falecimento de servidor público civil e militar.

Art. 24. Nas deduções de antecipação de férias ou de parcela do décimo-terceiro salário ou da gratificação natalina, será considerado o valor da antecipação, em URV ou equivalente em URV, na data do efetivo pagamento, ressalvado que o saldo a receber do décimo-terceiro salário ou da gratificação natalina não poderá ser inferior à metade em URV.

Art. 25. Serão, obrigatoriamente, expressos em URV os demonstrativos de pagamento de salários em geral, vencimentos, soldos, proventos, pensões decorrentes do falecimento de servidor público civil e militar e benefícios previdenciários, efetuando-se a conversão para cruzeiros reais na data do crédito ou da disponibilidade dos recursos em favor dos credores daquelas obrigações.

§ 1º Quando, em razão de dificuldades operacionais, não for possível realizar o pagamento em cruzeiros reais pelo valor da URV na data do crédito dos recursos, será adotado o seguinte procedimento:

I - a conversão para cruzeiros reais será feita pelo valor da URV do dia da emissão da ordem de pagamento, o qual não poderá ultrapassar os três dias úteis anteriores à data do crédito;

II - a diferença entre o valor, em cruzeiros reais, recebido na forma do inciso anterior e o valor, em cruzeiros reais, a ser pago nos termos deste artigo, será convertida em URV pelo valor desta na data do crédito ou da disponibilidade dos recursos, sendo paga na folha salarial subseqüente.

§ 2º Os valores dos demonstrativos referidos neste artigo, relativamente ao mês de competência de fevereiro de 1994, serão expressos em cruzeiros reais.

Art. 26. Após a conversão dos salários para URV de conformidade com os arts. 19 e 27 desta Lei, continuam asseguradas a livre negociação e a negociação coletiva dos salários, observado o disposto nos §§ 1º e 2º do art. 1º da Lei nº 8.542, de 1992.

Art. 27. É assegurado aos trabalhadores, observado o disposto no art. 26, no mês da respectiva data-base, a revisão do salário resultante da aplicação do art. 19, observado o seguinte:

I - calculando-se o valor dos salários referentes a cada um dos doze meses imediatamente anteriores à data-base, em URV ou equivalente em URV, de acordo com a data da disponibilidade do crédito ou de efetivo pagamento; e

II - extraindo-se a média aritmética dos valores resultantes do inciso anterior.

§ 1º Na aplicação do disposto neste artigo, será observado o disposto nos §§ 1º e 2º do art. 19.

§ 2º Na hipótese de o valor decorrente da aplicação do disposto neste artigo resultar inferior ao salário vigente no mês anterior à data-base, será mantido o maior dos dois valores.

§ 3º Sem prejuízo do disposto neste artigo é assegurada aos trabalhadores, no mês da primeira data-base de cada categoria, após 1º de julho de 1994, inclusive, reposição das perdas decorrentes de conversão dos salários para URV, apuradas da seguinte forma:

I - calculando-se os valores hipotéticos dos salários em cruzeiros reais nos meses de março, abril, maio e junho de 1994, decorrentes da aplicação dos reajustes e antecipações previstos na Lei nº 8.700, de 27 de agosto de 1993; e

II - convertendo-se os valores hipotéticos dos salários, calculados nos termos do inciso anterior, em URV, consideradas as datas habitualmente previstas para o efetivo pagamento, desconsiderando-se eventuais alterações de data de pagamento introduzidas a partir de março de 1994.

§ 4º O índice da reposição salarial de que trata o parágrafo anterior corresponderá à diferença percentual, se positiva, entre a soma dos quatro valores hipotéticos dos salários apurados na forma dos incisos I e II do parágrafo anterior e a soma dos salários efetivamente pagos em URV referentes aos meses correspondentes.

§ 5º Para os trabalhadores amparados por contratos, acordos ou convenções coletivas de trabalho e sentenças normativas que prevejam reajustes superiores aos assegurados pela Lei nº 8.700, de 1993, os valores hipotéticos dos salários de que tratam os incisos I e II do § 3º serão apurados de acordo com as cláusulas dos instrumentos coletivos referidos neste parágrafo.

Art. 28. Os valores das tabelas de vencimentos, soldos e salários e das tabelas de funções de confiança e gratificadas dos servidores públicos civis e militares da União serão revistos em 1º de janeiro de 1995, observado o seguinte:

I - calculando-se o valor dos vencimentos, soldos e salários referentes a cada um dos doze meses de 1994, em URV ou equivalente em URV, dividindo-se os valores expressos em cruzeiros reais pelo equivalente em URV do último dia desses meses, respectivamente; e

II - extraindo-se a média aritmética dos valores resultantes do inciso anterior.

§ 1º Na aplicação do preceituado neste artigo, será observado o disposto nos §§ 2º a 7º do art. 22 e no art. 23 desta Lei.

§ 2º Na hipótese de o valor decorrente da aplicação do disposto neste artigo resultar inferior ao vencimento, soldo ou salário vigente no mês de dezembro de 1994, será mantido o maior dos dois valores.

§ 3º Fica o Poder Executivo autorizado a antecipar a data da revisão prevista no *caput* deste artigo, quando houver redução dos prazos de suspensão de que trata o art. 11 desta Lei.

Art. 29. O salário mínimo, os benefícios mantidos pela Previdência Social e os valores expressos em cruzeiros nas Leis nºs 8.212 e 8.213, ambas de 1991, serão reajustados, a partir de 1996, inclusive, pela variação acumulada do IPC-r nos doze meses imediatamente anteriores, nos meses de maio de cada ano.

§ 1º Para os benefícios com data de início posterior a 31 de maio de 1995, o primeiro reajuste, nos termos deste artigo, será calculado com base na variação acumulada do IPC-r entre o mês de início, inclusive, e o mês imediatamente anterior ao reajuste.

§ 2º Sem prejuízo do disposto no art. 27, é assegurado aos trabalhadores em geral, no mês da primeira data-base de cada categoria após a primeira emissão do Real, reajuste dos salários em percentual correspondente à variação acumulada do IPC-r entre o mês da primeira emissão do Real, inclusive e o mês imediatamente anterior à data-base.

§ 3º O Salário mínimo, os benefícios mantidos pela Previdência Social e os valores expressos em cruzeiros nas Leis nº 8.212 e nº 8.213, ambas de 1991, serão reajustados, obrigatoriamente no mês de maio de 1995, em percentual correspondente à variação acumulada do IPC-r entre o mês da primeira emissão do Real, inclusive, e o mês de abril de 1995, ressalvado o disposto no § 6º.

§ 4º Para os benefícios com data de início posterior à primeira emissão do Real, o reajuste de que trata o parágrafo anterior será calculado com base na variação acumulada do IPC-r entre o mês de início, inclusive, e o mês de abril de 1995.

§ 5º Sem prejuízo do disposto no art. 28, os valores das tabelas de vencimentos, soldos e salários e das tabelas das funções de confiança e gratificadas dos servidores públicos civis e militares da União serão reajustados, no mês de janeiro de 1995, em percentual correspondente à variação acumulada do IPC-r entre o mês da primeira emissão do Real, inclusive, e o mês de dezembro de 1994.

§ 6º No prazo de trinta dias da publicação desta Lei, o Poder Executivo encaminhará ao Congresso Nacional projeto de lei dispondo sobre a elevação do valor real do salário mínimo, de forma sustentável pela economia, bem assim sobre as medidas necessárias ao financiamento não inflacionário dos efeitos da referida elevação sobre as contas públicas, especialmente sobre a Previdência Social.

Art. 30. Nas contratações efetuadas a partir de 28 de fevereiro de 1994, o salário será, obrigatoriamente, expresso em URV.

Art. 31. Na hipótese de ocorrência de demissões sem justa causa, durante a vigência da URV prevista nesta Lei, as verbas rescisórias serão acrescidas de uma indenização adicional equivalente a cinqüenta por cento da última remuneração recebida.

Art. 32. Até a primeira emissão do Real, de que trata o caput do art. 2º, os valores das contribuições do Fundo de Garantia do Tempo de Serviço (FGTS), referidos no art. 15 da Lei nº 8.036, de 11 de maio de 1990, a partir da competência março de 1994, serão apurados em URV no dia do pagamento do salário e convertidos em cruzeiros reais com base na URV do dia cinco do mês seguinte ao de competência.

Parágrafo Único. As contribuições que não forem recolhidas na data prevista no art. 15 da Lei nº 8.036, de 1990, serão convertidas em cruzeiros reais com base na URV do dia sete do mês subseqüente ao de competência e o valor resultante será acrescido de atualização monetária, *pro rata die*, calculada até o dia do efetivo recolhimento pelos critérios constantes da legislação pertinente e com base no mesmo índice de atualização monetária aplicável aos depósitos de poupança, sem prejuízo das demais cominações legais.

Art. 33. Para efeito de determinação da base de cálculo sujeita à incidência do Imposto de Renda, calculado com base na tabela progressiva mensal, o rendimento tributável deverá ser expresso em Ufir.

§ 1º Para os efeitos deste artigo deverão ser observadas as seguintes regras:

I - Rendimentos expressos em URV serão convertidos para cruzeiros reais com base no valor da URV no primeiro dia do mês do recebimento e expressos em Ufir com base no valor desta no mesmo mês;

II - rendimentos expressos em cruzeiros reais serão:

convertidos em URV com base no valor desta do dia do recebimento;

o valor apurado na forma da alínea anterior será convertido para cruzeiros reais com base com base no valor da URV no primeiro dia do mês do recebimento e expressos em Ufir com base em seu valor no mesmo mês.

§ 2º O disposto neste artigo aplica-se também às deduções admitidas na legislação do Imposto de Renda.

Art. 34. A Ufir continuará a ser utilizada na forma prevista na Lei nº 8.383, de 30 de dezembro de 1991, e legislação posterior.

Art. 35. Os preços públicos e as tarifas dos serviços públicos poderão ser convertidos em URV, por média calculada a partir dos últimos quatro meses anteriores à conversão e segundo critérios estabelecidos pelo Ministro de Estado da Fazenda.

§ 1º Os preços públicos e as tarifas dos serviços públicos, que não forem convertidas em URV, serão convertidos em Real, na data da primeira emissão deste, observada a média e os critérios fixados no *caput* deste artigo.

§ 2º Enquanto não emitido o Real, na forma prevista nesta Lei, os preços públicos e tarifas de serviços públicos serão revistos e reajustados conforme critérios fixados pelo Ministro de Estado da Fazenda.

Art. 36. O Poder Executivo, por intermédio do Ministério da Fazenda, poderá exigir que, em prazo máximo de cinco dias úteis, sejam justificadas as distorções apuradas quanto a aumentos abusivos de preços em setores de alta concentração econômica, de preços públicos e de tarifas de serviços públicos.

§ 1º Até a primeira emissão do Real, será considerado como abusivo, para os fins previstos no caput deste artigo, o aumento injustificado que resultar em preço equivalente em URV superior á média dos meses de setembro, outubro, novembro e dezembro de 1993.

§ 2º A justificação a que se refere o caput deste artigo far-se-á na câmara setorial respectiva, quando existir.

Art. 37. A Taxa Referencial (TR), de que tratam o art. 1º da Lei nº 8.177, de 1º de março de 1991, e o art. 1º da Lei nº 8.660, de 28 de maio de 1993, poderá ser calculada a partir da remuneração média dos depósitos interfinanceiros, quando os depósitos a prazo fixo captados pelos bancos comerciais, bancos de investimento, caixas econômicas e bancos múltiplos com carteira comercial ou de investimento deixarem de ser representativos no mercado, a critério do Banco Central do Brasil.

Parágrafo Único. Ocorrendo a hipótese prevista no caput deste artigo, a nova metodologia de cálculo da TR será fixada e divulgada pelo Conselho Monetário Nacional, não se aplicando o disposto na parte final do art. 1º da Lei nº 8.660, de 1993.

Art. 38. O cálculo dos índices de correção monetária, no mês em que se verificar a emissão do Real de que trata o art. 3º desta lei, bem como no mês subseqüente, tomará por base preços em Real, o equivalente em URV dos preços em cruzeiros reais, e os preços nominados ou convertidos em URV dos meses imediatamente anteriores, segundo critérios estabelecidos em lei.

Parágrafo Único. Observado o disposto no parágrafo único do art. 7º, é nula de pleno direito e não surtirá nenhum efeito a aplicação de índice, para fins de correção monetária, calculado de forma diferente da estabelecida no *caput* deste artigo.

Art. 39. O art. 2º da Lei nº 8.249, de 24 de outubro de 1991, fica acrescido do seguinte parágrafo:
"§ 3º As NTN poderão ser expressos em Unidade Real de Valor (URV)".

Art. 40. Os valores da Contribuição Sindical, de que trata o Capítulo III do Título V da Consolidação das Leis do Trabalho (CLT), serão calculados em URV e convertidos em cruzeiros reais na data do recolhimento ao estabelecimento bancário integrante do Sistema de Arrecadação de Tributos Federais.

Art. 41. (Vetado)

Art. 42. O § 1º do art. 1º da Lei Delegada nº 12, de 7 de agosto de 1992, passa a vigorar com a seguinte redação:
"Art. 1º ....
§ 1º Excluem-se do disposto neste artigo as praças prestadoras de serviço militar inicial".

Art. 43. Observado o disposto nos §§ 3º e 4º do art. 17, no § 5º do art. 20, no § 1º do art. 21 e nos §§ 3º, 4º e 5º do art. 27 desta lei, ficam revogados o art. 31 e o § 7º do art. 41 da Lei nº 8.213, de 24 de julho de 1991, os arts. 2º, 3º, 4º, 5º, 7º e 9º da Lei nº 8.542, de 23 de dezembro de 1992, a Lei nº 8.700, de 27 de agosto de 1993, os arts. 1º e 2º da Lei nº 8.676, de 13 de julho de 1993, e demais disposições em contrário.

Art. 44. Esta lei entra em vigor na data de sua publicação.

Brasília, 27 de maio de 1994; 173º da Independência e 106º da República.
ITAMAR FRANCO
Alexandre de Paula Dupeyrat Martins
Rubens Ricupero
Marcelo Pimentel
Sérgio Cutolo dos Santos
Beni Veras
Arnaldo Leite Pereira
Romildo Canhim

12.6. Lei nº 9.069, de 29 de junho de 1995

Dispõe sobre o Plano Real, o Sistema Monetário Nacional, estabelece as regras e condições de emissão do REAL e os critérios para conversão das obrigações para o REAL, e dá outras providências.

O PRESIDENTE DA REPÚBLICA
Faço saber que o Congresso Nacional decreta e eu sanciono a seguinte Lei:

Capítulo I - Do Sistema Monetário Nacional

Art. 1º A partir de 1º de julho de 1994, a unidade do Sistema Monetário Nacional passa a ser o REAL (Art. 2º da Lei nº 8.880, de 27 de maio de 1994), que terá curso legal em todo o território nacional.

§ 1º As importâncias em dinheiro serão grafadas precedidas do símbolo R$.

§ 2º A centésima parte do REAL, denominada "centavo", será escrita sob a forma decimal, precedida da vírgula que segue a unidade.

§ 3º A paridade entre o REAL e o Cruzeiro Real, a partir de 1º de julho de 1994, será igual à paridade entre a Unidade Real de Valor - URV e o Cruzeiro Real fixada pelo Banco Central do Brasil para o dia 30 de junho de 1994.

§ 4º A paridade de que trata o parágrafo anterior permanecerá fixa para os fins previstos no art. 3º, § 3º, da Lei nº 8.880, de 27 de maio de 1994, e no art. 2º desta Lei.

§ 5º Admitir-se-á fracionamento especial da unidade monetária nos mercados de valores mobiliários e de títulos da dívida pública, na cotação de moedas estrangeiras, na Unidade Fiscal de Referência - UFIR e na determinação da expressão monetária de outros valores que necessitem da avaliação de grandezas inferiores ao centavo, sendo as frações resultantes desprezadas ao final dos cálculos.

Art. 2º O Cruzeiro Real, a partir de 1º de julho de 1994, deixa de integrar o Sistema Monetário Nacional, permanecendo em circulação como meio de pagamento as cédulas e moedas dele representativas, pelo prazo de 30 (trinta) dias, na forma prevista nos §§ 3º e 4º do art. 3º da Lei nº 8.880, de 1994.

§ 1º Até o último dia útil de julho de 1994, os cheques ainda emitidos com indicação de valor em Cruzeiros Reais serão acolhidos pelas instituições financeiras e pelos serviços de compensação, sem prejuízo do direito ao crédito, nos termos da legislação pertinente.

§ 2º Os prazos previstos neste artigo poderão ser prorrogados pelo Banco Central do Brasil.

§ 3º Os documentos de que trata o § 1º serão acolhidos e contabilizados com a paridade fixada, na forma do § 3º do art. 1º, para o dia 1º de julho de 1994.

Art. 3º O Banco Central do Brasil emitirá o REAL mediante a prévia vinculação de reservas internacionais em valor equivalente, observado o disposto no art. 4º desta Lei.

§ 1º As reservas internacionais passíveis de utilização para composição do lastro para emissão do REAL são os ativos de liquidez internacional denominados ou conversíveis em dólares dos Estados Unidos da América.

§ 2º A paridade a ser obedecida, para fins da equivalência a que se refere o *caput* deste artigo, será de um dólar dos Estados Unidos da América para cada REAL emitido.

§ 3º Os rendimentos resultantes das aplicações das reservas vinculadas não se incorporarão a estas, sendo incorporadas às reservas não vinculadas administradas pelo Banco Central do Brasil.

§ 4º O Conselho Monetário Nacional, segundo critérios aprovados pelo Presidente da República:

I - regulamentará o lastreamento do REAL;

II - definirá a forma como o Banco Central do Brasil administrará as reservas internacionais vinculadas;

III - poderá modificar a paridade a que se refere o § 2º deste artigo.

§ 5º O Ministro da Fazenda submeterá ao Presidente da República os critérios de que trata o parágrafo anterior.

Art. 4º Observado o disposto nos artigos anteriores, o Banco Central do Brasil deverá obedecer, no tocante às emissões de REAL, o seguinte:

I - limite de crescimento para o trimestre outubro-dezembro/94 de 13,33% (treze vírgula trinta e três por cento), para as emissões de REAL sobre o saldo de 30 de setembro de 1994;

II - limite de crescimento percentual nulo no quarto trimestre de 1994, para as emissões de REAL no conceito ampliado;

III - nos trimestres seguintes, obedecido o objetivo de assegurar a estabilidade da moeda, a programação monetária de que trata o art. 6º desta Lei estimará os percentuais de alteração das emissões de REAL em ambos os conceitos mencionados acima.

§ 1º Para os propósitos do contido no caput deste artigo, o Conselho Monetário Nacional, tendo presente o objetivo de assegurar a estabilidade da moeda, definirá os componentes do conceito ampliado de emissão, nele incluídas as emissões lastreadas de que trata o art. 3º desta Lei.

§ 2º O Conselho Monetário Nacional, para atender a situações extraordinárias, poderá autorizar o Banco Central do Brasil a exceder em até 20% (vinte por cento) os valores resultantes dos percentuais previstos no *caput* deste artigo.

§ 3º O Conselho Monetário Nacional, por intermédio do Ministro de Estado da Fazenda, submeterá ao Presidente da República os critérios referentes a alteração de que trata o § 2º deste artigo.

§ 4º O Conselho Monetário Nacional, de acordo com diretrizes do Presidente da República, regulamentará o disposto neste artigo, inclusive no que diz respeito à apuração dos valores das emissões autorizadas e em circulação e à definição de emissões no conceito ampliado.

Art. 5º Serão grafadas em REAL, a partir de 1º de julho de 1994, as demonstrações contábeis e financeiras, os balanços, os cheques, os títulos, os preços, os precatórios, os valores de contratos e todas as demais expressões pecuniárias que se possam traduzir em moeda nacional.

Capítulo II - Da Autoridade Monetária

Art. 6º O Presidente do Banco Central do Brasil submeterá ao Conselho Monetário Nacional, no início de cada trimestre, programação monetária para o trimestre, da qual constarão, no mínimo:

I - estimativas das faixas de variação dos principais agregados monetários compatíveis com o objetivo de assegurar a estabilidade da moeda; e

II - análise da evolução da economia nacional prevista para o trimestre, e justificativa da programação monetária.

§ 1º Após aprovação do Conselho Monetário Nacional, a programação monetária será encaminhada à Comissão de Assuntos Econômicos do Senado Federal.

§ 2º O Congresso Nacional poderá, com base em parecer da Comissão de Assuntos Econômicos do Senado Federal, rejeitar a programação monetária a que se refere o caput deste artigo, mediante decreto legislativo, no prazo de dez dias a contar do seu recebimento.

§ 3º O Decreto Legislativo referido no parágrafo anterior limitar-se-á à aprovação ou rejeição *in totum* da programação monetária, vedada a introdução de qualquer alteração.

§ 4º Decorrido o prazo a que se refere o § 2º deste artigo, sem apreciação da matéria pelo Plenário do Congresso Nacional, a programação monetária será considerada aprovada.

§ 5º Rejeitada a programação monetária, nova programação deverá ser encaminhada, nos termos deste artigo, no prazo de dez dias, a contar da data de rejeição.

§ 6º Caso o Congresso Nacional não aprove a programação monetária até o final do primeiro mês do trimestre a que se destina, fica o Banco Central do Brasil autorizado a executá-la até sua aprovação.

Art. 7º O Presidente do Banco Central do Brasil enviará, através do Ministro da Fazenda, ao Presidente da República e aos Presidentes das duas Casas do Congresso Nacional:
I - relatório trimestral sobre a execução da programação monetária; e
II - demonstrativo mensal das emissões de REAL, as razões delas determinantes e a posição das reservas internacionais a elas vinculadas.

Art. 8º O Conselho Monetário Nacional, criado pela Lei nº 4.595, de 31 de dezembro de 1964, passa a ser integrado pelos seguintes membros:
I - Ministro de Estado da Fazenda, na qualidade de Presidente;
II - Ministro de Estado do Planejamento e Orçamento;
III - Presidente do Banco Central do Brasil.

§ 1º O Conselho deliberará mediante resoluções, por maioria de votos, cabendo ao Presidente a prerrogativa de deliberar, nos casos de urgência e relevante interesse, *ad referendum* dos demais membros.

§ 2º Quando deliberar *ad referendum* do Conselho, o Presidente submeterá a decisão ao colegiado na primeira reunião que se seguir àquela deliberação.

§ 3º O Presidente do Conselho poderá convidar Ministros de Estado, bem como representantes de entidades públicas ou privadas, para participar das reuniões, não lhes sendo permitido o direito de voto.

§ 4º O Conselho reunir-se-á, ordinariamente, uma vez por mês, e, extraordinariamente, sempre que for convocado por seu Presidente.

§ 5º O Banco Central do Brasil funcionará como secretaria-executiva do Conselho.

§ 6º O regimento interno do Conselho Monetário Nacional será aprovado por decreto do Presidente da República, no prazo máximo de trinta dias, contados da publicação desta Lei.

§ 7º A partir de 30 de junho de 1994, ficam extintos os mandatos de membros do Conselho Monetário Nacional nomeados até aquela data.

Art. 9º É criada junto ao Conselho Monetário Nacional a Comissão Técnica da Moeda e do Crédito, composta dos seguintes membros:
I - Presidente e quatro Diretores do Banco Central do Brasil;
II - Presidente da Comissão de Valores Mobiliários;
III - Secretário-Executivo do Ministério do Planejamento e Orçamento;
IV - Secretário-Executivo e Secretários do Tesouro Nacional e de Política Econômica do Ministério da Fazenda.

§ 1º A Comissão será coordenada pelo Presidente do Banco Central do Brasil.

§ 2º O regimento interno da Comissão Técnica da Moeda e do Crédito será aprovado por decreto do Presidente da República.

Art. 10. Compete à Comissão Técnica da Moeda e do Crédito:
I - propor a regulamentação das matérias tratadas na presente Lei, de competência do Conselho Monetário Nacional;
II - manifestar-se, na forma prevista em seu regimento interno, previamente, sobre as matérias de competência do Conselho Monetário Nacional, especialmente aquelas constantes da Lei nº 4.595, de 31 de dezembro de 1964;
III - outras atribuições que lhe forem cometidas pelo Conselho Monetário Nacional.

Art. 11. Funcionarão, também, junto ao Conselho Monetário Nacional, as seguintes Comissões Consultivas:
I - de Normas e Organização do Sistema Financeiro;
II - de Mercado de Valores Mobiliários e de Futuros;
III - de Crédito Rural;
IV - de Crédito Industrial;
V - de Crédito Habitacional, e para Saneamento e Infra-Estrutura Urbana;
VI - de Endividamento Público;

VII - de Política Monetária e Cambial.

§ 1º A organização, a composição e o funcionamento das Comissões Consultivas serão objeto de regimento interno, a ser aprovado por Decreto do Presidente da República.

§ 2º Ficam extintos, a partir de 30 de junho de 1994, os mandatos dos membros das Comissões Consultivas.

Capítulo III - Das Conversões para REAL

Art. 12. Na operação de conversão de Cruzeiros Reais para REAL, serão adotadas quatro casas decimais no quociente da divisão.

§ 1º Em todos os pagamentos ou liquidações de soma a receber ou a pagar e registros contábeis, serão desprezados, para todos os efeitos legais, os valores inferiores ao correspondente a um centavo de REAL.

§ 2º Nas instituições financeiras e nas demais entidades autorizadas a funcionar pelo Banco Central do Brasil a soma das parcelas desprezadas, na forma do parágrafo anterior, será recolhida e creditada ao Tesouro Nacional, no prazo a ser fixado pelo Poder Executivo, para ser utilizada em programas emergenciais contra a fome e a miséria, conforme regulamentação a ser baixada pelo Poder Executivo.

Art. 13. A partir de 1º de julho de 1994, todos os valores expressos em URV passam a ser expressos, de pleno direito, em igual número de REAIS.

Art. 14. As obrigações pecuniárias expressas em Cruzeiros Reais que não tenham sido convertidas em URV até 30 de junho de 1994, inclusive, serão, em 1º de julho de 1994, obrigatoriamente convertidas em REAL, de acordo com as normas desta Lei.

Parágrafo único. O disposto no caput deste artigo aplica-se às obrigações que tenham sido mantidas em Cruzeiros Reais por força do contido na Lei nº 8.880, de 27 de maio de 1994, inclusive em seu art. 16.

Art. 15. Serão convertidos em REAL, em 1º de julho de 1994, segundo a paridade fixada para aquela data:

I - as contas-correntes;
II - os depósitos à vista nas instituições financeiras;
III - os depósitos compulsórios em espécie sobre depósitos à vista, mantidos pelo sistema bancário junto ao Banco Central do Brasil.

Art. 16. Observado o disposto nos parágrafos deste artigo, serão igualmente convertidos em REAL, em 1º de julho de 1994, de acordo com a paridade fixada para aquela data:

I - os saldos das cadernetas de poupança;
II - os depósitos compulsórios e voluntários mantidos junto ao Banco Central do Brasil, com recursos originários da captação de cadernetas de poupança;
III - os saldos das contas do Fundo de Garantia do Tempo do Serviço - FGTS, do Fundo de Participação PIS/PASEP e do Fundo de Amparo ao Trabalhador - FAT;
IV - as operações de crédito rural;
V - as operações ativas e passivas dos Sistemas Financeiro da Habitação e do Saneamento (SFH e SFS), observado o disposto nos arts. 20 e 21 desta Lei;
VI - as operações de seguro, de previdência privada e de capitalização;
VII - as demais operações contratadas com base na Taxa Referencial - TR ou no índice de remuneração básica dos depósitos de poupança; e
VIII - as demais operações da mesma natureza, não compreendidas nos incisos anteriores.

§ 1º A conversão de que trata este artigo será precedida de atualização *pro rata tempore*, desde a data do último aniversário até 30 de junho de 1994, inclusive, mediante a aplicação da Taxa Referencial - TR ou do referencial legal ou contratual pertinente, na forma da legislação vigente.

§ 2º Na data de aniversário no mês de julho, incidirá, *pro rata tempore*, desde a data de conversão, sobre o valor convertido, a Taxa Referencial - TR ou o referencial legal ou contratual pertinente e juros, na forma da legislação vigente.

§ 3º O crédito da remuneração básica e dos juros, no que diz respeito às cadernetas de poupança, ocorrerá somente nas datas de aniversário, que são mantidas para todos os efeitos.

§ 4º Observadas as diretrizes estabelecidas pelo Presidente da República, o Ministro de Estado da Fazenda, o Conselho Monetário Nacional, o Conselho de Gestão da Previdência Complementar e o Conselho Nacional de Seguros Privados, dentro de suas respectivas competências, regulamentarão o disposto neste artigo.

Art. 17. Os valores das prestações de financiamentos habitacionais firmados com entidades integrantes do Sistema Financeiro da Habitação - SFH, e entidades de previdência privada, quando em condições análogas às utilizadas no Sistema Financeiro da Habitação, expressos em Cruzeiros Reais, no mês de junho de 1994, serão convertidos em REAL, no dia 1º de julho de 1994, observada a paridade entre o Cruzeiro Real e o Real fixada para aquela data.

Parágrafo único. São mantidos o índice de reajuste e a periodicidade contratualmente estabelecidos para atualização das prestações de que trata este artigo.

Art. 18. Os depósitos da União no Banco Central do Brasil e nas instituições financeiras terão seu saldo atualizado, pela taxa média referencial do Sistema Especial de Liquidação e de Custódia - SELIC, até 30 de junho de 1994, e convertidos para REAL, em 1º de julho de 1994, observada a paridade fixada para aquela data.

Art. 19. As obrigações pecuniárias em Cruzeiros Reais, sem cláusula de correção monetária ou com cláusula de correção monetária prefixada, serão convertidas em REAL, no dia 1º de julho de 1994, observada a paridade entre o Cruzeiro Real e o Real fixada para aquela data.

Art. 20. As obrigações pecuniárias em Cruzeiros Reais, com cláusula de correção monetária baseada em índices de preços, em que a periodicidade de reajuste pleno é igual ou menor que a periodicidade de pagamento, serão convertidas em REAL, no dia 1º de julho de 1994, observada a paridade fixada para aquela data, reajustando-se pro rata tempore os valores contratuais expressos em Cruzeiros Reais desde o último aniversário até o dia 30 de junho de 1994, inclusive, de acordo com o índice constante do contrato.

Art. 21. As obrigações pecuniárias em Cruzeiros Reais, com cláusula de correção monetária baseada em índices de preços, em que a periodicidade de reajuste pleno é maior que a periodicidade de pagamento, serão convertidas em REAL, no dia 1º de julho de 1994, de acordo com as disposições abaixo:

I - dividindo-se o valor em Cruzeiros Reais da obrigação vigente no dia do aniversário em cada um dos meses imediatamente anteriores, em número igual aos do último período de reajuste pleno, pelo valor em Cruzeiros Reais do equivalente em URV nesses mesmos dias;

II - extraindo-se a média aritmética dos valores resultantes do inciso anterior;

III - reconvertendo-se, em Cruzeiros Reais, o valor encontrado pela URV do dia do aniversário em junho de 1994;

IV - aplicando-se, *pro rata tempore*, sobre o valor em Cruzeiros Reais de que trata o inciso anterior, o índice contratual ou legal até 30 de junho de 1994; e

V - convertendo-se em REAL o valor corrigido na forma do inciso anterior pela paridade fixada para aquela data.

§ 1º O cálculo da média a que se refere este artigo será feito com base nos preços unitários, nos casos dos contratos para aquisição ou produção de bens para entrega futura, execução de obras, prestação de serviços, locação, uso e arrendamento, quando as quantidades de bens e serviços, a cada mês, forem variáveis.

§ 2º No caso de obrigações em que tenha transcorrido um número de meses menor que o da periodicidade de reajuste pleno, a conversão será feita, na forma do *caput* deste artigo, levando-se em conta apenas os valores referentes aos meses a partir da contratação.

§ 3º No caso dos contratos de locação residencial com cláusula de reajuste superior a seis meses, as disposições do *caput* deste artigo serão aplicadas tomando em conta apenas os aluguéis dos primeiros seis meses do último período de reajuste pleno.

§ 4º Em caso de desequilíbrio econômico-financeiro, os contratos de locação residencial, inclusive os convertidos anteriormente, poderão ser revistos, a partir de 1º de janeiro de 1995, através de livre negociação entre as partes, ou judicialmente, a fim de adequá-los aos preços de mercado, sem prejuízo do direito à ação revisional prevista na Lei nº 8.245, de 1991.

§ 5º Efetivada a revisão, o novo valor do aluguel residencial vigorará pelo prazo mínimo de um ano.

Art. 22. Para os efeitos desta Lei, "dia de aniversário", "data de aniversário" e "aniversário" correspondem:

I - no caso de obrigações pecuniárias em Cruzeiros Reais com cláusula de correção monetária por índice de preço, ao dia do vencimento; na falta deste, ao dia do último reajuste; e, na falta deste, ao dia do surgimento, em qualquer mês, da obrigação, do título, do contrato ou da parcela contratual;

II - no caso de contratos que tenham por objeto a aquisição ou produção de bens para entrega futura, a execução de obras ou a prestação de serviços, e que tenham cláusulas de reajuste de preços por índices de preços setoriais, regionais ou específicos, ou, ainda, que reflitam a variação ponderada dos custos dos insumos utilizados, ao último dia de validade dos preços contratuais em cada período de reajuste.

Art. 23. As disposições desta Lei, sobre conversões, aplicam-se aos contratos de que trata o art. 15 da Lei nº 8.880, de 27 de maio de 1994, e sua regulamentação.

§ 1º Na conversão para REAL dos contratos que não contiverem cláusula de atualização monetária entre a data final do período de adimplemento da obrigação e a data da exigibilidade do pagamento, será deduzida a expectativa de inflação considerada no contrato relativamente a este prazo, devendo, quando o contrato não mencionar explicitamente a expectativa inflacionária, ser adotada, para a dedução a variação do Índice Geral de Preços - Disponibilidade Interna - IGP/DI, da Fundação Getúlio Vargas - FGV, no mês de apresentação da proposta ou do orçamento a que esta se referir, aplicado pro rata tempore relativamente ao prazo previsto para o pagamento.

§ 2º Nos casos em que houver cláusula de atualização monetária decorrente de atraso de pagamento, corrigido também o período decorrido entre a data do adimplemento da obrigação e da exigibilidade do pagamento, aplica-se a este período a dedução referida no parágrafo anterior, segundo os critérios nele estabelecidos.

§ 3º O Poder Executivo regulamentará o disposto neste artigo.

Art. 24. Nas obrigações convertidas em REAL na forma dos arts. 20 e 21, o cálculo da correção monetária, a partir de 1º de julho de 1994, somente é válido quando baseado em índice de preços calculado na forma do art. 38 da Lei nº 8.880, de 27 de maio de 1994.

§ 1º O cálculo dos índices de correção monetária de obrigações a que se refere o *caput* deste artigo tomará por base preços em REAL, o equivalente em URV dos preços em Cruzeiros Reais, e os preços nominados ou convertidos em URV dos meses anteriores.

§ 2º Observado o disposto no art. 28, sobre os valores convertidos em REAL, na forma dos arts. 20 e 21, serão aplicados pro rata tempore, da data da conversão até a data do aniversário, os índices de correção monetária a que estiverem sujeitos, calculados de conformidade com o art. 38 da Lei nº 8.880, 27 de maio de 1994, de acordo com as respectivas disposições legais, regulamentares, contratuais, ou decisões judiciais com base nas quais tiverem sido constituídos.

§ 3º No cálculo dos índices de que trata este artigo, os preços em Cruzeiros Reais deverão ser convertidos em URV do dia de sua coleta.

§ 4º Caso o índice de preços constante do contrato não esteja disponível na forma do *caput* deste artigo, será utilizado, para os fins do disposto no art. 38 da Lei nº 8.880, de 27 de maio de 1994, e nesta Lei, índice equivalente substituto, na forma da regulamentação a ser baixada pelo Poder Executivo.

§ 5º É nula de pleno direito e não surtirá nenhum efeito a aplicação de índice, para fins de correção monetária, calculado de forma diferente da estabelecida neste artigo.

Art. 25. As dotações constantes da proposta de Orçamento Geral da União enviada ao Congresso Nacional, com as modificações propostas nos termos do art. 166, § 5º, da Constituição Federal, serão corrigidas para preços médios de 1994, mediante a aplicação, sobre os valores expressos a preços de abril de 1993, do multiplicador de 66,8402, sendo então convertidos em 1º de julho de 1994 em REAIS pela paridade fixada para aquela data.

§ 1º Serão também convertidos em REAL em 1º de julho de 1994, pela paridade fixada para aquela data, todos os valores expressos em Cruzeiros Reais em 30 de junho de 1994, constantes de balanços e de todos os atos e fatos relacionados com a gestão orçamentária, financeira, patrimonial e contábil.

§ 2º No caso do parágrafo anterior, se resultarem valores inferiores a R$ 0,01 (um centavo de REAL), os mesmos serão representados por este valor (R$ 0,01).

Art. 26. Como forma de garantir o equilíbrio econômico-financeiro na conversão dos contratos relativos à atividade agrícola, ficam asseguradas as condições de equivalência constantes nos contratos de financiamento de custeio e de comercialização para produtos contemplados na safra 1993/94 e na safra 1994 com "preços mínimos de garantia" dentro da Política de Garantia de Preços Mínimos - PGPM.

Capítulo IV - Da Correção Monetária

Art. 27. A correção, em virtude de disposição legal ou estipulação de negócio jurídico, da expressão monetária de obrigação pecuniária contraída a partir de 1º de julho de 1994, inclusive, somente poderá dar-se pela variação acumulada do Índice de Preços ao Consumidor, Série r - IPC-r.

§ 1º O disposto neste artigo não se aplica:

I - às operações e contratos de que tratam o Decreto-lei nº 857, de 11 de setembro de 1969, e o art. 6º da Lei nº 8.880, de 27 de maio de 1994;

II - aos contratos pelos quais a empresa se obrigue a vender bens para entrega futura, prestar ou fornecer serviços a serem produzidos, cujo preço poderá ser reajustado em função do custo de produção ou da variação de índice que reflita a variação ponderada dos custos dos insumos utilizados;

III - às hipóteses tratadas em lei especial.

§ 2º Considerar-se-á de nenhum efeito a estipulação, a partir de 1º de julho de 1994, de correção monetária em desacordo com o estabelecido neste artigo.

§ 3º Nos contratos celebrados ou convertidos em URV, em que haja cláusula de correção monetária por índice de preços ou por índice que reflita a variação ponderada dos custos dos insumos utilizados, o cálculo desses índices, para efeitos de reajuste, deverá ser nesta moeda até a emissão do REAL e, daí em diante, em REAL, observado o art. 38 da Lei nº 8.880, de 27 de maio de 1994.

§ 4º A correção monetária dos contratos convertidos na forma do art. 21 desta Lei será apurada somente a partir do primeiro aniversário da obrigação, posterior à sua conversão em REAIS.

§ 5º A Taxa Referencial - TR somente poderá ser utilizada nas operações realizadas nos mercados financeiros, de valores mobiliários, de seguros, de previdência privada, de capitalização e de futuros.

§ 6º Continua aplicável aos débitos trabalhistas o disposto no art. 39 da Lei nº 8.177, de 1º de março de 1991.

Art. 28. Nos contratos celebrados ou convertidos em REAL com cláusula de correção monetária por índices de preço ou por índice que reflita a variação ponderada dos custos dos insumos utilizados, a periodicidade de aplicação dessas cláusulas será anual.

§ 1º É nula de pleno direito e não surtirá nenhum efeito cláusula de correção monetária cuja periodicidade seja inferior a um ano.

§ 2º O disposto neste artigo aplica-se às obrigações convertidas ou contratadas em URV até 27 de maio de 1994 e às convertidas em REAL.
§ 3º A periodicidade de que trata o caput deste artigo será contada a partir:
I - da conversão em REAL, no caso das obrigações ainda expressas em Cruzeiros Reais;
II - da conversão ou contratação em URV, no caso das obrigações expressas em URV contratadas até 27 de maio de 1994;
III - da contratação, no caso de obrigações contraídas após 1º de julho de 1994; e
IV - do último reajuste no caso de contratos de locação residencial.
§ 4º O disposto neste artigo não se aplica:
I - às operações realizadas no mercado financeiro e no Sistema Financeiro de Habitação - SFH, por instituições financeiras e demais entidades autorizadas a funcionar pelo Banco Central do Brasil, bem assim no Sistema Brasileiro de Poupança e Empréstimo - SBPE e aos financiamentos habitacionais de entidades de previdência privada;
II - às operações e contratos de que tratam o Decreto-lei nº 857, de 1969, e o art. 6º da Lei nº 8.880, de 27 de maio de 1994.
§ 5º O Poder Executivo poderá reduzir a periodicidade de que trata esse artigo.
§ 6º O devedor, nos contratos com prazo superior a um ano, poderá amortizar, total ou parcialmente, antecipadamente, o saldo devedor, desde que o faça com o seu valor atualizado pela variação acumulada do índice contratual ou do IPC-r até a data do pagamento.
§ 7º Nas obrigações em Cruzeiros Reais, contraídas antes de 15 de março de 1994 e não convertidas em URV, o credor poderá exigir, decorrido um ano da conversão para o REAL, ou no seu vencimento final, se anterior, sua atualização na forma contratada, observadas as disposições desta Lei, abatidos os pagamentos, também atualizados, eventualmente efetuados no período.

Capítulo V - Da Amortização da Dívida Mobiliária Federal

Art. 29. É criado o Fundo de Amortização da Dívida Pública Mobiliária Federal, com a finalidade de amortizar a dívida mobiliária interna do Tesouro Nacional, que será regulamentado pelo Poder Executivo.
Art. 30. O Fundo, de natureza contábil, será constituído através de vinculação, mediante prévia e expressa autorização do Presidente da República, a título de depósito:
I - de ações preferenciais sem direito de voto pertencentes à União;
II - de ações ordinárias ou preferenciais com direito de voto, excedentes ao número necessário à manutenção, pela União, do controle acionário das empresas por ela controladas por disposição legal;
III - de ações ordinárias ou preferenciais com direito de voto das empresas controladas pela União em que não haja disposição legal determinando a manutenção desse controle;
IV - de ações ordinárias ou preferenciais com direito ou sem direito a voto pertencentes à União, em que esta é minoritária.
Parágrafo único. O percentual das ações a ser depositado no Fundo será fixado em decreto do Poder Executivo.
Art. 31. O Fundo será gerido pelo Banco Nacional de Desenvolvimento Econômico e Social - BNDES, que promoverá as alienações, mediante delegação da União, observado o disposto no art. 32 desta Lei.
Parágrafo único. O BNDES, na qualidade de gestor do Fundo, poderá praticar, em nome e por conta da União, todos os atos necessários à consecução da venda em bolsa, inclusive firmar os termos de transferência das ações alienadas, garantindo ampla divulgação, com a publicação da justificativa e das condições de cada alienação.
Art. 32. As ordens de alienação de ações serão expedidas mediante Portaria conjunta dos Ministros de Estado da Fazenda e do Planejamento e Orçamento, que deverá conter o número, espécie e classe de ações a serem alienadas.

§ 1º As despesas, encargos e emolumentos relacionados com a alienação das ações serão abatidas do produto da alienação, devendo os valores líquidos ser repassados pelo gestor do Fundo ao Tesouro Nacional, juntamente com o demonstrativo da prestação de contas.

§ 2º O produto líquido das alienações deverá ser utilizado, especificamente, na amortização de principal atualizado de dívida pública mobiliária interna do Tesouro Nacional e dos respectivos juros, devendo o Ministério da Fazenda publicar quadro resumo, no qual constará a origem dos recursos e a dívida quitada.

§ 3º Os demonstrativos de prestação de contas relativas a cada alienação de ações, na forma da presente Lei, serão enviados pelo gestor do Fundo ao Tribunal de Contas da União, para apreciação.

Art. 33. A amortização da dívida mobiliária interna do Tesouro Nacional, a que se refere o art. 29, poderá, por acordo entre as partes, se dar mediante dação em pagamento de ações depositadas no Fundo.

Art. 34. A ordem de dação em pagamento prevista no art. 33 será expedida mediante portaria conjunta dos Ministros de Estado da Fazenda e do Planejamento e Orçamento, a qual estabelecerá o número, espécie e classe das ações, bem assim os critérios de fixação do respectivo preço, levando em conta o valor em bolsa.

Art. 35. Ficam excluídas das disposições deste capítulo as empresas incluídas no Programa Nacional de Desestatização, de que trata a Lei nº 8.031, de 12 de abril de 1990.

Capítulo VI - Das Disposições Tributárias

Art. 36. A partir de 1º de julho de 1994, ficará interrompida, até 31 de dezembro de 1994, a aplicação da Unidade Fiscal de Referência - UFIR, exclusivamente para efeito de atualização dos tributos, contribuições federais e receitas patrimoniais, desde que os respectivos créditos sejam pagos nos prazos originais previstos na legislação.

§ 1º No caso de tributos e contribuições apurados em declaração de rendimentos, a interrupção da UFIR abrangerá o período compreendido entre a data de encerramento do período de apuração e a data de vencimento.

§ 2º Para os efeitos da interrupção de que trata o caput deste artigo, a reconversão para REAL será efetuada com base no valor da UFIR utilizada para a respectiva conversão.

§ 3º Aos créditos tributários não pagos nos prazos previstos na legislação tributária aplica-se a atualização monetária pela variação da UFIR, a partir do mês de ocorrência do fato gerador, ou, quando for o caso, a partir do mês correspondente ao término do período de apuração, nos termos da legislação pertinente, sem prejuízo da multa e de acréscimos legais pertinentes.

§ 4º Aos débitos para com o patrimônio imobiliário da União não pagos nos prazos previstos na legislação patrimonial, ou à diferença de valor recolhido a menor, aplica-se a atualização monetária pela variação da UFIR entre o mês do vencimento, ou da ocorrência do fato gerador, e o mês do efetivo pagamento, além da multa de que trata o art. 59 da Lei nº 8.383, de 30 de dezembro de 1991, e de acréscimos legais pertinentes.

§ 5º Às contribuições sociais arrecadadas pelo Instituto Nacional do Seguro Social - INSS, quando não recolhidas nos prazos previstos na legislação específica, aplica-se a atualização monetária pela variação da UFIR entre o mês subseqüente ao de competência e o mês do efetivo recolhimento, sem prejuízo da multa e de acréscimos legais pertinentes.

§ 6º O disposto no *caput* deste artigo não se aplica aos débitos incluídos em parcelamento.

Art. 37. No caso de tributos, contribuições e outros débitos para com a Fazenda Nacional pagos indevidamente, dentro do prazo previsto no art. 36 desta Lei, a compensação ou restituição será efetuada com base na variação da UFIR calculada a partir do mês seguinte ao pagamento.

Art. 38. Nas situações de que tratam os §§ 3º, 4º e 5º do artigo 36 desta Lei, os juros de mora serão equivalentes, a partir de 1º de julho de 1994, ao excedente da variação acumulada da Taxa Referencial - TR em relação à variação da UFIR no mesmo período.

§ 1º Em nenhuma hipótese os juros de mora previstos no caput deste artigo poderão ser inferiores à taxa de juros estabelecida no art. 161, parágrafo 1º, da Lei nº 5.172, de 25 de outubro de 1966, no art. 59 da Lei nº 8.383, de 1991, e no art. 3º da Lei nº 8.620, de 5 de janeiro de 1993.

§ 2º O disposto no *caput* deste artigo não se aplica aos débitos incluídos em parcelamento concedido anteriormente à data de entrada em vigor desta Lei.

Art. 39. O imposto sobre rendimentos de que trata o art. 8º da Lei nº 7.713, de 22 de dezembro de 1988, pago na forma do art. 36 desta Lei, será, para efeito de redução do imposto devido na declaração de ajuste anual, convertido em quantidade de UFIR pelo valor desta no mês em que os rendimentos forem recebidos.

Art. 40. O produto da arrecadação dos juros de mora de que trata o art. 38 desta Lei, no que diz respeito aos tributos e contribuições, exceto as contribuições sociais arrecadadas pelo INSS, integra os recursos referidos nos arts. 3º, parágrafo único, 4º e 5º, § 1º, da Lei nº 7.711, de 22 de dezembro de 1988, e no art. 69 da Lei nº 8.383, de 1991, até o limite de juros previsto no art. 161, § 1º, da Lei nº 5.172, de 25 de outubro de 1966.

Art. 41. A restituição do imposto de renda da pessoa física, apurada na declaração de rendimentos relativa ao exercício financeiro de 1995, será reconvertida em REAL com base no valor da UFIR no mês do recebimento.

Art. 42. As pessoas jurídicas farão levantamento de demonstrações contábeis e financeiras extraordinárias, com vistas à adaptação dos respectivos lançamentos aos preceitos desta Lei.
Parágrafo único. O Poder Executivo regulamentará o disposto neste artigo.

Art. 43. Fica extinta, a partir de 1º de setembro de 1994, a UFIR diária de que trata a Lei nº 8.383, de 30 de dezembro de 1991.

Art. 44. A correção monetária das unidades fiscais estaduais e municipais será feita pelos mesmos índices e com a mesma periodicidade com que será corrigida a Unidade Fiscal de Referência - UFIR, de que trata a Lei nº 8.383, de 30 de dezembro de 1991.

Art. 45. As alíquotas previstas no art. 5º da Lei nº 8.033, de 12 de abril de 1990, ficam reduzidas para:
I - zero, nas hipóteses de que tratam os incisos I, III e IV; e
II - 15% (quinze por cento), nas hipóteses de que trata o inciso II.
Parágrafo único. Tendo em vista os objetivos das políticas monetária e fiscal, o Poder Executivo poderá reduzir a alíquota de que trata o inciso II deste artigo.

Art. 46. Os valores constantes da legislação tributária, expressos ou com referencial em UFIR diária serão, a partir de 1º de setembro de 1994, expressos ou referenciados em UFIR.
Parágrafo único. Para efeito de aplicação dos limites previstos na legislação tributária federal, a conversão dos valores em REAL para UFIR será efetuada com base na UFIR vigente no mês de referência.

Art. 47. A partir de 1º de setembro de 1994, a correção monetária das demonstrações financeiras será efetuada com base na UFIR.
Parágrafo único. O período da correção será o compreendido entre o último balanço corrigido e o primeiro dia do mês seguinte àquele em que o balanço deverá ser corrigido.

Art. 48. A partir de 1º de setembro de 1994, a base de cálculo do imposto de renda das pessoas jurídicas será convertida em quantidade de UFIR, mediante a divisão do valor do lucro real, presumido ou arbitrado, pelo valor da UFIR vigente no mês subseqüente ao de encerramento do período-base de sua apuração.

§ 1º O disposto neste artigo aplica-se também à base de cálculo do imposto de renda mensal determinada com base nas regras de estimativa e à tributação dos demais resultados e ganhos de capital (art. 17 da Lei nº 8.541, de 23 de dezembro de 1992).

§ 2º Na hipótese de incorporação, fusão, cisão ou extinção da pessoa jurídica, no curso do período-base, a base de cálculo do imposto será convertida em quantidade de UFIR, com base no valor desta vigente no mês de encerramento do período-base.

Art. 49. O imposto de renda da pessoa jurídica será calculado mediante a aplicação da alíquota sobre a base de cálculo expressa em UFIR.

Art. 50. Aplicam-se à Contribuição Social sobre o Lucro (Lei nº 7.689, de 15 de dezembro de 1988) as mesmas normas de conversão em UFIR da base de cálculo e de pagamento estabelecidas por esta Lei para o imposto de renda das pessoas jurídicas.

Art. 51. O imposto de renda retido na fonte ou pago pelo contribuinte relativo a fatos geradores ocorridos a partir de 1º de setembro de 1994, incidente sobre receitas computadas na base de cálculo do imposto de renda da pessoa jurídica será, para efeito de compensação, convertido em quantidade de UFIR, tomando por base o valor desta no mês subseqüente ao da retenção.

Parágrafo único. A conversão em quantidade de UFIR prevista neste artigo aplica-se, também, aos incentivos fiscais de dedução do imposto e de redução e isenção calculados com base no lucro da exploração.

Art. 52. São dedutíveis, na determinação do lucro real e da base de cálculo da Contribuição Social sobre o Lucro, segundo o regime de competência, as contrapartidas de variação monetária de obrigações, inclusive de tributos e contribuições, ainda que não pagos, e perdas cambiais e monetárias na realização de créditos.

Art. 53. Os rendimentos das aplicações financeiras de renda fixa e os ganhos líquidos nos mercados de renda variável continuam apurados e tributados na forma da legislação vigente, com as seguintes alterações:

I - a partir de 1º de setembro de 1994, o valor aplicado e o custo de aquisição serão convertidos em UFIR pelo valor desta no mês da aplicação ou aquisição, e reconvertidos em REAL pelo valor da UFIR do mês do resgate ou da liquidação da operação;

II - o valor das aplicações financeiras e do custo dos ativos existentes em 31 de agosto de 1994, expresso em quantidade de UFIR, será reconvertido em REAL na forma prevista na alínea anterior.

§ 1º O disposto neste artigo aplica-se também aos rendimentos auferidos no resgate de quotas de fundos e clubes de investimento, excetuados os rendimentos do fundo de que trata o § 4º do art. 21 da Lei nº 8.383, de 30 de dezembro de 1991.

§ 2º São isentos do imposto de renda os rendimentos auferidos nos resgates de quotas de fundos de investimento, de titularidade de fundos cujos recursos sejam aplicados na aquisição de quotas de fundos de investimento.

§ 3º Fica mantido, em relação ao Fundo de Investimento em Quotas de Fundos de Aplicação Financeira, o disposto no art. 22, inciso I, da Lei nº 8.383, de 30 de dezembro de 1991.

Art. 54. Constituem aplicações financeiras de renda fixa, para os efeitos da legislação tributária, as operações de transferência de dívidas realizadas com instituições financeiras e demais instituições autorizadas a funcionar pelo Banco Central do Brasil.

Parágrafo único. Para os efeitos do art. 18 da Lei Complementar nº 77, de 13 de julho de 1993, o cedente da dívida é titular da aplicação e beneficiário da liquidação da operação.

Art. 55. Em relação aos fatos geradores que vierem a ocorrer a partir de 1º de setembro de 1994, os tributos e contribuições arrecadados pela Secretaria da Receita Federal serão convertidos em quantidade de UFIR com base no valor desta no mês em que ocorrer o fato gerador ou no mês em que se encerrar o período de apuração.

§ 1º Para efeito de pagamento, a reconversão para REAL far-se-á mediante a multiplicação da respectiva quantidade de UFIR pelo valor desta vigente no mês do pagamento, observado o disposto no art. 36 desta Lei.

§ 2º A reconversão para REAL, nos termos do parágrafo anterior, aplica-se, inclusive, aos tributos e contribuições relativos a fatos geradores anteriores a 1º de setembro de 1994, expressos em UFIR, diária ou mensal, conforme a legislação de regência.

Art. 56. A partir da competência setembro de 1994, as contribuições sociais arrecadadas pelo INSS serão convertidas em UFIR com base no valor desta no mês subseqüente ao de competência.
Parágrafo único. Aplica-se às contribuições de que trata este artigo o disposto nos §§ 1º e 2º do artigo anterior.

Art. 57. Em relação aos fatos geradores cuja ocorrência se verifique a partir de 1º de agosto de 1994, o pagamento da Contribuição para o Financiamento da Seguridade Social - COFINS, instituída pela Lei Complementar nº 70, de 30 de dezembro de 1991, e das contribuições para o Programa de Integração Social e para o Programa de Formação do Patrimônio do Servidor Público - PIS/PASEP deverá ser efetuado até o último dia útil do primeiro decêndio subseqüente ao mês de ocorrência dos fatos geradores.

Art. 58. O inciso III do art. 10 e o art. 66 da Lei nº 8.383, de 30 de dezembro de 1991, passam a vigorar com a seguinte redação:
"Art. 10. ...
III - a quantia equivalente a cem UFIR por dependente;
..."
"Art. 66. Nos casos de pagamento indevido ou a maior de tributos, contribuições federais, inclusive previdenciárias, e receitas patrimoniais, mesmo quando resultante de reforma, anulação, revogação ou rescisão de decisão condenatória, o contribuinte poderá efetuar a compensação desse valor no recolhimento de importância correspondente a período subseqüente.

§ 1º A compensação só poderá ser efetuada entre tributos, contribuições e receitas da mesma espécie.

§ 2º É facultado ao contribuinte optar pelo pedido de restituição.

§ 3º A compensação ou restituição será efetuada pelo valor do tributo ou contribuição ou receita corrigido monetariamente com base na variação da UFIR.

§ 4º As Secretarias da Receita Federal e do Patrimônio da União e o Instituto Nacional do Seguro Social - INSS expedirão as instruções necessárias ao cumprimento do disposto neste artigo."

Art. 59. A prática de atos que configurem crimes contra a ordem tributária (Lei nº 8.137, de 27 de dezembro de 1990), bem assim a falta de emissão de notas fiscais, nos termos da Lei nº 8.846, de 21 de janeiro de 1994, acarretarão à pessoa jurídica infratora a perda, no ano-calendário correspondente, dos incentivos e benefícios de redução ou isenção previstos na legislação tributária.

Art. 60. A concessão ou reconhecimento de qualquer incentivo ou benefício fiscal, relativos a tributos e contribuições administrados pela Secretaria da Receita Federal fica condicionada à comprovação pelo contribuinte, pessoa física ou jurídica, da quitação de tributos e contribuições federais.

Art. 61. A partir de 1º de setembro de 1994, os débitos de qualquer natureza para com a Fazenda Nacional e os decorrentes de contribuições arrecadadas pela União, constituídos ou não, cujos fatos geradores ocorrerem até 31 de agosto de 1994, expressos em UFIR, serão convertidos para REAL com base no valor desta no mês do pagamento.

Art. 62. Os débitos de qualquer natureza para com a Fazenda Nacional e os decorrentes de contribuições arrecadadas pela União, constituídos ou não, cujos fatos geradores ocorram a partir de 1º de setembro de 1994, serão convertidos em quantidade de UFIR, com base no valor desta no mês da ocorrência do fato gerador, e reconvertidos para REAL mediante a multiplicação da quantidade de UFIR pelo valor desta vigente no mês do pagamento.

Parágrafo único. No caso das contribuições sociais arrecadadas pelo INSS, a conversão dos débitos para UFIR terá por base o valor desta no mês subseqüente ao de competência da contribuição.

Art. 63. No caso de parcelamento concedido administrativamente até o dia 31 de agosto de 1994, o valor do débito ou da parcela a pagar será determinado mediante a multiplicação da respectiva quantidade de UFIR pelo valor desta no mês do pagamento.

Art. 64. No caso de parcelamento concedido administrativamente a partir de 1º de setembro de 1994, o valor do débito será consolidado em UFIR, conforme a legislação aplicável, e reconvertido para REAL mediante a multiplicação da quantidade de UFIR pelo valor desta vigente no mês do pagamento.

Capítulo VII - Disposições Especiais

Art. 65. O ingresso no País e a saída do País, de moeda nacional e estrangeira serão processados exclusivamente através de transferência bancária, cabendo ao estabelecimento bancário a perfeita identificação do cliente ou do beneficiário.

§ 1º Excetua-se do disposto no *caput* deste artigo o porte, em espécie, dos valores:

I - quando em moeda nacional, até R$ 10.000,00 (dez mil reais);

II - quando em moeda estrangeira, o equivalente a R$ 10.000,00 (dez mil reais);

III - quando comprovada a sua entrada no País ou sua saída do País, na forma prevista na regulamentação pertinente.

§ 2º O Conselho Monetário Nacional, segundo diretrizes do Presidente da República, regulamentará o disposto neste artigo, dispondo, inclusive, sobre os limites e as condições de ingresso no País e saída do País da moeda nacional.

§ 3º A não observância do contido neste artigo, além das sanções penais previstas na legislação específica, e após o devido processo legal, acarretará a perda do valor excedente dos limites referidos no § 1º deste artigo, em favor do Tesouro Nacional.

Art. 66. As instituições financeiras e as demais instituições autorizadas a funcionar pelo Banco Central do Brasil, que apresentem insuficiência nos recolhimentos compulsórios ou efetuem saques a descoberto na Conta "Reservas Bancárias", ficam sujeitas aos custos financeiros estabelecidos pelo Banco Central do Brasil, sem prejuízo das cominações legais previstas no art. 44 da Lei nº 4.595, de 31 de dezembro de 1964.

Parágrafo único. Os custos financeiros corresponderão, no mínimo, aos da linha de empréstimo de liquidez.

Art. 67. As multas aplicadas pelo Banco Central do Brasil, no exercício de sua competência legal, às instituições financeiras e às demais entidades por ele autorizadas a funcionar, bem assim aos administradores dessas instituições e entidades, terão o valor máximo de R$ 100.000,00 (cem mil REAIS).

§ 1º O disposto no *caput* deste artigo não se aplica às infrações de natureza cambial.

§ 2º O Conselho Monetário Nacional regulamentará a gradação das multas a que se refere o *caput* deste artigo.

Art. 68. Os depósitos das instituições financeiras bancárias mantidos no Banco Central do Brasil e contabilizados na conta "Reservas Bancárias" são impenhoráveis e não responderão por qualquer tipo de dívida civil, comercial, fiscal, previdenciária, trabalhista ou de outra natureza, contraída por essas instituições ou quaisquer outras a elas ligadas.

Parágrafo único. A impenhorabilidade de que trata o caput deste artigo não se aplica aos débitos contratuais efetuados pelo Banco Central do Brasil e aos decorrentes das relações das instituições financeiras com o Banco Central do Brasil.

Art. 69. A partir de 1º de julho de 1994, fica vedada a emissão, pagamento e compensação de cheque de valor superior a R$ 100,00 (cem REAIS), sem identificação do beneficiário.

Parágrafo único. O Conselho Monetário Nacional regulamentará o disposto neste artigo.

Art. 70. A partir de 1º de julho de 1994, o reajuste e a revisão dos preços públicos e das tarifas de serviços públicos far-se-ão:
I - conforme atos, normas e critérios a serem fixados pelo Ministro da Fazenda; e
II - anualmente.

§ 1º O Poder Executivo poderá reduzir o prazo previsto no inciso II deste artigo.

§ 2º O disposto neste artigo aplica-se, inclusive, à fixação dos níveis das tarifas para o serviço público de energia elétrica, reajustes e revisões de que trata a Lei nº 8.631, de 4 de março de 1993.

Art. 71. Ficam suspensas, até 30 de junho de 1995:
I - a concessão de avais e quaisquer outras garantias, para qualquer fim, pelo Tesouro Nacional ou em seu nome;
II - a abertura de créditos especiais no Orçamento Geral da União;
III - a colocação, por parte dos Órgãos Autônomos, Autarquias, Empresas Públicas, Sociedades de Economia Mista e Fundações da União, e demais entidades, controladas direta ou indiretamente pela União, de qualquer título ou obrigação no exterior, exceto quando vinculado à amortização de principal corrigido de dívida interna ou externa;
IV - a contratação, por parte dos órgãos e entidades mencionados no inciso anterior, de novas operações de crédito interno ou externo, exceto quando vinculada à amortização de principal corrigido de dívida interna ou externa, quando referente a operações mercantis ou quando relativa a créditos externos de entidades oficiais de financiamentos de projetos públicos;
V - a conversão, em títulos públicos federais, de créditos oriundos da Conta de Resultados a Compensar - CRC, objeto da Lei nº 8.631, de 1993, com as alterações da Lei nº 8.724, de 28 de outubro de 1993.

§ 1º O Poder Executivo poderá prorrogar o prazo de que trata o *caput* deste artigo.

§ 2º Durante o prazo de que trata o caput deste artigo, qualquer pedido de crédito adicional suplementar ao Orçamento Geral da União deverá ser previamente apreciado pela Junta de Conciliação Orçamentária e Financeira de que trata o Decreto de 19 de março de 1993, para fins de compatibilização com os recursos orçamentários.

§ 3º O disposto nos incisos I, IV e V deste artigo não se aplica ao Banco Central do Brasil e às instituições financeiras públicas federais.

§ 4º Em casos excepcionais, e desde que de acordo com as metas de emissão de moeda constantes desta Lei, o Presidente da República, por proposta do Ministro de Estado da Fazenda, poderá afastar a suspensão de que trata este artigo.

Art. 72. Os §§ 2º e 3º do art. 23 e o art. 58 da Lei nº 4.131, de 3 de setembro de 1962, passam a vigorar com a seguinte redação:
"Art. 23 ...

§ 2º Constitui infração imputável ao estabelecimento bancário, ao corretor e ao cliente, punível com multa de 50 (cinqüenta) a 300% (trezentos por cento) do valor da operação para cada um dos infratores, a declaração de falsa identidade no formulário que, em número de vias e segundo o modelo determinado pelo Banco Central do Brasil, será exigido em cada operação, assinado pelo cliente e visado pelo estabelecimento bancário e pelo corretor que nela intervierem.

§ 3º Constitui infração, de responsabilidade exclusiva do cliente, punível com multa de 5 (cinco) a 100% (cem por cento) do valor da operação, a declaração de informações falsas no formulário a que se refere o § 2º.

Art. 58. As infrações à presente Lei, ressalvadas as penalidades específicas constantes de seu texto, ficam sujeitas a multas de até R$ 100.000,00 (cem mil reais), a serem aplicadas pelo Banco Central do Brasil, na forma prescrita em regulamento a ser baixado pelo Conselho Monetário Nacional."

Art. 73. O art. 1º da Lei nº 8.392, de 30 de dezembro de 1991, passa a vigorar com a seguinte redação:

"Art. 1º É prorrogado até a data da promulgação da lei complementar de que trata o art. 192 da Constituição Federal o prazo a que se refere o art. 1º das Leis nº 8.056, de 28 de junho de 1990, nº 8.127, de 20 de dezembro de 1990 e nº 8.201, de 29 de junho de 1991, exceto no que se refere ao disposto nos arts. 4º, inciso I, 6º e 7º, todos da Lei nº 4.595, de 31 de dezembro de 1964."

Art. 74. Os arts. 4º e 19 da Lei nº 5.991, de 17 de dezembro de 1973, passam a vigorar com as seguintes alterações:
"Art. 4º ...
XVIII - Supermercado - estabelecimento que comercializa, mediante auto-serviço, grande variedade de mercadorias, em especial produtos alimentícios em geral e produtos de higiene e limpeza;
XIX - Armazém e empório - estabelecimento que comercializa, no atacado ou no varejo, grande variedade de mercadorias e, de modo especial, gêneros alimentícios e produtos de higiene e limpeza;
XX - Loja de conveniência e *drugstore* - estabelecimento que, mediante auto-serviço ou não, comercializa diversas mercadorias, com ênfase para aquelas de primeira necessidade, dentre as quais alimentos em geral, produtos de higiene e limpeza e apetrechos domésticos, podendo funcionar em qualquer período do dia e da noite, inclusive nos domingos e feriados;
...
Art. 19. Não dependerão de assistência técnica e responsabilidade
profissional o posto de medicamentos, a unidade volante e o supermercado, o armazém e o empório, a loja de conveniência e a *drugstore*."

Art. 75. O art. 4º da Lei nº 7.862, de 30 de outubro de 1989, passa a vigorar com a seguinte redação:
"Art. 4º Os resultados positivos do Banco Central do Brasil, apurados em seus balanços semestrais, serão recolhidos ao Tesouro Nacional, até o dia 10 do mês subseqüente ao da apuração.
§ 1º Os recursos a que se refere o caput deste artigo serão destinados à amortização da dívida pública do Tesouro Nacional, devendo ser amortizado, prioritariamente, o principal atualizado e os respectivos juros da Dívida Pública Mobiliária Federal interna de responsabilidade do Tesouro Nacional em poder do Banco Central do Brasil.
§ 2º Excepcionalmente, os resultados positivos do segundo semestre de 1994 serão transferidos mensalmente ao Tesouro Nacional, até o dia 10 do mês subseqüente ao da apuração.
§ 3º Os recursos transferidos ao Tesouro Nacional nos termos do parágrafo anterior serão utilizados, exclusivamente, para amortização do principal atualizado e dos respectivos encargos da Dívida Pública Mobiliária Federal interna de responsabilidade do Tesouro Nacional em poder do Banco Central do Brasil.
§ 4º O disposto no parágrafo anterior não se aplica ao resultado referente ao primeiro semestre de 1994."

Art. 76. O art. 17 da Lei nº 8.880, de 1994, passa a vigorar acrescido dos seguintes parágrafos renumerados os atuais §§ 2º e 3º para §§ 4º e 5º:
"Art. 17. ...
§ 1º ...
§ 2º Interrompida a apuração ou divulgação do IPC-r, caberá ao Ministro de Estado da Fazenda fixá-lo com base nos indicadores disponíveis, observada precedência em relação àqueles apurados por instituições oficiais de pesquisa.
§ 3º No caso do parágrafo anterior, o Ministro da Fazenda divulgará a metodologia adotada para a determinação do IPC-r.
..."

Art. 77. O § 2º do art. 36 da Lei nº 8.880, de 1994, passa a vigorar com a seguinte redação:
"Art. 36. ...
§ 2º A justificação a que se refere o caput deste artigo far-se-á perante a Secretaria de Acompanhamento Econômico do Ministério da Fazenda, que dará conhecimento total dos fatos e medidas adotadas à Secretaria de Direito Econômico do Ministério da Justiça."

Art. 78. Os arts. 7º, 11, 20, 23, 42, 47 e 54 da Lei nº 8.884, de 11 de junho de 1994, passam a vigorar com as seguintes alterações:
"Art. 7º ...
XIX - elaborar e aprovar seu regimento interno, dispondo sobre seu funcionamento, na forma das deliberações, normas de procedimento e organização de seus serviços internos, inclusive estabelecendo férias coletivas do Colegiado e do Procurador-Geral, durante o qual não correrão os prazos processuais nem aquele referido no § 6º do art. 54 desta Lei.
XXII - indicar o substituto eventual do Procurador-Geral nos casos de faltas, afastamento ou impedimento.
...
Art. 11. ...
§ 3º Nos casos de faltas, afastamento temporário ou impedimento do Procurador-Geral, o Plenário indicará e o Presidente do CADE nomeará o substituto eventual, para atuar por prazo não superior a 90 (noventa) dias, dispensada a aprovação pelo Senado Federal, fazendo ele jus à remuneração do cargo enquanto durar a substituição.
...
Art. 20. ...
§ 3º A posição dominante a que se refere o parágrafo anterior é presumida quando a empresa ou grupo de empresas controla 20% (vinte por cento) de mercado relevante, podendo este percentual ser alterado pelo CADE para setores específicos da economia.
...
Art. 23. ...
III - No caso das demais pessoas físicas ou jurídicas de direito público ou privado, bem como quaisquer associações de entidades ou pessoas constituídas de fato ou de direito, ainda que temporariamente, com ou sem personalidade jurídica, que não exerçam atividade empresarial, não sendo possível utilizar-se o critério do valor do faturamento bruto, a multa será de 6.000 (seis mil) a 6.000.000 (seis milhões) de Unidades Fiscais de Referência - UFIR, ou padrão superveniente.
...
Art. 42. Recebido o processo, o Presidente do CADE o distribuirá, mediante sorteio, ao Conselheiro-Relator, que abrirá vistas à Procuradoria para manifestar-se no prazo de vinte dias.
...
Art. 47. O CADE fiscalizará o cumprimento de suas decisões.
...
Art. 54. ...
§ 3º Incluem-se nos atos de que trata o caput aqueles que visem a qualquer forma de concentração econômica, seja através de fusão ou incorporação de empresas, constituição de sociedade para exercer o controle de empresas ou qualquer forma de agrupamento societário que implique participação de empresa ou grupo de empresas resultante em 20% (vinte por cento) de um mercado relevante, ou em que qualquer dos participantes tenha registrado faturamento bruto anual no último balanço equivalente a 100.000.000 (cem milhões) de UFIR, ou unidade de valor superveniente.
..."
Art. 79. Na aplicação do disposto no § 2º do art. 29 da Lei nº 8.880, de 1994, serão deduzidas as antecipações concedidas a qualquer título no período compreendido entre a conversão dos salários para URV e a data-base.
Parágrafo único. As disposições deste artigo aplicam-se imediatamente, independentemente de regulamentação.
Art. 80. Será aplicado ao salário dos trabalhadores em geral, quando a conversão de seus salários em URV tiver sido efetuada mediante a utilização de URV diversa daquela do efetivo pagamento, o maior dos valores resultantes da aplicação do disposto no art. 27, caput, e em seu § 3º, da Lei nº 8.880, de 1994.

Art. 81. Fica transferida para o Conselho de Recursos do Sistema Financeiro Nacional, criado pelo Decreto nº 91.152, de 15 de março de 1985, a competência do Conselho Monetário Nacional para julgar recursos contra decisões do Banco Central do Brasil, relativas à aplicação de penalidades por infrações à legislação cambial, de capitais estrangeiros e de crédito rural e industrial.
Parágrafo único. Para atendimento ao disposto no caput deste artigo, o Poder Executivo disporá sobre a organização, reorganização e funcionamento do Conselho de Recursos do Sistema Financeiro Nacional, podendo, inclusive, modificar sua composição.

Art. 82. Nas sociedades de economia mista em que a União é obrigada a deter o controle do capital votante, a União manterá um mínimo de 50%, mais uma ação, do referido capital, ficando revogados os dispositivos de leis especiais que estabeleçam participação superior a esse limite, aplicando-se, para fins de controle acionário, o disposto no art. 116 da Lei nº 6.404, de 15 de fevereiro de 1976.

Capítulo VIII - Das Disposições Finais

Art. 83. Observado o disposto no § 3º do art. 23 desta Lei, ficam revogadas as Leis nº 5.601, de 26 de agosto de 1970, e nº 8.646, de 7 de abril de 1993, o inciso III do art. 2º da Lei nº 8.021, de 12 de abril de 1990, o parágrafo único do artigo 10 da Lei nº 8.177, de 1º de março de 1991, acrescentado pelo art. 27 da Lei nº 8.178, de 1º de março de 1991, o art. 16 da Lei nº 8.178, de 1º de março de 1991, o § 5º do art. 2º da Lei nº 8.383, de 30 de dezembro de 1991, a alínea "a" do art. 24 da Lei nº 8.541, de 23 de dezembro de 1992, o art. 11 da Lei nº 8.631, de 4 de março de 1993, o § 1º do art. 65 da Lei nº 8.694, de 12 de agosto de 1993, o art. 11 da Lei nº 8.880, de 27 de maio de 1994, o art. 59 da Lei nº 8.884, de 11 de junho de 1994, e demais disposições em contrário.
Parágrafo único. Aplicam-se somente aos fatos geradores ocorridos até 31 de dezembro de 1994 os seguintes dispositivos:
I - art. 10, inciso III, da Lei nº 8.383, de 1991, com a redação dada pelo art. 58 desta Lei;
II - arts. 38, 48 a 51, 53, 55 a 57 desta Lei, este último no que diz respeito apenas às Contribuições para o Programa de Integração Social e para o Programa de Formação do Patrimônio do Servidor Público - PIS/PASEP.

Art. 84. Ficam convalidados os atos praticados com base nas Medidas Provisórias nº 542, de 30 de junho de 1994; nº 566, de 29 de julho de 1994; nº 596, de 26 de agosto de 1994; nº 635, de 27 de setembro de 1994; nº 681, de 27 de outubro de 1994; nº 731, de 25 de novembro de 1994; nº 785, de 23 de dezembro de 1994; nº 851, de 20 de janeiro de 1995; nº 911, de 21 de fevereiro de 1995; nº 953, de 23 de março de 1995; nº 978, de 20 de abril de 1995; nº 1004, de 19 de maio de 1995; e nº 1027, de 20 de junho de 1995.

Art. 85. Esta Lei entra em vigor na data de sua publicação.

Brasília, 29 de junho de 1995; 174º da Independência e 107º da República.

12.7. Lei nº 9.138, de 29 de novembro de 1995

Dispõe sobre o crédito rural, e dá outras providências.

PRESIDENTE DA REPÚBLICA
Faço saber que o Congresso Nacional decreta e eu sanciono a seguinte Lei:

Art. 1º É autorizada, para o crédito rural, a equalização de encargos financeiros, observado o disposto na Lei nº 8.427, de 27 de maio de 1992.

§ 1º Compreende-se na equalização de encargos financeiros de que trata o *caput* deste artigo o abatimento no valor das prestações com vencimento em 1995, de acordo com os limites e condições estabelecidos pelo Conselho Monetário Nacional.

§ 2º O Poder Executivo e o Poder Legislativo providenciarão a alocação de recursos e a suplementação orçamentária necessárias à subvenção econômica de que trata este artigo.

Art. 2º Para as operações de crédito rural contratadas a partir da publicação desta Lei e até 31 de julho de 1996, não se aplica o disposto no § 2º do art. 16 da Lei nº 8.880, de 27 de maio de 1994.

Art. 3º O disposto no art. 31 da Lei nº 8.931, de 22 de setembro de 1994, não se aplica aos empréstimos e financiamentos, destinados ao crédito rural, com recursos das Operações Oficiais de Crédito (OOC) sob supervisão do Ministério da Fazenda.

Art. 4º É facultado às instituições financeiras conceder financiamento rural sob a modalidade de crédito rotativo, com limite de crédito fixado com base em orçamento simplificado, considerando-se líquido e certo o saldo devedor apresentado no extrato ou demonstrativo da conta vinculada à operação.

Parágrafo único. Os financiamentos de que trata este artigo poderão ser formalizados através da emissão de cédula de crédito rural, disciplinada pelo Decreto-lei nº 167, de 14 de fevereiro de 1967.

Art. 5º São as instituições e os agentes financeiros do Sistema Nacional de Crédito Rural, instituído pela Lei nº 4.829, de 5 de novembro de 1965, autorizados a proceder ao alongamento de dívidas originárias de crédito rural, contraídas por produtores rurais, suas associações, cooperativas e condomínios, inclusive as já renegociadas, relativas às seguintes operações, realizadas até 20 de junho de 1995:

I - de crédito rural de custeio, investimento ou comercialização, excetuados os empréstimos do Governo Federal com opção de venda (EGF/COV);

II - realizadas ao amparo da Lei nº 7.827, de 27 de setembro de 1989 - Fundos Constitucionais de Financiamento do Norte, do Nordeste e do Centro-Oeste (FNO, FNE e FCO);

III - realizadas com recursos do Fundo de Amparo ao Trabalhador (FAT) e de outros recursos operadas pelo Banco Nacional de Desenvolvimento Econômico e Social (BNDES);

IV - realizadas ao amparo do Fundo de Defesa da Economia Cafeeira (FUNCAFÉ).

§ 1º O Conselho Monetário Nacional poderá autorizar a inclusão de operações de outras fontes.

§ 2º Nas operações de alongamento referidas no caput, o saldo devedor será apurado segundo as normas fixadas pelo Conselho Monetário Nacional.

§ 3º Serão objeto do alongamento a que se refere o caput as operações contratadas por produtores rurais, suas associações, condomínios e cooperativas de produtores rurais, inclusive as de crédito rural, comprovadamente destinadas à condução de atividades produtivas, lastreadas com recursos de qualquer fonte, observado como limite máximo, para cada emitente do instrumento de crédito identificado pelo respectivo Cadastro de Pessoa Física - CPF ou Cadastro Geral do Contribuinte - CGC, o valor de R$ 200.000,00 (duzentos mil reais), observado, no caso de associações, condomínios e cooperativas, o seguinte:

I - as operações que tenham "cédulas-filhas" serão enquadradas na regra geral;

II - as operações originárias de crédito rural sem identificação do tomador final serão enquadrados observando-se, para cada associação ou cooperativa, valor obtido pela multiplicação do valor médio refinanciável de R$ 25.000,00 (vinte e cinco mil reais) pelo número de associados ativos da respectiva unidade;

III - nos condomínios e parcerias entre produtores rurais, adotar-se-á um limite máximo de R$ 200.000,00 (duzentos mil reais) para cada participante, excetuando-se cônjuges, identificado pelo respectivo CPF ou CGC.

§ 4º As operações desclassificadas do crédito rural serão incluídas nos procedimentos previstos neste artigo, desde que a desclassificação não tenha decorrido de desvio de crédito ou outra ação dolosa do devedor.

§ 5º Os saldos devedores apurados, que se enquadrem no limite de alongamento previsto no § 3º, terão seus vencimentos alongados pelo prazo mínimo de sete anos, observadas as seguintes condições:
I - prestações anuais, iguais e sucessivas, vencendo a primeira em 31 de outubro de 1997;
II - taxa de juros de três por cento ao ano, com capitalização anual;
III - independentemente da atividade agropecuária desenvolvida pelo mutuário, os contratos terão cláusula de equivalência em produto, ficando a critério do mesmo a escolha de um dos produtos, a serem definidos pelo Conselho Monetário Nacional, cujos preços de referência constituirão a base de cálculo dessa equivalência;
IV - a critério do mutuário, o pagamento do débito poderá ser feito em moeda corrente ou em equivalentes unidades de produto agropecuário, consoante a opção referida no inciso anterior, mediante depósito da mercadoria em unidade de armazenamento credenciada pelo Governo Federal;
V - a critério das partes, caso o mutuário comprove dificuldade de pagamento de seu débito nas condições acima indicadas, o prazo de vencimento da operação poderá ser estendido até o máximo de dez anos, passando a primeira prestação a vencer em 31 de outubro de 1998;
VI - caberá ao mutuário oferecer as garantias usuais das operações de crédito rural, sendo vedada a exigência, pelo agente financeiro, de apresentação de garantias adicionais, liberando-se aquelas que excederem os valores regulamentares do crédito rural;
VII - a data de enquadramento da operação nas condições estabelecidas neste parágrafo será aquela da publicação desta Lei.
§ 6º Os saldos devedores apurados, que não se enquadrem no limite de alongamento estabelecido no § 3º, terão alongada a parcela compreendida naquele limite segundo as condições estabelecidas no § 5º, enquanto a parcela excedente será objeto de renegociação entre as partes, segundo as normas fixadas pelo Conselho Monetário Nacional.
§ 7º Não serão abrangidos nas operações de alongamento de que trata este artigo os valores deferidos em processos de cobertura pelo Programa de Garantia da Atividade Agropecuária - PROAGRO.
§ 8º A critério do mutuário, o saldo devedor a ser alongado poderá ser acrescido da parcela da dívida, escriturada em conta especial, referente ao diferencial de índices adotados pelo plano de estabilização econômica editado em março de 1990, independentemente do limite referido no § 3º, estendendo-se o prazo de pagamento referido no § 5º em um ano.
§ 9º O montante das dívidas mencionadas no caput, passíveis do alongamento previsto no § 5º, é de R$ 7.000.000.000,00 (sete bilhões de reais).
§ 10. As operações de alongamento de que trata este artigo poderão ser formalizadas através da emissão de cédula de crédito rural, disciplinada pelo Decreto-lei nº 167, de 14 de fevereiro de 1967.
§ 11. O agente financeiro apresentará ao mutuário extrato consolidado de sua conta gráfica, com a respectiva memória de cálculo, de forma a demonstrar discriminadamente os parâmetros utilizados para a apuração do saldo devedor.

Art. 6º É o Tesouro Nacional autorizado a emitir títulos até o montante de R$ 7.000.000.000,00, (sete bilhões de reais) para garantir as operações de alongamento dos saldos consolidados de dívidas de que trata o art. 5º.
§ 1º A critério do Poder Executivo, os títulos referidos no caput poderão ser emitidos para garantir o valor total das operações nele referidas ou, alternativamente, para garantir o valor da equalização decorrente do alongamento.
§ 2º O Poder Executivo, por iniciativa do Ministério da Fazenda, fundamentará solicitação ao Senado Federal de aumento dos limites referidos nos incisos VI, VII e VIII do art. 52 da Constituição Federal.

Art. 7º Os contratos de repasse do Fundo de Defesa da Economia Cafeeira (FUNCAFÉ), dos Fundos Constitucionais de Financiamento do Norte, do Nordeste e do Centro-Oeste (FNO, FNE e FCO), do Fundo de Amparo ao Trabalhador (FAT), do Fundo de Participação PIS/PASEP e de outros fundos ou instituições oficiais federais, quando lastrearem dívidas de financiamentos rurais objeto do alongamento de que trata o art. 5º, terão seus prazos de retorno e encargos financeiros devidamente ajustados às respectivas operações de alongamento, correndo o custo da equalização à conta do respectivo fundo.

Art. 8º Na formalização de operações de crédito rural e nas operações de alongamento celebradas nos termos desta Lei, as partes poderão pactuar, na forma definida pelo Conselho Monetário Nacional, encargos financeiros substitutivos para incidirem a partir do vencimento ordinário ou extraordinário, e até a liquidação do empréstimo ou financiamento, inclusive no caso de dívidas ajuizadas, qualquer que seja o instrumento de crédito utilizado.

Parágrafo único. Em caso de prorrogação do vencimento da operação, ajustada de comum acordo pelas partes ou nas hipóteses previstas na legislação de crédito rural, inclusive aquelas mencionadas no Decreto-lei nº 167, de 14 de fevereiro de 1967, e no art. 4º, parágrafo único da Lei nº 7.843, de 18 de outubro de 1989, os encargos financeiros serão os mesmos pactuados para a situação de normalidade do financiamento.

Art. 9º É a Companhia Nacional de Abastecimento - CONAB autorizada a contratar operação de crédito com o Banco do Brasil S.A. no valor correspondente aos Empréstimos do Governo Federal (EGF), vencidos até 31 de dezembro de 1994.

Art. 10. O Conselho Monetário Nacional deliberará a respeito das características financeiras dos títulos do Tesouro Nacional a serem emitidos na forma do art. 6º e disporá sobre as demais normas, condições e procedimentos a serem observados na formalização das operações de alongamento referidas nesta Lei.

Art. 11. São convalidados os atos praticados com base na Medida Provisória nº 1.131, de 26 de setembro de 1995.

Art. 12. Esta Lei entra em vigor na data de sua publicação.

Art. 13. Revogam-se as disposições em contrário.

Brasília, 29 de novembro de 1995; 174º da Independência e 107º da República.

12.8. Lei nº 9.866, de 9 de novembro de 1999

Dispõe sobre o alongamento de dívidas originárias de crédito rural, de que trata a Lei no 9.138, de 29 de novembro de 1995, e de dívidas para com o Fundo de Defesa da Economia Cafeeira - Funcafé, instituído pelo Decreto-Lei no 2.295, de 21 de novembro de 1986, que foram reescalonadas no exercício de 1997, das operações de custeio e colheita da safra 1997/1998, à luz de resolução do Conselho Monetário Nacional, e dá outras providências.

O PRESIDENTE DA REPÚBLICA
Faço saber que o Congresso Nacional decreta e eu sanciono a seguinte Lei:

Art. 1º Os incisos I e V do § 5o do art. 5o da Lei no 9.138, de 29 de novembro de 1995, passam a vigorar com a seguinte redação:
"Art.5º ...
§ 5º ...
I - prestações anuais, iguais e sucessivas, vencendo a primeira em 31 de outubro de 1997, admitidos ajustes no cronograma de retorno das operações alongadas e adoção de bônus de adimplência nas prestações, conforme o estabelecido nesta Lei e a devida regulamentação do Conselho Monetário Nacional; (NR) ...

V - a critério das partes, caso o mutuário comprove dificuldade de pagamento de seu débito nas condições supra indicadas, o prazo de vencimento da operação poderá ser estendido até o máximo de dez anos, passando a primeira prestação a vencer em 31 de outubro de 1998, sujeitando-se, ainda, ao disposto na parte final do inciso I deste parágrafo, autorizados os seguintes critérios e condições de renegociação: (NR)

a) prorrogação das parcelas vincendas nos exercícios de 1999 e 2000, para as operações de responsabilidade de um mesmo mutuário, cujo montante dos saldos devedores seja, em 31 de julho de 1999, inferior a quinze mil reais;

b) nos casos em que as prestações de um mesmo mutuário totalizem saldo devedor superior a quinze mil reais, pagamento de dez por cento e quinze por cento, respectivamente, das prestações venciveis nos exercícios de 1999 e 2000, e prorrogação do restante para o primeiro e segundo ano subsequente ao do vencimento da última parcela anteriormente ajustada;

c) o pagamento referente à prestação vencível em 31 de outubro de 1999 fica prorrogado para 31 de dezembro do mesmo ano, mantendo-se os encargos de normalidade;

d) o bônus de adimplência a que se refere o inciso I deste parágrafo, será aplicado sobre cada prestação paga até a data do respectivo vencimento e será equivalente ao desconto de:

1) trinta por cento, se a parcela da dívida for igual ou inferior a cinqüenta mil reais;

2) trinta por cento até o valor de cinqüenta mil reais e quinze por cento sobre o valor excedente a cinqüenta mil reais, se a parcela da dívida for superior a esta mesma importância;
... "

Art. 2º O art. 5º da Lei no 9.138, de 1995, passa a vigorar acrescido dos seguintes parágrafos:

"§ 6º-A. Na renegociação da parcela a que se refere o § 6o, o Tesouro Nacional efetuará, mediante declaração de responsabilidade dos valores atestados pelas instituições financeiras, o pagamento relativo ao rebate de até dois pontos percentuais ao ano sobre a taxa de juros, aplicado a partir de 24 de agosto de 1999, para que não incidam taxas de juros superiores aos novos patamares estabelecidos pelo Conselho Monetário Nacional para essa renegociação, não podendo da aplicação do rebate resultar taxa de juros inferior a seis por cento ao ano, inclusive nos casos já renegociados, cabendo a prática de taxas inferiores sem o citado rebate.

§ 6º-B. As dívidas originárias de crédito rural que tenham sido contratadas entre 20 de junho de 1995 e 31 de dezembro de 1997 e contenham índice de atualização monetária, bem como aquelas enquadráveis no Programa de Revitalização de Cooperativas de Produção Agropecuária - Recoop, poderão ser renegociadas segundo o que estabelecem os §§ 6º-A e 6º-C deste artigo.

§ 6º-C. As instituições integrantes do Sistema Nacional de Crédito Rural - SNCR, na renegociação da parcela a que se referem os §§ 6º, 6º-A e 6º-B, a seu exclusivo critério, sem ônus para o Tesouro Nacional, não podendo os valores correspondentes integrar a declaração de responsabilidade a que alude o § 6º-A, ficam autorizadas:

I - a financiar a aquisição dos títulos do Tesouro Nacional, com valor de face equivalente ao da dívida a ser financiada, os quais devem ser entregues ao credor em garantia do principal;

II - a conceder rebate do qual resulte taxa de juros inferior a seis por cento ao ano.

§ 6º-D. Dentro dos seus procedimentos bancários, os agentes financeiros devem adotar as providências necessárias à continuidade da assistência creditícia a mutuários contemplados com o alongamento de que trata esta Lei, quando imprescindível ao desenvolvimento de suas explorações.

§ 6º-E. Ficam excluídos dos benefícios constantes dos parágrafos 5º, 6º-A, 6º-B, 6º-C e 6º-D os mutuários que tenham comprovadamente cometido desvio de finalidade de crédito."

Art. 3º A Lei no 9.138, de 1995, passa a vigorar acrescida do seguinte artigo:

"Art. 8º-A. Fica o gestor do Fundo de Defesa da Economia Cafeeira - Funcafé, instituído pelo Decreto-Lei no 2.295, de 21 de novembro de 1986, autorizado a promover ajuste contratual junto ao agente financeiro, com base nas informações dele recebidas, a fim de adequar os valores e prazos de reembolso, ao Fundo, das operações de consolidação e reescalonamento de dívidas de cafeicultores e suas cooperativas, realizadas no exercício de 1997, e ainda, das operações de custeio e colheita da safra 1997/1998, à luz de resolução do Conselho Monetário Nacional.

Parágrafo único. A adequação de valores e prazos de reembolso de que trata o *caput* será efetuada nas mesmas condições que forem estabelecidas segundo o que determina o inciso I do § 5º do art. 5o desta Lei."

Art. 4º Fica o Poder Executivo autorizado a conceder subvenção a produtores rurais nas operações de renegociação de que trata o § 6º-A do art. 5º da Lei nº 9.138, de 1995.

Parágrafo único. Cabe ao Banco Central do Brasil acompanhar e fiscalizar as operações renegociadas, beneficiárias de subvenção nos termos do *caput*.

Art. 5º Esta Lei entra em vigor na data de sua publicação.

Brasília, 9 de novembro de 1999; 178º da Independência e 111º da República.

FERNANDO HENRIQUE CARDOSO
Pedro Malan
Marcus Vinicius Pratini de Moraes
Martus Tavares

12.9. Decreto-lei nº 79, de 19 de dezembro de 1966

Institui normas para a fixação de preços mínimos e execução das operações de financiamento e aquisição de produtos agropecuários e adota outras providências.

O Presidente da República, no uso das atribuições que lhe são conferidas pelo art. 9º, § 1º do Ato Institucional nº 4, de 07 de dezembro de 1966, resolve baixar o seguinte Decreto-lei:

Art. 1º A União garantirá os preços dos produtos das atividades agrícola, pecuária ou extrativa, que forem fixados de acordo com este Decreto-lei.

Art. 2º A garantia de preços instituída no presente Decreto-lei é estabelecida exclusivamente em favor dos produtores ou de suas cooperativas.

§ 1º Essa garantia, entretanto, poderá estender-se aos beneficiadores que assumirem a obrigatoriedade de colocar à disposição dos produtores e suas cooperativas - com garantia a estes de plena liberdade de colocação dos produtos e subprodutos resultantes - no mínimo, 5% (cinco por cento) de sua capacidade de armazenamento e beneficiamento, no prazo de financiamento que for outorgada a estes.

§ 2º Em caráter excepcional - quando circunstâncias especiais de mercados justificarem, a critério da Comissão de Coordenação Executiva do Abastecimento - poderão as operações de financiamento ser estendidas, igualmente, aos comerciantes.

§ 3º Em ambos os casos previstos nos parágrafos anteriores será indispensável a Comprovação de pagamento, aos produtores, de no mínimo o valor dos preços fixados de acordo com este Decreto-lei.

Art. 3º A Comissão de Coordenação executiva do Abastecimento regulamentará antes de cada safra as condições estipuladas no § 2º, do art. 2º deste Decreto-lei.

Art. 4º A União efetivará a garantia de preços através das seguintes medidas:
a) comprando os produtos, pelo preço mínimo fixado;
b) concedendo financiamento, com opção de venda, ou sem ele, inclusive para beneficiamento, acondicionamento e transporte dos produtos.

Art. 5º Os preços básicos serão fixados por Decreto do Poder Executivo, levando em conta os diversos fatores que influam nas cotações dos mercados interno e externo e os custos de transporte até os centros de consumo e portos de escoamento.

§ 1º A publicação dos decretos antecederá, no mínimo de 60 (sessenta) dias o início das épocas de plantio e, de 30 (trinta) dias, o início da produção pecuária ou extrativa mais abundantes nas diversas regiões, consoante as indicações dos órgãos competentes.

§ 2º Os decretos poderão, também, estabelecer, quanto a determinados produtos, que as garantias previstas neste Decreto-lei perdurarão por mais de um ano ou safra, quando isso interessar a estabilidade da agricultura e a normalidade de abastecimento.

Art. 6º Os ágios e deságios, decorrentes da classificação dos produtos, as deduções relativas a comissões, a insuficiência ou falta de acondicionamento dos mesmos, e financiamento de produtos ainda não classificados que determinem encargos para o Tesouro Nacional serão fixados pela Comissão de Financiamento da Produção por determinação da Comissão de Coordenação Executiva do Abastecimento.

Art. 7º Os órgãos que, na forma do art. 13, forem incumbidos de efetuar as compras e os financiamentos, são obrigados a fazer, nas zonas produtoras em que operarem, ampla divulgação dos preços mínimos locais.

Art. 8º O financiamento desses produtos, será no máximo em importância igual a de quantia que seria paga pela compra e pelo prazo que for necessário para o reequilíbrio do mercado, ouvida a Comissão de Coordenação Executiva do Abastecimento.

Art. 9º A Comissão de Financiamento da Produção (CFP), Autarquia Federal, órgão incumbido de dar execução a este Decreto-lei, fica sob a jurisdição da superintendência Nacional do Abastecimento (SUNAB).

§ 1º A CFP terá um Diretor Executivo que será nomeado pelo Poder Executivo, mediante indicação do superintendente da SUNAB.

§ 2º A CFP terá a organização que for adotada em regulamento a ser expedido pelo Poder Executivo.

Art. 10. Compete ao Diretor Executivo da CFP além de outras atribuições que forem discriminadas no Regulamento, apreciar os projetos sobre fixação de preços mínimos a serem garantidos e encaminhá-los à apreciação do superintendente da SUNAB, dar parecer sobre o relatório anual, balanço e contas, e encaminhá-los ao Tribunal de Contas da União, representar a CFP em juízo e fora dele, movimentar os recursos destinados à execução deste Decreto-lei, dar parecer sobre o relatório anual elaborado pelos diferentes setores técnicos da Autarquia, aprovar acordos, contratos e convênios, baixar normas e instruções necessárias ao cumprimento das determinações da Comissão de Coordenação Executiva do Abastecimento inclusive quanto às condições de acondicionamento, armazenagem, beneficiamento, transporte e conservação dos produtos cujo preço for garantido, e financiamento de produtos ainda não classificados, delegar atribuições, que à posse a diretores e chefes de serviço da Comissão de Financiamento da Produção (CFP) e praticar outros atos, conforme determinar o Regulamento e resolver os casos omissos.

Art. 11. Os órgãos do Poder Público, sociedades de economia mista, associações de classes e entidades particulares ficam obrigadas a prestar, com a máxima urgência, as informações que a CFP lhes solicitar para o desempenho de suas atribuições.

Art. 12. O Ministério da Agricultura e quaisquer outros órgãos oficiais, por intermédio de seus serviços especializados, prestarão à CFP, a colaboração necessária à boa execução deste Decreto-lei.

Parágrafo único. No desempenho de suas atribuições, a CFP poderá também valer-se dos serviços das repartições consulares e diplomáticas brasileiras no exterior.

Art. 13. As compras e financiamentos previstos neste Decreto-lei, serão realizadas diretamente pela CFP ou mediante contratos, acordos ou convênios com o Banco Central da República do Brasil, com o Banco do Brasil S. A., Banco Nacional de Crédito Cooperativo, Bancos Oficiais Federais, Bancos Oficiais Regionais, Bancos Oficiais dos Estados da Federação, entidades bancárias privadas, entidades públicas ou autárquicas, companhias jurisdicionadas pela SUNAB, estabelecimentos privados de comprovada idoneidade e sociedades cooperativas.

Art. 14. Na execução deste Decreto-lei, a CFP agirá de acordo com as diretrizes gerais traçadas pela SUNAB, em coordenação com os órgãos de controle de intercâmbio com o exterior e com outros órgãos públicos que, direta ou indiretamente, estejam encarregados do abastecimento interno do País.

Art. 15. Os produtos adquiridos pela CFP, em cumprimento a este Decreto-lei, terão a seguinte destinação:
a) formação dos estoques de reserva;
b) venda e exportação direta ou através das companhias jurisdicionadas pela SUNAB, de órgãos públicos de abastecimento ou de entidades privadas de comprovada idoneidade.
Parágrafo único. A venda de tais produtos será efetuada a critério da Comissão de Coordenação Executiva do abastecimento.

Art. 16. A CFP contará com os seguintes recursos destinados à execução deste Decreto-lei:
a) disponibilidade remanescente de dotação atribuída à CFP e seus acervo atual;
b) saldo das operações de compra, venda e financiamento;
c) dotação a ser consignada no Orçamento da União, não inferior a Cr$ 5.000.000.000 (cinco bilhões de cruzeiros) por ano, durante 4 anos;
d) contribuições a serem consignadas no Orçamento da União para a sua manutenção;
e) operação de crédito com autarquias e entidades públicas ou privadas, garantidas pelo Tesouro Nacional;
f) operações de crédito no exterior devidamente garantidas pelo Banco Central da República do Brasil ou dotações especiais de fundos internacionais que venham a ser recebidos a título de ajuda internacional;
g) recursos provenientes da aplicação das taxas previstas no art. 18 deste Decreto-lei;
h) eventuais.

Art. 17. O Tesouro Nacional garantirá à CFP, através de adiantamento pelo Banco Central da República do Brasil, os recursos necessários à execução deste Decreto-lei a serem consignados anualmente ao Orçamento Monetário definido pelo Conselho Monetário Nacional.

Art. 18. Para fazer face às despesas administrativas, fica a CFP autorizada a fazer incidir sobre as operações da venda ou exportação dos produtos adquiridos em conformidade com este Decreto-lei, a taxa de 1,25% sobre o valor dessas operações.

Art. 19. Os servidores públicos, inclusive das autarquias, bem como os de sociedade de economia mista poderão, mediante autorização do Poder Executivo servir à CFP sem prejuízo de vencimentos, direitos e vantagens.
Parágrafo único. A CFP poderá contratar, na forma da Lei nº 3.780, de 12 de julho de 1960, pessoal técnico especializado.

Art. 20. O Poder Executivo regulamentará este Decreto-lei no prazo de 60 (sessenta) dias de sua publicação.

Art. 21. Este Decreto-lei não prejudica a continuidade dos serviços, o cumprimento dos contratos e a execução das operações em curso, especialmente os relativos à garantia de preços mínimos e financiamento para a próxima safra.

Art. 22. Este Decreto-lei entrará em vigor na data de sua publicação, revogadas a Lei nº 1.056, de 19 de dezembro de 1951 e a Lei Delegada nº 2, de 26 de setembro de 1962, e demais disposições em contrário.

Redação deste artigo de acordo com o Decreto-lei nº 124, de 31 de janeiro de 1967 (D. O. 01.02.1967).

Brasília, 19 de dezembro de 1966; 145º da Independência e 78º da República.

H. CASTELLO BRANCO
Severo Fagundes Gomes
Roberto Campos
Octávio Bulhões

12.10. Decreto-Lei nº 167, de 14 de fevereiro de 1967

Dispõe sobre títulos de créditos rural e dá outras providências.

O Presidente da República, usando da atribuição que lhe confere o § 2º do art. 9º do Ato Institucional nº 4, de 07 de dezembro de 1966, decreta:

Capítulo I - Do Financiamento Rural

Art. 1º O financiamento rural concedido pelos órgãos integrantes do sistema nacional de crédito rural a pessoa física ou jurídica poderá efetuar-se por meio das cédulas de crédito rural previstas neste Decreto-lei.
Parágrafo único. Faculta-se a utilização das cédulas para os financiamentos da mesma natureza concedidos pelas cooperativas rurais a seus associados ou às suas filiadas.

Art. 2º O emitente da cédula fica obrigado a aplicar o financiamento nos fins ajustados, devendo comprovar essa aplicação no prazo e na forma exigidos pela instituição financiadora.
Parágrafo único. Nos casos de pluralidade de emitentes e não constando da cédula qualquer designação em contrário, a utilização do crédito poderá ser feita por qualquer um dos financiados, sob a responsabilidade solidária dos demais.

Art. 3º A aplicação do financiamento poderá ajustar-se em orçamento assinado pelo financiado e autenticado pelo financiador, dele devendo constar expressamente qualquer alteração que convencionarem.
Parágrafo único. Na hipótese, far-se-á, na cédula, menção do orçamento, que a ela ficará vinculado.

Art. 4º Quando for concedido financiamento para utilização parcelada, o financiador abrirá com o valor do financiamento conta vinculada à operação, que o financiado movimentará por meio de cheques, saques, recibos, ordens, cartas ou quaisquer outros documentos, na forma e tempo previstos na cédula ou no orçamento.

Art. 5º As importâncias fornecidas pelo financiador vencerão juros às taxas que o Conselho Monetário Nacional fixar e serão exigíveis em 30 de junho e 31 de dezembro ou no vencimento das prestações, se assim acordado entre as partes; no vencimento do título e na liquidação, ou por outra forma que vier a ser determinada por aquele Conselho, podendo o financiador, nas datas previstas, capitalizar tais encargos na conta vinculada à operação.
Parágrafo único. Em caso de mora, a taxa de juros constante da cédula será elevável de 1% (um por cento) ao ano.

Art. 6º O financiado facultará ao financiador a mais ampla fiscalização da aplicação da quantia financiada, exibindo, inclusive, os elementos que lhe forem exigidos.

Art. 7º O credor poderá, sempre que julgar conveniente e por pessoas de sua indicação, não só percorrer todas e quaisquer dependências dos imóveis referidos no título, como verificar o andamento dos serviços neles existentes.

Art. 8º Para ocorrer às despesas com os serviços de fiscalização, poderá ser ajustada na cédula taxa de comissão de fiscalização exigível na forma do disposto no art. 5º, a qual será calculada sobre os saldos devedores da conta vinculada à operação, respondendo ainda o financiado pelo pagamento de quaisquer despesas que se verificarem com vistorias frustradas ou que forem efetuadas em conseqüência de procedimento seu que possa prejudicar as condições legais e cedulares.

Capítulo II
Seção I - Das Cédulas de Crédito Rural

Art. 9º A cédula de crédito rural é promessa de pagamento em dinheiro, sem ou com garantia cedularmente constituída, sob as seguintes denominações e modalidades:
I - Cédula Rural Pignoratícia;
II - Cédula Rural Hipotecária;
III - Cédula Rural Pignoratícia e Hipotecária;
IV - Nota de Crédito Rural.

Art. 10. A cédula de crédito rural é título civil, líquido e certo, exigível pela soma dela constante ou do endosso, além dos juros, da comissão de fiscalização, se houver, e demais despesas que o credor fizer para segurança, regularidade e realização de seu direito creditório.

§ 1º Se o emitente houver deixado de levantar qualquer parcela do crédito referido ou tiver feito pagamentos parciais, o credor descontá-los-á da soma declarada na Cédula, tornando-se exigível apenas o saldo.

§ 2º Não constando do endosso o valor pelo qual se transfere a cédula, prevalecerá o da soma declarada no título acrescido dos acessórios, na forma deste artigo, deduzido o valor das quitações parciais passadas no próprio título.

Art. 11. Importa vencimento da cédula de crédito rural, independentemente de aviso ou interpelação judicial ou extrajudicial, a inadimplência de qualquer obrigação convencional ou legal do emitente do título ou, sendo o caso, do terceiro prestante da garantia real.

Parágrafo único. Verificado o inadimplemento, poderá ainda o credor considerar vencidos antecipadamente todos os financiamentos rurais concedidos ao emitente e dos quais seja credor.

Art. 12. A cédula de crédito rural poderá ser aditada, ratificada e retificada por meio de menções adicionais e de aditivos, datados e assinados pelo emitente e pelo credor.

Parágrafo único. Se não bastar o espaço existente, continuar-se-á em folha do mesmo formato, que fará parte integrante do documento cedular.

Art. 13. A cédula de crédito rural admite amortizações periódicas e prorrogações de vencimento que serão ajustadas mediante a inclusão de cláusula, na forma prevista neste Decreto-lei.

Seção II - Da Cédula Rural Pignoratícia

Art. 14. A cédula rural pignoratícia conterá os seguintes requisitos, lançados no contexto:
I - denominação "Cédula Rural Pignoratícia";
II - data e condições de pagamento, havendo prestações periódicas ou prorrogações de vencimento, acrescentar: "nos termos da cláusula Forma de Pagamento abaixo" ou "nos termos da cláusula Ajuste de Prorrogação abaixo";
III - nome do credor e a cláusula à ordem;
IV - valor do crédito deferido, lançado em algarismos e por extenso, com indicação da finalidade ruralista a que se destina o financiamento concedido e a forma de sua utilização;

V - descrição dos bens vinculados em penhor, que se indicarão pela espécie, qualidade, quantidade, marca ou período de produção, se for o caso, além do local ou depósito em que os mesmos bens se encontrarem;

VI - taxa dos juros a pagar, e da comissão de fiscalização, se houver, e o tempo de seu pagamento;

VII - praça do pagamento;

VIII - data e lugar da emissão;

IX - assinatura do próprio punho do emitente ou de representante com poderes especiais.

§ 1º As cláusulas "Forma de Pagamento" ou "Ajuste de Prorrogação", quando cabíveis, serão incluídas logo após a descrisão da garantia, estabelecendo-se, na primeira, os valores das prestações e, na segunda, as prorrogações previstas e as condições a que está sujeita sua efetivação.

§ 2º A descrição dos bens vinculados à garantia poderá ser feita em documento à parte, em duas vias, assinadas pelo emitente e autenticadas pelo credor, fazendo-se, na cédula, menção a essa circunstância, logo após a indicação do grau do penhor e de seu valor global.

Art. 15. Podem ser objeto do penhor cedular, nas condições deste Decreto-lei, os bens suscetíveis de penhor rural e de penhor mercantil.

Art. 16. *(Revogado pelo Decreto-lei nº 784, de 25-8-1969)*

Art. 17. Os bens apenhados continuam na posse imediata do emitente ou do terceiro prestante da garantia real, que responde por sua guarda e conservação como fiel depositário, seja pessoa física ou jurídica. Cuidando-se do penhor constituído por terceiro, o emitente da cédula responderá solidariamente com o empenhador pela guarda e conservação dos bens apenhados.

Art. 18. Antes da liquidação da cédula, não poderão os bens apenhados ser removidos das propriedades nela mencionadas, sob qualquer pretexto e para onde quer que seja, sem prévio consentimento escrito do credor.

Art. 19. Aplicam-se ao penhor constituído pela cédula rural pignoratícia as disposições dos Decretos-leis 1.271, de 16 de maio de 1939, 1.625, de 23 de setembro de 1939, e 4.312, de 20 de maio de 1942, e das Leis nºs 492, de 30 de agosto de 1937, 2.666, de 6 de dezembro de 1955, e 2.931, de 27 de outubro de 1956, bem como os preceitos legais relativos a penhor rural e mercantil no que não colidirem com o presente Decreto-lei.

Seção III - Da Cédula Rural Hipotecária

Art. 20. A cédula rural hipotecária conterá os seguintes requisitos, lançados no contexto:

I - denominação "Cédula Rural Hipotecária";

II - data e condições de pagamento; havendo prestações periódicas ou prorrogações de vencimento, acrescentar: "nos termos da cláusula Forma de Pagamento abaixo" ou "nos termos da cláusula Ajuste de Prorrogação abaixo";

III - nome do credor e a cláusula à ordem;

IV - valor do crédito deferido, lançado em algarismos e por extenso, com indicação da finalidade a que se destina o financiamento concedido e a forma de sua utilização;

V - descrição do imóvel hipotecado com indicação do nome, se houver, dimensões, confrontações, benfeitorias, título e data de aquisição e anotações (número, livro e folha) do registro imobiliário;

VI - taxa dos juros a pagar e a da comissão de fiscalização, se houver, e tempo de seu pagamento;

VII - praça do pagamento;

VIII - data e lugar da emissão;

IX - assinatura do próprio punho do emitente ou de representante com poderes especiais.

§ 1º Aplicam-se a este artigo as disposições dos §§ 1º e 2º do art. 14 deste Decreto-lei.

§ 2º Se a descrição do imóvel hipotecado se processar em documentos à parte, deverão constar também da cédula todas as indicações mencionadas no item V deste artigo, exceto confrontações e benfeitorias.

§ 3º A especificação dos imóveis hipotecados, pela descrição pormenorizada, poderá ser substituída pela anexação à cédula de seus respectivos títulos de propriedade.

§ 4º Nos casos do parágrafo anterior, deverão constar da cédula, além das indicações referidas no § 2º deste artigo, menção expressa à anexação dos títulos de propriedade e a declaração de que eles farão parte integrante da cédula até sua final liquidação.

Art. 21. São abrangidos pela hipoteca constituída as construções, respectivos terrenos, maquinismos, instalações e benfeitorias.

Parágrafo único. Pratica crime de estelionato e fica sujeito às penas do art. 171 do Código Penal aquele que fizer declarações falsas ou inexatas acerca da área dos imóveis hipotecados, de suas características, instalações e acessórios, da pacificidade de sua posse, ou omitir, na cédula, a declaração de já estarem eles sujeitos a outros ônus ou responsabilidade de qualquer espécie, inclusive fiscais.

Art. 22. Incorporam-se na hipoteca constituída as máquinas, aparelhos, instalações e construções, adquiridos ou executados com o crédito, assim como quaisquer outras benfeitorias aos imóveis na vigência da cédula, as quais, uma vez realizadas, não poderão ser retiradas, alteradas ou destruídas, sem o consentimento do credor.

Parágrafo único. Faculta-se ao credor exigir que o emitente faça averbar, à margem da inscrição principal, a constituição do direito real sobre os bens e benfeitorias referidos neste artigo.

Art. 23. Podem ser objeto de hipoteca cedular imóveis rurais e urbanos.

Art. 24. Aplicam-se à hipoteca cedular os princípios da legislação ordinária sobre hipoteca no que não colidirem com o presente Decreto-lei

Seção IV - Da Cédula Rural Pignoratícia e Hipotecária

Art. 25. A cédula rural pignoratícia e hipotecária conterá os seguintes requisitos, lançados no contexto:

I - denominação "Cédula Rural Pignoratícia e Hipotecária";

II - data e condições de pagamento; havendo prestações periódicas ou prorrogações de vencimento, acrescentar: "nos termos da cláusula Forma de Pagamento abaixo" ou "nos termos da cláusula Ajuste de Prorrogação abaixo";

III - nome do credor e a cláusula à ordem;

IV - valor do crédito deferido, lançado em algarismos e por extenso, com indicação da finalidade ruralista a que se destina o financiamento concedido e a forma de sua utilização;

V - descrição dos bens vinculados em penhor, os quais se indicarão pela espécie, qualidade, quantidade, marca ou período de produção, se for o caso, além do local ou depósito dos mesmos bens;

VI - descrição do imóvel hipotecado com indicação do nome, se houver, dimensões, confrontações, benfeitorias, título e data de aquisição e anotações (número, livro e folha) do registro imobiliário;

VII - taxa dos juros a pagar e da comissão de fiscalização, se houver, e tempo de seu pagamento;

VIII - praça do pagamento;

IX - data e lugar da emissão;

X - assinatura do próprio punho do emitente ou de representante com poderes especiais.

Art. 26. Aplica-se à hipoteca e ao penhor constituídos pela cédula rural pignoratícia e hipotecária o disposto nas Seções II e III do Capítulo II deste Decreto-lei.

Seção V - Da Nota de Crédito Rural

Art. 27. A nota de crédito rural conterá os seguintes requisitos, lançados no contexto:

I - denominação "Nota de Crédito Rural";
II - data e condições de pagamento; havendo prestações periódicas ou prorrogações de vencimento, acrescentar: "nos termos da cláusula Forma de Pagamento abaixo" ou "nos termos da cláusula Ajuste de Prorrogação abaixo";
III - nome do credor e a cláusula à ordem;
IV - valor do crédito deferido, lançado em algarismos e por extenso, com indicação da finalidade ruralista a que se destina o financiamento concedido e a forma de sua utilização;
V - taxa dos juros a pagar e da comissão de fiscalização, se houver, e tempo de seu pagamento;
VI - praça do pagamento;
VII - data e lugar da emissão;
VIII - assinatura do próprio punho do emitente ou de representante com poderes especiais.

Art. 28. O crédito pela nota de crédito rural tem privilégio especial sobre os bens discriminados no art. 1.563 do Código Civil.

Art. 29. *(Revogado pelo Decreto-lei nº 784, de 25-8-1969.)*

Capítulo III

Seção I - Da Inscrição e Averbação da Cédula de Crédito Rural

Art. 30. As cédulas de crédito rural, para terem eficácia contra terceiros, inscrevem-se no Cartório de Registro de Imóveis:
a) a cédula rural pignoratícia, no da circunscrição em que esteja situado o imóvel de localização dos bens apenhados;
b) a cédula rural hipotecária, no da circunscrição em que esteja situado o imóvel hipotecado;
c) a cédula rural pignoratícia e hipotecária, no da circunscrição em que esteja situado o imóvel de localização dos bens apenhados e no da circunscrição em que esteja situado o imóvel hipotecado;
d) a nota de crédito rural, no da circunscrição em que esteja situado o imóvel a cuja exploração se destina o financiamento cedular.

Parágrafo único. Sendo nota de crédito rural emitida por cooperativa, a inscrição far-se-á no Cartório de Registro de Imóveis do domicílio da emitente.

Art. 31. A inscrição far-se-á na ordem de apresentação da cédula a registro em livro próprio denominado "Registro de Cédula de Crédito Rural", observado o disposto nos arts. 183, 188, 190 e 202 do Decreto nº 4.857, de 9 de novembro de 1939.

§ 1º Os livros destinados ao registro das cédulas de crédito rural serão numerados em série crescente a começar de 1 (um) e cada livro conterá termo de abertura e termo de encerramento assinados pelo juiz de direito da comarca, que rubricará todas as folhas.

§ 2º As formalidades a que se refere o parágrafo anterior precederão à utilização do livro.

§ 3º Em cada Cartório, haverá, em uso, apenas um livro "Registro de Cédulas de Crédito Rural", utilizando-se o de número subseqüente depois de findo o anterior.

Art. 32. A inscrição consistirá na anotação dos seguintes requisitos cedulares:
a) data do pagamento; havendo prestações periódicas ou ajuste de prorrogação, consignar, conforme o caso, a data de cada uma delas ou as condições a que está sujeita sua efetivação;
b) o nome do emitente, do financiador e do endossatário, se houver;
c) valor do crédito deferido e o de cada um dos pagamentos parcelados, se for o caso;
d) praça do pagamento;
e) data e lugar da emissão.

§ 1º Para a inscrição, o apresentante de título oferecerá, com o original da cédula, cópia tirada em impresso idêntico ao da cédula, com a declaração impressa "Via não negociável", em linhas paralelas transversais.

§ 2º O Cartório conferirá a exatidão da cópia, autenticando-a.

§ 3º Cada grupo de duzentas cópias será encadernado na ordem cronológica de seu arquivamento, em livro que o Cartório apresentará, no prazo de 15 (quinze) dias da completação do grupo, ao juiz de direito da comarca, para abri-lo e encerrá-lo, rubricando as respectivas folhas numeradas em série crescente a começar de 1 (um).

§ 4º Nos casos do § 3º do art. 20 deste Decreto-lei, à via da cédula destinada ao Cartório será anexada cópia dos títulos de domínio, salvo se os imóveis hipotecados se acharem registrados no mesmo Cartório.

Art. 33. Ao efetuar a inscrição ou qualquer averbação, o oficial do registro imobiliário mencionará, no respectivo ato, a existência de qualquer documento anexo à cédula e nele aporá sua rubrica, independentemente de outra qualquer formalidade.

Art. 34. O Cartório anotará a inscrição, com indicação do número de ordem, livro e folhas, bem como o valor dos emolumentos cobrados, no verso da cédula, além de mencionar, se for o caso, os anexos apresentados.

Parágrafo único. Pela inscrição da cédula, o oficial cobrará do interessado os seguintes emolumentos, dos quais 80% (oitenta por cento) caberão ao oficial do registro imobiliário e 20% (vinte por cento) ao juiz de direito da comarca, parcela que será recolhida ao Banco do Brasil S.A. e levantada quando das correições a que se refere o art. 40:

a) até duzentos mil cruzeiros - 0,1%
b) de duzentos mil e um cruzeiros a quinhentos mil cruzeiros - 0,2%
c) de quinhentos mil e um cruzeiros a um milhão de cruzeiros - 0,3%;
d) de um milhão e um cruzeiros a um milhão e quinhentos mil cruzeiros - 0,4%;
e) acima de um milhão e quinhentos mil cruzeiros - 0,5%, máximo de 1/4 (um quarto) do salário mínimo da região.

Art. 35. O oficial recusará efetuar a inscrição se já houver registro anterior no grau de prioridade declarado no texto da cédula, considerando-se nulo o ato que infringir este dispositivo.

Art. 36. Para os fins previstos no art. 30 deste Decreto-lei, averbar-se-ão, à margem da inscrição da cédula, os endossos posteriores à inscrição, as menções adicionais, aditivos, avisos de prorrogação e qualquer ato que promova alteração na garantia ou nas condições pactuadas.

§ 1º Dispensa-se a verbação dos pagamentos parciais e do endosso das instituições financeiras em operações de redesconto ou caução.

§ 2º Os emolumentos devidos pelos atos referidos neste artigo serão calculados na base de 10% (dez por cento) sobre os valores da tabela constante do parágrafo único do art. 34 deste Decreto-lei, cabendo ao oficial as mesmas percentagens estabelecidas naquele dispositivo.

Art. 37. O emolumentos devidos pela inscrição da cédula ou pela averbação de atos posteriores poderão ser pagos pelo credor, a débito da conta a que se refere o art. 4º deste Decreto-lei.

Art. 38. As inscrições das cédulas e as averbações posteriores serão efetuadas no prazo de 3 (três) dias úteis a contar da apresentação do título, sob pena de responsabilidade funcional do oficial encarregado de promover os atos necessários.

§ 1º A transgressão do disposto neste artigo poderá ser comunicada ao juiz de direito da comarca pelos interessados ou por qualquer pessoa que tenha conhecimento do fato.

§ 2º Recebida a comunicação, o juiz instaurará imediatamente inquérito administrativo.

§ 3º Apurada a irregularidade, o oficial pagará multa de valor correspondente aos emolumentos que seriam cobrados, por dia de atraso, aplicada pelo juiz de direito da comarca, devendo a respectiva importância ser recolhida, dentro de 15 (quinze) dias, a estabelecimento bancário que a transferirá ao Banco Central do Brasil, para crédito do Fundo Geral para a Agricultura e Indústria - FUNAGRI, criado pelo Decreto nº 56.835, de 3 de setembro de 1965.

Seção I - Do Cancelamento da Inscrição da Cédula de Crédito Rural

Art. 39. Cancela-se a inscrição mediante a averbação, no livro próprio, da ordem judicial competente ou prova da quitação da cédula, lançada no próprio título ou passada em documento em separado com força probante.

§ 1º Da averbação do cancelamento da inscrição constarão as características do instrumento de quitação, ou a declaração, sendo o caso, de que a quitação foi passada na própria cédula, indicando-se, em qualquer hipótese, o nome do quitante e a data da quitação; a ordem judicial de cancelamento será também referida na averbação, pela indicação da data do mandado, juízo de que procede, nome do juiz que o subscreve e demais características ocorrentes.

§ 2º Arquivar-se-á no Cartório a ordem judicial de cancelamento da inscrição ou uma das vias do documento particular da quitação da cédula, procedendo-se como se dispõe no § 3º do art. 32 deste Decreto-lei.

§ 3º Aplicam-se ao cancelamento da inscrição as disposições do § 2º, art. 36, e as do art. 38 e seus parágrafos.

Seção III - Da Correição dos Livros de Inscrição da Cédula de Crédito Rural

Art. 40. O juiz de direito da comarca procederá à correição no livro "Registro de Cédulas de Crédito Rural", uma vez por semestre, no mínimo.

Capítulo IV - Da Ação para Cobrança de Cédula de Crédito Rural

Art. 41. Cabe ação executiva para a cobrança da cédula rural.

§ 1º Penhorados os bens constitutivos da garantia real, assistirá ao credor o direito de promover, a qualquer tempo, contestada ou não a ação, a venda daqueles bens, observado o disposto nos arts. 704 e 705 do Código de Processo Civil, podendo ainda levantar desde logo, mediante caução idônea, o produto líquido da venda, à conta e no limite de seu crédito, prosseguindo-se na ação.

§ 2º Decidida a ação por sentença passada em julgado, o credor restituirá a quantia ou o excesso levantado conforme seja a ação julgada improcedente total ou parcialmente, sem prejuízos doutras cominações da lei processual.

§ 3º Da caução a que se refere o § 1º dispensam-se as cooperativas rurais e as instituições financeiras públicas (art. 22 da Lei nº 4.595, de 31 de dezembro de 1964), inclusive o Banco do Brasil S. A.

Capítulo V - Da Nota Promissória Rural

Art. 42. Nas vendas a prazo de bens de natureza agrícola, extrativa ou pastoril, quando efetuadas diretamente por produtores rurais ou por suas cooperativas; nos recebimentos, pelas cooperativas, de produtos da mesma natureza entregues pelos seus cooperados, e nas entregas de bens de produção ou de consumo, feitas pelas cooperativas aos seus associados, poderá ser utilizada, como título de crédito, a nota promissória rural, nos termos deste Decreto-lei.

Parágrafo único. A nota promissória rural emitida pelas cooperativas a favor de seus cooperados, ao receber produtos entregues por estes, constitui promessa de pagamento representativa de adiantamento por conta do preço dos produtos recebidos para venda.

Art. 43. A nota promissória rural conterá os seguintes requisitos, lançados no contexto:
I - denominação "Nota Promissória Rural";
II - data do pagamento;
III - nome da pessoa ou entidade que vende ou entrega os bens e a qual deve ser paga, seguido da cláusula à ordem;
IV - praça do pagamento;
V - soma a pagar em dinheiro, lançada em algarismos e por extenso, que corresponderá ao preço dos produtos adquiridos ou recebidos ou no adiantamento por conta do preço dos produtos recebidos pera venda;

VI - indicação dos produtos objeto da compra e venda ou da entrega;
VII - data e lugar da emissão;
VIII - assinatura do próprio punho do emitente ou de representante com poderes especiais.

Art. 44. Cabe ação executiva para a cobrança da nota promissória rural.

Parágrafo único. Penhorados os bens indicados na nota promissória rural, ou, em sua vez, outros da mesma espécie, qualidade e quantidade pertencentes ao emitente, assistirá ao credor o direito de proceder nos termos do § 1º do art. 41, observado o disposto no demais parágrafos do mesmo artigo.

Art. 45. A nota promissória rural goza de privilégio especial sobre os bens enumerados no art. 1.563 do Código Civil.

Capítulo VI - Da Duplicata Rural

Art. 46. Nas vendas a prazo de quaisquer bens de natureza agrícola, extrativa ou pastoril, quando efetuadas diretamente por produtores rurais ou por suas cooperativas, poderá ser utilizada também, como título de crédito, a duplicata rural, nos termos deste Decreto-lei.

Art. 47. Emitida a duplicata rural pelo vendedor, este ficará obrigado a entregá-la ou a remetê-la ao comprador, que a devolverá depois de assiná-la.

Art. 48. A duplicata rural conterá os seguintes requisitos, lançados no contexto:
I - denominação "Duplicata Rural";
II - data do pagamento, ou a declaração de dar-se a tantos dias da data da apresentação ou de ser à vista;
III - nome e domicílio do vendedor;
IV - nome e domicílio do comprador;
V - soma a pagar em dinheiro, lançada em algarismos e por extenso, que corresponderá ao preço dos produtos adquiridos;
VI - praça do pagamento;
VII - indicação dos produtos objeto da compra e venda;
VIII - data e lugar da emissão;
IX - cláusula à ordem;
X - reconhecimento de sua exatidão e a obrigação de pagá-la, para ser firmada do próprio punho do comprador ou de representante com poderes especiais;
XI - assinatura do próprio punho do vendedor ou de representante com poderes especiais.

Art. 49. A perda ou extravio da duplicata rural obriga o vendedor a extrair novo documento que contenha a expressão "segunda via" em linhas paralelas que cruzem o título.

Art. 50. A remessa da duplicata rural poderá ser feita diretamente pelo vendedor ou por seus representantes, por intermédio de instituições financiadoras, procuradores ou correspondentes, que se incumbem de apresentá-la ao comprador na praça ou no lugar de seu domicílio, podendo os intermediários devolvê-la depois de assinada ou conservá-la em seu poder até o momento do resgate, segundo as instruções de quem lhe cometeu o encargo.

Art. 51. Quando não for à vista, o comprador deverá devolver a duplicata rural ao apresentante dentro do prazo de 10 (dez) dias contados da data da apresentação, devidamente assinada ou acompanhada de declaração por escrito, contendo as razões da falta de aceite.

Parágrafo único. Na hipótese de não-devolução do título dentro do prazo a que se refere este artigo, assiste ao vendedor o direito de protestá-lo por falta de aceite.

Art. 52. Cabe ação executiva para cobrança da duplicata rural.

Art. 53. A duplicata rural goza de privilégio especial sobre os bens enumerados no art. 1.563 do Código Civil.

Art. 54. Incorrerá na pena de reclusão por 1 (um) a 4 (quatro) anos, além da multa de 10% (dez por cento) sobre o respectivo montante, o que expedir duplicata rural que não corresponda a uma venda efetiva de quaisquer dos bens a que se refere o art. 46, entregues real ou simbolicamente.

Capítulo VII - Disposições Especiais
Seção I - Das Garantias da Cédula de Crédito Rural

Art. 55. Podem ser objeto de penhor cedular os gêneros oriundos da produção agrícola, extrativa ou pastoril, ainda que destinados a beneficiamento ou transformação.

Art. 56. Podem ainda ser objeto de penhor cedular os seguintes bens e respectivos acessórios, quando destinados aos serviços das atividades rurais:

I - caminhões, camionetas de carga, furgões, jipes e quaisquer veículos automotores ou de tração mecânica;

II - carretas, carroças, carros, carroções e quaisquer veículos não automotores;

III - canoas, barcas e embarcações fluviais, com ou sem motores;

IV - máquinas e utensílios destinados ao preparo de rações ou ao beneficiamento, armazenagem, industrialização, frigorificação, conservação, acondicionamento e transporte de produtos agropecuários ou extrativos, ou utilizados nas atividades rurais, bem como bombas, canos e demais pertences de irrigação;

V - incubadoras, chocadeiras, criadeiras, pinteiros e galinheiros desmontáveis ou móveis, gaiolas, bebedouros, campânulas e quaisquer máquinas e utensílios usados nas explorações avícolas e agropastoris.

Parágrafo único. O penhor será anotado nos assentamentos próprios da repartição competente para expedição de licença dos veículos, quando for o caso.

Art. 57. Os bens apenhados poderão ser objeto de novo penhor cedular e o simples registro da respectiva cédula equivalerá à averbação, na anterior, do penhor constituído em grau subseqüente.

Art. 58. Em caso de mais de um financiamento, sendo os mesmos o emitente da cédula, o credor e os bens apenhados, poderá estender-se aos financiamentos subseqüentes o penhor originariamente constituído, mediante menção da extensão nas cédulas posteriores, reputando-se um só penhor com cédulas rurais distintas.

§ 1º A extensão será apenas averbada à margem da inscrição anterior e não impede que sejam vinculados outros bens à garantia.

§ 2º Havendo vinculação de novos bens, além da averbação, estará a cédula também sujeita a inscrição no Cartório do Registro de Imóveis.

§ 3º Não será possível a extensão da garantia se tiver havido endosso ou se os bens vinculados já houverem sido objeto de nova gravação para com terceiros.

Art. 59. A venda dos bens apenhados ou hipotecados pela cédula rural depende de prévia anuência do credor, por escrito.

Art. 60. Aplicam-se à cédula de crédito rural, à nota promissória rural e à duplicata rural, no que forem cabíveis, as normas de direito cambial, inclusive quanto a aval, dispensado porém para assegurar o direito de regresso contra endossantes e seus avalistas.

§ 1º O endossatário ou o portador de nota promissória rural ou duplicata rural não tem direito de regresso contra o primeiro endossante e seus avalistas.

§ 2º É nulo o aval dado em nota promissória ou duplicata rural, salvo quando dado pelas pessoas físicas participantes da empresa emitente ou por outras pessoas jurídicas.

§ 3º Também são nulas quaisquer outras garantias, reais ou pessoais, salvo quando prestadas pelas pessoas físicas participantes da empresa emitente, por esta ou por outras pessoas jurídicas.

§ 4º Às transações realizadas entre produtores rurais e entre estes e suas cooperativas não se aplicam as disposições dos parágrafos anteriores.

Seção II - Dos Prazos e Prorrogações da Cédula de Crédito Rural

Art. 61. O prazo do penhor agrícola não excederá de 3 (três) anos, prorrogável por até mais 3 (três), e o do penhor pecuário não admite prazo superior a 5 (cinco) anos, prorrogável por até mais 3 (três) e embora vencidos permanece a garantia, enquanto subsistirem os bens que a constituem.

Parágrafo único. Vencidos os prazos de 6 (seis) anos para o penhor agrícola e de 8 (oito) anos para o penhor pecuário, devem esses penhores ser reconstituídos mediante lavratura de aditivo, se não executados.

Art. 62. As prorrogações de vencimento de que trata o art. 13 deste Decreto-lei serão anotadas na cédula pelo próprio credor, devendo ser averbadas à margem das respectivas inscrições, e seu processamento, quando cumpridas regularmente todas as obrigações cedulares e legais, far-se-á por simples requerimento do credor ao oficial do registro de imóveis competente.

Parágrafo único. Somente exigirão lavratura de aditivo as prorrogações que tiverem de ser concedidas sem o cumprimento das condições a que se subordinarem ou após o término do período estabelecido na cédula.

Capítulo VIII - Disposições Gerais

Art. 63. Dentro do prazo da cédula, o credor, se assim o entender, poderá autorizar o emitente a dispor de parte ou de todos os bens da garantia, na forma e condições que convencionarem.

Art. 64. Os bens dados em garantia assegurarão o pagamento do principal, juros, comissões, pena convencional, despesas legais e convencionais com as preferências estabelecidas na legislação em vigor.

Art. 65. Se baixar no mercado o valor dos bens da garantia ou se se verificar qualquer ocorrência que determine diminuição ou depreciação da garantia constituída, o emitente reforçará essa garantia dentro do prazo de 15 (quinze) dias da notificação que o credor lhe fizer por carta enviada pelo Correio, sob registro, ou pelo oficial do registro de títulos e documentos da comarca.

Parágrafo único. Nos casos de substituição de animais por morte ou inutilização, assiste ao credor o direito que os substitutos sejam da mesma espécie e categoria dos substituídos.

Art. 66. Quando o penhor for constituído por animais, o emitente da cédula fica obrigado a manter todo o rebanho, inclusive os animais adquiridos com o financiamento, se for o caso, protegidos pelas medidas sanitárias e profiláticas recomendadas em cada caso, contra a incidência de zoonoses, moléstias infecciosas ou parasitárias de ocorrência freqüente na região.

Art. 67. Nos financiamentos pecuários, poderá ser convencionado que o emitente se obriga a não vender, sem autorização por escrito do credor, durante a vigência do título, crias fêmeas ou vacas aptas à procriação, assistindo ao credor, na hipótese de não observância dessas condições, o direito de dar por vencida a cédula e exigir o total da dívida dela resultante, independentemente de aviso extrajudicial ou interpelação judicial.

Art. 68. Se os bens vinculados em penhor ou em hipoteca à cédula rural pertencerem a terceiros, estes subscreverão também o título, para que se constitua a garantia.

Art. 69. Os bens objeto de penhor ou de hipoteca constituídos pela cédula de crédito rural não serão penhorados, arrestados ou seqüestrados por outras dívidas do emitente ou do terceiro empenhador ou hipotecante, cumprindo ao emitente ou ao terceiro empenhador ou hipotecante denunciar a existência da cédula às autoridades incumbidas da diligência ou a quem a determinou, sob pena de responderem pelos prejuízos resultantes de sua omissão.

Art. 70. O emitente da cédula de crédito rural, com ou sem garantia real, manterá em dia o pagamento dos tributos e encargos fiscais, previdenciários e trabalhistas de sua responsabilidade, inclusive a remuneração dos trabalhadores rurais, exibindo ao credor os respectivos comprovantes sempre que lhe forem exigidos.

Art. 71. Em caso de cobrança em processo contencioso ou não, judicial ou administrativo, o emitente da cédula de crédito rural, da nota promissória rural, ou o aceitante da duplicata rural responderá ainda pela multa de 10% (dez por cento) sobre o principal e acessórios em débito, devida a partir do primeiro despacho da autoridade competente na petição de cobrança ou de habilitação de crédito.

Art. 72. As cédulas de crédito rural, a nota promissória rural e a duplicata rural poderão ser redescontadas no Banco Central da República do Brasil, nas condições estabelecidas pelo Conselho Monetário Nacional.

Art. 73. É também da competência do Conselho Monetário Nacional a fixação das taxas de desconto da nota promissória rural e da duplicata rural, que poderão ser elevadas de 1% (um por cento) ao ano em caso de mora.

Art. 74. Dentro do prazo da nota promissória rural e da duplicata rural, poderão ser feitos pagamentos parciais.
Parágrafo único. Ocorrida a hipótese, o credor declarará, no verso do título, sobre sua assinatura, a importância recebida e a data do recebimento, tornando-se exigível apenas o saldo.

Art. 75. Na hipótese de nomeação, por qualquer circunstância, de depositário para os bens apenhados, instituído judicial ou convencionalmente, entrará ele também na posse imediata das máquinas e de todas as instalações e pertences acaso necessários à transformação dos referidos bens nos produtos a que se tiver obrigado o emitente na respectiva cédula.

Art. 76. Serão segurados, até final resgate da cédula, os bens nela descritos e caracterizados, observada a vigente legislação de seguros obrigatórios.

Art. 77. As cédulas de crédito rural, a nota promissória rural e a duplicata rural obedecerão aos modelos anexos nºs 1 a 6.
Parágrafo único. Sem caráter de requisição essencial, as cédulas de crédito rural poderão conter disposições que resultem das peculiaridades do financiamento rural.

Art. 78. A exigência constante do art. 22, da Lei nº 4.947, de 6 de abril de 1966, não se aplica às operações de crédito rural propostas por produtores rurais e suas cooperativas, de conformidade com o disposto no art. 37 da Lei nº 4.829, de 5 de novembro de 1965.
Parágrafo único. A comunicação do Instituto Brasileiro de Reforma Agrária, de ajuizamento da cobrança de dívida fiscal ou de multa, impedirá a concessão de crédito rural ao devedor, a partir da data do recebimento da comunicação, pela instituição financiadora, salvo se for depositado em juízo o valor do débito em litígio.

Capítulo IX - Disposições Transitórias

Art. 79. Este Decreto-lei entrará em vigor 90 (noventa) dias depois de publicado, revogando-se a Lei nº 3.253, de 27 de agosto de 1957, e as disposições em contrário.

Art. 80. As folhas em branco dos livros de registro das "Cédulas de Crédito Rural" sob o império da Lei nº 3.253, de 27 de agosto de 1957, serão inutilizadas, na data da vigência do presente Decreto-lei, pelo chefe da repartição arrecadadora federal a que pertencem, e devidamente guardados os livros.

H. Castello Branco

12.11. Decreto nº 58.380, de 10 de maio de 1966

Aprova o Regulamento da Lei que Institucionaliza o Crédito Rural

O Presidente da República, usando da atribuição que lhe confere o artigo 87, item I da Constituição Federal, decreta:

Art. 1º Fica aprovado o Regulamento que com este baixa, assinado pelos Ministros de Estado dos Negócios da Fazenda e da Agricultura, para institucionalização do crédito rural.

Art. 2º Este decreto estrará em vigor na data de sua publicação, revogadas as disposições em contrário.

Brasília, 10 de maio de 1966; 145º da Independência e 78º da República.
H. Castello Branco
Octávio Gouveia de Bulhões

Capítulo I - Disposições Preliminares

Art. 1º O crédito rural, sistematizado pela Lei nº 4.829, de 5 de novembro de 1965, será distribuído e aplicado de acordo com a política de desenvolvimento da produção rural do País fixada pelo Ministério da Agricultura e tendo em vista o bem-estar do povo.

Art. 2º Considera-se crédito rural o suprimento de recursos financeiros a produtores rurais ou a suas cooperativas para aplicação exclusiva em atividades que se enquadrem nos objetivos indicados neste regulamento, nos termos da legislação em vigor.

§ 1º O suprimento de recursos a que alude este artigo será feito por instituições financeiras, assim consideradas as pessoas jurídicas, públicas, privadas ou de economia mista que tenham como atividade principal ou acessória a coleta, intermediação ou aplicação de recursos financeiros próprios ou de terceiros.

§ 2º Os órgãos oficiais que dispõem de serviços de revenda de bens de produção deverão adaptar suas operações a prazo às normas e condições deste Regulamento.

Art. 3º São objetivos específicos do crédito rural:

I - estimular o incremento ordenado dos investimentos rurais, inclusive para armazenamento, beneficiamento e industrialização dos produtos agropecuários, quando efetuados por cooperativas ou pelo produtor em seu imóvel rural;

II - favorecer o custeio oportuno e adequado da produção e comercialização de produtos agropecuários;

III - possibilitar o fortalecimento econômico dos produtores rurais, notadamente pequenos e médios.

IV - incentivar a introdução de métodos racionais de produção, visando ao aumento da produtividade, à melhoria do padrão de vida das populações rurais e à adequada defesa do solo.

Art. 4º O Conselho Monetário Nacional - ouvida a Comissão Consultiva de Crédito Rural, na forma do disposto no § 1º e sua alínea *c* do art. 7º da Lei nº 4.595, de 31 de dezembro de 1964 - disciplinará o crédito rural do País e estabelecerá, com exclusividade, normas relacionadas com:

I - avaliação, origem e dotação dos recursos a serem aplicados no crédito rural;
II - diretrizes e instruções relacionadas com aplicação e controle do crédito rural;
III - critérios seletivos e de prioridade para a distribuição de crédito rural;
IV - fixação e ampliação dos programas de crédito rural, abrangendo todas as formas de suplementação de recursos, inclusive refinanciamento.

Art. 5º As deliberações do Conselho Monetário Nacional, aplicáveis ao crédito rural, serão executadas, dirigidas, coordenadas e fiscalizadas pelo Banco Central da República do Brasil.

Art. 6º Compete ao Banco Central da República do Brasil, como órgão de controle do sistema nacional de crédito rural:

I - sistematizar a ação dos órgãos financiadores e promover a sua coordenação com os que prestam assistência técnica e econômica ao produtor rural;

II - elaborar planos globais de aplicação do crédito rural e conhecer de sua execução, tendo em vista a avaliação dos resultados para introdução de correções cabíveis;

III - determinar os meios adequados de seleção e prioridade na distribuição do crédito rural e estabelecer medidas para o zoneamento dentro do qual devem atuar os diversos órgãos financiadores em função dos planos elaborados;

IV - incentivar a expansão da rede distribuidora do crédito rural, especialmente através de cooperativas;

V - estimular a ampliação dos programas de crédito rural, mediante financiamento aos órgãos participantes da respectiva rede distribuidora, especialmente aos bancos com sede nas áreas de produção e que destinem ao crédito rural mais de 50% (cinqüenta por cento) de suas aplicações.

Parágrafo único. O cumprimento pelo Banco Central da República do Brasil, do disposto nos incisos II e III deste artigo far-se-á em consonância com a política de desenvolvimento da produção rural do País, fixada pelo Ministério da Agricultura, nos termos do art. 1º deste decreto.

Art. 7º Para os fins previstos nos incisos II e III do art. 6º, as instituições financeiras que participam do sistema nacional de crédito rural deverão submeter, anualmente, ao Banco Central da República do Brasil, até a data por este fixada, os orçamentos de suas aplicações, especificando a origem dos recursos, áreas em que serão aplicados e as finalidades respectivas.

Parágrafo único. Os orçamentos referidos neste artigo serão levados em conta pelo Banco Central da República do Brasil na elaboração do Orçamento Monetário do País.

Capítulo II - Do Sistema Nacional de Crédito Rural

Art. 8º Integrarão, basicamente, o Sistema Nacional de Crédito Rural:

I - O Banco Central da República do Brasil com as funções indicadas no art. 6º;

II - O Banco Central do Brasil S.A., através de suas carteiras especializadas;

III - O Banco de Crédito da Amazônia S.A. e o Banco do Nordeste do Brasil S.A., através de suas carteiras ou departamentos especializados, e

IV - O Banco Central de Crédito Cooperativo.

§ 1º Serão vinculados ao sistema:

I - para cumprimento dos objetivos especificados na Lei nº 4.504, de 30 de novembro de 1964:
a) o Instituto Nacional de Colonização e Reforma Agrária;
b) o Banco Nacional de Desenvolvimento Econômico.

II - como órgãos auxiliares, desde que operem em crédito rural dentro das diretrizes fixadas neste regulamento:
a) Bancos de que as Unidades da Federação detenham a maioria das ações com direito a voto;
b) Caixas Econômicas;
c) Bancos privados;
d) Sociedades de crédito, financiamento e investimentos;
e) Cooperativas autorizadas a operar em crédito rural.

§ 2º Poderão articular-se ao sistema, mediante convênios ratificados pelo Banco Central da República do Brasil, quando deles não participem, órgãos oficiais de valorização regional e entidades de prestação de assistência técnica e econômica ao produtor rural, cujos serviços sejam passíveis de utilizar em conjugação com o crédito.

§ 3º Poderão incorporar-se ao sistema, além das entidades mencionadas neste artigo, outras que o Conselho Monetário Nacional venha a admitir.

Art. 9º As instituições referidas no inciso II do § 1º e §§ 2º e 3º do art. 8º que desejem operar em crédito rural, além de outras exigências que vierem a ser feitas pelo Banco Central da República do Brasil, deverão:

I - comprovar a existência de setor especializado em crédito rural, especificando as respectivas modalidades de operações, dentro de prazo a ser fixado pelo Banco Central da República do Brasil;
II - indicar os recursos próprios destinados a cada modalidade e sua origem;
III - estabelecer normas básicas para as operações, difundindo-as junto às suas dependências;
IV - dispor de assessoramento técnico competente.
Parágrafo único. As exigências acima poderão ser dispensadas para as instituições que desejarem operar exclusivamente na modalidade prevista no art. 11, inciso III, da alínea b.

Capítulo III - Da Estrutura do Crédito Rural

Art. 10. O crédito rural restringe-se ao campo específico do financiamento das atividades rurais e adotará, basicamente, as modalidades de operações indicadas neste Regulamento, para suprir as necessidades financeiras do custeio e da comercialização da produção própria, como também as de capital para investimento e industrialização de produtos agropecuários, esta quando efetuada pelo produtor em seu imóvel ou por suas cooperativas.

Art. 11. Para os efeitos deste Regulamento, os financiamentos rurais dividem-se em:
I - Custeio - os destinados ao suprimento de capital de trabalho para atender às seguintes atividades:
 a) agrícola - despesas normais do ciclo produtivo abrangendo todos os encargos, desde o preparo das terras até o beneficiamento primário da produção obtida e seu armazenamento no imóvel rural, inclusive. Estende-se, ainda, ao atendimento de despesas com a extração de produtos vegetais espontâneos e seu preparo primário. Admissível, outrossim, o financiamento isolado para aquisição de mudas, sementes, adubos, corretivos do solo, defensivos e outros bens que integram o custeio de produção;
 b) pecuário - quando destinados a qualquer despesa normal de exploração no período considerado, admissível, igualmente, o financiamento isolado de bens competentes do respectivo custeio, inclusive para a aquisição de sal, arame, forragens, rações, concentrados minerais, sêmen, hormônios, produtos de uso veterinário em geral, corretivos do solo, defensivos, adubos, bem assim o custeio da piscicultura, apicultura, sericicultura, a limpeza e restauração de pastagens, fenação, silagem, formação de capineiras e de outras culturas forrageiras de ciclo não superior a dois anos, cuja produção se destine ao consumo de rebanho próprio;
 c) *industrialização ou beneficiamento* - desde que a matéria-prima empregada seja de produção preponderantemente própria - exigência dispensável nas operações com cooperativas - serão financiáveis despesas com mão-de-obra, manutenção e conservação do equipamento, aquisição de materiais secundários indispensáveis ao processamento industrial, sacaria, embalagem, armazenamento, seguro, preservação, impostos, fretes, carretos e outros encargos que venham a ser admitidos.

II - *Investimentos* - os destinados à formação de capital fixo ou semifixo em bens de serviços:
 a) *capital fixo* - inversões para a fundação de culturas permanentes, inclusive pastagens, florestamento e reflorestamento, construção, reforma ou ampliação de benfeitorias e instalações permanentes, aquisição de máquinas e equipamentos de longa duração, eletrificação rural, obras de irrigação e drenagem ou de recuperação do solo, irrigação e açudagem, e, respeitadas as disposições do Código Florestal, desmatamento e destocamento;
 b) *capital semi-fixo* - inversões para aquisição de animais de grande, médio e pequeno porte, destinados à criação, recriação, engorda ou serviço; máquinas, implementos, veículos, equipamentos e instalações de desgastes a curto e médio prazo, utilizáveis nessas atividades.

III - *Comercialização* - os destinados a facilitar aos produtores rurais, diretamente ou através de suas cooperativas, a colocação de suas safras, podendo ser concedidos:
 a) isoladamente, ou como extensão do custeio para cobrir despesas inerentes à fase imediata à colheita da produção própria, compreendendo armazenamento, seguro, manipulação, preservação, acondicionamento, impostos, fretes e carretos;

b) mediante a negociação ou conversão em dinheiro de títulos oriundos da venda de produção comprovadamente própria; e

c) mediante operações para garantia de preços mínimos fixados pelo Governo Federal.

§ 1º Os créditos para custeio e investimento, quando concedidos a pequenos e médios produtores, poderão incluir recursos para a manutenção do agricultor e sua família, para a aquisição de animais destinados à produção necessária à sua subsistência, medicamentos, agasalhos, roupas, utilidades domésticas, bem assim para instalações sanitárias, construção e reforma de benfeitorias e ainda para satisfação de necessidades outras fundamentais ao bem-estar da família rural.

§ 2º O Conselho Monetário Nacional poderá admitir o financiamento de outros itens, dentro das finalidades do crédito rural enunciadas neste artigo.

Art. 12. Os financiamentos rurais poderão, através de um só instrumento, atender a uma ou mais das finalidades especificadas no art. 11, de modo a contemplar, com oportunidade, as necessidades integrais ou exploração considerada.

Art. 13. As operações de crédito rural subordinam-se às seguintes exigências essenciais:

I - idoneidade do proponente;

II - apresentação de orçamento de aplicação nas atividades específicas;

III - fiscalização pelo financiador.

§ 1º A idoneidade do proponente deverá constar do registro cadastral obrigatoriamente existente no órgão financiador.

§ 2º Quando se tratar de crédito destinado exclusivamente à comercialização, as exigências constantes dos incisos II e III deste artigo serão substituídas pela comprovação de que o produto negociado é de produção própria ou, quando se tratar de cooperativa, de seus associados.

§ 3º A fiscalização das atividades financiadas e da aplicação do crédito será obrigatória pelo menos uma vez no curso da operação.

Art. 14. As operações de crédito rural devem subordinar-se ainda aos seguintes preceitos:

a) adequação, suficiência e oportunidade do crédito;

b) incremento da produtividade e da produção agrícola, tendo em vista a melhoria da rentabilidade da exploração financiada;

c) segurança razoável baseada, principalmente, no planejamento da operação;

d) melhoramento das práticas rurais e melhoria das condições de vida e de trabalho na unidade rural beneficiada;

e) liberação do crédito em função das necessidades do plano e fixação de prazo para o reembolso em sincronia com os ciclos de produção e a comercialização normal dos bens produzidos.

Parágrafo único. Não constituem função do crédito rural:

a) subsidiar atividades deficitárias ou antieconômicas;

b) financiar o pagamento de dívidas contraídas antes da apresentação da proposta;

c) possibilitar a recuperação de capital invertido;

d) favorecer a retenção especulativa de bens;

e) antecipar a realização de lucros presumíveis.

Art. 15. Constituem modalidades de crédito rural:

I - *Corrente*, o concedido pelas entidades financeiras, observadas as normas usuais, compreendendo:

a) *sustentação*, aquele que se destina a proporcionar suporte financeiro às atividades rurais desenvolvidas por produtores, considerados meramente como elementos integrantes da produção, capazes de assumir os riscos do empreendimento financeiro;

b) *planificado*, aquele que se aplica a projetos específicos, em que o interessado satisfaça, reconhecidamente, nos requisitos de capacidade técnica e substância econômica, além de a exploração projetada objetivar a melhoria dos rendimentos e da produtividade.

II - *Educativo*, o que se caracteriza pela conjugação da assistência financeira à técnica-educacional, prestada diretamente pelo financiador ou através de entidade especializada, classificando-se como:

a) *orientado*, o que visa à melhoria dos níveis de produtividade e rentabilidade da empresa rural assistida, subordinado a plano tecnicamente elaborado;

b) *dirigido*, o que se destina à melhoria dos níveis de produtividade de determinada exploração rural ou à sua introdução ou difusão em regiões que lhe são ecologicamente favoráveis;

c) *supervisionado*, o que se destina aos pequenos produtores, com o objetivo de desenvolver plano integrado que contemple as necessidades da empresa rural e do lar do agricultor, visando a integrá-lo à vida econômico-produtiva do País e elevar o nível sócio-econômico deste e de sua família.

III - *Especial*, o que se destina ao suprimento de recursos financeiros a entidades de constituição típica e para realização de programas específicos, compreendendo:

a) crédito a cooperativas de produtores rurais, destinados a:

1) antecipação de recursos para seu aparelhamento e prestação de serviços aos cooperados, bem assim para investimentos necessários ao seu adequado funcionamento;

2) adiantamento aos cooperados por conta do preço de produtos entregues para venda;

3) aquisição, para posterior fornecimento aos cooperados, de maquinaria, implementos e utensílios agrícolas, veículos, animais, materiais diversos e produtos normalmente utilizáveis nas explorações rurais;

4) aquisição de maquinaria, implementos e utensílios agrícolas e reprodutores machos puros ou de alta linhagem, para uso exclusivo nas explorações rurais de seus cooperados;

5) antecipação de recursos para integralização de cotas-partes de capital social, obrigatoriamente utilizáveis em programas de investimento da própria cooperativa;

6) refinanciamento, aos seus associados, de operações de crédito rural, consoante as modalidades e finalidades previstas neste Regulamento.

b) crédito aos programas de colonização e de reforma agrária para financiar projetos de colonização e reforma agrária, como definidos na Lei nº 4.504, de 30 de novembro de 1964, bem como outros programas governamentais da mesma natureza.

Art. 16. As operações de crédito rural que forem realizadas pelo Instituto Nacional de Colonização e Reforma Agrária e pelo Banco Nacional de Desenvolvimento Econômico, diretamente ou através de convênios, obedecerão às modalidades do crédito educativo e especial aplicadas às finalidades previstas na Lei nº 4.504, de 30 de novembro de 1964.

Art. 17. As entidades financiadoras, participantes do sistema nacional de crédito rural, poderão designar representantes para acompanhar a execução de contratos relativos à aplicação de recursos por intermédio de órgãos intervenientes.

§ 1º Em caso de crédito a cooperativas, poderão os representantes mencionados neste artigo prestar assistência técnica e administrativa, como também orientar e fiscalizar a aplicação de recursos.

§ 2º Quando se tratar de cooperativa integral de reforma agrária, o representante será um Delegado indicado pelo Instituto Nacional de Colonização e Reforma Agrária que integrará o Conselho de Administração, sem direito a voto, com a função de prestar assistência técnico-administrativa à Diretoria e de orientar e fiscalizar a aplicação de recursos que o aludido Instituto houver destinado à cooperativa.

§ 3º As cooperativas de crédito rural poderão ser assistidas pelos Bancos Oficiais que integram, basicamente, o sistema nacional de crédito rural, reajustando seus estatutos e regulamentos às normas estabelecidas pelos referidos estabelecimentos de crédito, previamente aprovados pelo Banco Central da República do Brasil.

Art. 18. Os termos, prazos, juros, limites e demais condições das operações de crédito rural, sob quaisquer de suas modalidades ou finalidades, serão estabelecidas pelo Conselho Monetário Nacional, observadas as disposições legais específicas.

§ 1º O Conselho Monetário Nacional assegurará, na forma do art. 4º, e inciso IX da Lei nº 4.595, de 31 de dezembro de 1964, sempre que necessário, taxas favorecidas aos financiamentos que se destinem a promover:
I - recuperação e fertilização do solo;
II - florestamento e reflorestamento;
III - combate a epizootias e pragas, nas atividades rurais;
IV - eletrificação rural;
V - mecanização;
VI - irrigação;
VII - investimentos indispensáveis às atividades agropecuárias.
§ 2º As taxas das operações, sob qualquer modalidade de crédito rural, serão inferiores em pelo menos 1/4 (um quarto) às taxas máximas admitidas pelo Conselho Monetário Nacional para as operações bancárias de crédito mercantil.

Art. 19. O Conselho Monetário Nacional, nas condições que estabelecer, poderá criar taxa especial sobre operações de crédito rural para constituição de "provisão para riscos de financiamentos rurais" destinado a indenizar os órgãos financiadores pelos prejuízos que advierem das operações de crédito rural contratadas sem garantia real ou sem o registro desta.

Capítulo IV - Dos Recursos para o Crédito Rural

Art. 20. O crédito rural contará com suprimentos provenientes das seguintes fontes:
I - *Interna*:
a) recursos que são ou vierem a ser atribuídos ao Fundo Nacional de Refinanciamento Rural instituído pelo Decreto nº 54.019, de 14 de julho de 1964;
b) recursos que são ou vierem a ser atribuídos ao Fundo Nacional de Reforma Agrária, instituído pela Lei nº 4.504, de 30 de novembro de 1964;
c) recursos que são os vierem a ser atribuídos ao Fundo Agroindustrial de Reconversão, instituído pela Lei nº 4.504, de 30 de novembro de 1964;
d) dotações orçamentárias atribuídas a órgãos que integrem ou venham a integrar o Sistema Nacional de Crédito Rural, com destinação específica;
e) valores que o Conselho Monetário Nacional venha a isentar, de recolhimento, na forma prevista na Lei nº 4.595, de 31 de dezembro de 1964, art. 4º, item XIV, letra "c";
f) recursos próprios dos órgãos participantes ou que venham a participar do Sistema Nacional de Crédito Rural, na forma do art. 8º do presente Regulamento;
g) importâncias recolhidas ao Banco Central da República do Brasil pelo sistema bancário, na forma prevista no § 1º do art. 28, deste Regulamento;
h) produto da colocação de bônus de crédito rural, hipotecário ou títulos de natureza semelhante, que forem emitidos por entidades governamentais participantes do Sistema Nacional de Crédito Rural, com características e sob condições que o Conselho Monetário Nacional autorize, obedecida a legislação referente à emissão e circulação de valores mobiliários;
i) produto das multas recolhidas nos termos do § 3º, do art. 28 desta Regulamentação;
j) resultados das operações de financiamento ou refinanciamento;
l) recursos outros de qualquer origem atribuídos exclusivamente à aplicação em crédito rural;
m) recursos nunca inferiores a 10% (dez por cento) dos depósitos de qualquer natureza dos bancos privados e das sociedades de crédito, financiamento e investimentos.
II - Externas:
a) recursos decorrentes de empréstimos ou acordos, especialmente reservados para aplicação em crédito rural;
b) recursos especificamente reservados para aplicação em programas de assistência financeira ao setor rural, através do Fundo Nacional de Reforma Agrária, criado pelo art. 27 da Lei nº 4.504, de 30 de novembro de 1964;

c) recursos especificamente reservados para aplicação em financiamentos de projetos de desenvolvimento agroindustrial, através do Fundo Agroindustrial de Reconversão, criado pelo art. 120 da Lei nº 4.504, de 30 de novembro de 1964;

d) produto de acordos ou convênios celebrados com entidades estrangeiras ou internacionais conforme normas que o Conselho Monetário Nacional traçar, desde que nelas sejam especificamente atribuídas parcelas para aplicação em programas de desenvolvimento de atividades rurais.

Art. 21. O Banco Central da República do Brasil adotará as providências necessárias no sentido de registrar e divulgar com destaque, nos seus balanços e balancetes, os recursos destinados ao crédito rural e suas respectivas aplicações, os quais serão contabilizados em contas específicas, em função das respectivas origens de destinação.

Art. 22. Os recursos destinados ao crédito rural, de origem externa ou interna, ficam sob controle do Conselho Monetário Nacional, que fixará anualmente, as normas de distribuição aos órgãos que participem do sistema de crédito rural, nos termos do art. 8º deste Regulamento.

Parágrafo único. Todo e qualquer fundo, já existente ou que vier a ser criado, destinado especificamente a financiamento de programas de crédito rural, terá sua administração determinada pelo Conselho Monetário Nacional, que estabelecerá as normas e diretrizes para a sua aplicação, respeitada a legislação específica.

Art. 23. Ao Banco Central da República do Brasil, de acordo com as atribuições estabelecidas na Lei nº 4.595, de 31 de dezembro de 1964, caberá entender-se ou participar de entendimento com as instituições financeiras estrangeiras e internacionais, em assuntos ligados à obtenção de empréstimos destinados a programas de financiamento às atividades rurais, estando presente na assinatura dos respectivos convênios e apresentando ao Conselho Monetário Nacional sugestões quanto às normas para sua utilização.

Art. 24. O Conselho Monetário Nacional poderá tomar medidas de incentivo que visem a aumentar a participação da rede bancária não oficial na aplicação do crédito rural.

Parágrafo único. As instituições financeiras que comprovem a execução eficiente de programas de crédito rural serão selecionadas, prioritariamente, como agentes financeiros do Banco Central da República do Brasil, cabendo-lhes receber suplementações proporcionais aos recursos próprios por elas aplicados no último exercício.

Art. 25. A fixação de limite do valor dos empréstimos a que se refere o § 2º do art. 126 da Lei nº 4.504, de 30 de novembro de 1964, passa para a competência do Conselho Monetário Nacional, que levará em conta a proposta apresentada pela Diretoria do Banco do Brasil S.A.

Art. 26. O Conselho Monetário Nacional, anualmente, quando da elaboração da proposta orçamentária pelo Poder Executivo, pleiteará a inclusão de dotação, destinada ao custeio de assistência técnica e educativa aos beneficiários do crédito rural, com base em programação elaborada pelo Ministério da Agricultura.

Parágrafo único. Os recursos de que trata este artigo serão depositados no Banco Central da República do Brasil, e por este liberados aos órgãos que prestam assistência técnica e educativa aos beneficiários do crédito rural, liberação essa que estará sempre condicionada à prévia aprovação do Ministro da Agricultura, através de seu órgão competente e sujeita a prestação de contas.

Art. 27. O Conselho Monetário Nacional poderá autorizar a cobrança, nas operações de crédito rural, de comissão destinada a acorrer ao atendimento de despesas com assistência técnica e educativa aos beneficiários do crédito rural, devendo ser os valores respectivos recolhidos à ordem do Banco Central da República do Brasil, a fim de suplementar os recursos orçamentários referidos no art. 26.

Parágrafo único. A distribuição desses recursos, bem como os de origem orçamentária, referidos no art. 26, deverá ser feita, preferencialmente, para aplicação em áreas ainda não contempladas com serviços regulares de assistência técnica, de modo a propiciar a necessária expansão dessa assistência.

Art. 28. As instituições de crédito e entidades financeiras referidas no art. 8º manterão aplicada em operações típicas de crédito rural, contratadas diretamente com produtores ou suas cooperativas, percentagem a ser fixada pelo Conselho Monetário Nacional, dos recursos com que operarem.

§ 1º Os estabelecimentos que não desejarem ou não puderem cumprir as obrigações estabelecidas no presente artigo, recolherão as somas correspondentes em depósitos no Banco Central da República do Brasil, para aplicação nos fins previstos neste Regulamento.

§ 2º As quantias recolhidas ao Banco Central da República do Brasil na forma deste artigo, vencerão juros à taxa que o Conselho Monetário Nacional fixar.

§ 3º A inobservância ao disposto neste artigo sujeitará o infrator a multa variável entre 10% (dez por cento) e 50% (cinqüenta por cento) sobre os valores não aplicados em crédito rural.

§ 4º O não recolhimento da multa mencionada no parágrafo anterior, no prazo de 15 (quinze) dias, sujeitará o infrator a penalidades previstas no Capítulo V da Lei nº 4.595, de 31 de dezembro de 1964.

§ 5º O Conselho Monetário Nacional, ao fixar a percentagem referida neste artigo, levará em conta o disposto na letra "m" do art. 20 deste Regulamento.

Art. 29. O depósito que constitui o Fundo de Fomento à Produção de que trata o art. 7º da Lei nº 1.184, de 30 de agosto de 1950, fica elevado para 20% das dotações anuais previstas no art. 199 da Constituição Federal, e será efetuada pelo Tesouro Nacional no Banco de Crédito da Amazônia S.A., que se incumbirá de sua aplicação direta e exclusiva, dentro da área da Amazônia, de conformidade com a respectiva programação anual, previamente aprovada pela Superintendência do Plano de Valorização Econômica da Amazônia (SPVEA), e de acordo com o plano geral de desenvolvimento regional por ela coordenado, observadas as normas estabelecidas pelo Conselho Monetário Nacional e outras disposições contidas no presente Regulamento.

§ 1º O Banco de Crédito da Amazônia S.A., destinará para aplicação em crédito rural, pelo menos 60% (sessenta por cento) do valor do Fundo, podendo o Conselho Monetário Nacional alterar essa percentagem, em face de circunstância que assim recomende.

§ 2º Os juros das aplicações mencionadas neste artigo serão cobrados às taxas usuais para as operações de tal natureza, conforme o Conselho Monetário Nacional fixar, ficando abolido o limite previsto no art. 7º, §§ 2º e 3º, da Lei 1.184, de 30 de agosto de 1950.

Capítulo V - Das Garantias e Instrumentos de Crédito Rural

Art. 30. Poderão constituir garantia das operações de crédito rural, preferentemente de conformidade com a natureza da operação creditícia em causa:

I - Penhor agrícola;
II - Penhor pecuário;
III - Penhor mercantil;
IV - Penhor industrial;
V - Bilhete de mercadoria;
VI - *Warrants* e conhecimentos de depósitos;
VII - Caução;
VIII - Hipoteca;
IX - Fidejussória;
X - Outras que o Conselho Monetário Nacional venha a admitir.

Art. 31. A constituição das garantias previstas no artigo anterior, de livre convenção entre financiado e financiador, observará a legislação própria de cada tipo, bem como as normas complementares que o Conselho Monetário Nacional estabelecer ou aprovar.

Art. 32. As garantias reais serão preferentemente outorgadas sem concorrência.

Art. 33. Exceto a hipoteca, as demais garantias reais oferecidas para segurança dos financiamentos rurais valerão entre as partes, independentemente de registro, com todos os direitos e privilégios.

Art. 34. Os bens adquiridos e as culturas custeadas ou formadas por meio do crédito em que couber garantia serão vinculados ao respectivo instrumento contratual como garantia especial.

Art. 35. O Conselho Monetário Nacional estabelecerá os termos e condições em que poderão ser contratos os seguros dos bens vinculados aos instrumentos de crédito rural.

Art. 36. São instrumentos básicos para as operações típicas de crédito rural os contratos de que trata a Lei nº 492, de 30 de agosto de 1937, e os títulos previstos na Lei nº 3.253, de 27 de agosto de 1957.

Parágrafo único. O Conselho Monetário Nacional, observada a legislação vigente, regulará a eventual utilização de títulos cambiais em operações de crédito rural.

Capítulo VI - Das Disposições Gerais e Transitórias

Art. 37. Os órgãos de orientação e coordenação de atividades rurais, criados no âmbito estadual, deverão elaborar seus programas de ação, no que respeita ao crédito especializado, observando as disposições deste Regulamento e normas complementares que o Conselho Monetário Nacional venha a baixar.

Art. 38. Estendem-se à instituições financeiras que integram basicamente o Sistema Nacional de Crédito Rural, nos termos do art. 8º, inciso I a IV deste Regulamento, as seguintes disposições:

a) do art. 4º da Lei nº 454, de 9 de julho de 1937, relativa à emissão de bônus;

b) dos arts. 1º e 2º do Decreto-lei nº 1.003, de 29 de dezembro de 1938, relativas à preferência assegurada a penhor rural que ampare as suas operações ante a existência de inscrição hipotecária ou de títulos protestados;

c) do art. 3º do Decreto-lei nº 2.611, de 20 de setembro de 1940, relativa ao redesconto de papéis decorrentes de financiamentos rurais com prazo de vencimento não superior a um ano;

d) do art. 3º do Decreto-lei nº 2.612, de 20 de setembro de 1940, que considera parte integrante dos contratos de penhor rural e isentos de selos os instrumentos de depósito, feitos em mãos de terceiros, de produtos gravados por financiamento que realizarem.

Art. 39. O Banco Central da República do Brasil baixará instruções reguladoras do mecanismo de registro conjunto de responsabilidade das operações de crédito rural, a cargo das instituições financiadoras componentes do Sistema Nacional de Crédito Rural que atuam dentro da mesma área, de forma a:

a) evitar o paralelismo de assistência creditícia a um mesmo beneficiário, assim considerada a concessão de financiamentos para a mesma finalidade;

b) sistematizar o levantamento estatístico dos empréstimos concedidos para as finalidades agropecuárias.

Art. 40. As operações de crédito rural, sob quaisquer modalidades, de valor até 50 (cinqüenta) vezes o salário-mínimo vigente no país, pagarão somente as despesas indispensáveis, ficando isentas de taxas e comissões relativas aos serviços bancários, tais como as de cadastro, de expediente, de consulta, de cobrança e outras de natureza similar.

§ 1º Consideram-se despesas indispensáveis aquelas realizadas e decorrentes de registro ou inscrição das garantias e instrumentos, avaliação de bens e mediação de lavouras, as de elaboração de projetos e estudos técnicos, prêmios de seguro, bem assim as despesas de viagem decorrentes da fiscalização do empreendimento financeiro, além de outras que venha a emitir o Banco Central da República do Brasil.

§ 2º Quando a um mesmo cliente for deferido empréstimo cujo valor, somado ao montante dos financiamentos por que eventualmente responda na mesma ou em outra instituição financeira, venha a ultrapassar o limite de que trata este artigo, o novo crédito não fará jus aos benefícios nele previstos.

Art. 41. Ficam transferidos para o Conselho Monetário Nacional, de acordo com o previsto nos arts. 3º e 4º, da Lei nº 4.595, de 31 de dezembro de 1964, as atribuições conferidas à Comissão de Coordenação do Crédito Agropecuário pelo Art. 15 da Lei Delegada nº 9, de 11 de outubro de 1962.

Art. 42. A concessão do crédito rural em todas as suas modalidades, bem como a constituição de suas garantias, independerá da exibição de comprovante do cumprimento de obrigações fiscais ou da previdência social, ou declaração de bens ou certidão negativa de multas por infringência do Código Florestal.

Parágrafo único. A comunicação da repartição competente, de ajuizamento da dívida fiscal, de multa florestal ou previdenciária, impedirá a concessão do crédito rural ao devedor, a partir da data do recebimento da comunicação pela instituição de crédito, exceto se as garantias oferecidas assegurarem a solvabilidade do débito em litígio e da operação proposta pelo interessado.

Art. 43. As operações de crédito rural terão apuração estatística específica e registro distinto na contabilidade dos financiadores e serão divulgadas com destaque nos balanços e balancetes, segundo suas características e finalidades, consoante normas estabelecidas pelo Banco Central da República do Brasil.

Art. 44. O Banco Central da República do Brasil assumirá, até que o Conselho Monetário Nacional resolva em contrário, o encargo de treinamento de pessoal dos estabelecimentos, órgãos e entidades referidas no art. 8º, inclusive através de cooperativas, visando à formação e aperfeiçoamento de técnicos especializados para administração do crédito rural, podendo, nesse sentido, firmar convênio para a realização de cursos ou de promoções outras relativas à matéria.

Parágrafo único. Os recursos financeiros e materiais necessários à execução dos programas de treinamento e capacitação do pessoal provirão:

a) do Banco Central da República do Brasil, que destacará, para tanto, verba anual específica;

b) de convênios firmados com outros países, entidades e órgãos nacionais, intergovernamentais, estrangeiros ou internacionais;

c) das entidades e órgãos beneficiários dos programas de treinamento, devendo a sua participação, igualmente estabelecida em convênios, assegurar, pelo menos, a garantia de percepção, durante o período de treinamento de todos os direitos e vantagens, pelos candidatos indicados ou selecionados, como se em efetivo exercício estivesse.

H. Castello Branco
Octávio Gouveia de Bulhões

12.12. Resolução BACEN nº 2.080, de 22 de junho de 1994

Dispõe sobre renegociação de dívidas de produtores rurais.

O BANCO CENTRAL DO BRASIL, na forma do art. 9º da Lei nº 4.595, de 31.12.64, torna público que o Presidente do CONSELHO MONETÁRIO NACIONAL, por ato de 14.06.94, com base no art. 1º, parágrafo 2º, da Lei nº 8.646, de 07.04.93, *ad referendum* daquele Conselho, e tendo em vista as disposições do art. 4º, inciso VI, da citada Lei nº 4.595, e dos arts. 4º e 14 da Lei nº 4.829, de 05.11.65,

RESOLVEU:

Art. 1º Ficam as instituições financeiras autorizadas a renegociar dívidas de produtores rurais, vencidas até 31.12.92 e não prorrogadas por não se enquadrarem nas disposições do MCR 2-6-9, relativas a financiamentos de custeio e de investimento, observadas as seguintes condições:

I - os saldos dos financiamentos deverão ser recalculados, a partir dos respectivos vencimentos, mediante a aplicação de juros de 1% (um por cento) ao mês e do índice de atualização monetária vigente no período, excluídos, pois, juros de mora, taxa de inadimplemento e honorários advocatícios;

II - os saldos apurados na forma do inciso anterior serão renegociados sob a forma de composição ou assunção de dívidas, no prazo de 90 (noventa) dias, para liquidação:

a) no caso de miniprodutor ou pequeno produtor: em até 10 (dez) anos, incluídos 2 (dois) de carência;

b) nos demais casos: de acordo com a capacidade de pagamento do devedor, respeitado o prazo máximo de 10 (dez) anos, reservando-se 30% (trinta por cento) da capacidade de pagamento a preservação da capacidade de produção do mutuário.

III - a partir da data de formalização do instrumento de recapturação ou assunção, as dívidas ficarão sujeitas aos encargos financeiros previstos para a exigibilidade de aplicações em crédito rural da fonte de recursos que vier a lastreá-las, observado o disposto no inciso seguinte;

IV - os instrumentos de repactuação ou assunção deverão conter cláusula especial estabelecendo que as dívidas ficarão sujeitas, até a liquidação, a eventuais alterações de encargos financeiros que vierem a ser estabelecidas pelo Conselho Monetário Nacional (CMN) para os financiamentos rurais com prazo superior a 1 (um) ano, sob a fonte que vier a lastreá-las.

Art. 2º As instituições financeiras poderão interromper a cobrança judicial de dívidas da espécie, pelo prazo de 90 (noventa dias), mediante expressa manifestação de interesse do devedor em promover sua renegociação nas condições definidas no artigo anterior.

Art. 3º As dívidas da espécie já renegociadas entre as instituições financeiras e mutuários poderão ter os prazos fixados para liquidação ajustados as condições previstas no art. 1º, inciso II, sendo facultada a redução dos juros contratuais, a partir de 14.06.94, aos níveis estipulados no art. 1º, inciso III, hipótese em que deverá ser inserida no instrumento de crédito a cláusula especial de que trata o art. 1º, inciso IV.

Art. 4º No caso de operações da espécie que sofreram os efeitos do plano de estabilização econômica editado em março de 1990, em razão de terem sido os seus saldos devedores corrigidos por índice superior àquele utilizado para a correção dos preços mínimos, as instituições financeiras poderão promover ajustes com os mutuários estabelecendo condições contratuais no sentido de:

I - escriturar em conta especial, a prevalecer até 15.12.94, a parcela correspondente ao resultado da aplicação do diferencial de índices apurado sobre o valor da dívida;

II - reunificar as contas, caso não surja, no prazo estipulado, medida decorrente de negociações em andamento que atribua tratamento especial a parcela de dívida referida no inciso anterior;

III - na apuração do valor correspondente ao diferencial de que trata o inciso I precedente, as instituições financeiras poderão considerar os eventuais rebates já efetivados no valor da dívida, a partir de março de 1990, a título de compensação pela variação de índices utilizados.

Parágrafo único. O procedimento a ser adotado com relação aos financiamentos já liquidados, que sofreram os efeitos da desproporcionalidade de índices, será igualmente definido até 15.12.94.

Art. 5º Os encargos financeiros incidentes em operações destinadas ao financiamento da integralização de cotas-partes de Cooperativas (MCR 5-3), independentemente da data de vencimento, poderão ser reduzidos para os níveis previstos para a exigibilidade de aplicações em crédito rural da fonte de recursos que vier a lastreá-las, hipótese em que deverá ser inserida no instrumento de crédito a cláusula especial de que trata o art. 1º, inciso IV.

Art. 6º Os devedores impedidos de operar em crédito rural poderão ser considerados aptos a formalizarem os ajustes de que trata esta Resolução, a critério da instituição credora.

Art. 7º As dívidas renegociadas sob as condições ora estabelecidas poderão ser reincluídas, se for o caso, na rubrica "Financiamentos Rurais", para todos os efeitos, inclusive para cumprimento da exigibilidade de aplicações da fonte de recursos que vier a lastreá-las (MCR 6-2, DER ou Caderneta de Poupança Rural, enquadrando-se como finalidade prioritária).

Art. 8º Fica delegada competência ao Banco Central do Brasil para baixar as normas necessárias a implementação do disposto nesta Resolução, inclusive prorrogar o prazo previsto no art. 1º, inciso II.

Art. 9º Esta Resolução entra em vigor na data de sua publicação.

Brasília, 22 de junho de 1994
Pedro Sampaio Malan
Presidente

12.13. Resolução BACEN nº 2.164 de 19 junho de 1995

Dispõe sobre encargos financeiros e renegociação de dívidas no crédito rural.

O BANCO CENTRAL DO BRASIL, na forma do art. 9º da Lei nº 4.595, de 31.12.64, torna público que o Presidente do CONSELHO MONETÁRIO NACIONAL, por ato de 16.06.95, com base no art. 8º, parágrafo 1º, da Medida Provisória nº 1.004, de 19.05.95, *ad referendum* daquele Conselho, e tendo em vista as disposições do art. 4º, inciso VI, da citada Lei, dos arts. 4º e 14 da Lei nº 4.829, de 05.11.65, e dos arts. 2º e 5º da Medida Provisória nº 1.023, de 08.06.95,

RESOLVEU:

Art. 1º As operações contratadas no período de 09.06.95 a 31.07.96, ao amparo de recursos controlados do crédito rural, destinam-se exclusivamente a financiamentos de despesas de custeio e a Empréstimos do Governo Federal (EGF), concedidos diretamente ao produtor ou repassados por suas cooperativas, e ficam sujeitas à taxa efetiva de juros de até 16% a.a. (dezesseis por cento ao ano).

Parágrafo 1º Consideram-se como recursos controlados do crédito rural aqueles oriundos da exigibilidade de que trata o MCR 6-2, das Operações Oficiais de Crédito (OOC) sob Supervisão do Ministério da Fazenda (MCR 6-6), destinados às mencionadas finalidades, e outros que vierem a ser especificados.

Parágrafo 2º O EGF fica restrito a produtos de safras futuras, inclusive a de inverno, em curso, admitida a inclusão de semente destinada ao plantio da safra 1995/96.

Art. 2º O montante de crédito a cada beneficiário, sob as condições estabelecidas no artigo anterior, em todo o Sistema Nacional de Crédito Rural (SNCR), fica sujeito aos seguintes limites e critérios:

I - R$ 300.000,00 (trezentos mil reais), quando destinado ao custeio ou EGF/SOV de algodão, hipótese em que:

a) se utilizado integralmente o limite, o beneficiário fica impedido de obter os créditos previstos nos incisos II e III;

b) se utilizado parcialmente o limite, o beneficiário pode obter os créditos previstos no inciso II, observado o critério ali estabelecido;

II - R$ 150.000,00 (cento e cinqüenta mil reais), deduzida a metade dos valores dos créditos concedidos para algodão, quando destinado a custeio ou EGF/SOV, de arroz, feijão, mandioca, milho e/ou trigo. Se utilizado integralmente o limite, o beneficiário fica impedido de obter os créditos previstos nos incisos I e III;

III - R$ 30.000,00 (trinta mil reais), quando destinado a qualquer custeio (agrícola ou pecuário) e EGF, desde que concedido a produtor com no mínimo 80% (oitenta por cento) da renda bruta anual proveniente da atividade agropecuária, observado que:

a) os financiamentos destinados ao custeio de produtos amparados pela Política de Garantia de Preços Mínimos (PGPM), até esse limite, podem ser formalizados com cláusula de equivalência em produto, a opção do tomador, observadas as disposições do art. 3º da Resolução nº 2.100, de 24.08.94;

b) a utilização de crédito com equivalência em produto, em qualquer montante, ou para custeio de lavoura que não seja de arroz, algodão, feijão, milho, mandioca ou trigo, impede o beneficiário de se utilizar dos limites de crédito previstos nos incisos I e II;

IV - os limites estabelecidos neste artigo não são acumulativos e devem ser observados em função de cada safra e finalidade (custeio e EGF);

V - a instituição financeira deve exigir do produtor, no momento da formalização do crédito, sob as penas da lei, declaração minuciosa sobre o montante de crédito obtido em outras instituições ao amparo de recursos controlados;

VI - o limite de EGF destinado a produto classificado como semente será estabelecido nas normas operacionais da Política de Garantia de Preços Mínimos (PGPM).

Art. 3º As operações de crédito rural ao amparo de outras fontes de recursos, não considerados como controlados, contratadas no período de 09.06.95 a 31.07.96, ficam sujeitas a encargos financeiros livremente pactuados entre as partes.

Parágrafo único. Excetuam-se das disposições deste artigo as operações formalizadas com base em recursos administrados pelo Banco Nacional de Desenvolvimento Econômico e Social (BNDES) ou sujeitos a regulamentação própria.

Art. 4º Admite-se a concessão de financiamento para custeio das atividades rurais sob a modalidade de crédito rotativo, mediante apresentação de orçamento simplificado.

Parágrafo único. O crédito rotativo ao amparo de recursos controlados fica restrito a miniprodutores e pequenos produtores e ao limite máximo de R$ 30.000,00 (trinta mil reais).

Art. 5º Autorizar a renegociação, pelo prazo mínimo de 1 (um) ano e máximo de 2 (dois) anos, de parcela mínima de 20% (vinte por cento) e máxima de 30% (trinta por cento) do valor das prestações vencidas em 1995 e ainda não pagas ou vincendas até 31.12.95, decorrentes de financiamentos rurais - admitida a inclusão de parcelas de EGF contratados até a publicação desta Resolução e vencíveis até 31.01.96 - observadas as seguintes condições:

I - excluído o valor de parcela de EGF vincendo, exigência de pagamento de, no mínimo, 70% (setenta por cento) do valor das prestações a que se refere este artigo, apurado mediante aplicação dos encargos originalmente pactuados;

II - aplicação de abatimento sobre os encargos financeiros, equivalente a 1% a.m. (um por cento ao mês) sobre os valores a serem pagos e renegociados, calculado a partir de 01.06.95 até a data do pagamento/renegociação;

III - a partir da data de formalização da renegociação a dívida repactuada passa a sujeitar-se a encargos financeiros limitados a Taxa de Juros de Longo Prazo (TJLP).

Parágrafo 1º O percentual a ser renegociado deve ser definido mediante exame caso a caso, de acordo com a capacidade de pagamento do devedor, e o máximo admitido pode ainda ser elevado, a critério da instituição financeira, quando se tratar de situações especiais previstas no MCR 2-6-9.

Parágrafo 2º No caso de financiamento de custeio com cláusula de equivalência em produto, o pagamento de que trata o inciso I pode ser efetuado mediante entrega de documento representativo de estocagem de unidades equivalentes proporcionais ao percentual exigido, ficando assegurado ao devedor o mecanismo de equivalência para quitação do percentual renegociado, com a entrega de produto da safra seguinte.

Parágrafo 3º A parcela de EGF renegociada deve ser mantida sob a modalidade original (COV ou SOV) e, no caso de EGF/COV, a quantidade correspondente de produto pode ser liberada para o mutuário, para reposição mediante entrega da mesma quantidade de produto da safra seguinte.

Parágrafo 4º Deve ser mantido o prazo original de vencimento para exigência da parcela não renegociada de EGF vincendo.

Parágrafo 5º Haverá concessão de subvenção econômica pela União ante o custo específico da fonte de recursos utilizada nas operações, inclusive para cobertura dos efeitos financeiros decorrentes do abatimento sobre os encargos, conforme autorizado pela Medida Provisória nº 1.023, de 08.06.95.

Parágrafo 6º Os valores renegociados podem ser computados para satisfação da exigibilidade que vier a lastreá-los.

Art. 6º A renegociação a que se refere o artigo anterior deve ser requerida e formalizada:

I - até 31.08.95, nas operações com vencimento no período de 01.01.95 até a data de publicação desta Resolução e nos EGF vincendos;

II - até 30 (trinta) dias após a data de vencimento, nas demais operações vincendas até 31.12.95.

Art. 7º Alterar para 31.05.96 o prazo estabelecido no art. 4º, inciso I, da Resolução nº 2.080, de 22.06.94, e admitir prazo até 31.07.95 para as renegociações com base na mencionada Resolução.

Art. 8º Para novas operações de EGF da safra 1.994/95, prevalecem as normas operacionais divulgadas por meio da Resolução nº 2.146, de 02.03.95, e os encargos anteriormente vigentes.

Art. 9º Ficam as Secretarias de Acompanhamento Econômico, do Ministério da Fazenda, e de Política Agrícola, do Ministério da Agricultura, do Abastecimento e da Reforma Agrária, autorizadas a adotar as medidas e a promover os ajustes, inclusive quanto aos produtos a que se destinam os recursos controlados, indispensáveis à implementação das disposições desta Resolução, que serão divulgadas pelo Banco Central do Brasil.

Art. 10. Ficam revogados os itens 3-2-7, 3-2-8, 3-3-13, 3-3-15, 6-2-13 a 17, 6-2-19, 6-2-25, 6-6-6 e 6-6-7 do Manual de Crédito Rural (MCR) e as Resoluções nºs 2.102, de 24.08.94, 2.133, de 26.12.94, e 2.160, de 05.05.95, sem prejuízo das disposições codificadas no mencionado Manual.

Art. 11. Encontram-se anexas as folhas necessárias à atualização do Manual de Crédito Rural (MCR), abrangendo inclusive as alterações promovidas por meio da Resolução nº 2.132, de 21.12.94, que ora também se revoga.

Art. 12. As presentes disposições não impedem que seja utilizado para satisfação dos percentuais de exigibilidade o estoque de operações compatível até esta data, sob as condições anteriormente estabelecidas.

Art. 13. Esta Resolução entra em vigor na data de sua publicação.

Brasília, 19 de junho de 1995

Gustavo Jorge Laboissiere Loyola
Presidente

12.14. Resolução BACEN nº 2.220 de 6 de dezembro de 1995

Dispõe sobre condições e procedimentos a serem observados na formalização das operações de alongamento de dívidas originárias de crédito rural, de que trata a Lei nº 9.138, de 29.11.95.

BANCO CENTRAL DO BRASIL, na forma do art. 9º da Lei nº 4.595, de 31.12.64, torna público que o CONSELHO MONETÁRIO NACIONAL, em sessão realizada em 29.11.95, tendo em vista as disposições do art. 10 da Lei nº 9.138, de 29.11.95,

RESOLVEU:

Art. 1º Estabelecer as seguintes condições e procedimentos a serem observados na formalização das operações de alongamento de dívidas originárias de crédito rural, de que trata a Lei nº 9.138, de 29.11.95:

I - deve ser utilizado instrumento de crédito único com garantia do mecanismo de equivalência em produto - obedecidos, no que couber, os critérios estabelecidos no art. 3º da Resolução nº 2.100, de 24.08.94 - podendo o beneficiário optar, para esse efeito, na data de sua formalização, por um ou mais dos seguintes produtos básicos integrantes da Política de Garantia de Preços Mínimos (PGPM): algodão, arroz, feijão, milho, trigo e soja;

II - na hipótese de o beneficiário se dedicar à exploração de outras atividades agropecuárias, relativas a produtos não especificados no inciso anterior, sua opção, para efeito de equivalência, fica restrita a milho e/ou soja;

III - para fins do alongamento, o saldo devedor total deve ser calculado com base nos encargos financeiros previstos nos contratos originais para a operação enquanto em curso normal, até a data do vencimento pactuado. A partir do vencimento de cada operação, incidirão os encargos financeiros totais até o limite máximo de 12% a.a. (doze por cento ao ano) mais o índice de remuneração básica dos depósitos de poupança, expurgando-se, se houver:

a) os valores relativos à capitalização de juros em desacordo com o disposto no Decreto-Lei nº 167, de 14.02.67, ou em outra norma legalmente estabelecida;

b) os débitos relativos a multa, mora, taxa de inadimplemento e honorários advocatícios de responsabilidade da instituição financeira;

c) a diferença entre os valores cobrados dos mutuários a título de adicional do Programa de Garantia da Atividade Agropecuária (PROAGRO) e aqueles legalmente autorizados;

d) outros débitos, não relativos a encargos financeiros básicos, não previstos no contrato original;

IV - fica assegurada a revisão do cálculo dos encargos financeiros, pela instituição credora, em instância superior à da agência, quando o beneficiário entender que o saldo devedor foi apurado em desacordo com os critérios definidos no inciso anterior. Persistindo o entendimento do beneficiário, este poderá requerer, inclusive através de entidade de classe, a revisão do cálculo a uma comissão especialmente formada para essa finalidade, integrada por 3 (três) representantes das entidades de classe dos agricultores, 3 (três) do Governo Federal e 3 (três) do Banco do Brasil S.A., observado que:

a) a utilização dessas prerrogativas não pode redundar em anotação restritiva contra o beneficiário;

b) a revisão deve retroceder a operação original quando os saldos devedores passíveis de alongamento forem resultantes de operações cujos recursos tenham sido empregados na liquidação de dívidas anteriores;

V - no vencimento de cada parcela do débito alongado, o beneficiário pode, a seu critério:

a) efetuar o pagamento em espécie, com base no valor correspondente às unidades equivalentes de produto, apurado em função do preço mínimo que estiver vigorando naquela data; ou

b) entregar, em pagamento de sua obrigação, a quantidade de produto estipulada no instrumento de crédito, observadas as disposições do art. 3º da Resolução nº 2.100, de 24.08.94, e as normas específicas da PGPM para as Aquisições do Governo Federal (AGF);

VI - na hipótese de saldo devedor consolidado superior a R$ 200.000,00 (duzentos mil reais), o beneficiário tem direito ao alongamento até aquele montante, desde que ajuste com o credor o saldo devedor total de sua dívida. O valor excedente será livremente renegociado entre financiado e financiador, podendo continuar cumprindo a exigibilidade da fonte que estiver lastreando a operação.

Art. 2º O alongamento de dívidas abrange inclusive:

I - os casos de assunção de dívidas relacionada com transferência de imóvel rural ou com garantia de aval em operações passíveis de alongamento, prevalecendo para o assuntar isolado ou conjunto de assuntores as condições aplicáveis ao devedor original;

II - as parcelas de Empréstimo do Governo Federal com Opção de Venda (EGF/COV) repactuadas de acordo com as Resoluções nºs 2.164 e 2.187, de 19.06.95 e 09.08.95, respectivamente.

Art. 3º Será constituída Comissão de Avaliação composta por representantes das Secretarias de Acompanhamento Econômico e do Tesouro Nacional, do Ministério da Fazenda, de Política Agrícola, do Ministério da Agricultura, do Abastecimento e da Reforma Agrária, e de Planejamento e Avaliação, do Ministério do Planejamento e Orçamento, para acompanhamento da implementação das medidas estabelecidas na Lei nº 9.138/95 e na presente Resolução, bem como proposição de solução para os casos omissos.

Parágrafo único. A Comissão de Avaliação poderá manter audiências com parlamentares federais, para tratar de questões relativas ao processo de alongamento de dívidas.

Art. 4º O beneficiário deve solicitar formalmente o alongamento de suas dívidas, até 31.01.96, e o respectivo instrumento de crédito deve ser formalizado até 30.06.96, observado que:

I - não são beneficiários da medida os mutuários que praticaram desvio de crédito;

II - o credor deve exigir declaração expressa sobre a existência ou não de operações alcançadas pela medida em outras instituições financeiras, sujeitando-se o beneficiário à execução sumária das garantias vinculadas à operação, além de outras sanções previstas nas normas do crédito rural, na hipótese de declaração incorreta.

Art. 5º As instituições financeiras podem suspender a cobrança judicial de dívidas originárias de crédito rural, pelo prazo de 90 (noventa) dias, em decorrência da respectiva solicitação de alongamento, desde que não se tenha configurado desvio de crédito.

Art. 6º Na hipótese de as operações de alongamento não alcançarem o montante de R$ 7.000.000.000,00 (sete bilhões de reais), definido no art. 5º, parágrafo 9º, da Lei nº 9.138/95, o diferencial será utilizado para dar tratamento singular às situações especiais de concentração regional de endividamento.

Art. 7º Fica prorrogado para 31.01.96 o prazo fixado no art. 1º da Resolução nº 2.207, de 03.11.95.

Art. 8º Ficam as Secretarias de Acompanhamento Econômico e do Tesouro Nacional, do Ministério da Fazenda, e de Política Agrícola, do Ministério da Agricultura, do Abastecimento e da Reforma Agrária, autorizadas a definir, em conjunto, as medidas complementares necessárias à implementação do disposto nesta Resolução, cujas decisões serão divulgadas as instituições financeiras pelo Banco Central do Brasil.

Art. 9º Esta Resolução entra em vigor na data de sua publicação.

Brasília, 6 de dezembro de 1995
Gustavo Jorge Laboissiere Loyola
Presidente

12.15. Resolução BACEN nº 2.238, de 31 de janeiro de 1996

Dispõe sobre condições e procedimentos a serem observados na formalização das operações de alongamento de dívidas originárias de crédito rural, de que trata a Lei nº 9.138, de 29.11.95.

O BANCO CENTRAL DO BRASIL, na forma do art. 9º da Lei nº 4.595, de 31.12.64, torna público que o CONSELHO MONETÁRIO NACIONAL, em sessão realizada em 31.01.96, tendo em vista as disposições do art. 10 da Lei nº 9.138, de 29.11.95,

RESOLVEU:

Art. 1º Estabelecer as seguintes condições e procedimentos a serem observados na formalização das operações de alongamento de dívidas originárias de crédito rural, de que trata a Lei nº 9.138, de 29.11.95:

I - consideram-se dívidas originárias de crédito rural as operações "em ser" de custeio, investimento ou comercialização contratadas até 20.06.95, inclusive as inscritas em "crédito em liquidação", compensadas como "prejuízo" ou renegociadas, desde que:

a) formalizadas com base na legislação e regulamentação aplicável ao crédito rural, excetuados os Empréstimos do Governo Federal, Com Opção de Venda (EGF/COV), ressalvado o disposto no inciso I do art. 2º desta Resolução;

b) realizadas ao amparo da lei nº 7.827, de 27.09.89 - Fundos Constitucionais de Financiamento do Norte, do Nordeste e do Centro-Oeste (FNO, FNE e FCO);

c) realizadas com recursos do Fundo de Amparo ao Trabalhador (FAT) e de outros recursos operados pelo Banco Nacional de Desenvolvimento Econômico e Social (BNDES);

d) realizadas ao amparo do Fundo de Defesa da Economia Cafeeira (FUNCAFÉ);

e) se trate de operações desclassificadas do crédito rural, excetuadas aquelas decorrentes de desvio de crédito ou de outra ação dolosa do devedor;

f) se trate de assunção de dívidas referentes às operações mencionadas nas alíneas anteriores deste inciso, formalizadas até 30.11.95;

II - outras operações passíveis de enquadramento no processo de alongamento serão analisadas em função das disponibilidades de recursos;

III - na hipótese de as operações de alongamento não alcançarem o montante de R$ 7.000.000.000,00 (sete bilhões de reais), definido no art. 5º, parágrafo 9º, da Lei nº 9.138/95, o diferencial será utilizado para dar tratamento singular às situações especiais de concentração regional de endividamento;

IV - admitir a utilização de mais de um instrumento de crédito, quando inviável a formalização dos ajustes de alongamento em um único instrumento contratual;

V - em qualquer hipótese, o total do saldo devedor objeto do alongamento, deve ser apurado com base em 30.11.95, data de publicação da Lei nº 9.138/95 no Diário Oficial da União, independentemente do vencimento da operação;

VI - para fins do alongamento de dívidas vencidas até 30.11.95, o total do saldo devedor deve ser calculado com base nos encargos financeiros previstos nos contratos originais para a operação enquanto em curso normal, até a data do vencimento pactuado.

A partir do vencimento e até 30.11.95, incidirão os encargos financeiros totais até o limite máximo de 12% a.a. (doze por cento ao ano) mais o índice de remuneração dos depósitos de poupança, expurgando-se, se houver:

a) os valores relativos à capitalização de juros em desacordo com o disposto no Decreto-Lei nº 167, de 14.02.67, ou em outra norma legalmente estabelecida;

b) os débitos relativos a multa, mora, taxa de inadimplemento e honorários advocatícios de responsabilidade da instituição financeira;

c) a diferença entre os valores cobrados dos mutuários a título de adicional do Programa de Garantia da Atividade Agropecuária (PROAGRO) e aqueles legalmente autorizados;

d) outros débitos, não relativos a encargos financeiros básicos, não previstos no contrato original;

VII - para fins do alongamento de dívidas vencidas ou vincendas após 30.11.95, o total do saldo devedor deve ser calculado com base nos encargos financeiros previstos nos contratos originais para operação enquanto em curso normal, até a data-limite de 30.11.95;

VIII - fica assegurada a revisão do cálculo dos encargos financeiros pela instituição credora, em instância superior à da agência, quando o beneficiário entender que o saldo devedor foi apurado em desacordo com os critérios definidos neste normativo. Persistindo o entendimento do beneficiário, este poderá requerer, inclusive através de entidade de classe, a revisão do cálculo a uma comissão especialmente formada para essa finalidade, integrada por 3 (três) representantes das entidades de classe dos agricultores, 3 (três) do Governo Federal e 3 (três) do Banco do Brasil S.A., observado que:

a) a utilização dessas prerrogativas não pode redundar em anotação restritiva contra o beneficiário;

b) a revisão deve retroceder à operação original quando os saldos devedores passíveis de alongamento forem resultantes de operações cujos recursos tenham sido empregados na liquidação de dívidas anteriores;

IX - na hipótese de saldo devedor consolidado superior a R$ 200.000,00 (duzentos mil reais), o beneficiário tem direito ao alongamento até aquele montante desde que ajuste com o credor o saldo de sua dívida. O valor excedente será livremente renegociado entre financiado e financiador, vedada sua equalização pelo Tesouro Nacional e observadas as seguintes condições:

a) pode ser utilizado para cumprimento da exigibilidade da fonte de recursos que vier a lastreá-lo;

b) não pode comprometer mais de 50% (cinqüenta por cento) da exigibilidade da respectiva instituição financeira, prevista no MCR 6-2;

X - no caso de operações contraídas isoladamente por cônjuges, deve ser adotado o limite de R$ 200.000,00 (duzentos mil reais) para cada um deles, desde que identificadas pelos respectivos CPFs individuais, à época da contratação;

XI - para efeito de apuração do saldo devedor nos casos de assunção de dívidas passíveis de alongamento, considera-se contrato original o instrumento de assunção da dívida, exceto na hipótese de os assuntores serem os avalistas, quando prevalecem os instrumentos de créditos que contêm os avais e o limite de R$ 200.000,00 (duzentos mil reais) para cada um dos avalistas;

XII - as cooperativas de crédito rural submetidas a regime de intervenção ou liquidação extrajudicial previsto na Lei nº 6.024, de 13.03.74, ficam autorizadas a saldar dívidas decorrentes de crédito rural, mediante transferência para as instituições financeiras repassadoras dos recursos por contratos a eles vinculados, processando-se o alongamento das respectivas dívidas diretamente entre o associado e a instituição financeira repassadora;

XIII - para quantificação da dívida a ser alongada, deve ser considerada a composição do quadro de associados ativos existentes nas cooperativas ou associações em 20.06.95.

Art. 2º O alongamento de dívidas abrange inclusive:

I - as parcelas de Empréstimo do Governo Federal, Com Opção de Venda (EGF/COV), repactuadas de acordo com as Resoluções nºs 2.164 e 2.187, de 19.06.95 e 09.08.95, respectivamente;

II - os casos de devedores que tenham abandonado a atividade agropecuária.

Art. 3º O beneficiário deve solicitar formalmente o alongamento de suas dívidas, até 29.02.96, e o respectivo instrumento de crédito deve ser formalizado até 30.06.96, observado que:

I - não são beneficiários da medida os mutuários que praticaram desvio de crédito;

II - o credor deve exigir declaração expressa sobre a existência ou não de operações alcançadas pela medida em outras instituições financeiras, sujeitando-se o beneficiário a execução sumária das garantias vinculadas à operação, além de outras sanções previstas nas normas do crédito rural, na hipótese de declaração incorreta.

Art. 4º As instituições financeiras podem suspender a cobrança judicial de dívidas originárias de crédito rural, pelo prazo de 90 (noventa) dias, em decorrência da respectiva solicitação de alongamento, desde que não se tenha configurado desvio de crédito.

Art. 5º Fica autorizada a concessão de prazo, até 30.06.96, independentemente da formalização de aditivo ao instrumento de crédito, para as operações passíveis de alongamento.

Art. 6º Devem ser observadas as seguintes condições, relativamente à equivalência em produto:

I - a quantidade de unidades equivalentes em produto, a ser apurada no ato do alongamento da dívida, corresponderá à divisão do valor total refinanciado, acrescido de taxa efetiva de juros de

3% a.a. (três por cento ao ano), capitalizados anualmente, pelos preços mínimos básicos dos produtos, conforme tabela I anexa, exceto nos casos de que trata o art. 13 deste normativo;

II - a liquidação das parcelas do débito alongado, quando não efetuada em espécie, somente será realizada mediante operações de Aquisição do Governo Federal (AGF) direta, consoante as normas específicas divulgadas pela Companhia Nacional de Abastecimento (CONAB);

III - poderão ocorrer compensações físicas e/ou financeiras, na liquidação das parcelas do débito alongado, em função da classificação oficial obrigatória dos produtos, observados os padrões e instrumentos de classificação, bem como os ágios e deságios previstos na tabela II anexa;

IV - o instrumento de crédito deverá conter cláusula estabelecendo que a equivalência fica condicionada a que o produto esteja depositado em armazém credenciado e com o contrato de depoósito assinado com a CONAB;

V - na liquidação da dívida, via AGF direta, caberá a CONAB encaminhar à Secretaria do Tesouro Nacional do Ministério da Fazenda, até 30.04 de cada ano, inclusive 1996, a previsão dos gastos com despesas inerentes à Política de Garantia de Preços Mínimos (PGPM) ressarcíveis ao mutuário, para inclusão dos respectivos valores no projeto de Lei Orçamentária Anual do exercício subseqüente;

VI - na data da formalização do alongamento, o mutuário pode optar por um ou dois dos seguintes produtos básicos integrantes da Política de Garantia de Preços Mínimos (PGPM): algodão, arroz, milho, soja e trigo, desde que o produtor tenha explorado, nos últimos três anos, os produtos escolhidos;

VII - na hipótese de o mutuário se dedicar à exploração de outras atividades agropecuárias, relativas a produtos não especificados no inciso anterior, sua opção, para efeito de equivalência, fica restrita a milho ou soja.

Art. 7º No vencimento de cada parcela do débito alongado, o beneficiário pode, a seu critério e observadas as condições do artigo 6º:

I - efetuar o pagamento em espécie, com base no valor correspondente às unidades equivalentes de produto, apurado em função do preço mínimo que estiver vigorando naquela data; ou

II - entregar, em pagamento de sua obrigação, a quantidade de produto estipulada no instrumento de crédito, observadas as normas específicas da PGPM para as Aquisições do Governo Federal (AGF).

Art. 8º Estabelecer, para garantir o alongamento e a equalizacão de tais operações, as seguintes características e condições relativamente aos títulos públicos a que se refere o art. 6º da referida Lei nº 9.138/95:

I - os títulos devem ser emitidos pelo valor total das dívidas efetivamente alongadas, consolidadas com base em 30.11.95 e no caso do FAT e PIS/PASEP, pelo valor equalizável, limitado ao montante de R$ 7.000.000.000,00 (sete bilhões de reais);

II - os títulos devem ser emitidos, após celebração de contrato entre as instituições financeiras e o Tesouro Nacional, e registrados na Central de Custodia e de Liquidação Financeira de Títulos (CETIP), observando-se que:

a) a emissão deve ser efetuada em 4 (quatro) parcelas de até 25% (vinte e cinco por cento) do montante alongado, com valor de face em 30.11.95, obedecendo o seguinte cronograma:

1. primeira parcela: mensalmente, até 15.09.96, respeitado o limite de R$ 1.750.000.000,00 (um bilhão, setecentos e cinqüenta milhões de reais);
2. segunda parcela: 05.01.1998;
3. terceira parcela: 05.01.2000;
4. quarta parcela: 05.01.2002;

b) no caso de os valores renegociados situarem-se abaixo do limite de R$ 7.000.000.000,00 (sete bilhões de reais), as parcelas subseqüentes à primeira serão ajustadas ao novo montante;

III - característica dos títulos:

a) prazo e forma de amortização: os prazos de vencimento dos títulos a serem emitidos pelo Tesouro Nacional devem ser ajustados de forma a assegurar que, nos resgates, seja observada a mesma proporção do principal vencido, nas respectivas datas das operações alongadas;

b) remuneração: respeitada a correspondente fonte de recursos e a sua remuneração, conforme discriminação abaixo:
Fonte de Recursos: Remuneração MCR 6-2: 16% a.a.
DER e Caderneta de Poupança
a) bancos com média de operações até o valor de R$ 70.000,00
1. de 30.11.95 a 31.10.97: IRP+(6,17% a.a.+5,16% a.a.)
2. a partir de 01.11.97: IRP+(6,17% a.a.+4,00% a.a.)
b) bancos com média de operações acima de R$ 70.000,00: IRP+(6,17% a.a.+2,00% a.a.)
Recursos Livres: TMS + 2% a.a. Fundo de Aplicações Extramercado: TMS + 2% a.a. FAT e PIS/PASEP: (TJLP + 2% a.a.) - (variação: do preço mínimo + 3% a.a.) Obs.: IRP = TR ou outro índice de remuneração da poupança que a substitua; TMS = Taxa Média do Sistema Especial de Liquidação e de Custódia (SELIC); (*) MCR 6-2 = a ser repactuada anualmente, de acordo com a taxa estabelecida para esta fonte de recursos;

c) modalidade: negociáveis, podendo ser computados para efeito de cumprimento da exigibilidade de aplicação das respectivas fontes de recursos em financiamentos rurais, caso em que não será necessária a constituição de provisão. O valor pendente de emissão, devidamente atualizado, também cumprira a exigibilidade citada;

d) o montante previsto para a primeira emissão será subdividido em duas séries:
1. primeira: correspondente a 3% (três por cento) do total a ser securitizado, para fazer face às despesas administrativas e tributárias que serão arcadas pelas instituições financeiras, com prazo idêntico ao das operações alongadas e pagamento em prestações mensais e sucessivas, a partir da data de sua emissão;
2. segunda: relativa ao saldo remanescente, nas condições referidas nas alíneas deste inciso III.

Art. 9º As operações realizadas com recursos do FAT e PIS/PASEP serão objeto de equalização que preserve o valor real do capital emprestado.

Art. 10. As dívidas alongadas, vinculadas a recursos de fundos e das Operações Oficiais de Crédito, não serão objeto de emissão de títulos e serão mantidas no ativo das instituições financeiras, assegurado o pagamento da remuneração atualmente em vigor pelo alocador.

Art. 11. Quando o pagamento das dívidas mencionadas nos artigos 9º e 10 anteriores ocorrer mediante entrega do produto, o reembolso ao repassador dos recursos dar-se-á após a liberação, pelo Tesouro Nacional, de recursos para a Aquisição do Governo Federal (AGF), cabendo às instituições financeiras encaminharem a STN até 30.04 de cada ano, inclusive 1996, a previsão dos valores necessários para inclusão no projeto de Lei Orçamentária do exercício subseqüente.

Art. 12. Havendo liquidação antecipada, o valor devido será descontado pela taxa efetiva de 3% a.a. (três por cento ao ano), durante o período compreendido entre a data do pagamento antecipado e a de vencimento da parcela, sendo os correspondentes recursos transferidos imediatamente ao repassador ou ao Tesouro Nacional, observado, quando for o caso, o disposto no artigo anterior.

Art. 13. Relativamente às operações já renegociadas com cláusula de equivalência, prevalecerá, para fins do alongamento, a equivalência em produto contratada, devendo ser acrescido à quantidade de produto o valor correspondente à taxa efetiva de juros de 3% a.a. (três por cento ao ano), capitalizados anualmente, a partir de 30.11.95. A emissão de títulos pelo Tesouro Nacional contemplará o saldo devedor, em 30.11.95, da operação repactuada de acordo com a Resolução nº 2.164/95.

Art. 14. Na formalização da operação de alongamento, o agente credor da operação cederá o respectivo crédito ao Tesouro Nacional figurando a instituição financeira, no contrato de cessão, como garantidor, autorizando, para tanto, expressa e irrevogavelmente o Banco Central do Brasil a debitar em sua conta Reservas Bancárias para efetivação da cobertura da referida garantia, em favor do Tesouro Nacional, quando por este solicitado.

Art. 15. Caberá às instituições financeiras o fornecimento de informações ao Ministério da Fazenda:

I - até o 10º dia útil de cada mês, sobre os volumes refinanciados no mês anterior, detalhando as operações com dados sobre:
a) fonte de recursos;
b) opção de produto;
c) opção de esquema de refinanciamento (prazo/carência);
d) mutuário (CPF ou CGC e número da operação);
e) saldo inicial da operação alongada;
f) valor equalizável no primeiro mês, no caso do FAT e PIS/PASEP;
II - certificados de boa e regular aplicação dos recursos;
III - autorização para débito na conta Reservas Bancárias de eventuais diferenças apuradas em função de equívocos no fornecimento de informações e/ou de apuração de equalização negativa, quando houver.

Art. 16. A Secretaria do Tesouro Nacional (STN), com base nas informações recebidas, tomará as providências necessárias à emissão de títulos bem como adotará as medidas de caráter orçamentário necessárias ao cumprimento do disposto na Lei 9.138/95.

Art. 17. Será constituída Comissão de Avaliação composta por representantes das Secretarias de Acompanhamento Econômico e do Tesouro Nacional, do Ministério da Fazenda, de Política Agrícola, do Ministério da Agricultura, do Abastecimento e da Reforma Agrária, e de Planejamento e Avaliação, do Ministério do Planejamento e Orçamento, para acompanhamento da implementação das medidas estabelecidas na Lei nº 9.138/95 e na presente Resolução, bem como proposição de solução para os casos omissos.

Parágrafo único. A Comissão de Avaliação poderá manter audiências com parlamentares federais, para tratar de questões relativas ao processo de alongamento de dívidas.

Art. 18. Ficam as Secretarias de Acompanhamento Econômico e do Tesouro Nacional, do Ministério da Fazenda, e de Política Agrícola, do Ministério da Agricultura, do Abastecimento e da Reforma Agrária, autorizadas a definir, em conjunto, as medidas complementares necessárias à implementação do disposto nesta Resolução, para atingimento de seus objetivos, devendo as pertinentes instruções ser divulgadas as instituições financeiras pelo Banco Central do Brasil.

Art. 19. Esta Resolução entra em vigor na data de sua publicação.

Art. 20. Ficam revogadas as Resoluções nºs 2.207, de 03.11.95 e 2.220, de 06.12.95.

Brasília, 31 de janeiro de 1996

Gustavo Jorge Laboissiere Loyola
Presidente

12.16. Resolução BACEN nº 2.279, de 22 de maio de 1996

Dispõe sobre condições e procedimentos a serem observados na formalização das operações de alongamento de dívidas originárias de crédito rural, de que tratam a Lei nº 9.138, de 29.11.95, e a Resolução nº 2.238, de 31.01.96.

O BANCO CENTRAL DO BRASIL, na forma do art. 9º da Lei nº 4.595, de 31.12.64, torna público que o Presidente do Conselho Monetário Nacional, por ato de 22.05.96, com base no art. 8º, parágrafo 1º, da Lei nº 9.069, de 29.06.95, ad referendum daquele Conselho, tendo em vista as disposições dos arts. 4º, inciso VI, da citada Lei nº 4.595, 4º e 14 da Lei nº 4.829, de 05.11.65, e 10 da Lei nº 9.138, de 29.11.95,

RESOLVEU:

Art. 1º Recomendar às instituições financeiras do Sistema Nacional de Crédito Rural (SNCR) atenção especial na condução dos processos de alongamentos de dívidas originárias de crédito rural, de que tratam a Lei nº 9.138, de 29.11.95, e a Resolução nº 2.238, de 31.01.96, principalmente com relação às seguintes situações:

I - por força do disposto no art. 5º, parágrafo 5º, inciso VI, da Lei nº 9.138/95, deve-se manter as mesmas garantias associadas à operação original, pois vedada a exigência de apresentação de garantias adicionais, devendo-se ainda liberar aquelas que excederem os parâmetros normalmente utilizados em operações de crédito rural. Inexistindo a garantia original, as partes contratantes poderão negociar a vinculado de novas garantias;

II - na apuração do saldo devedor da operação, o expurgo de débitos referentes a honorários advocatícios, previsto no art. 1º, inciso VI, alínea b, da Resolução nº 2.238/96, deve abranger toda a dívida do beneficiário, independentemente do limite alongável de R$ 200.000,00 (duzentos mil reais);

III - a inclusão, no saldo devedor a ser alongado, da parcela da dívida escriturada em conta especial, referente ao diferencial de índices adotados pelo plano de estabilização econômica editado em março de 1990, dar-se-á a exclusivo critério do beneficiário, de conformidade com os termos do art. 5º, parágrafo 8º, da Lei nº 9.138/95;

IV - o extrato consolidado da conta gráfica, com a respectiva memória de cálculo, desde a data da operação inicial (salvo quando comprovada a impossibilidade de resgate do instrumento de crédito original), deve ser fornecido de imediato ao beneficiário, em cumprimento ao disposto no art. 5º, parágrafo 11, da Lei nº 9.138/96;

V - no caso de beneficiário cujas dívidas são passíveis de alongamento, deve-se:

 a) buscar suspender ações impetradas, em qualquer fase processual, quando apresentada proposta concreta de renegociação ou de alongamento de suas dívidas;

b) evitar o ajuizamento de novas ações.

Art. 2º Estabelecer as seguintes condições complementares às normas consubstanciadas na Resolução nº 2.238/96:

I - admitir a inclusão de despesas relativas a custas processuais no saldo devedor a ser alongado;

II - na aplicação do disposto nos arts. 1º, inciso VI, e 8º, inciso III, alínea b, da Resolução nº 2.238/96, deve-se considerar o "índice de remuneração básica dos depósitos de poupança";

III - para fins de equivalência em produto, de que trata o art. 6º da Resolução nº 2.238/96:

a) Inexistindo preço mínimo para o produto escolhido pelo beneficiário, na área geográfica de jurisdição da agência da instituição financeira, adotar-se-á o preço mínimo vigente na região mais próxima;

b) somente será aceito produto depositado em armazém localizado na área de abrangência do preço mínimo considerado, salvo autorização expressa da Companhia Nacional de Abastecimento (CONAB), hipótese em que deverá ser efetuada compensação física visando ajustar a quantidade de unidades equivalentes em produto;

c) é vedada a substituição dos produtos constantes da cláusula de equivalência, não se admitindo, em conseqüência, o pagamento de prestações com produtos diferentes daqueles indicados no instrumento de créditos.

Art. 3º Ficam as Secretarias de Acompanhamento Econômico e do Tesouro Nacional, do Ministério da Fazenda, e de Política Agrícola, do Ministério da Agricultura e do Abastecimento, autorizadas a definir, em conjunto, as medidas complementares necessárias à implementação do disposto nesta Resolução, devendo as pertinentes instruções serem divulgadas às instituições financeiras pelo Banco Central do Brasil.

Art. 4º Esta Resolução entra em vigor na data de sua publicação.

Brasília, 22 de maio de 1996

Gustavo Jorge Laboissiere Loyola
Presidente

12.17. Resolução BACEN nº 2.433, de 16 de outubro de 1997

Dispõe sobre condições e procedimentos a serem observados com relação ao processo de alongamento de dívidas originárias de crédito rural, de que tratam a Lei nº 9.138, de 29.11.95, e normativos complementares.

O BANCO CENTRAL DO BRASIL, na forma do art. 9º da Lei nº 4.595, de 31.12.64, torna público que o CONSELHO MONETÁRIO NACIONAL, em sessão realizada em 15.10.97, tendo em vista as disposições do art. 4º, inciso VI, da citada Lei, dos arts. 4º e 14 da Lei nº 4.829, de 05.11.65, do parágrafo único do art. 8º e do art. 10 da Lei nº 9.138, de 29.11.95,

RESOLVEU:

Art. 1º Em relação às operações alongadas nos termos da Lei nº 9.138, de 29.11.95, a instituição financeira deve fornecer 1 (um) extrato de cada conta gráfica das operações originais e 1(um) extrato do saldo consolidado em 30.11.95, ao mutuário que os requererem, observando:

I - extrato relativo à conta gráfica da operação original contendo todos os lançamentos com os respectivos valores, datas e identificações, onde fique claramente demonstrado:

a) os encargos devidos para situação de normalidade da operação, até a data de vencimento;

b) os encargos de inadimplemento e datas de suas respectivas aplicações, incluídos juros de mora, multas e comissão de permanência;

c) os honorários advocatícios devidos ao profissional contratado pela instituição financeira;

d) o adicional do Programa de Garantia da Atividade Agropecuária (PROAGRO), discriminando as respectivas bases de cálculo, valores e datas de cobrança;

e) que foi observada a aplicação do rebate de 1% (um por cento) de que trata o inciso II do art. 5º da Resolução nº 2.164, de 19.06.95, desde que a operação tenha sido renegociada com base nesse normativo;

II - extrato relativo ao saldo devedor apurado em 30.11.95, onde fique claramente demonstrados:

a) que foi observado o disposto nos incisos V, VI e VII do art. 1º da Resolução nº 2.238/96;

b) que foram eliminados, quando for o caso, os efeitos da aplicação do critério de atualização das taxas de juros diferentemente do estabelecido no contrato original.

Art. 2º Devem ser observados os seguintes procedimentos quando o mutuário discordar dos valores que lhe foram apresentados pela instituição financeira, a qual lhe deverá prestar os esclarecimentos devidos com relação ao processo de alongamento:

I - o mutuário disporá de 60 (sessenta) dias, a contar do recebimento dos extratos, para tentar solucionar suas divergências junto à respectiva agência;

II - não havendo entendimento nesse prazo, o mutuário disporá de 30 (trinta) dias para solicitar a intermediação da Confederação Nacional da Agricultura (CNA), por meio de suas Federações Estaduais;

III - a CNA disporá de 60 (sessenta) dias para buscar solucionar a pendência entre as partes;

IV - persistindo o impasse, o mutuário disporá de 60 (sessenta) dias para recorrer ao Banco Central do Brasil, via Delegacias Regionais.

Parágrafo único. A observância dos procedimentos e prazos indicados neste artigo não dispensa a obrigatoriedade de o mutuário pagar seus compromissos nos vencimentos pactuados, ficando-lhe assegurado o estorno ou a devolução de valores debitados ou cobrados indevidamente.

Art. 3º A instituição financeira deve adotar as providências necessárias à continuidade da assistência creditícia a mutuários contemplados com o alongamento, quando imprescindível ao desenvolvimento de suas explorações, inclusive quanto à possibilidade de extinção de processos judiciais.

Art. 4º Desde que fique comprovada a incapacidade justificada de pagamento do mutuário, é devida, nos termos do MCR 2-6-9, a prorrogação, parcial ou integral, da parcela da dívida de crédito rural alongada nos termos da Lei nº 9.138/95 e normativos complementares divulgados pelo Banco Central do Brasil, vencível em 31.10.97, independentemente da fonte original dos recursos, mediante exame caso a caso, observadas as seguintes condições:

I - considerar-se-á justificada a incapacidade de pagamento, devidamente comprovada, quando decorrente de uma das seguintes razões:

a) dificuldade de comercialização dos produtos, frustração de safras por fatores adversos ou eventuais ocorrências prejudiciais ao desenvolvimento das explorações, consideradas para efeito de pagamento da parcela objeto de prorrogação; ou

b) não recebimento de financiamento de custeio da safra 96/97;

II - respeitado o prazo máximo de 10 (dez) anos, a parcela objeto de prorrogação deve ser repactuada para pagamento no ano subseqüente ao final do cronograma de reembolso originalmente estabelecido;

III - a parcela objeto de prorrogação, expressa em quantidade de unidades equivalentes em produto, deve ser acrescida de taxa efetiva de juros de 3% a.a. (três por cento ao ano), capitalizados anualmente.

Parágrafo único. No caso de indeferimento da prorrogação, a instituição financeira deverá apresentar justificativa formal e técnica ao requerente.

Art. 5º A instituição financeira deve liberar as garantias, vinculadas à operação de alongamento de dívidas, que excederem aos parâmetros normalmente utilizados no crédito rural.

Art. 6º Alterar, para 31.03.99, o prazo estabelecido no art. 4º, inciso I, da Resolução nº 2.080, de 22.06.94.

Art. 7º Ficam as Secretarias de Acompanhamento Econômico e do Tesouro Nacional, do Ministério da Fazenda, e de Política Agrícola, do Ministério da Agricultura e do Abastecimento, autorizadas a definir, em conjunto, as medidas complementares necessárias a implementação do disposto nesta Resolução, devendo as pertinentes instruções serem divulgadas as instituições financeiras pelo Banco Central do Brasil.

Art. 8º Esta Resolução entra em vigor na data de sua publicação.

Art. 9º Em função do disposto no art. 2º desta Resolução, fica extinta a Comissão de que trata o inciso VIII do art. 1º da Resolução nº 2.238/96.

Brasília, 16 de outubro de 1997

Gustavo H. B. Franco - Presidente

12.18. Resolução BACEN nº 2.471, de 26 de fevereiro de 1998

Dispõe sobre renegociação de dívidas originárias do crédito rural, de que tratam o art. 5º, Parágrafo 6º, da Lei nº 9.138, de 29.11.95, e a Resolução nº 2.238, de 31.01.96.

O BANCO CENTRAL DO BRASIL, na forma do art. 9º da Lei nº 4.595, de 31.12.64, torna público que o CONSELHO MONETÁRIO NACIONAL, em sessão realizada em 19.02.98, tendo em vista as disposições dos arts. 4º, inciso VI, da citada Lei, 4º e 14 da Lei nº 4.829, de 05.11.65, e 8º e 10 da Lei nº 9.138, de 29.11.95,

RESOLVEU:

Art. 1º Autorizar a renegociação de dívidas originárias de crédito rural sob condições especiais, vedada a equalização de encargos financeiros pelo Tesouro Nacional.

Parágrafo 1º A renegociação pode abranger dívidas:

I - passíveis de enquadramento na Resolução nº 2.238, de 31.01.96, renegociadas ou não, mas que não tenham sido objeto de alongamento/securitização com base naquele normativo;

II - de valor excedente a R$ 200.000,00 (duzentos mil reais), referidas no art. 5º, Parágrafo 6º, da Lei nº 9.138, de 29.11.95, e no art. 1º, inciso IX, da Resolução nº 2.238/96;

III - decorrentes de empréstimos de qualquer natureza, vencidos ou vincendos, cujos recursos tenham sido utilizados para amortização ou liquidação de operações de crédito rural formalizadas até 20.06.95.

Parágrafo 2º A renegociação está condicionada à aquisição, pelos devedores, por intermédio da instituição financeira credora, de títulos do Tesouro Nacional, tipificados no anexo desta Resolução, com valor de face equivalente ao da dívida a ser renegociada, os quais devem ser entregues ao credor em garantia do principal.

Art. 2º Para fins da renegociação de que trata esta Resolução, o saldo devedor deve ser apurado com observância das seguintes condições:

I - os valores não renegociados com base no art. 5º da Lei nº 9.138/95 e na Resolução nº 2.238/96 sujeitam-se:

a) até a data do vencimento pactuado no instrumento de crédito ou da repactuação de que trata esta Resolução, a que ocorrer primeiro: aos encargos financeiros previstos no instrumento de crédito original para a situação de normalidade;

b) do vencimento pactuado até a data da renegociação: a incidência da remuneração básica dos depósitos de poupança mais taxa efetiva de juros de até 12% a.a. (doze por cento ao ano), ficando excluídos os encargos relativos a mora, multa e inadimplemento;

II - os valores renegociados com base no art. 5º, Parágrafo 6º, da Lei nº 9.138/95 e no art. 1º, inciso IX, da Resolução nº 2.238/96, contemplando, inclusive, o diferencial de índices verificado por ocasião do Plano de Estabilização Econômica editado em março de 1990, sujeitam-se:

a) a partir da data da renegociação anteriormente formalizada e até igual dia do mês de janeiro de 1998: a remuneração básica dos depósitos de poupança mais taxa efetiva de juros de 12% a.a. (doze por cento ao ano), procedendo-se aos acertos contábeis devidos;

b) sobre o saldo devedor apurado na forma da alínea anterior: a incidência dos encargos, inclusive atualização, definidos no art. 3º, inciso II, desta Resolução,

Art. 3º A renegociação de que trata esta Resolução será efetivada com observância das seguintes condições especiais:

I - prazos:
a) contratação: até 31.07.98;
b) reembolso: 20 (vinte) anos, contados da data da renegociação;

II - encargos financeiros:

a) sobre o valor de até R$ 500.000,00 (quinhentos mil reais): IGP-M (Índice Geral de Preços de Mercado), divulgado pela Fundação Getúlio Vargas - FGV, acrescido de taxa efetiva de juros de 8% a.a. (oito por cento ao ano);
b) sobre o valor da parcela superior a R$ 500.000,00 (quinhentos mil reais) e até R$ 1.000.000,00 (um milhão de reais): IGP-M acrescido de taxa efetiva de juros de 9% a.a. (nove por cento ao ano);
c) sobre o valor da parcela superior a R$ 1.000.000,00 (um milhão de reais): IGP-M acrescido de taxa efetiva de juros de 10% a.a. (dez por cento ao ano);
III - no caso de valor total superior a R$ 500.000,00 (quinhentos mil reais), os encargos financeiros serão calculados pela média ponderada, observados os intervalos fixados no inciso II deste artigo;
IV - garantias:
a) do principal: cessão, sob condição resolutiva, dos títulos emitidos pelo Tesouro Nacional, tipificados no anexo desta Resolução, os quais devem permanecer bloqueados enquanto constituírem garantia da operação e não houver manifestação do Tesouro Nacional acerca do exercício da opção de recompra;
b) dos juros: as usuais do crédito rural, na proporção de 50% (cinqüenta por cento) do valor do principal renegociado, admitindo-se obrigações federais registradas em sistemas centralizados de liquidação e custódia;
V - reembolso:
a) do principal: no vencimento final, mediante resgate dos títulos oferecidos em garantia;
b) dos juros: de acordo com o fluxo de receitas do mutuário, desde que não ultrapasse o período anual;
VI - pagamento antecipado: na amortização ou liquidação antecipada serão liberados os títulos que excederem ao saldo devedor remanescente atualizado, observadas as condições da alínea "a" do inciso IV deste artigo.

Art. 4º Alternativamente, a critério das partes, as operações já renegociadas nos termos do art. 5º, Parágrafo 6º, da Lei nº 9.138/95 e do art. 1º, inciso IX, da Resolução nº 2.238/96 podem ser repactuadas nas seguintes condições:
I - revisão do saldo devedor: mediante a aplicação, no período compreendido entre a data de renegociação anteriormente formalizada e até igual dia do mês de janeiro de 1998, da remuneração básica dos depósitos de poupança mais taxa efetiva de juros de 12% a.a. (doze por cento ao ano), procedendo-se aos acertos contábeis devidos;
II - encargos financeiros incidentes sobre o saldo devedor apurado na forma do inciso anterior: remuneração básica dos depósitos de poupança mais taxa efetiva de juros de 8% a.a. (oito por cento ao ano).

Art. 5º Os saldos das operações renegociadas nos termos desta Resolução podem ser computados para cumprimento das exigibilidades das fontes de recursos que vierem a lastreá-los.
Parágrafo 1º No caso da exigibilidade de aplicação em crédito rural de que trata o MCR 6-2, as operações não podem comprometer além do correspondente a 15% (quinze por cento) do saldo médio diário das rubricas contábeis de recursos à vista sujeitos ao recolhimento compulsório, da respectiva instituição financeira.
Parágrafo 2º Os saldos das operações renegociadas com base no art. 1º, inciso IX, da Resolução nº 2.238/96 e amparados na exigibilidade do MCR 6-2 devem ser considerados para fins do limite fixado no parágrafo anterior.

Art. 6º O disposto nesta Resolução não inibe a possibilidade de renegociação de dívidas sob condições ajustadas entre as partes, na forma prevista no art. 1º, inciso IX, *in fine,* da Resolução nº 2.238/96 e regulamentação suplementar.

Art. 7º Alterar, de 02.01.98 para 31.07.98, os prazos estabelecidos nos arts. 1º e 2º da Resolução nº 2.322, de 15.10.96.

Parágrafo único. A autorização de que trata o art. 1º da Resolução nº 2.322/96 passa a contemplar operações de crédito rural contratadas até 20.06.95 e vencidas ou vincendas até julho de 1998.

Art. 8º Esta Resolução entra em vigor na data de sua publicação.

Art. 9º Fica revogada a Resolução nº 2.457, de 18.12.97.

Brasília, 26 de fevereiro de 1998

Gustavo H. B. Franco - Presidente

Anexo à Resolução nº 2.471, de 26.02.98
Renegociação de Dívidas do Setor Rural

Os títulos do Tesouro Nacional, destinados a garantir o valor do principal na renegociação de dívidas do setor rural de que trata esta Resolução, serão emitidos pela Secretaria do Tesouro Nacional (STN), com as seguintes principais características e condições:

I - prazo: 20 (vinte) anos;
II - preço unitário: calculado a taxa de desconto de 12% a.a. (doze por cento ao ano);
III - atualização: IGP-M (Índice Geral de Preços de Mercado) divulgado pela Fundação Getúlio Vargas - FGV;
IV - modalidade: negociável, observando-se que:
 a) os títulos serão cedidos à instituição financeira credora da operação de renegociação da dívida, em garantia do principal, com cláusula resolutiva, os quais deverão permanecer bloqueados enquanto constituírem garantia e não houver manifestação do Tesouro Nacional acerca do exercício da opção de recompra;
 b) no caso de transferência dos títulos à instituição financeira, em decorrência de execução da garantia, os títulos passarão a ser considerados inegociáveis, mediante substituição de referidos ativos pela STN, especificando esta nova característica;
V - opção de recompra pelo emissor: pelo valor presente, calculado a taxa de desconto de 12% a.a. (doze por cento ao ano), quando da liberação da garantia (pagamento parcial ou total da dívida);
VI - resgate: em parcela única, na data de vencimento do título;
VII - forma: títulos escriturais nominativos, registrados na Central de Custódia e de Liquidação Financeira de Títulos (CETIP).

12.19. Resolução BACEN nº 2.666, de 11 de novembro de 1999

Dispõe sobre os critérios e as condições aplicáveis às operações de crédito rural alongadas/securitizadas ao amparo da Lei nº 9.138, de 1995, ou renegociadas com base na Resolução nº 2.471, de 1998.

O BANCO CENTRAL DO BRASIL, na forma do art. 9º da Lei nº 4.595, de 31 de dezembro de 1964, torna público que o CONSELHO MONETÁRIO NACIONAL, em sessão realizada em 11 de novembro de 1999, tendo em vista as disposições dos arts. 4º, inciso VI, da referida Lei, 4º e 14 da Lei nº 4.829, de 5 de novembro de 1965, e 5º, Parágrafo 5º, inciso I, da Lei nº 9.138, de 29 de novembro de 1995, com a redação dada pelo art. 1º da Lei nº 9.866, de 9 de novembro de 1999,

RESOLVEU:

Art. 1º Estabelecer os seguintes critérios e condições aplicáveis às operações alongadas/securitizadas ao amparo da Lei nº 9.138, de 29 de novembro de 1995:

I - operações de responsabilidade de um mesmo mutuário, cujo montante dos saldos devedores, em 31 de julho de 1999, era de até R$ 15.000,00 (quinze mil reais): a parcela vencida em 31 de outubro de 1999 e a parcela vencível no ano de 2000 ficam prorrogadas, respectivamente, para o primeiro e o segundo anos subseqüentes ao do vencimento da última parcela anteriormente pactuado, consideradas as prorrogações formalizadas com relação às parcelas vencidas nos anos de 1997 e 1998;

II - operações de responsabilidade de um mesmo mutuário, cujo montante dos saldos devedores, em 31 de julho de 1999, era superior a R$ 15.000,00 (quinze mil reais): exigência de pagamento de 10% (dez por cento) do valor da parcela vencida em 31 de outubro de 1999 e de 15% (quinze por cento) do valor da parcela vencível no ano de 2000, ficando os valores remanescentes prorrogados, respectivamente, para o primeiro e o segundo anos subseqüentes ao do vencimento da última parcela anteriormente pactuado, consideradas as prorrogações formalizadas com relação às parcelas vencidas nos anos de 1997 e 1998;

III - devem ser concedidos bônus de adimplência sobre cada parcela da dívida paga até a data do respectivo vencimento, na hipótese de o saldo devedor, em 31 de julho de 1999, ser igual ou inferior a R$ 50.000,00 (cinqüenta mil reais), representando desconto de 30% (trinta por cento);

IV - devem ser concedidos bônus de adimplência sobre cada parcela da dívida paga até a data do respectivo vencimento, na hipótese de o saldo devedor, em 31 de julho de 1999, ser superior a R$ 50.000,00 (cinqüenta mil reais), representando descontos de 30% (trinta por cento) e de 15% (quinze por cento), observados os seguintes critérios para a respectiva apuração:
a) devem ser calculados, em termos percentuais, os quocientes entre:
1. R$ 50.000,00 (cinqüenta mil reais) e o saldo devedor da operação;
2. o valor excedente a R$ 50.000,00 (cinqüenta mil reais) e o saldo devedor da operação;
b) os percentuais calculados na forma da alínea anterior devem ser aplicados à parcela objeto de pagamento, com vistas à obtenção das bases de incidência dos descontos;
c) sobre a base de incidência obtida a partir da aplicação do percentual de que trata a alínea *a*, número 1, deve ser concedido o desconto de 30% (trinta por cento);
d) sobre a base de incidência obtida a partir da aplicação do percentual de que trata a alínea *a*, número 2, deve ser concedido o desconto de 15% (quinze por cento);

V - os bônus de adimplência de que tratam os incisos III e IV também devem ser concedidos nos casos de:
a) dívidas integralmente liquidadas antecipadamente, hipótese em que o desconto deve ser calculado sobre o montante do saldo devedor atualizado e aplicados os deságios inerentes à antecipação da liquidação;
b) parcelas relativas aos anos de 1999 e 2000, cujos mutuários optarem pela não adesão a prorrogação e efetuarem os respectivos pagamentos até as datas de vencimento;
c) amortizações antecipadas de valor igual ao valor desagiado de cada uma das parcelas da dívida vencíveis a partir do ano 2000;
d) parcela sujeita a pagamento parcial, cujo restante foi prorrogado por força do disposto no MCR 2-6-9;

VI - pode ser concedido prazo até 31 de dezembro de 1999, mantendo-se as operações em situação de normalidade e os encargos financeiros de adimplência, para pagamento:
a) do valor equivalente a 10% (dez por cento) da parcela objeto de alongamento, vencida em 31 de outubro de 1999;
b) da parcela vencida em 31 de outubro de 1999, cujos mutuários optarem pela não adesão a prorrogação admitida nos termos dos incisos I e II;

VII - a prorrogação das parcelas relativas às dívidas superiores a R$ 15.000,00 (quinze mil reais), em 31 de julho de 1999, somente pode ser formalizada após o pagamento de 10% (dez por cento) do valor da parcela, devido em 1999;

VIII - deve ser efetuado, até 31 de outubro de 2000, o pagamento do valor equivalente a 15% (quinze por cento) da parcela objeto de alongamento, com vencimento inicialmente previsto para aquela data;

IX - as prorrogações devem ser realizadas mediante aditivo ao instrumento de crédito, exigindo-se declaração formal de desistência firmada pelo devedor, na hipótese de não adesão.

Parágrafo 1º As parcelas prorrogadas na forma prevista nos incisos I e II devem ser expressas em quantidades de unidades equivalentes em produto, acrescidas de taxa efetiva de juros de 3% a.a. (três por cento ao ano), capitalizada anualmente.

Parágrafo 2º O mutuário que efetuar pagamento parcial antecipado das parcelas referidas no inciso V, alíneas *b* e *c, somente faz jus ao bônus de adimplência se complementado o pagamento até a data do respectivo vencimento.*

Parágrafo 3º Não faz jus aos benefícios previstos neste artigo o mutuário inadimplente com relação as parcelas vencidas em 1997 e/ou 1998.

Art. 2º Aplicam-se os benefícios previstos no artigo anterior às seguintes dívidas, relativas a financiamentos rurais amparados por recursos do Fundo de Defesa da Economia Cafeeira (FUNCAFÉ), desde que os mutuários tenham efetuado o pagamento, até 16 de novembro de 1999, das duas parcelas de 8% (oito por cento) do débito, referidas no art. 1º, parágrafo único, da Resolução nº 2.620, de 16 de julho de 1999:

I - renegociadas ao amparo da Resolução nº 2.416, de 14 de agosto de 1997;

II - relativas às operações de custeio e de colheita da safra cafeeira 1997/1998, formalizadas ao amparo das Resoluções nºs 2.431, de 2 de outubro de 1997, e 2.476, de 26 de março de 1998, observado que os saldos devedores dessas operações devem ser fracionados no mesmo número de parcelas remanescentes das dívidas renegociadas ao amparo da Resolução nº 2.416, de 1997.

Parágrafo único. As operações de que trata este artigo podem ser mantidas em prazo de espera e em situação de normalidade até 31 de dezembro de 1999.

Art. 3º Para fins de concessão dos benefícios previstos no art. 1º, relativamente a operações de responsabilidade de:

I - condomínios e parcerias, deve ser considerado, para apuração do valor de cada partícipe, o resultado da divisão do saldo devedor da operação, em 31 de julho de 1999, pelo número de participantes da cédula solidária, excluídos os cônjuges, observado que:

a) a existência de operação, singular ou solidária, de responsabilidade de um ou de parte dos solidários não acarretará mudança de faixa em cédula solidária de que participe pelo menos um diferente devedor;

b) um mesmo mutuário pode ter um enquadramento coletivo como partícipe de cédula solidária, beneficiando-se, juntamente com os demais emitentes da mesma cédula, do desconto relativo à operação em comum, e outro diferente enquadramento individual, computando-se, nesse último enquadramento, o valor apurado como partícipe na cédula solidária e as suas obrigações individuais;

c) os participantes de cédula solidária devem ser identificados pelo respectivo número de inscrição no Cadastro de Pessoas Físicas - CPF ou no Cadastro Nacional de Pessoa Jurídica - CNPJ;

II - cooperativas, deve ser observado que:

a) havendo identificação de tomador final, deve ser considerado o saldo devedor de responsabilidade de cada cooperado, computados, inclusive, os saldos de operações individuais não vinculadas a cooperativas;

b) não havendo identificação do tomador final, deve ser considerado o saldo devedor integral relativo à operação formalizada entre a cooperativa e a instituição financeira.

Art. 4º Acrescentar incisos IV, V e VI ao Parágrafo 1º do art. 1º da Resolução nº 2.471, de 26 de fevereiro de 1998, passando o referido artigo a vigorar com a seguinte redação:

"Art. 1º Autorizar a renegociação de dívidas originárias de crédito rural sob condições especiais.

Parágrafo 1º A renegociação pode abranger dívidas:

I - passíveis de enquadramento na Resolução nº 2.238, de 31 de janeiro de 1996, renegociadas ou não, mas que não tenham sido objeto de alongamento/securitização com base naquele normativo;
II - de valor excedente a R$ 200.000,00 (duzentos mil reais), referidas no art. 5º, Parágrafo 6º, da Lei nº 9.138, de 29 de novembro de 1995, e no art. 1º, inciso IX, da Resolução nº 2.238, de 1996;
III - decorrentes de empréstimos de qualquer natureza, vencidos ou vincendos, cujos recursos tenham sido utilizados para amortização ou liquidação de operações de crédito rural formalizadas até 20 de junho de 1995;
IV - enquadráveis no Programa de Revitalização de Cooperativas de Produção Agropecuária - RECOOP;
V - decorrentes de empréstimos de crédito rural que tenham sido formalizados entre 20 de junho de 1995 e 31 de dezembro de 1997, não sujeitos a encargos financeiros prefixados e desde que não tenha havido prática de desvio de crédito ou outra ação dolosa;
VI - vinculadas, desde que atendidas as condições previstas no inciso anterior, a recursos:
a) do Fundo de Amparo ao Trabalhador (FAT) e de outros operados pelo Banco Nacional de Desenvolvimento Econômico e Social (BNDES);
b) dos Fundos Constitucionais de Financiamento do Norte, do Nordeste ou do Centro-Oeste (FNO, FNE e FCO);
c) do Fundo de Defesa da Economia Cafeeira (FUNCAFÉ);
d) do Programa de Cooperação Nipo-Brasileira para o Desenvolvimento dos Cerrados (PRODECER), abrangendo, nessa hipótese, operações formalizadas anteriormente a 20 de junho de 1995;
e) referenciados em variação cambial.
Parágrafo 2º A renegociação esta condicionada a aquisição, pelos devedores, por intermédio da instituição financeira credora, de títulos do Tesouro Nacional, tipificados no anexo desta Resolução, com valor de face equivalente ao da dívida a ser renegociada, os quais devem ser entregues ao credor em garantia do principal.".

Art. 5º Fica facultada à instituição financeira a concessão de crédito para aquisição de títulos do Tesouro Nacional, para efeito do disposto no art. 1º, Parágrafo 2º, da Resolução nº 2.471, de 1998, com a redação dada pelo art. 4º desta Resolução, desde que não sejam utilizados recursos controlados do crédito rural para essa finalidade.

Art. 6º As operações formalizadas ao amparo da Resolução nº 2.471, de 1998, ficam sujeitas, a partir de 24 de agosto de 1999, à redução de até dois pontos percentuais nas respectivas taxas de juros, aplicável em relação a cada parcela de encargos financeiros paga até a data do respectivo vencimento.

Parágrafo único. A aplicação do desconto previsto neste artigo não pode resultar em taxa de juros inferior a 6% a.a. (seis por cento ao ano), inclusive nos casos já renegociados, cabendo a prática de taxas inferiores sem a aplicação do referido desconto.

Art. 7º As instituições financeiras, observados os procedimentos bancários, devem adotar as providências necessárias a continuidade da assistência creditícia aos mutuários beneficiados pelas medidas estabelecidas nesta Resolução, quando imprescindível ao desenvolvimento de suas explorações e geração de receitas para honrar os compromissos assumidos.

Art. 8º Fica a Secretaria do Tesouro Nacional, do Ministério da Fazenda, autorizada a promover ajuste contratual com as instituições financeiras, com vistas a adequar os valores e os prazos de reembolso, aquela Secretaria, das operações alongadas/securitizadas beneficiadas com as medidas estabelecidas nesta Resolução.

Art. 9º Ficam as Secretarias de Acompanhamento Econômico e do Tesouro Nacional, do Ministério da Fazenda, e de Política Agrícola, do Ministério da Agricultura e do Abastecimento, autorizadas a definir, em conjunto, as medidas complementares necessárias ao cumprimento do disposto nesta Resolução, as quais serão divulgadas pelo Banco Central do Brasil.

Art. 10. Esta Resolução entra em vigor na data de sua publicação.

Art. 11. Ficam revogadas as Resoluções nºs 2.634 e 2.635, ambas de 24 de agosto de 1999, e o art. 2º da Resolução nº 2.579, de 23 de dezembro de 1998.

Brasília, 11 de novembro de 1999

Arminio Fraga Neto - Presidente

O maior acervo de livros jurídicos nacionais e importados

Rua Riachuelo 1338
Fone/fax: **0800 517522**
90010-273 Porto Alegre RS
E-mail: info@doadvogado.com.br
Internet: www.doadvogado.com.br

Entre para o nosso mailing-list

e mantenha-se atualizado com as novidades editoriais na área jurídica

Remetendo o cupom abaixo pelo correio ou fax, periodicamente lhe será enviado gratuitamente material de divulgação das publicações jurídicas mais recentes.

✂ ---

✓ Sim, quero receber, sem ônus, material promocional das NOVIDADES E REEDIÇÕES na área jurídica.

Nome: _____

End.: _____

CEP: _____-_____ Cidade _____ UF:____

Fone/Fax: _____ Ramo do Direito
em que atua: _____

Para receber pela
Internet, informe seu E-mail: _____

_____
assinatura

134-x

Visite nossa livraria virtual na internet

www.doadvogado.com.br

ou ligue grátis

0800-51-7522

DR-RS
Centro de Triagem
ISR 247/81

CARTÃO RESPOSTA
NÃO É NECESSÁRIO SELAR

O SELO SERÁ PAGO POR

LIVRARIA DO ADVOGADO LTDA.

90012-999   Porto Alegre   RS